司法的使命与担当

——践行以人民为中心发展思想案例萃编

SIFADESHIMINGYUDANDANG
JIANXINGYIRENMINWEIZHONGXINFAZHANSIXIANGANLICUIBAN

郭伟清　郭为禄◎主编

中国政法大学出版社

2024·北京

图书在版编目（CIP）数据

司法的使命与担当：践行以人民为中心发展思想案例萃编 / 郭伟清，郭为禄主编. -- 北京 : 中国政法大学出版社，2024. 9. -- ISBN 978-7-5764-1820-0

Ⅰ. D920.5

中国国家版本馆CIP数据核字第2024QW7998号

出版者　中国政法大学出版社
地　　址　北京市海淀区西土城路25号
邮寄地址　北京100088信箱8034分箱　邮编100088
网　　址　http://www.cuplpress.com (网络实名：中国政法大学出版社)
电　　话　010-58908586(编辑部) 58908334(邮购部)
编辑邮箱　zhengfadch@126.com
承　　印　北京鑫海金澳胶印有限公司
开　　本　720mm×960mm　1/16
印　　张　25.75
字　　数　430千字
版　　次　2024年9月第1版
印　　次　2024年9月第1次印刷
定　　价　98.00元

编委会

前 言

在中央全面依法治国工作会议上，习近平总书记强调指出：“全面依法治国最广泛、最深厚的基础是人民，必须坚持为了人民、依靠人民。要把体现人民利益、反映人民愿望、维护人民权益、增进人民福祉落实到全面依法治国各领域全过程。推进全面依法治国，根本目的是依法保障人民权益。要积极回应人民群众新要求新期待，系统研究谋划和解决法治领域人民群众反映强烈的突出问题，不断增强人民群众获得感、幸福感、安全感，用法治保障人民安居乐业。”公平正义是司法的灵魂与生命，司法机关是维护社会公平正义的最后一道防线。正因如此，要在法治建设中为了人民、依靠人民、造福人民、保护人民，就必须牢牢把握社会公平正义这一法治价值追求，努力让人民群众在每一项法律制度、每一个执法决定、每一宗司法案件中都感受到公平正义。为此，要以公平正义为司法工作的根本追求，让人民群众感知公平正义的存在；要吸纳人民群众的意见、建议，以人民为中心推进司法体制改革；要以人民群众利益诉求为司法工作的导向，重点解决好损害群众权益的突出问题。

“惟精惟一，允执厥中。”在中国特色社会主义新时代这一波澜壮阔的宏大背景下，人民群众对民主、法治、公平、正义的要求日益增长，对此司法机关必须勇担职责使命，深入贯彻习近平法治思想，践行以人民为中心的发展思想，以公正司法捍卫人民权益。近年来，上海市第二中级人民法院通过保障基本诉权、类案同判、释法说理、强化执行监督等方式，悉心倾听人民对实体公正和程序公正的意见建议，及时回应群众对更可接近、更加透明、更有温度的公正司法的期待，出现了一大批高质量的司法案例。本书的编撰，一是展现了司法机关在“以人民为中心”上的责任担当，将法官的裁判智慧成果公之于社会、同行；二是通过萃选、凝练司法案例，为法科在校学生提供一套适法正确、说理透彻的优秀案例，切实推动习近平法治思想“进高校、进课堂、进教材”，积极实现实务与教学的有机衔接和“双向奔赴”。

法治人才是法治建设的关键要素。为深入贯彻落实习近平总书记关于法治建设和法治人才培养指示精神，促进中共中央办公厅、国务院办公厅《关于加强新时代法学教育和法学理论研究的意见》落地落实，华东政法大学与上海市第二中级人民法院携手汇编了本案例集。多年来，上海市第二中级人民法院与华东政法大学密切互动，充分借助彼此在司法实践和法学研究上的优势，在健全法学教育体系、推动法治人才交流、加强法治实践研究等领域展开密切协作。双方合作开设《习近平法治思想的理论诠释与司法实践》公共选修课，通过“将案例带进课堂、将实务思辨带进课堂，让学生走出课堂”，促进学生法学知识和实践技能的双提升，培养符合新时代发展需求的应用型、复合型法治人才。本书的编写，也是院校合作共育高素质法治人才的有益尝试，有利于实现院校“优势互补、资源共享、合作共赢”，共同携手书写新时代法治人才培养的新篇章。

本书以习近平法治思想为核心脉络，凝练延伸了实践一线法官和高校专家学者的经验心得，具有以下三个鲜明特点：

一是聚焦“实”与“精”，将典型案例与精准剖析有机融合。司法裁判不仅是解决纠纷的重要途径，也是价值导向的生动课堂。本书收集的案例，都是司法实践中具有典型意义及广为社会关注的现实问题，具有较强的可读性。编写之初，上海市第二中级人民法院组织法官、法官助理对生效裁判逐一评估，经与华东政法大学商榷筛选后，确定将57个肌理鲜活、骨架清晰的典型案件纳入编写范围。通过精心遴选、以案释法、以案明理，充分发挥司法裁判的评价、预测、示范、教育作用，引导读者受众树立正确的价值导向，体会严谨细微的裁判思路，以期作为法律实践和法律教学的有益参考。

二是聚焦“知”与“行”，将司法裁判与法学研究有机融合。从课堂迈向实务，是法治人才培养的关键一步；以实践升华理论，是法学教育研究的重要任务。本书覆盖内容领域丰富广泛，在每个案例后附上贴切翔实的“法官感悟”，并邀请高校专家学者形成鞭辟入里的“专家点评”，使读者体会法官作出裁判的思维路径和深远用心，掌握学者分析拔高的辩证思维和开阔视野，为法学教育工作者和在校学生提供鲜活事例，是一份难得且实用的“工具书”和“资源库”。

三是聚焦“法”与“情”，将法律规制与群众感受有机融合。人民法院办理各种案件，都要将坚持以人民为中心作为衡量公正司法的标尺，积极主动回应群众新期待新要求，既要关注案件本身的“症结”，也要注重化解当事人的“心结”。本书着重彰显在裁判中综合考量法、理、情等因素，力求做到“三个效果”相统一，努力实现“案结事了人和”，不断增强人民群众司法获得感。本书以群众痛点、社会热点、问题堵点为视角，分别列举对应法律领域中的典型案例，便于读者受众快速捕捉案件所阐释的规则。同时，以有力量、有是非、有温度的裁判，切实传递“让遵纪守法者扬眉吐气、让违法失德者寸步难行”的导向，护航社会发展稳定，守护人民群众的和谐安宁。

本书的出版，得到了国内学界同仁的有力支持。中国人民大学、上海交通大学、同济大学、华东政法大学、西南政法大学、苏州大学、中南大学、南京航空航天大学、上海大学、上海政法学院、辽宁师范大学等高校的11位专家学者襄助其事，令人感佩。他们的精彩点评，既是对法官们裁判智慧和经验的高度肯认，也是从法学原理上对案件进行的思路延伸及制度展望，在此一并致以深深的谢意！

上海市第二中级人民法院党组书记、院长　郭伟清
华东政法大学党委书记、教授、博导　郭为禄
2024年9月

目 录

耿某诉 A 某公司信息网络买卖合同纠纷案

——信息网络买卖合同纠纷中消费者异常交易行为的审查路径及经营者单方解除权的合理边界探析

费　鸣* 　李博雅**

一、基本案情

耿某诉称：其于 2021 年 1 月 11 日在 A 某公司官网订购一款吊饰，付款成功后收到 A 某公司短信确认。根据 A 某公司官网法律条款页面“一般销售条款 5. 订单生效”之约定，耿某、A 某公司之间的买卖合同合法成立、生效。A 某公司于 2021 年 1 月 11 日在未提前与耿某协商的情况下无故单方面终止履行前述生效订单，拒绝发送订单内耿某所购货品，并通过支付宝将耿某支付的货款总计 4600 元退回耿某支付宝账户。故耿某成讼。

A 某公司辩称，耿某在 A 某公司官网创建账户、下订单并付款时，同时视为接受了一般销售条款中有关 A 某公司有权取消订单的规则。由于耿某账户关于涉案订单的行为数据相较于一般消费者存在多项异常（比如耿某账户在短时间内集中请求多次加购，远超正常数值，于 2020 年 12 月 16 日达到峰值，当天耿某账户短时间内连续请求高达 850 次；耿某在短时间内完成多次请求加购涉案商品，客观上人工操作难以实现以及耿某账户存在 IP 地址登录异常，在涉案期间内耿某账户使用了至少 3 个不同 IP 地址，分别通过手机、台式电脑登录 A 某公司网站并短时间内高频操作），A 某公司有理由怀疑耿某账户的操作者违反一般消费条款的约定，采取了刷单行为。A 某公司取消涉案订单并退款，是行使合同约定的解除权，不存在违约行为。此外，A 某公

---

* 费鸣：上海市第二中级人民法院民事审判庭庭长、二级高级法官。

** 李博雅：上海市第二中级人民法院民事审判庭法官助理。

司作为A某品牌的进口经销商，接受A某品牌在中国大陆区域销售产品的数量控制，A某公司并不生产涉案商品，经查询库存，耿某所购商品确实无货，A某公司没有继续履行合同的基础。

一审法院认定事实：2021年1月11日，耿某在A某公司运营的网站下单，订立买卖合同，主要内容为：耿某系买方，A某公司系卖方，买卖标的物为吊饰一只、颜色为杜鹃花色，价格为4600元。耿某通过支付宝平台向A某公司支付全部货款。A某公司向耿某发送短信，内容为“您的订单准备完成后，您将收到发货讯息。如需其他帮助，敬请致电A某中国服务中心。此货品需要7-10个工作日进行配送。如遇缺货，A某有权解除订单且无需为订单解除而承担任何法律责任。如您不同意上述条款，请立即联系A某客服人员取消订单并获取退款”。

2021年1月14日，耿某收到A某公司通过支付宝平台支付的退款后登录A某公司运营的网站查看，得知前述订单已被A某公司取消。

二审法院经审理查明，消费者在A某公司网站创建用户账户时有提示：创建账户，您即同意接受《一般销售条款》，并同意您的个人资料遵照A某公司隐私政策进行处理。其中，《一般销售条款》字样通过下划线予以标注，使用超链接的方式予以展示。其中，第2.2条第8款约定：如用户与A某公司之间就先前的订单存在争议，或A某公司有理由怀疑该用户违反了销售条款的规定，或存在欺诈行为或其他违法行为，为解决争议、厘清事实，A某公司保留在相关争议解决前延迟发货，及在不违反法律强制性规定的范围内取消用户已确认订单的权利。第6.2.3条约定：在下列情况下，A某公司有权取消用户的订单，并无须承担任何责任或提供任何补偿；若用户已付款的，A某公司会通过原付款方式向用户退回用户已支付的相关货款……用户在购买商品过程中存在欺诈或任何侵犯其他用户正当权益、破坏或扰乱本网站运营秩序及系统安全等行为（例如，使用刷单软件多次下单重复购买、抢购商品，影响其他正常用户的购买机会）；A某公司合理认定的违反或规避本销售条款、本网站其他相关条款、条件、政策或规则的行为或其他违背公平和诚实信用原则的情形……相关内容使用加粗字体方式予以标识。

消费者通过A某公司网站将商品加入购物车时，在“加入购物袋”键上方，有“您理解并承诺，通过本网站购买的产品应基于合理自用的消费需求，不可意在转售，亦不得通过非正常手段抢购、刷单或干扰本网站正常运行，您理解并同意，任何时候，一旦A某公司发现您违反上述承诺，A某公司有权在不另行通知您的情况下，直接采取包括但不限于冻结账户、限制购买、取消订单等措施。如需其他帮助，敬请致电A某公司中国服务中心”字样。在“结算”键上方，亦有类似内容。在“确认并付款”键上方，有“我已仔细阅读、理解并接受A某公司网站的隐私政策及一般销售条款”的内容，从页面设置上，需进行勾选才可进行付款。

法院另查明，耿某曾在A某公司网站订购8单商品，其中2020年12月16日、2021年1月6日、2021年1月12日共三单，耿某未支付成功自动取消；2020年12月7日、2020年12月16日共两单，A某公司发货（12月7日的订单商品耿某退货，12月16日的订单商品耿某确认收货）；2020年12月12日、2021年1月11日共三单，A某公司取消订单。

二、裁判结果

上海市静安区人民法院于2021年10月27日作出［2021］沪0106民初21447号民事判决：耿某的全部诉讼请求，不予支持。

上海市第二中级人民法院于2022年6月13日作出［2022］沪02民终1242号民事判决：驳回上诉，维持原判。

三、裁判理由

生效判决认为，本案争议焦点为：（1）《一般销售条款》第6.2.3条是否属于格式条款，条款是否具有法律约束力；（2）耿某是否存在刷单等异常交易行为，A某公司是否可据此行使约定解除权；（3）涉案合同是否可以继续履行。

关于争议焦点一。首先，涉案条款构成格式条款。涉案条款系在《一般销售条款》中，系A某公司事先拟定的示范性文本，对所有创建账户的消费者普遍适用，其内容并未事先与当事人协商确定，应认定为格式条款。其次，该条款有约束力。该条款应认定为与消费者有重大利害关系的条款，作为合同提供者的A某公司应尽到提示义务。A某公司对用户在创建账户、加购、结算、确认并付款等界面设置了提示流程，并对涉案条款采取字体加粗、下划线等方式进行提示，综合考量条款形式、提请注意方法、提请注意程度等因素，应认定A某公司已对涉案格式条款尽到了提示义务。

关于争议焦点二。A某公司在其相关页面并未对其现主张的异常交易行为的标准作出明确说明，在此情况下，应该按照一般消费者的认知标准进行判断，即是否属于为正常消费需求而登录、浏览、加购，其交易频次、数量等是否超出了一般消费者进行网络购物所应有的范围。首先，从请求次数分析，A 某公司计算请求次数的类型较为宽泛，时间跨度亦较大，结合网络购物的特点，A 某公司所主张的请求次数，尚难以认定系属异常交易行为。且 A 某公司对于刷单行为的界定前后矛盾，缺乏明确合理的判定标准。其次，从所购买商品的数量、种类等是否符合为自身消费所用的特点分析，耿某所购买的商品均系单件、单次购买，且品类亦有所不同，并非大量重复购买，难以认定属于交易异常。最后，从耿某登录、验证情况分析，同一住户使用电脑、两部手机登录会存在三个 IP 地址，具有合理性，虽然耿某的交易行为触发机器人验证，但其在 A 某公司网站设置的认可时间内完成并通过了验证，A 某公司主张交易异常，缺乏合理性。

综上，因 A 某公司未能证明耿某存在异常交易行为，其主张依照异常交易相关条款行使合同约定解除权，缺乏事实依据，其取消订单，构成违约。

关于争议焦点三。本案所涉商品系具有特定型号的商品，其生产主体、销售主体具有一定的特殊性，法院审理中，耿某对其原购买渠道即 A 某公司的网店并未有涉案商品上架不持异议。A 某公司主张其并无库存，且向法国公司申请调配涉案商品亦被拒绝。耿某对此虽不认可，但亦未提出反证。A 某公司属于销售公司而非生产公司，其向生产公司申请调货无果，因此，A 某公司关于事实上无法履行的抗辩具有依据，耿某要求继续履行合同，法院难以支持。因耿某在一审法院审理中未主张其他违约责任，本案对合同无法履行的其他后果不宜作出处理，耿某可另行行使权利。

四、法官感悟

坚持以人民为中心是全面依法治国的根本立场。习近平总书记指出，坚持法治为了人民、依靠人民、造福人民、保护人民，〔1〕全国政法机关要顺应人民群众对公共安全、司法公正、权益保障的新期待〔2〕。伴随着电子商务的

〔1〕《习近平主持中共中央政治局第三十五次集体学习并发表重要讲话》，载 http://www.gov.cn/xinwen/2021-12/07/content_5659109.htm，2024 年 7 月 15 日访问。

〔2〕《习近平：全力推进平安中国法治中国过硬队伍建设》，载 https://www.gov.cn/ldhd/2013-01/07/content-2306643.htm，2024 年 7 月 15 日访问。

发展，高端品牌的消费规模持续增长，公正审理涉高端品牌消费纠纷案件，有利于营造高水准、高评价的消费法治环境，促进和保障上海打造全球新品首发地、高端品牌首选地、原创品牌聚集地，助力实现“买全球、卖全球”的建设目标，依法平等保护消费者、经销商、品牌商等各方当事人的合法权益，保证中国特色社会主义事业在和谐稳定的社会环境中顺利推进。

本案中，所涉品牌系享誉全球的奢侈品品牌，提升合规管理水平，对于相关行业的健康发展具有较好的示范作用，审理中发现销售者存在以下问题：其一，合同对异常交易的认定标准无明确约定。异常交易行为，并不存在统一的行业标准，A某公司亦未提供自己的判定标准，此种不公开透明的做法，导致消费者对异常交易行为的认知存在模糊，销售者和消费者极易因理解和认识不同产生争议。其二，格式条款的公平性有待加强。A某公司作为销售者，是具有优势资源的一方，制定条款时尤其要注意与消费者之间的利益平衡。例如，A某公司规定如遇缺货，可单方解除订单而无需承担违约责任，该条款不仅有违互联网购物便捷高效的目的，而且不合理地免除了A某公司的责任，妨碍消费者合同目的的实现，扩大了缔约地位差距造成利益失衡。其三，合同条款缺失争议解决方式和路径。完备的合同需要写明争议解决机制，以促成每次高质量的销售。A某公司与消费者订立的合同中，缺失该项条款，导致争议处理不善。在订单取消之后，A某公司未向消费者阐明取消订单的原因，且消费者提出疑问后，也未作出合理解释。整个过程中，A某公司有利用强势地位任意行事之嫌，会导致矛盾进一步升级并外溢，引发社会关注和讨论，对A某公司品牌也会造成一定负面影响。

本案旨在强化司法裁判的示范引领作用，私法尊重当事人意思自治的同时，也应加强规制来弥补自由市场模式下的信息不对称和缔约地位差距，推动消费提质升级，营造公正有序、诚实守信的消费市场环境和法治化营商环境：其一，销售者应细化合同条款，在充分调研、广泛取样的基础上，尽可能明确合同所涉及的异常交易行为等抽象词汇的具体含义和认定标准，避免个案纠纷，推动行业标准确立。在异常交易的标准仍然不明确的情况下，采用客观合理标准进行解释，即：以一般消费者的认知标准从消费目的及消费手段进行认定，并认定经营者应对未超过合理限度的消费行为具有容忍义务。其二，遵循公平原则，完善当事人之间的权利和义务约定。谨慎限制可能导致消费者合同目的落空的条款的适用，维护交易秩序稳定和保护消费者合法权益。探寻经营者管理权限和消费者权益保护的合理范围和限度，构建以合法性、合理性、必要性为基准的审查规则。其三，健全合同内容，形成从销售到售后的处理闭环。将争议解决机制囊括进合同条款，引导工作人员在收到交易投诉时的处理行为，引导消费者对争议解决形成合理预期，助力提升品牌的正面形象和在同行业的影响力。

法律是治国之重器，法治是国家治理体系和治理能力的重要依托。《民法典》系统整合了新中国成立 70 余年来长期实践形成的民事法律规范，汲取了中华民族 5000 多年优秀法律文化，借鉴了人类法治文明建设有益成果，体现我国社会主义性质、符合人民利益和愿望、顺应时代发展要求。审判机关应充分发挥司法职能作用，依法实现对公民生命健康、财产安全、交易便利、生活幸福、人格尊严等各方面权利平等保护，保证公民的经济、文化、社会等各方面权利得到落实，保障人民群众对美好生活的向往和追求，进一步提升人民群众安全感和满意度，进一步提高政法工作亲和力和公信力。同时引导全体人民做社会主义法治的忠实崇尚者、自觉遵守者、坚定捍卫者，形成弘扬社会主义法治精神、传承中华优秀传统法律文化的良好风尚。

专家点评

本案比较突出地显示了网购方式对法律提出的新挑战。网购方式对于消费者而言是柄双刃剑，一方面这种交易方式快捷便利，另一方面消费者也经常会面临格式条款带来的不利影响。尽管消费者权益保护的观念已经深入人心，但是，无论对于立法者，还是对于司法者而言，解决网购合同纠纷必须充分考虑相关关系理论，即必须充分考虑原被告双方的利益平衡。

本案的争议焦点为：(1)《一般销售条款》第 6.2.3 条是否属于格式条款，条款是否具有法律约束力；(2) 耿某是否存在刷单等异常交易行为，A 某公司是否可据此行使约定的解除权；(3) 涉案合同是否可以继续履行。

法院认为涉案条款是 A 某公司事先拟定的示范性文本，对所有创建账户的消费者普遍适用，其内容并未事先与当事人协商确定，应认定为格式条款。同时 A 某公司在消费者创建账户、加购、结算、确认并付款等界面设置了提示流程，并对涉案条款采取字体加粗、下划线等方式进行提示，综合考量条款形式、提请注意方法、提请注意程度等因素，应认定 A 某公司已对涉案格式条款尽到了提示义务。上述分析符合《民法典》[1]第496条第2款的规定，同时也符合最高人民法院《关于适用〈中华人民共和国民法典〉合同编通则若干问题的解释》第10条的规定。

尽管案涉条款并不存在《民法典》第497条规定的无效事由，但是A某公司并不能依据该条款行使解除权，原因是按照一般消费者的认知标准进行判断，无法认定耿某的消费行为超出了一般消费者进行网络购物所应有的范围。因此A某公司单方面取消订单，构成违约。

尽管A某公司构成违约，但是根据《民法典》第580条的规定，A某公司属于事实上不能履行，因此耿某要求A某公司继续履行合同，法院不予支持。虽然根据《民法典》第577条的规定，耿某可以要求A某公司承担其他违约责任，但是耿某在一审法院审理中未主张其他违约责任，因此法院在本案中对合同无法履行的其他后果不作出处理，耿某可另行行使权利。

本案的判决认定事实清楚、适用法律正确。法院并没有因为案涉条款属于格式条款而简单地认定该条款无效，这符合社会主义核心价值观的富强价值，因为合同的有效履行是一个国家经济高效率运行的保证。法院充分考虑消费者的弱势地位，符合社会主义核心价值观的平等价值。法院遵循不告不理的原则，充分体现了社会主义核心价值观的法治价值。正如习近平总书记所言，“核心价值观，承载着一个民族、一个国家的精神追求，体现着一个社会评判是非曲直的价值标准”。[2]法院将核心价值观融入司法裁判的实践，正是践行习近平法治思想的突出体现。

（方新军，苏州大学王健法学院院长、教授、博士生导师）

〔1〕《民法典》即《中华人民共和国民法典》。为表述方便，本书中涉及我国法律文件，直接使用简称，省去“中华人民共和国”字样，全书统一，后不赘述。

〔2〕《“习近平谈核心价值观”——最持久最深层的力量》，载https://news.12371.cn/2014/07/24/ARTI1406154086130210.shtml，2024年7月15日访问。

江苏某公司诉上海某公司建设工程施工合同纠纷案

——涉民生保障案件的多元化纠纷解决

乔蓓华* 李曼柳**

一、基本案情

江苏某公司诉称：2019年，其与上海某公司签有建筑工程施工合同，约定由江苏某公司为上海某公司承建某新建住宅项目。2021年10月，双方因工程款发生争议，江苏某公司在多次催讨未果后遂以建设工程施工合同纠纷为由诉至上海市第二中级人民法院（以下简称“二中院”）。江苏某公司称在建筑工程施工合同履行过程中，因上海某公司原因延期开工造成工费上涨，开工后上海某公司又未按期支付工程款，在多次催讨后，不仅不及时支付，反而拖延审核进度，故意扣除工程量，故起诉要求上海某公司支付工程款2亿2千多万元及逾期利息，并确认江苏某公司对涉案新建住宅项目享有优先受偿权。同时，江苏某公司表示欠付的工程款项中含大量农民工欠付工资，遂在起诉追讨工程款的同时申请对涉案项目土地及房产进行查封。

上海某公司辩称：其对江苏某公司主张的工程款金额并不认同，且对江苏某公司申请查封涉案项目土地和房产提出异议。上海某公司称因涉案项目土地及房产被查封造成该公司融资困难，工程停顿，如不能快速解决纠纷、恢复生产经营，将进一步影响施工房屋的顺利完工交付。

法院认定事实：本案为江苏某公司与上海某公司因建设工程施工合同产

* 乔蓓华：上海市第二中级人民法院立案庭原副庭长，现上海市高级人民法院立案庭庭长、三级高级法官。

** 李曼柳：上海市第二中级人民法院立案庭法官助理。

生的纠纷。双方争议的焦点在于应付工程款金额的最终确定、不特定因素对在建工程造价影响的责任承担等。

该案在二中院立案以后，江苏某公司为能获得工程款以偿付农民工工资依法申请了诉前保全，但查封的涉案项目土地及房产并不能马上变现，冗长的审价等程序也会严重影响农民工工资的及时支付，同时查封直接导致上海某公司因无合格担保物而无法继续融资。在建项目不得不停工，不仅难以支付农民工工资，且造成交房无望，将导致更多的业主陷入矛盾的漩涡。因此，本案虽系建筑工程施工合同纠纷，但却牵涉了农民工工资和新建住宅能否按时交房等民生问题。因拿不到合同约定的费用，江苏某公司不同意解除保全措施，而不解除保全造成上海某公司工程停工，上海某公司更无力筹资结算工程款。本案在法律关系的处理上陷入僵局。按正常的诉讼程序，当事人不仅需要交纳大额的诉讼费用，证据交换、审价、庭审等诉讼程序也将耗费大量的时间和精力，显然双方都无法承受。当时正值春节来临，本案若未能得到及时妥善处理，造成农民工巨额薪资拖欠，不仅会升级矛盾、影响社会稳定，同时会引发企业经营困境，造成后续一系列交房困难等连锁反应。

案件处理经过：二中院立案庭诉调对接中心暨乔法官工作室对此事非常重视，经征询江苏某公司与上海某公司同意，委托上海先行法治调解中心就本案开展诉前调解工作。上海先行法治调解中心的调解员张喆了解到因上海某公司未能按期向为其开发房地产项目的施工单位江苏某公司支付工程款，导致该公司拖欠农民工工资已达 4000 万元。当时已至年关，江苏某公司的员工也到处信访投诉，一旦未能妥善处理就会引发矛盾的升级和扩大。调解员遂向二中院汇报了上述情况，并与该项目信访维稳专班的同志取得联系，共同研究如何协同配合做好双方的矛盾化解工作，将本案的影响降至最小。

经对本案认真分析后，指导法官、调解员与信访维稳负责同志一致认为，农民工工资发放是本案首先需要解决的问题，而促成江苏某公司与上海某公司达成和解，撤销对上海某公司涉案项目土地及房产的查封，确保上海某公司获得融资，是解决 4000 万元农民工工资发放的关键。诉调对接中心遂即指导调解员主持双方就农民工工资发放问题先行协商。调解员多次与双方当事人进行电话沟通、面谈，还与该项目维稳专班负责人一起商量寻找解决办法。经过大量的工作，双方当事人最终于 2022 年 1 月 25 日就“农民工工资专项使用与原被告共同做好维稳工作相挂钩”达成共识，并签署了部分和解的协议。即江苏某公司同意继续履行施工合同并撤销保全措施以便上海某公司筹措资金，并由政府相关部门协助上海某公司先行筹措4000万元资金专用于2022年春节假期前支付江苏某公司拖欠的农民工工资。

二中院诉调对接中心收到当事人部分和解协议和解除保全申请等全部材料已经是2022年1月26日下午。为确保农民工能在春节前顺利拿到工资，诉调对接中心的法官即刻开始了与时间的赛跑，一方面，高效审查快速立案；另一方面，同步向承办人反馈情况以便其审核出具解封裁定。当晚，立案庭同志加班加点完成了诉调转立案的各项手续和案件相关材料的网上流转。民庭承办法官和法官助理亦加班加点核实情况，并在27日接待双方当事人后马上制作了解封的民事裁定书，即刻送立案庭立案转交执行局执行。执行局在收到材料后亦迅速采取行动，于1月28日一早前往办理撤销查封手续。在各方通力协作下，4000万元工资终于一路绿灯在春节前顺利发放到农民工们的手中。

在率先解决了江苏某公司的农民工工资发放问题，并解除保全措施缓解了上海某公司资金链断裂的问题以后，双方之间的矛盾得到了一定的缓和，更愿意坐下来就后续问题进行进一步的协商。此后，在调解员的多次协调下，双方就后续建设工程施工合同的履行达成一致意见，即江苏某公司与上海某公司继续按原合同约定履行，双方同时还约定在继续履行过程中如发生争议，仍选择由上海先行法治调解中心先行调解。因已达成案外和解，江苏某公司遂向二中院申请撤回了起诉。

二、裁判结果

上海市第二中级人民法院裁定准许原告江苏某公司撤诉。

三、裁判理由

江苏某公司与上海某公司经二中院诉调对接中心委托调解组织上海先行法治调解中心调解后，促成双方就涉案建筑工程施工合同的履行达成一致意见。鉴于原告江苏某公司与上海某公司在达成调解意见后向法院提出撤诉申请，法院认为，原告江苏某公司在本案审理期间提出撤回起诉并不再缴纳案件受理费的请求，不违反法律规定，法院予以准许。依照《民事诉讼法》第157条第1款第5项的规定，裁定准许原告江苏某公司撤诉。

四、法官感悟

本案因建设工程施工合同纠纷项下的合同履行及工程欠款问题引发矛盾，法律关系较为清晰。但因标的额巨大且涉及财产保全程序，引发了农民工工资发放及后续房产能否顺利完工向业主方交房问题，若未能妥善解决，会引发一系列连锁反应，影响社会和谐稳定。此案通过多元化纠纷解决力量共同参与，最终促成双方达成调解，并顺利解决了案件衍生的农民工工资发放和交房问题，避免了矛盾激发与扩大，取得了良好的社会效果。

（一）切实保障农民工权益，化解可能引发的群体争议

坚持以人民为中心，是贯穿习近平法治思想的根本立场。习近平总书记强调，全面依法治国最广泛、最深厚的基础是人民。[1]推进全面依法治国，根本目的是依法保障人民权益。而农民工工资发放既关系着劳动者个人的基本生存保障，也关乎社会稳定和公平正义。党中央国务院历来重视保障农民工工资支付工作，习近平总书记亦多次对此作出重要指示批示，强调“全社会都要关心关爱农民工，要坚决杜绝拖欠、克扣农民工工资现象，切实保障农民工合法权益”。[2]本案在处理过程中，指导法官及调解员站在社会大局的层面考虑问题，将农民工权益保障作为调解的首要解决重点和案件化解关键，并且坚持原则性与灵活性相结合，根据最高人民法院《关于人民法院民事调解工作若干问题的规定》的精神，将督促案件双方当事人采用先行达成部分和解协议的方式作为调解的突破口，将“农民工工资专项使用与原被告共同做好维稳工作相挂钩”，坚持共担风险、利益平衡的原则，以调促稳，用好调解手段全面维护农民工的合法权益，成功化解了可能引发的群体争议，消除了社会隐患，确保涉民生问题的妥善解决，充分体现了以人民为中心的发展思想，彰显了社会主义法治的力度和温度。

（二）贯彻落实“保交楼、稳民生”的政策要求，助力企业渡过难关

法治是最好的营商环境，社会主义市场经济本质上是法治经济，高质量发展必须依靠法治提供牢固的基础、持久的动力、公平公正的环境。习近平

---

〔1〕《习近平在中央全面依法治国工作会议上发表重要讲话》，载 https://www.gov.cn/xinwen/2020-11/17/content-5562085.htm，2024 年 7 月 19 日访问。

〔2〕《实干笃行为人民·劳动创造幸福》，载 https://www.12371.cn/2023/08/03/ARTI1691032597017331.shtml，2024 年 7 月 19 日访问。

总书记强调，“人民群众对实现住有所居充满期待，我们必须下更大决心、花更大力气解决好住房发展中存在的各种问题”。[1]本案虽系拖欠工程款引发的纠纷，但上海某公司因诉讼导致在建楼盘项目及地产被查封，工程项目无法继续推进，房屋难以按时交付，后续会牵涉诸多房屋业主的权益保障问题。本案的调解员和法官看到了纠纷背后深藏的社会隐患，抓住问题的重点，坚持以人民为中心的发展思想，坚持法治化、市场化的原则寻找解决的路径，即如何让断裂的资金链重启。通过府院联动化解上海某公司的资金难题，并充分利用调解的优势促成双方达成部分和解协议后，申请解除了对涉案楼盘及地产的财产保全措施，畅通了融资渠道，有效缓解了企业的资金压力，助力企业早日复工复产。同时，调解员在化解案件主要矛盾的同时，从根源解决纠纷的角度出发，就后续工程项目继续履行的问题促使双方达成一致意见，有效避免了因项目停工可能引发的一系列连锁反应，确保了后续社会面的稳定。本案体现了法院充分发挥法治建设对构建高水平社会主义市场经济体制的保障作用，是依法平等保护各类市场主体产权和合法权益、为经济发展创造长期和谐稳定的社会环境的典型范例。

（三）通过多方参与纠纷化解，实现了将矛盾纠纷化解在基层和源头

党的十八大以来，习近平总书记多次对坚持和发展“枫桥经验”作出重要指示，强调“各级党委和政府要充分认识‘枫桥经验’的重要意义，发扬优良作风，适应时代要求，创新群众工作方法，善于运用法治思维和法治方式解决涉及群众切身利益的矛盾和问题”“把‘枫桥经验’坚持好、发展好，把党的群众路线坚持好、贯彻好”“要坚持好、发展好新时代‘枫桥经验’，坚持党的群众路线，正确处理人民内部矛盾机制，紧紧依靠人民群众，把问题解决在基层、化解在萌芽状态”。[2]习近平总书记的重要论述为基层矛盾纠纷化解指明了方向，提供了根本遵循。本案的成功即是法院、政府、调解组织等各部门充分发扬新时代“枫桥经验”，积极创新多元化纠纷矛盾化解的工作方法，通过多个部门有机衔接、协调联动，切实解决了农民工工资等涉及百姓切身利益问题。在本案处理过程中，法院没有机械地适用法律，而是结

〔1〕《习近平心中的“城”》，载 https://www.12371.cn/2019/08/28/ARTI1566955889305424.shtml，2024 年 7 月 19 日访问。

〔2〕郭坚刚：《坚持好发展好新时代“枫桥经验”》，载 http://www.qstheory.cn/dukan/hqwy/2024-01/02/c-1130051205.htm，2024 年 7 月 19 日访问。

合案件实际情况从彻底化解矛盾纠纷、维护社会和谐稳定的角度出发，最大限度地消解案件消极因素，最大程度调动积极因素，协同多方主体寻求解决方案。二中院委托的特邀调解组织与法院诉调部门紧密衔接，在接受案件委托后及时发现问题、积极反馈，并与调解指导法官随时保持沟通、努力做好当事人的安抚工作；政府相关部门则积极协助，从实现社会稳定的角度出发，帮助企业寻找融资途径、落实和解资金，解决了本案中资金链断裂这一关键难题；而法院立案、审判、执行等各部门的法官亦高度重视、加强指导、无缝衔接，实现案件纠纷的高效率化解。正是因为各部门对多元化解工作的重视，本着为当事人排忧解难、为社会和谐稳定发展保驾护航的初心，积极配合和支持，最终促成了该起标的额高达2亿多元的案件妥善化解。在案外的调解协议中，双方当事人约定："各方当事人在本调解协议履行中发生争议的，仍提交上海先行法治调解中心调解。"这也充分体现了当事人对调解员、法官所做努力及达成的调解效果的认可，充分说明了法院坚持统筹兼顾、治本抓源，正确处理人民内部矛盾，真正实现了构建源头防控、排查梳理、纠纷化解、应急处置的社会矛盾综合治理机制以及努力将矛盾纠纷化解在基层和源头的制度目的。

专家点评

建设工程施工合同纠纷一直是民商事案件的"重灾区"，案件量大、涉及面广，法院处理不慎将会引发多方面的连锁反应，影响社会和谐稳定。本案法律关系较为清晰，但因标的额巨大且涉及财产保全程序，引发了农民工工资发放及后续房产能否顺利完工向业主方交房等问题。此案通过多元化纠纷解决力量共同参与，最终促成双方达成调解，一方面避免了矛盾激发与扩大，取得了良好的社会效果；另一方面本案的解决也非常好地体现了社会主义核心价值观对法治实践的影响。

多元化纠纷解决机制是中国特色社会主义法治理论的集中体现，法学本质上属于地方性知识，各国的国情差异很大，解决纠纷的机制也各不相同。这种解决方式本身就体现了社会主义核心价值观的法治价值，同时本案的妥善解决也充分体现了社会主义核心价值观的富强、和谐、友善等价值。

本案中，江苏某公司为能获得工程款以偿付农民工工资依法申请了诉前保全，但查封的涉案项目土地及房产并不能马上变现，冗长的审价等程序也会严重影响农民工工资的及时支付，同时查封直接导致上海某公司因无合格担保物而无法继续融资。在建项目不得不停工，不仅难以支付农民工工资，且造成交房无望，将导致更多的业主陷入矛盾的漩涡。事情的发展似乎进入了一个无法解开的死结。经过多方面的细致调解工作，江苏某公司同意继续履行施工合同并撤销保全措施以便上海某公司筹措资金，并由政府相关部门协助上海某公司先行筹措 4000 万元资金专用于 2022 年春节假期前支付江苏某公司拖欠的农民工工资。

江苏某公司同意继续履行施工合同实现了社会主义核心价值观的富强价值，合同的无效或者解除尽管是当事人的合法权利，但是会导致社会资源的极大浪费。合同的顺利履行是一个国家经济高效运行的保证，而经济的高效运行是实现国家富强的基础。江苏某公司同意撤销保全措施以便上海某公司筹措资金体现了社会主义核心价值观的和谐、友善的价值。江苏某公司行使保全措施是其合法权利，尽管为权利而斗争就是为法律而斗争，但是在特定场合固执地行使权利可能于己、于人、于社会都不利。退一步海阔天空，江苏某公司的退让展现了友善的态度，使得江苏某公司和上海某公司之间的合作关系更加和谐，从而实现了三赢的局面。

习近平总书记强调，要用法律来推动核心价值观建设。[1]对于司法审判而言，在个案处理中融入社会主义核心价值观，既保证了案件审理以习近平法治思想为指导，又使得案件的处理更加公平、公正，社会公平正义在法官判决的维系之下，从抽象的价值理念进入现实的社会生活之中。

（方新军，苏州大学王健法学院院长、教授、博士生导师）

〔1〕 舒小庆：《以法治推动社会主义核心价值观建设》，载《学习时报》2017 年 12 月 13 日。

江某莲自诉谭某侮辱、诽谤案

——在网络上侮辱、诽谤死者及其母亲的刑法规制

沈　言*

一、基本案情

2016年11月3日，江某在日本留学期间为保护其室友刘某被刘某前男友陈某峰残忍杀害。该事件在网上引起中日两国民众的极大关注和广泛评论。网民谭某得知江某在日本被杀事件后，非但不表同情，而且从2018年起通过网络，以漫画、文字的方式，公然贬损江某及其母亲江某莲人格，破坏她们的名誉，情节严重；又故意利用信息网络捏造江某是陈某峰情敌而遭杀害的事实，公然贬损江某人格，破坏江某名誉，网民浏览数达34万余次。2019年1月，经山东省青岛市精神卫生中心初步诊断，江某莲患有创伤后抑郁。为此，江某莲向上海市普陀区人民法院提起自诉，认为谭某的行为已构成侮辱罪和诽谤罪，应予数罪并罚，并建议判处有期徒刑。

二、裁判结果

上海市普陀区人民法院于2020年3月5日作出一审判决，对谭某以侮辱罪判处有期徒刑1年，以诽谤罪判处有期徒刑9个月，决定执行有期徒刑1年6个月。一审宣判后，自诉人江某莲、被告人谭某均向上海市第二中级人民法院提出上诉。上海市第二中级人民法院于2020年10月27日作出驳回江某莲、谭某上诉的终审裁定。案件已发生法律效力。

三、裁判理由

法院生效裁判认为，随着自媒体的普及，每个人都拥有自己发声的渠道，

---

* 沈言：上海市第二中级人民法院刑事审判庭副庭长、三级高级法官。

信息的发布门槛大幅度降低。但是网络不是法外之地，每位网民应当尊重权利应有的法律界限，不能侵犯他人的合法权益；应当坚持正确的价值观和行为准则，维护网络文明。如其言行不当，构成犯罪的，应当承担相应的刑事责任。

谭某得知江某在日本被杀事件后，非但不表同情，而且从2018年起通过网络对原本素不相识的江某及江某之母江某莲进行侮辱、诽谤。其中，谭某发布他人创作的系列漫画，该漫画将江某描画得面目狰狞、形象丑陋、衣着暴露；谭某在发布的《江某莲自己克死女儿江某，不能怨任何人》《江某莲七百多天了还不安生，你想念你家鸽子就去买瓶敌敌畏就ok啦》两篇博文首部附上江某遗照，并在江某遗照上添加文字“婊子、臭货”“活该死你，江某莲作恶克死你”，在文中以“贱妇”“可怜人有可恨处”等语言对江某莲进行侮辱、谩骂；谭某在发布的17篇微博短文中连续辱骂江某莲，语言恶毒；发布标题为《深度解析江某莲的谎言与诡计！正义必然不属于你》的博文，捏造江某是陈某峰情敌而遭杀害的事实。谭某发布的上述漫画和博文浏览数总计达42万余次。2019年1月，经山东省青岛市精神卫生中心初步诊断，江某莲患有创伤后抑郁。

谭某的上述行为公然贬低、损害他人人格，破坏他人名誉，情节严重，已构成侮辱罪；谭某的上述行为捏造并散布虚构事实，损害他人人格，破坏他人名誉，情节严重，已构成诽谤罪。谭某作为成年人，应当具备明辨是非的判断能力，应当对自己的言行负责。因此，谭某关于其系受他人影响，跟风参与网络骂战的辩解不能成为对其从轻处罚的理由。且谭某在一审法院审理期间还发布相关微博，侮辱江某莲。谭某的上述网络暴力行为不仅损害、破坏了江某、江某莲的名誉权和人格权，严重伤害了江某莲，而且混淆了公众视听，对谭某应予数罪并罚，并判处实刑。江某莲指控谭某捏造其借女儿之死敛财、骗取捐款对其进行诽谤的事实，证据不足，不予认定。但是，谭某在没有充分证据的情况下，不应在网络上随意发表言论揣测、指责他人。故一、二审法院依法作出如上裁判。

四、法官感悟

本案是一起网络语言暴力行为入刑的案件。习近平总书记高度重视法治在网络强国建设中的基础性作用，关于网络法治的重要论述深入人心。他指出，网络空间不是“法外之地”。网络空间是虚拟的，但运用网络空间的主体是现实的，大家都应该遵守法律，明确各方权利义务。要坚持依法治网、依法办网、依法上网，让互联网在法治轨道上健康运行。〔1〕

的确，身处“互联网+”时代，网络空间虽然是虚拟的，但也是现实社会的延伸和映照，法治则是网络空间健康发展的秩序保障。作为亿万民众共同的精神家园，天朗气清、生态良好的网络空间环境，才符合人民利益。本案中，被告人在网络上侮辱、诽谤死者及其母亲，侮辱罪、诽谤罪的客体是否包括死者的名誉权，对网络语言暴力如何进行刑法规制，如何罚当其罪是本案需要着重讨论的三大问题，笔者逐一评析如下。

（一）死者享有名誉权，侮辱罪、诽谤罪侵犯的客体包括死者的名誉权

名誉权作为人格权的内容，是一项重要的民事权利。尽管自然人的权利能力始于出生，终于死亡，但是人在死亡后其人格权仍在一定的范围继续存在，特别是死者非财产上的人格利益，其姓名、肖像、名誉、荣誉、隐私、遗体等人格利益具有多重价值，应当予以保护。《民法典》第 994 条明确了对死者人格利益的保护，规定“死者的姓名、肖像、名誉、荣誉、隐私、遗体等受到侵害的，其配偶、子女、父母有权依法请求行为人承担民事责任；死者没有配偶、子女且父母已经死亡的，其他近亲属有权依法请求行为人承担民事责任”。名誉权作为一种具体的人格权，任何组织和个人不得侵害。当他人使用侮辱、诽谤等方式贬低他人的人格，造成他人的社会评价降低时，构成对他人名誉权的侵害。另外，死者的名誉利益在司法实践中也可获得法律保护。最高人民法院 2001 年《关于确定民事侵权精神损害赔偿责任若干问题的解释》第 3 条规定，自然人死亡后，他人以侮辱、诽谤、贬损、丑化或者违反社会公共利益、社会公德的方式，侵害死者的名誉，其近亲属因侵权行为遭受精神痛苦，向人民法院起诉请求赔偿精神损害的，人民法院应当依法予以受理。最高人民法院《关于适用〈中华人民共和国民事诉讼法的解释〉》第 69 条规定，对侵害死者名誉的行为提起诉讼的，死者的近亲属为当事人。自然人死亡后，其名誉遭侵害的，其近亲属可对侵害死者名誉的行为提起诉讼，近亲属因侵权行为遭受精神痛苦的，还可请求赔偿精神损害。以上是民法对侵犯他人名誉权的规定。

〔1〕《习近平在第二届世界互联网大会开幕式上的讲话》，载 https://news.12371.cn/2015/12/16/ARTI1450250340197792.shtml，2024 年 7 月 19 日访问。

民法是私权利保障的基本法，但是当民法对私权利救济不充分之时，刑法就有可能发动，这既是刑法谦抑性的要求，也是刑法保障法功能的体现。因此，我国《刑法》第 246 条规定，以暴力或者其他方法公然侮辱他人或者捏造事实诽谤他人，情节严重的，构成侮辱罪和诽谤罪。死者享有名誉权，侮辱罪、诽谤罪侵犯的客体也包括死者的名誉权。当行为人侮辱、诽谤死者名誉权的程度超出一般民事惩戒的程度，达到情节严重时，就应当追究行为人相应的刑事责任。《刑法修正案（十一）》新增了第 299 条之一，规定：“侮辱、诽谤或者以其他方式侵害英雄烈士的名誉、荣誉，损害社会公共利益，情节严重的，处三年以下有期徒刑、拘役、管制或者剥夺政治权利”。

本案中虽然江某已经死亡，但其名誉权亦受到法律的保护。谭某通过微博以漫画、文字的方式，公然贬损江某人格，破坏江某名誉，情节严重，其行为已构成侮辱罪；又故意利用信息网络捏造事实诽谤江某，公然贬损江某人格，破坏江某名誉，网民浏览数达 34 万余次，情节严重，其行为已构成诽谤罪。

本案属于告诉才处理的自诉案件，根据最高人民法院《关于适用〈中华人民共和国刑事诉讼法〉的解释》第 317 条的规定，自诉案件，如果被害人死亡无法告诉，其法定代理人、近亲属告诉的，人民法院应当依法受理。本案中，江某已死亡，江某的母亲作为自诉人，就被告人谭某侮辱、诽谤其和江某的事实提供相应证据，向人民法院提起刑事自诉，人民法院依法应予以受理。

（二）网络语言暴力的刑法规制

随着时代的进步，网络成为人们当前传播信息、获得信息的一种重要方式。越来越多的人能够在网上发表言论，言论自由因为互联网时代的到来而得到更充分的实现。但网络是把双刃剑，网络给言论自由提供更多便利的同时，网络语言暴力的现象也愈演愈烈。

司法实践中，一方面网络语言暴力越来越严重，另一方面网络语言暴力入刑的案件并不多，究其原因，网络暴力入刑主要存在四个方面的难点：一是责任主体难以确定。网络语言暴力通常是一种群体性的盲从行为，始作俑者难以确定，众多盲从者推波助澜，难以确定责任主体。而且由于涉及人员众多，容易产生“法不责众”的思想。二是侵犯网络名誉刑事案件被侵权人维权难。当侮辱、损害的程度超出一般民事惩戒的程度，情节严重时，就会构成侮辱罪、诽谤罪。但是侮辱罪、诽谤罪一般属于自诉案件，对于这两类案件除严重危害社会秩序和国家利益的案件外，需要自诉人及时向人民法院起诉。但是在司法实践中，有些被侵权人没有及时向法院起诉，导致自身合法权益不能得到很好的保护。三是证据难以取得和留存。互联网的虚拟性导致网络侵权行为隐蔽性强，侵权信息容易被删除，被侵权人未及时公证证据的情况下，原始证据极易灭失。四是过分推崇刑法的“谦抑性”。通常在司法实践中把对网络语言暴力行为的追究落脚于民事侵权上，认为网络暴力行为仅仅是对他人隐私权、名誉权的侵犯，由民事法律调整即可，不应将所有的道德问题上升到刑法规制层面。但是，网络暴力行为借助网络放大镜的功能使侵犯他人权益的程度更深，后果更严重，影响面更广，因此，对于符合犯罪构成要件，情节严重的网络语言暴力行为，应当入刑，以引起公众对其危害性的重视。

我国《宪法》第 35 条规定了言论自由，随着自媒体的普及，每个人都拥有发声的渠道，信息的发布门槛降低。同时，由于网络的匿名性和虚拟性降低了网民参与网络讨论的风险，使得屏幕背后的网民拥有了“法不责众”的心理保护，现实中不敢或不能表达的思想，都会显现出来。但《宪法》第 51 条亦规定，我国公民在行使自由和权利的时候，不得损害国家的、社会的、集体的利益和其他公民的合法的自由和权利。因此，公民在行使言论自由的同时也要尊重权利应有的法律界限，不能侵犯他人合法的权利，要对自己的言论负责。因此，网络言论的自由也是有法律边界的。

随着网络技术的快速发展和应用，传播知识、交流信息、发表意见突破了时间和空间的限制，又由于“法不责众”的心理保护，网民在网络上发表具有侮辱性的言论、图片。网络世界虚拟、自由，网民采用匿名方式游走于网络世界，道德责任感和自我约束力相对弱化。部分网民误以为在网上可以不必为自己的言论负责，在网络上通过语言、图片、视频等方式对他人进行肆意谩骂、侮辱，侵犯他人的名誉权。根据全国人民代表大会常务委员会《关于维护互联网安全的决定》第 4 条第 1 项，利用互联网侮辱他人或者捏造事实诽谤他人的，依照刑法有关规定追究刑事责任。因此，言论自由应有界限，网络不是法外之地。网络语言暴力情节严重构成犯罪的，应当依法承担相应的刑事责任。

本案被告人谭某得知江某在日本被杀事件后，非但不表同情，甚至从 2018 年起通过网络对原本素不相识的江某及江某之母江某莲进行侮辱、诽谤。其中，谭某发布他人创作的系列漫画，该漫画将江某莲描画得面目狰狞、形象丑陋、衣着暴露；谭某在发布的《江某莲自己克死女儿江某，不能怨任何人》《江某莲七百多天了还不安生，你想念你家鸽子就去买瓶敌敌畏就 ok 啦》两篇博文首部附上江某遗照，配以侮辱性语言，在文中还用语言对江某莲进行侮辱、谩骂；谭某在发布的 17 篇微博短文中连续辱骂江某莲，语言恶毒；发布标题为《深度解析江某莲的谎言与诡计！正义必然不属于你》的博文，捏造江某是陈某峰情敌而遭杀害的事实。谭某发布的上述漫画和博文浏览数总计达 42 万余次。2019 年 1 月，经山东省青岛市精神卫生中心初步诊断，江某莲患有创伤后抑郁。谭某的上述行为公然贬低、损害他人人格，破坏他人名誉，情节严重，已构成侮辱罪；谭某的上述行为捏造并散布虚构事实，损害他人人格，破坏他人名誉，情节严重，已构成诽谤罪，对谭某依法应予数罪并罚。

（三）根据被告人谭某的犯罪事实、情节应对其判处有期徒刑实刑

根据我国《刑法》第 246 条之规定，犯侮辱罪、诽谤罪，依法应当分别判处 3 年以下有期徒刑、拘役、管制或者剥夺政治权利。谭某作为成年人，应当具备明辨是非的判断能力，应当对自己的言行负责。谭某称受他人影响，跟风参与网络骂战的辩解不能成为对其从轻处罚的理由。且谭某在一审法院审理期间还发布相关微博，侮辱江某莲。谭某的上述网络暴力行为不仅损害、破坏了江某、江某莲的名誉权和人格权，严重伤害了江某莲，而且混淆了公众视听。虽然谭某在二审法院审理期间认罪悔罪，对江某莲表示歉意，希望对江某莲进行经济赔偿，与江某莲进行和解、调解，请求二审法院对其从轻处罚。但是江某莲不接受谭某的道歉，不愿意和解、调解。一、二审法院根据谭某犯罪的事实、性质、情节及对社会的危害程度等对谭某以侮辱罪判处有期徒刑 1 年，以诽谤罪判处有期徒刑 9 个月，决定执行有期徒刑 1 年 6 个月的量刑是适当的。

二审法院微博对本案宣判情况进行实时发布，阅读量达 3829 万，点赞 22.6 万，转发 1 万。宣判后，央视东方时空栏目对本案进行了专题报道。网友们纷纷点赞，认为本案的公正审判为网络言论的引导、为网络暴力的刑法规制树立了标杆。

推进依法治网是全面依法治国的必然要求，网络法治工作是网络强国建设的重要保障。本案以习近平法治思想和习近平总书记关于网络强国的重要思想为指引，依法惩治网络语言暴力行为，捍卫网络空间公平正义，让“互

联网不是法外之地”观念深入人心，取得了较好的法律效果和社会效果。

专家点评

由于江某事件在网络上本就具有较大影响，加上本案涉及亲告罪、网络语言暴力以及较多的量刑情节等，使得定罪量刑相对复杂，故而在法律适用上较为典型、新颖。其主要理论价值与实践意义有二：一是定性准确。被告人谭某虽然针对已故被害人使用网络语言暴力，但死者的人格尊严和名誉仍受法律保护。同时，网络语言暴力在性质上是有所不同的。侮辱无关事实之真伪，而是对他人的人格、尊严或者个人形象的贬低、丑化、矮化，网络侮辱常利用视频、图画、文字等散布、传播达成。诽谤的本质是捏造、虚构事实加以散布以毁坏他人名誉、贬低他人人格，网络时代诽谤多利用信息网络实施。本案中，法官充分注意到侮辱罪与诽谤罪之别，对谭某以侮辱罪和诽谤罪论，可谓定性准确。二是量刑公正。被告人谭某多次利用网络侮辱、诽谤江某，且在一审法院审理期间仍然继续发布相关微博侮辱被害人，情节不可谓不严重。当然，谭某在二审法院审理期间认罪悔罪，对被害人表示歉意并希望进行经济赔偿，表达了与被害方和解、调解的愿望，尽管被害方不接受谭某的道歉，不愿意和解、调解，但酌情加以适当从宽处罚是符合法律规定的。鉴于谭某的侮辱行为相对于诽谤行为更为严重，法院对谭某以侮辱罪、诽谤罪分别判处有期徒刑1年及9个月，数罪并罚决定执行有期徒刑1年6个月，应当说是比较公平、公正的。

习近平总书记指出，“网络空间同现实社会一样，既要提倡自由，也要保持秩序。自由是秩序的目的，秩序是自由的保障。我们既要尊重网民交流思想、表达意愿的权利，也要依法构建良好网络秩序，这有利于保障广大网民合法权益。网络空间不是‘法外之地’。网络空间是虚拟的，但运用网络空间的主体是现实的，大家都应该遵守法律，明确各方权利义务。要坚持依法治网、依法办网、依法上网，让互联网在法治轨道上健康运行”。[1]可见，网络空间并非不受法律辖制的“法外之地”，网络强国建设中必须发挥法治的基础作用。网络时代的不少刑事犯罪发生的场域，已经由传统空间转到网络空间。

〔1〕《习近平在第二届世界互联网大会开幕式上的讲话》，载 https://news.12371.cn/2015/12/16/ARTI1450250340197792.shtml，2024年7月19日访问。

惩罚和预防网络犯罪，确保互联网在法治轨道上健康运行，是社会主义法治建设和犯罪治理现代化的重要内容。对典型网络犯罪加以准确定罪和公正量刑，对于网络时代弘扬社会主义核心价值观和法治精神，无疑具有重要的示范和引领作用。本案的定罪量刑，充分体现了法官在案件裁判上的智慧。

（彭文华，上海政法学院刑事司法学院院长、教授，博士生导师）

王某勋诉吴某、王某等保证合同纠纷案

——保证债务中夫妻共同债务的认定

李迎昌* 潘 喆**

一、基本案情

王某勋诉称：涉案担保书形成时间是在吴某和王某婚姻关系存续期间，且吴某在担保书上的签字是在王某后面，应是作为夫妻双方的个人签字，吴某明知承担的是担保责任，是夫妻双方共同承担保证责任的意思表示。故要求吴某与王某共同承担担保责任。

吴某辩称：王某勋认为自己承担保证责任的事实基础是基于自己在担保书上签字。而依据担保书，可以明确本案的保证人仅是王某和A公司，吴某在担保书上签字，仅仅是代表A公司履行法定代表人的职责。依据最高人民法院《关于审理涉及夫妻债务纠纷案件适用法律有关问题的解释》(已失效)，只有夫妻双方共同签字或者认可才应当认定为共同债务，但吴某的签字行为仅仅是代表A公司履行法定职责，不是代表其个人及王某妻子的名义，故本案只能适用该司法解释第3条。

王某辩称：其是A公司的实际控制人，为了促成涉案借款，进而帮助银行收回贷款，就用自己实际控制的A公司作为担保。吴某的签字是作为法定代表人的身份签字。

A公司辩称：吴某是作为A公司的法定代表人签字，A公司也认可其签字行为。

法院经审理查明：2013年8月1日，王某勋（出借人，即甲方）与案外

* 李迎昌：上海市第二中级人民法院商事审判庭副庭长、三级高级法官。

** 潘喆：上海市第二中级人民法院民事审判庭原法官助理，现上海市静安区人民法院入额法官。

人李某（借款人，即乙方）签订《借款合同》，并由王某及吴某签名、A公司盖章出具担保书，对《借款合同》所涉借款10 000 000元承担连带责任保证，保证期间为借款期限届满之日起两年，保证范围包括合同项下所有借款本金、利息、违约金、赔偿金和诉讼费、公证费、律师费等其他费用。

王某与吴某于2012年5月2日登记结婚，2016年1月13日离婚。A公司于2011年经核准成立，吴某为公司法定代表人。

二、裁判结果

上海市宝山区人民法院于2018年7月26日作出［2017］沪0113民初18295号民事判决：（1）被告王某、A公司、吴某于本判决生效之日起10日内，共同归还原告王某勋借款本金7 387 315元并支付利息、赔偿金和违约金（以本金7 387 315元为基数，按年利率24%自2016年9月1日起计至实际清偿之日止）；（2）被告王某、A公司、吴某于本判决生效之日起10日内，共同支付原告王某勋公证费20 000元、律师费200 000元。

上海市第二中级人民法院于2019年3月11日作出［2018］沪02民终11457号民事判决：（1）撤销上海市宝山区人民法院［2017］沪0113民初18295号民事判决；（2）王某、A公司于本判决生效之日起10日内共同偿付王某勋借款本金人民币7 387 315元并支付利息、赔偿金和违约金（以本金人民币7 387 315元为基数，按年利率24%标准，自2016年9月1日计算至实际清偿之日止）；（3）王某、A公司于本判决生效之日起10日内共同支付王某勋公证费人民币20 000元、律师费人民币200 000元；（4）王某勋的其余诉讼请求不予支持。

三、裁判理由

生效判决认为：本案争议焦点是吴某是否应承担保证责任。解决该争议焦点须厘清以下几个问题。

第一，吴某是否为保证人。保证是指保证人和债权人约定，当债务人不履行债务时，保证人按照约定履行债务或者承担责任的行为。保证作为一种债务承担，在确定民事主体承担保证责任时，须有充分的证据证明民事主体有明确承担保证责任的意思表示。观涉案担保书，首部所列保证人中，吴某所列身份系A公司的法定代表人，保证人是A公司，而非作为自然人的吴某。

虽然吴某本人在担保书尾部签字，但基于担保书所列明的保证人范围及吴某作为A公司的法定代表人身份，吴某本人的签字以及签字的顺序、位置，均不能推论出吴某本人愿意承担保证责任。故吴某不是涉案债务的保证人。

第二，吴某是否有共同保证的意思。王某勋还主张吴某与王某有夫妻共同保证的意思表示，吴某应承担保证责任。法院认为，共同保证前提是每个保证人均有提供保证的明确意思表示。本案中，关于吴某是否为保证人已在上述第一个问题中阐述，不能因吴某与王某系夫妻关系，就必然推定出吴某有与王某共同保证的意思表示。本案中王某勋并无证据可以证明吴某有与王某为涉案债务进行共同保证的行为。一审法院认定吴某与王某有夫妻共同意思表示为保证行为，依据不足，法院不予认同。

第三，王某的担保之债是否为夫妻共同债务。本案中虽然吴某明知王某对涉案债务进行保证，但吴某并未有共同保证的意思，事后也未追认，而担保的债务也不同于借贷，不存在讨论是否用于夫妻共同生活、共同生产经营的问题。故依据《婚姻法》(已失效）及其司法解释的有关规定和精神，即使吴某明知王某有担保债务，也不能当然认定该担保之债属于夫妻共同债务。综上，依据本案在案证据及实际案情，从夫妻共同债务的角度，本案王某的担保之债也不能认定为吴某的夫妻共同债务。

四、法官感悟

习近平总书记指出，“家庭是社会的细胞。家庭和睦则社会安定，家庭幸福则社会祥和，家庭文明则社会文明”。[1]我国《民法典》构建了具有中国特色的社会主义婚姻家庭制度，是规范夫妻关系的基本准则，促进和维护了夫妻关系的和谐。如何能够将具有中国特色的婚姻家庭制度贯彻好、落实好，是司法工作人员的使命。

具体到夫妻关系存续期间的债务是否属于夫妻共同债务的问题，我国法律经历了一系列变迁，因此更需要从法律条文的变化中把握上述问题的认定方式和标准，使判决符合法律的实质要求，实现公正司法。本案的争议焦点在于作为配偶的吴某是否应当与王某共同承担保证责任。为此需要解决以下

〔1〕《习近平：在会见第一届全国文明家庭代表时的讲话》，载 https://news.12371.cn/2016/12/15/ARTI1481810971564960.shtml，2024年7月19日访问。

两个问题：一是吴某对王某保证债务的明知是否能够视为具有共同偿债的意思表示；二是若吴某并不具有共同偿债的意思表示，则王某一方对外承担的保证债务是否属于用于夫妻共同生活、共同生产经营的债务从而认定为夫妻共同债务。

（一）保证人配偶明知保证债务存在时夫妻共同债务的认定

本案一审法院认为作为保证人王某妻子的吴某，明知自己的丈夫在保证合同中签字却没有当场提出反对意见的行为表明其对共同承担保证责任表示认可。但本文认为，保证人配偶明知保证人对外承担保证责任而不表示反对不构成对承担保证责任的承诺，因此不能认定为夫妻共同债务。

（1）将对保证债务的明知认定为承诺不符合法律规定。承诺可分为三类：明示的承诺、默示的承诺以及沉默。明示与默示承诺的区别在于前者通过语言而后者通过行动表达自己的承诺。例如以书面或口头的方式向要约人表明接受要约属于明示的承诺而按照要约的内容向对方交付货物属于默示的承诺。本案中，吴某既没有明确作出同意承担保证责任的意思表示也没有作出诸如代替王某向债权人支付费用的行为，因此不能认定吴某作出了上述两种承诺。

单纯的沉默在一般情形下并不构成承诺，然而《民法总则》(已失效）第140条作出了例外规定，当沉默符合法律规定、当事人约定或双方之间的交易习惯时方能视为承诺的意思表示。结合在案证据可知本案并无该条适用的余地。其一，本案各方之间对沉默的意思并无约定亦没有证据证明之前有过类似的交易习惯。其二，《合同法》(已失效）规定的试用买卖合同即为沉默符合法律规定最为典型的条款，根据该条款可知，只有当法律赋予合同相对方以作为义务时，当事人沉默方可视为同意。在涉案的保证合同中，一方面，法律并没有规定明知一方存在债务的配偶有向债权人作出意思表示的义务；另一方面，配偶并没有阻止另一方以个人财产对外承担保证责任的义务。因此，妻子对保证内容的明知仅仅只能看作对丈夫自身负债的明知。综上所述，保证人对配偶债务的明知并不属于法律规定的承诺。

（2）将对保证债务的明知认定为承诺不符合社会预期。当事人双方订立合同的过程中，了解合同内容与作出承诺的意思表示是两个阶段。在没有义务作出特定表示的情况下，将了解合同内容本身看作承诺将会导致秩序的混乱。“要约人主动建议订立合同，受要约人承诺与否是自由的，不予理会也是自由的。承诺作为一种意思表示，除承诺的意思之外，尚须经过表示，始具法律意义。”[1]对于成年人而言，即使是纯获利益的行为也必须作出相应的意思表示方能生效，对于债务人是否具有负担债务的意思表示应当从严认定。也有学者指出认定夫妻双方是否对保证之债形成共同的意思表示，应当将保证人配偶对保证人的保证行为明确表示认可作为判断依据，仅仅是知道保证合同的内容不应当视为同意。[2]该观点符合一般的交易规律，商品的销售者在完成对商品的介绍之后若向每一位了解介绍内容的顾客要求支付购买商品的费用是难以令人接受的。

（3）将对保证债务的明知认定为承诺不符合司法实践。以“担保合同、夫妻共同债务”为关键词在中国裁判文书网上进行检索，在涉及是否存在共同承担保证责任合意的问题时，法院表示如果没有明确的意思表示则债权人没有权利要求配偶承担共同保证责任。[3]只有配偶在《配偶同意担保书》《共同还款承诺书》等能够明确表示承诺共同承担保证责任的文件上签字的情况下，法院才会认可配偶具有同意的意思表示。[4]当现有证据仅能证明配偶知晓相关担保债务时，法院并不认可配偶具有同意承担担保责任的意思表示。[5]

综上所述，保证人配偶对共同承担保证责任的承诺应当以明确的意思表示作出，本案中吴某对保证债务的明知不能作为其承担责任的依据。

（二）一方对外保证之债中夫妻共同债务的认定

当没有证据证明保证人对外保证的行为获得配偶的同意时，该保证属于夫妻一方对外的保证之债。有观点认为考虑到保证债务自身的性质以及法律对保证债务的特殊规定，一方对外的保证之债不应当认定为夫妻共同债务。本文认为保证债务属于债务的一种，当该类债务满足最高人民法院《关于审理涉及夫妻债务纠纷案件适用法律有关问题的解释》（已失效）第3条的规定，

---

〔1〕 韩世远：《合同法总论》（第3版），法律出版社2011年版，第102页。

〔2〕 参见陈洁、张妍丽：《金融借款保证合同中保证人配偶的责任承担》，载《人民司法》2017年第22期。

〔3〕 参见［2017］沪0115民初55860号民事判决书。

〔4〕 参见［2018］沪0117民初8508号民事判决书。

〔5〕 在“上海贸誉企业管理咨询有限公司诉包某华、李某梅等金融借款合同纠纷”中，李某梅并未在《融资担保书》中专门为担保人设置的“担保人（签章）”处签字，而是在落款处上方距离较远的空白处签字，法院认为担保意思的作出要符合一定形式的要求，因此李某梅的签字仅能表示其知晓丈夫包某华的相关债务而不能作为债务的担保人。具体案情参见［2017］沪0104民初19762号民事判决书。

应当认定为夫妻共同债务。

（1）保证债务的立法定位。有观点认为最高人民法院民一庭《关于夫妻一方对外担保之债能否认定为夫妻共同债务的复函》（以下简称《夫妻一方对外担保的复函》）已经对保证债务的特殊性进行了确认，夫妻一方对外保证之债不应当认定为夫妻共同债务。然而由于最高人民法院《关于适用〈中华人民共和国婚姻法〉若干问题的解释（二）》（已失效，下同）第24条已经为最高人民法院《关于办理涉夫妻债务纠纷案件有关工作的通知》所废止，因此《夫妻一方对外担保的复函》已经失去了指导认定夫妻一方对外债务是否构成夫妻共同债务的效力。然而，即使《夫妻一方对外担保的复函》仍具有效力，共同生活标准依然符合该份文件的精神。司法实践中存在将最高人民法院的该份文件视为否认所有夫妻一方保证之债适用夫妻共同债务依据的做法。例如在黄某英等诉郑某、吴某萍等民间借贷纠纷案中，法院在判断妻子吴某萍是否应当为丈夫郑某对外担保的债务承担连带责任时，并没有审查郑某负担担保债务是否是为了夫妻共同生活，而是直接以《夫妻一方对外担保的复函》驳回了原告的诉讼请求。〔1〕然而这样的理解过于片面，在保证人配偶获得了因保证而带来的利益时，不将其纳入债务承担的范围显然有失公平。同时，这样的做法也为保证人转移财产逃避债务创设了条件，不利于保护债权人的利益。有学者指出最高人民法院《关于适用〈中华人民共和国婚姻法〉若干问题的解释（二）》第24条将本应限定在日常家事代理范围内的“共债推定”进行扩大化处理，会造成恶意债务、非法债务以及虚假夫妻债务的急剧增加。〔2〕因此对《夫妻一方对外担保的复函》理解为是为了避免法院机械适用最高人民法院《关于适用〈中华人民共和国婚姻法〉若干问题的解释（二）》第24条的规定而作出，〔3〕保证人配偶是否应当与担保人共同承担保证责任以共同生活标准来确定较为合理。综上所述，目前并无法律对保证债务作区别于一般债务的规定。

（2）保证债务的学理定位。有观点认为，保证合同为单务合同，既没有

---

〔1〕参见［2015］榕民初字第1370号民事判决书。

〔2〕参见叶名怡：《〈婚姻法解释（二）〉第24条废除论——基于相关统计数据的实证分析》，载《法学》2017年第6期。

〔3〕参见程新文等：《〈关于审理涉及夫妻债务纠纷案件适用法律有关问题的解释〉的理解与适用》，载《人民司法》2018年第4期。

金钱债务用于夫妻共同生活，保证人也无法从保证合同中受益，因此不同于一般的一方对外负担的债务。由此，无偿保证无法认定为夫妻共同债务并无争议，正如有学者指出当债务的设定无法为夫妻共同生活带来利益时，负债行为与夫妻共同生活之间的逻辑将被切断。〔1〕然而保证人也可能因保证合同而受益。例如在有偿保证合同当中，保证人往往会因为自己的保证行为向被保证人收取一定的手续费。与借贷之债基于同一法律关系获得用于夫妻共同生产、生活的资金不同，保证人获得的资金并非基于保证法律关系，而是基于例如保证人与被保证人之间的委托合同关系产生。然而，“夫妻双方在债务发生后分享了该债务带来的利益的，就是夫妻共同债务”，〔2〕判断保证债务是否属于夫妻共同债务的关键在于该债务是不是因保证人为夫妻共同利益而负担，债务与金钱利益的获得可以基于同一法律关系也可以不是。〔3〕

因提供保证而获得的利益包括因保证合同而直接、间接产生的财产性利益，但不应当包括无法以金钱衡量内容，例如为了提升自己家庭的社会评价、为了维护与夫妻一方其他亲属的和睦关系等。首先，虽然从长远看可能产生某些财产性利益，例如因社会信用度高而获得更多订单等，但这些财产利益与保证之债的关系过于遥远，对这些利益进行认定会导致法院在实践操作中的困难；其次，非财产性利益属于主观感受，每个人对此有不同的认识，因而难以界定是否获得非财产性利益；最后，基于非财产性利益的获得而要求保证人的配偶承担财产性赔偿并不公平，两者之间并没有一个等价公式，无论法院如何判决都很难令人满意。

综上所述，保证债务与其他债务之间并无实质区别，若一方对外保证之债能产生金钱收益，且该收益能用于夫妻共同生产经营、生活，则应当认定为夫妻共同债务。本案中，并无证据证明保证人王某的保证行为曾获金钱收益，因而其保证债务不应当视为夫妻共同债务由吴某共同负担。夫妻之间相

---

〔1〕 参见王跃龙：《无偿保证所生之债务不应认定为夫妻共同债务》，载《法学》2008年第10期。

〔2〕 参见缪宇：《走出夫妻共同债务的误区——以〈婚姻法司法解释（二）〉第24条为分析对象》，载《中外法学》2018年第1期。

〔3〕 例如，甲开设A公司，A公司的营业收入用于夫妻甲乙的共同生活，现甲以个人名义向丙借款20万元用于公司经营。在这种情况下，乙的获利与甲的借款之间并非同一法律关系，然而夫妻一方从事生产经营活动但利益归家庭共享的情形属于夫妻共同生产经营，因此该20万元的债务应当认定为夫妻共同债务。

互扶持、相互帮助，是社会主义核心价值观的重要体现，也是中华民族的传统美德，但夫妻一方对外的债务决不能仅以道德上的理由而由双方共同承担，问题的解决仍应当以法律为依据才能符合社会主义法治体系的要求。

专家点评

夫妻共同债务引发的纠纷一直广受民众关注，同时也是司法实践中的疑难问题。尽管《民法典》第1064条与先前立法和司法解释相比有了长足的进步，但是在具体案件中仍然存在进一步的解释空间。

本案中，王某勋（出借人）与案外人李某（借款人）签订《借款合同》，并由王某及吴某签名、A公司盖章出具担保书，对《借款合同》所涉借款承担连带责任保证。其中王某和吴某是夫妻，吴某也是A公司的法定代表人。借款到期以后李某未能偿付，王某勋起诉要求王某和吴某承担连带保证责任。

根据《民法典》第1064条的规定，夫妻双方共同签名所负的债务，原则属于共同债务。从本案的表面证据看王某和吴某均在借款合同上签字，似乎符合第1064条的规定，这也是一审法院判决王某和吴某承担连带保证责任的原因。但是二审法院认为，涉案担保书首部所列保证人中，吴某所列身份系A公司的法定代表人，保证人是A公司，而非作为自然人的吴某。虽然吴某本人在担保书尾部签字，但基于担保书所列明的保证人范围及吴某作为A公司的法定代表人身份，吴某本人的签字以及签字的顺序、位置，均不能推论出吴某本人愿意承担保证责任。故吴某不是涉案债务的保证人。同时，不能因吴某与王某系夫妻关系，就必然推定出吴某有与王某共同保证的意思表示。本案中王某勋并无证据可以证明吴某有与王某为涉案债务进行共同保证的行为。一审法院认定吴某与王某有夫妻共同意思表示为保证行为，依据不足。

习近平总书记在党的二十大报告中强调，要“坚持依法治国和以德治国相结合，把社会主义核心价值观融入法治建设、融入社会发展、融入日常生活”。二审法院的判决非常好地体现了社会主义核心价值观的自由价值和法治价值。法院不拘泥于表面证据，而是通过对案件事实的深入分析探求当事人内心的真意，这是对自由价值的充分保障。法院通过对《民法典》相关法条的体系解释，寻求案件的妥善解决方案是对法治价值的尊重。

（方新军，苏州大学王健法学院院长、教授，博士生导师）

A 足球俱乐部诉 B 足球俱乐部、C 公司其他合同纠纷案

——多层次体育纠纷解决机制主管边界的司法审查

李非易[*]　刘子娴[**]

一、基本案情

A 足球俱乐部诉称：其与 B 足球俱乐部签署《培训合作协议》，约定 A 足球俱乐部租借 B 足球俱乐部球员，为球员提供参赛机会，B 足球俱乐部根据球员的出场率支付相应的奖励款。双方另与四名球员分别签署内容一致的《球员租借协议》。A 足球俱乐部已按约保障球员出场率，但 B 足球俱乐部在租期届满后未及时支付奖励款。C 公司是 B 足球俱乐部的唯一股东，两者之间财产混同。请求法院判令：B 足球俱乐部支付奖励款、违约金、律师费，C 公司承担连带责任。

B 足球俱乐部、C 公司在一审答辩期间提出管辖权异议：《球员租借协议》与《培训合作协议》为有机整体，支付奖励款是因球员租借而产生的纠纷。《球员租借协议》约定，如有违约，呈报中国足协仲裁。该约定排除法院主管，应驳回 A 足球俱乐部起诉。

法院经审理查明：2019 年 2 月 20 日，B 足球俱乐部、A 足球俱乐部与 B 足球俱乐部四名球员分别签署内容相同的《球员租借协议》，协议主要约定 A 足球俱乐部租借 B 足球俱乐部球员并支付租借费。B 足球俱乐部配合并确保球员注册为 A 足球俱乐部球员、代表 A 足球俱乐部参加比赛。A 足球俱乐部承担球员在其安排的训练和比赛中出现伤病的全部治疗康复费用。违约责任

* 李非易：上海市第二中级人民法院商事审判庭审判团队负责人、一级高级法官。

** 刘子娴：上海市第二中级人民法院商事审判庭法官助理。

约定“本协议自双方签署或加盖公章之日起将具有法律效力，双方应严格遵守，不得违约。如有违约，呈报中国足协仲裁，直至追究法律责任”。

同年2月25日，B足球俱乐部与A足球俱乐部签署《培训合作协议》，主要约定B足球俱乐部将球员租借至A足球俱乐部（球员租借协议另行签署）。A足球俱乐部尽可能多安排球员在年度联赛期间正式比赛中的出场率。球员在租期内出场率为30%~50%，B足球俱乐部向A足球俱乐部支付奖励款每人100万元，出场率为51%~70%，奖励款每人300万元，出场率71%以上，奖励款每人600万元。协议还约定了出场率的具体计算方法。

2023年3月10日，中国足球协会（以下简称“足协”）向A足球俱乐部出具《中国足球协会仲裁委员会不予受理A足球俱乐部有限公司仲裁申请的决定》（以下简称《不予受理决定》）。决定载明，由于A足球俱乐部自2020年至今未在足协注册系统中注册，中国足球协会仲裁委员会（以下简称“足协仲裁委”）不予受理A足球俱乐部的仲裁申请。建议A足球俱乐部通过其他途径依法维护合法权益。

二、裁判结果

上海市崇明区人民法院于2023年3月27日作出［2023］沪0151民初1673号民事裁定：驳回A足球俱乐部的起诉。

宣判后，A足球俱乐部提出上诉，主张本案纠纷不存在足协仲裁合意，且不在足协仲裁委受理范围内，一审裁定本案应由相关仲裁机构仲裁的认定错误，故请求撤销一审裁定，指令一审法院审理本案。二审庭审中，B足球俱乐部、C公司表达本案纠纷申请中国体育仲裁委员会（以下简称“体育仲裁委”）仲裁的意愿，A足球俱乐部对此明确表示反对。上海市第二中级人民法院对足协仲裁的合意范围以及对法院主管的排他效力、体育仲裁委仲裁合意达成条件进行审查，于2023年7月4日作出［2023］沪02民终6825号民事裁定：（1）撤销上海市崇明区人民法院［2023］沪0151民初1673号民事裁定；（2）本案指令上海市崇明区人民法院审理。

三、裁判理由

法院生效裁判认为：本案的争议焦点是法院可否受理本案纠纷。因纠纷当事方为专业足球俱乐部，争议内容关乎职业球员租借，本案系涉体育纠纷。

时下主管体育纠纷的国内主体有国家各单项体育协会内部纠纷解决机构、体育仲裁委、法院等。各主体之间主管个案纠纷的逻辑关系是，若存在体育协会内部纠纷解决机制且该机制可以受理，则鼓励内部解纷。若用尽内部救济仍无法解决争议，或者纠纷各方以仲裁协议、体育组织章程、体育赛事规则为载体达成体育仲裁委仲裁合意，且争议属于体育仲裁委受案范围，则由体育仲裁委仲裁。若纠纷无法通过以上方式得以解决，则可由法院受理。为确保当事人权益得以救济、纠纷得以实质解决，根据争议内容和当事人意思表示，本案纠纷属于法院主管范围。

（一）《球员租借协议》中足协仲裁合意范围不及于《培训合作协议》

《培训合作协议》将球员租借列为合同主体间合作方式的一种。两份合同具有一定的关联性，但并非同一文本。《球员租借协议》中的足协仲裁条款明确约定足协仲裁委受理因履行该协议而产生的纠纷。本案诉讼请求指向的是 A 足球俱乐部保证球员出场率后 B 足球俱乐部支付奖励款的义务和 A 足球俱乐部收取奖励款的权利。该对权利义务仅受《培训合作协议》约束，不属于履行《球员租借协议》的内容。此外，《球员租借协议》签订在先，《培训合同协议》订立在后，不可将在先的足协仲裁合意直接认定对后续合同产生效力。将足协仲裁合意范围扩大至奖励款支付引发的本案纠纷存在意思表示内容和形式方面的欠缺。故足协仲裁的合意范围不包括本案纠纷。

（二）足协仲裁条款并不当然排除法院对本案纠纷的主管

退一步讲，即使认定足协仲裁合意扩大覆盖本案纠纷，法院仍可受理本案。足协是非营利性社团法人。足协仲裁委虽然名称中含有仲裁委，但其并未在司法行政管理机关进行登记，不属于《仲裁法》调整范围内的仲裁机构。足协仲裁委作为足协专门处理内部纠纷的下设分支机构，属于内部自治机构，其裁决权源于成员集体授权，作出的裁决在性质上属于内部决定，依据内部规则产生约束力和强制力，即内部效力。A 足球俱乐部并未在足协注册，为外部主体，足协仲裁裁决的强制力存在欠缺，当事人的权利保障并不周全。若当事人诉诸司法救济，法院仅以应由足协仲裁解决体育纠纷为由拒绝受理，则会造成当事人权利实质性落空，纠纷无法得以终局性解决。并且足协已经就 A 足球俱乐部的仲裁申请作出了不予受理的决定，本案纠纷客观上丧失了通过足协解决的机会。故即使将足协仲裁合意扩大解释至可覆盖本案纠纷，该合意不可当然排除法院主管。

（三）体育仲裁委无法受理本案纠纷

体育仲裁委是依据《体育法》第 9 章，由国务院体育行政部门设立的专门处理体育纠纷的仲裁机构。其作出的仲裁裁决具有法律效力。体育仲裁需遵从当事人自愿这一仲裁制度的基本原则。体育仲裁合意可以通过仲裁协议、体育组织章程、体育赛事规则呈现。本案中，纠纷各方之间并未达成体育仲裁委仲裁合意，故体育仲裁委无权受理本案纠纷。

综上，足协仲裁合意范围不可覆盖本案纠纷。即使作扩大解释，因足协仲裁的性质和 A 足球俱乐部的注册状态，足协仲裁条款无法排除法院主管。纠纷各方未达成体育仲裁委仲裁合意。故法院应当受理 A 足球俱乐部提起的诉讼请求。

四、法官感悟

体育事业是被写入《宪法》总纲中的国家重要发展战略。在依法治体的新格局下，体育法治化发展日趋完善，《体育法》2022 年修订的一大亮点是增设体育仲裁专章。2023 年，国家体育总局依据新《体育法》设立了缺位已久的体育仲裁委并制定相关仲裁规则，标志着体育纠纷争议解决体系实现了重大革新。体育协会内设仲裁委、中国体育仲裁委、法院等主管主体共同构建了全新的体育纠纷多元化解体系。然而，当下对各解纷机制间受理纠纷的逻辑关系缺乏梳理，造成当事人救济选择困惑和各机制定位混乱。

本案在习近平法治思想的指引下，分析并厘清各机制的法律属性、边界范围与衔接方式，以鼓励体育自治，发挥专门机构处理纠纷专业度、及时性等优势为基本原则，确定了递进式审查法院主管权路径，保障了当事人的救济权利和体育纠纷的实质性化解。

（一）充分发挥非诉讼纠纷解决机制的专业优势

习近平法治思想强调法治建设既要抓末端、治已病，更要抓前端、治未病。我国国情决定了我们要推动更多法治力量向引导和疏导端用力，完善包括仲裁在内的多元预防调处化解综合机制，完善非诉讼纠纷解决机制。

体育纠纷呈现出情况复杂性、行业封闭性等特点，对体育纠纷尤其是涉竞技体育纠纷的处理在专业度、时效性等方面提出了更高的要求。当前形成的多层次体育纠纷解决体系中主管纠纷主体主要包括全国各单项体育协会纠纷解决机构、体育仲裁委和法院。全国各单项体育协会纠纷解决机构的典型是足协和篮协设置的内部纠纷解决机构。以足协内部纠纷解决机构为例，根据《中国足球协会章程》以及《中国足球协会仲裁委员会工作规则》的相关规定，足协仲裁委是足协的分支机构，专门处理行业内部纠纷。体育仲裁委是国务院体育行政部门设立的专门处理体育纠纷的仲裁机构。体育仲裁委依据仲裁协议、体育组织章程、体育赛事规则等受理一定范围内的体育纠纷。法院作为提供公力司法救济的主体，对于体育纠纷拥有天然的管辖权。本案确定的递进式主管审查路径优先审查体育协会纠纷解决机制和体育仲裁委的主管权，充分尊重体育协会纠纷解决机制和体育仲裁委在解决体育纠纷中的天然优势。

（二）坚守维护公平正义最后一道防线的司法职责

习近平法治思想强调司法是维护社会公平正义的最后一道防线，司法公正对于维护社会公正具有重要的引领作用。在体育纠纷这种专业性较强的纠纷中，仍应贯彻司法本职使命，确保各救济方式的有效衔接，保障个案纠纷得以公正、高效、有序解决。

现有的体育纠纷解决机制可以依据法律效力区分为两个层次。第一层次是以契约为基础的体育协会内部纠纷解决机制，第二层次是以司法强制力为保障的体育仲裁委仲裁和法院诉讼。在体育纠纷个案中确定法院是否拥有主管权需遵循以下审查思路。第一步，审查是否存在体育协会仲裁合意。如仅约定体育协会内部纠纷解决机制解决纠纷，不论赋予该解决机制具有排除法院主管权效力，还是约定为强制性的诉讼前置程序，该约定均不产生排除法院主管权的实际效果，当事人将体育纠纷诉诸法院时，法院应予受理。但根据合同基本理论，该约定对当事人仍有私法意义上的约束力，即当事人如跳过约定的内部纠纷解决机制直接提起诉讼，需承担违约责任或体育组织内部的惩罚。第二步，审查是否存在体育仲裁委的仲裁合意。该合意的存在可引发排除法院主管权的效果。随着《体育法》的修改和体育仲裁制度的落地，相关体育组织章程和体育赛事规则可能会增加纠纷提交体育仲裁委仲裁的规定。法院应当主动审查当事人之间仲裁协议、相关体育组织章程和体育赛事规则的内容。若存在提交体育仲裁委的仲裁合意，则应尊重当事人意思自治，裁定驳回起诉，由体育仲裁委对案件进行审理。若合意不存在，则法院应予受理，保障纠纷得以解决。

专家点评

民法的魅力在于它是一个开放的体系，民法的困难在于它始终要面对社会经济生活飞速发展的挑战。尽管我国颁布了《民法典》，但是法典不可能事无巨细全部予以明文规定。职业体育活动产生的纠纷是非常典型的社会生活变迁产生的新事物。根据特别法优先于一般法适用的原则，只有在特别法没有规定的时候才适用《民法典》的相关规定。同时，基于行业自治的惯例和当事人意思自治原则，职业体育纠纷一般由行业协会通过仲裁予以解决。本案中，由于A足球俱乐部未在足协注册系统中注册，足协仲裁委不予受理A足球俱乐部的仲裁申请。

足协向A足球俱乐部出具《中国足球协会仲裁委员会不予受理A足球俱乐部有限公司仲裁申请的决定》。该决定载明，建议A足球俱乐部通过其他途径依法维护合法权益。但是，在A足球俱乐部起诉以后一审法院驳回A足球俱乐部的起诉。由此产生一个问题，司法救济是最后的救济，在行业协会不予受理的情况下，若法院也驳回当事人的起诉，那么当事人之间的纠纷只能处于法外空间。二审法院认为，体育纠纷若存在体育协会内部纠纷解决机制，应鼓励内部解纷。若用尽内部救济仍无法解决争议，争议属于体育仲裁委受案范围，则由体育仲裁委仲裁。若纠纷无法通过以上方式得以解决，则可由法院受理。为确保当事人权益得以救济、纠纷得以实质解决，根据争议内容和当事人意思表示，本案纠纷属于法院主管范围。上述解释符合社会主义核心价值观的法治价值，同时也有利于促进社会主义核心价值观的文明价值，体育活动的广泛有序开展是一个国家物质文明和精神文明的充分保证。

习近平总书记指出，“体育是提高人民健康水平的重要途径，是满足人民群众对美好生活向往、促进人的全面发展的重要手段，是促进经济社会发展的重要动力，是展示国家文化软实力的重要平台”。〔1〕本案以社会公平正义为指针，弘扬社会主义核心价值观，妥善处理体育纠纷，既能够凸显司法在保障体育运动中的重要作用，又能够为国内其他法院处理类似案件提供参照和借鉴。

（方新军，苏州大学王健法学院院长、教授，博士生导师）

〔1〕《习近平：在教育文化卫生体育领域专家代表座谈会上的讲话》，载 https://www.12371.cn/2020/09/23/ARTI1600824261300588.shtml，2024年7月19日访问。

A公司、B银行与甲公司等金融借款纠纷公证债权文书执行案

——闲置土地执行中的府院联动与系统性思维

吴永坚[*]　戴婧伊[**]

一、基本案情

申请执行人：A公司、B银行（后变更为丁公司）

被执行人：甲公司、乙公司、丙公司

A公司、B银行与甲公司、乙公司、丙公司金融借款合同纠纷一案，上海市普陀公证处于2018年12月20日出具［2018］沪普证执字第16号执行证书。执行证书载明，本案执行标的为：（1）贷款本金未偿余额人民币916 267 353.73元；（2）至2018年11月30日（不含当日）的逾期违约金人民币54 506 337.92元；（3）自2018年11月30日起至全部款项清偿之日止期间的逾期违约金（计算方式：人民币916 267 353.73元×25%×计息天数/360）；（4）债权人为实现债权所产生的公证费人民币1 125 000元；（5）债权人为实现债权所产生的律师费人民币750 000元。申请执行人可向人民法院申请对抵押物4号地块、5号房屋及相应土地使用权进行强制执行的方式实现债权。申请执行人可申请由保证人乙公司、丁公司承担相应的连带保证责任。

2019年1月2日，A公司与B银行依据上述［2018］沪普证执字第16号执行证书，向上海市高级人民法院提出强制执行申请，请求强制执行公证执行证书所载执行标的。上海市高级人民法院受理本案，并于2019年1月4日向相关不动产交易中心发出上海市高级人民法院《协助执行通知书》，对案涉

* 吴永坚：上海市第二中级人民法院执行局执行团队协助负责人、三级高级法官。

** 戴婧伊：上海市第二中级人民法院执行局法官助理。

抵押物4号地块、5号房屋及相应土地使用权进行查封（2020年12月23日，因丁公司受让上述债权，执行法院裁定变更丁公司为本案的申请执行人）。2019年1月7日，上海市高级人民法院出具［2019］沪执1号之一执行裁定书，指定上海市第二中级人民法院执行本案。

二、执行过程

后因三被执行人未能足额履行生效法律文书确定的支付义务，法院于2019年5月10日对［2018］沪普证执字第16号中确定的抵押物（甲公司名下4号地块土地使用权）启动评估拍卖程序。2019年8月2日，法院向上海市规划和自然资源局发出《征询函》，请求该局提供相关规划资料供评估使用。2019年8月29日，评估公司出具评估报告。同月，区规划和自然资源局向法院提出因其拟启动闲置土地收回程序，故请求法院解除查封并中止拍卖程序。

据查，因甲公司名下4号地块长期未动工开发涉嫌闲置，区规划和自然资源局于2018年5月24日对其立案调查，并于同年7月5日对该地块作出了《闲置土地认定书》，确认该土地构成闲置土地。据区规划和自然资源局《关于甲公司4号地块处置的告知和建议函》（以下简称《建议函》）所载，截至2020年11月12日（《建议函》出具之日），该地块仍在闲置处置过程中，并已被采取暂停办理产权过户、抵押等有关土地登记手续的行政限制措施（案涉4号抵押权于2015年设立）。

本案的争议焦点为：区规划和自然资源局是否有权收回土地使用权；若可以收回，该收回行为对法院查封、拍卖，及抵押权人权利实现会产生何等影响。另外，就执行法院而言，在行政权与司法权存在冲突且法律规定并不明晰的情况下，应以何种姿态化解冲突推动案件进展。

（一）相关部门是否有权收回土地使用权

法院认为，相关部门有权收回土地使用权。为促进土地资源流转，提升土地利用效率，依据《闲置土地处置办法》第14条第2项之规定，未动工开发满两年的，由市、县国土资源主管部门按照《土地管理法》第37条和《城市房地产管理法》第26条的规定，报经有批准权的人民政府批准后，向国有建设用地使用权人下达《收回国有建设用地使用权决定书》，无偿收回国有建设用地使用权。闲置土地设有抵押权的，同时抄送相关土地抵押权人。本案案涉 4 号地块于 2018 年 7 月 5 日被区规划和自然资源局依法认定为闲置土地，且自约定的动工开发日期起已超两年未开发，故符合《闲置土地处置办法》规定未动工满两年的闲置情形，相关部门可无偿收回国有建设用地使用权。

（二）若相关部门决定收回，对法院查封、拍卖等措施及抵押权人权利实现将产生何等影响

法院认为，“无偿收回国有建设用地使用权”并不意味着“无条件收回”。就这一问题，目前我国法律、行政法规层面并无明确规定，但或可参照最高人民法院第一巡回法庭于 2018 年 7 月 23 日实施的《关于行政审判法律适用若干问题的会议纪要》（以下简称《纪要》）的相关内容。《纪要》第 27 条明确，“法院查封之前，土地闲置已经超过两年的，市、县人民政府有权无偿收回土地使用权。但是，作出决定的市、县人民政府应当函请有关人民法院依法及时解除查封。人民法院及时解除查封的条件应当是，政府向债权人支付相应的债务及利息款项，结清查封土地上的债务”。换言之，区规划和自然资源局有权无偿收回土地，但在收回决定作出前，其无权要求法院解除查封；同时，虽然行政收回系一种处罚措施，但其惩处对象系闲置土地使用权人而非该土地使用权人的债权人，尤其在存在抵押权的情形下，应考虑抵押权人的期待利益。故在收回决定作出后，依据上述规定，其应在对相关债权进行清偿后，方可请求法院解除查封。

此外，就法院拍卖而言，法院认为，因现阶段收回决定并未作出，法院案涉 4 号地块土地使用权权属并无争议，且法院拍卖在先，故不构成《民事诉讼法》第 256 条第 1 款第 1 至第 4 项法定中止情形，但是否构成“人民法院认为应当中止执行的其他情形”，应进一步调查研判，审慎裁量。

（三）行政权与司法权的冲突化解

为保障各方利益，在确保符合国家土地规划方案的基础上推动本案处置工作顺利进行，法院以发函、致电、座谈会等方式，与区规划和自然资源局进行了数次沟通，在看似矛盾的司法权与行政权冲突中积极寻求公约数和最优解。

经充分调研，法院了解到，由于涉案 4 号地块位于市中心区稀缺的黄金地段，长期不开发将影响市中心的市容和该区整体规划。且因近年来国家的土地政策收紧，超过开发年限的 4 号地块每年纳入国土资源部监察督办范围，故区规划和自然资源局主张收回土地，并拟在成功收回后重新出让，引进有

开发实力且开发符合区整体规划的项目。就法院司法拍卖而言，区规划和自然资源局的担忧在于，司法拍卖机制有可能引入不当买受人。若该土地被无开发实力的竞买人或无开发意愿的“土地炒家”购入，则很可能二次资源浪费，甚至再次出现土地闲置的情形。

经十余次专业法官会议讨论，在充分考量区规划和自然资源局意见、申请执行人与被执行人利益，以及前期在调查过程中发现的本案土地历史遗留问题的基础上，法院提出：（1）考虑到土地规划政策及该地重要城建战略地位等因素，法院同意中止拍卖，给予区规划和自然资源局一定期限，以完成相关的论证、听证程序，并要求该局依据相关规定对4号土地所涉债权进行清偿。（2）若在限定期限内未完成收回，则由法院进行司法拍卖。最终，该局同意上述处置方案，拟优先启动收回程序。

后因疫情影响，且债权清偿存在困难，区规划和自然资源局最终未能在一定期限内完成4号土地的收回工作。故法院依据处置方案启动拍卖程序。在拍卖过程中，法院在充分考虑区整体产业规划的基础上依法公告提示：一方面重申取得土地使用权后两年内必须开发的相关规定，及“须符合产业规划”的相关要求；另一方面对区规划和自然资源局往来相关函件进行公示，告知案涉土地情况，保障竞买人知情权等合法权益。另经协调，区规划和自然资源局同意于2021年7月5日9时至17时，在该局办公地会议室就拍卖标的相关情况进行集中答疑（所涉问题包括行政闲置查处、规划指标及实际可建面积、土地使用年限、产业业态功能要求、开发建设主体等），并建议竞买人自行前往咨询了解，以降低竞买法律、商业风险。

三、执行结果

2021年7月11日至7月14日，法院在公拍网司法拍卖平台上对4号地块进行网络拍卖。经公开竞价，竞买人戊公司以2 468 390 000元最高应价竞得本案4号地块土地使用权，并在区规划和自然资源局的配合下完成过户。现涉案土地处于开发状态。

经合议庭讨论决定，本案拍卖款扣除本案执行费、评估费、拍辅费、过户税费后，余款已发还申请执行人。

四、法官感悟

习近平总书记强调，“全面依法治国是一个系统工程，必须统筹兼顾、把握重点、整体谋划，更注重系统性、整体性、协同性”。[1]

系统观念是具有基础性的思想和工作方法，是马克思主义基本原理有关认识论和方法论的重要内容。要坚持系统观念，用普遍联系的、全面系统的、发展变化的观点观察事物，才能把握事物发展的规律。在全面依法治国的过程中，要准确把握全面依法治国工作布局，坚持依法治国、依法执政、依法行政共同推进，法治国家、法治政府、法治社会一体建设。法院作为法治领域建设涉及的重要机关，社会关注度高，更需要自我革新胸怀与关注全局的视野。推进审判执行管理现代化，实现司法工作现代化，服务保障中国式现代化，其关键就在于要首先把握好习近平新时代中国特色社会主义思想的世界观和方法论，将系统观念的科学方法运用于司法实践，做到上下贯通、点面结合、正负协同、内外联动，充分发挥立审执职能作用。

在本案中，法院与行政机关之间就是否解除查封、中止拍卖存在不同观点。但在执行过程中，法院并未武断推进，也并非无原则妥协，而是在坚持系统观念、充分调研的基础上，综合各方诉求与全局因素，依法依规尝试寻求最优解。

法院执行之目的，在于充分保障双方权益的基础上，确保债权人胜诉权益兑现，就此而言，查封、拍卖是执行实现的必要措施；行政机关闲置土地收回之目的，则在于规范土地市场行为，有效处置和充分利用闲置土地，故法院查封措施及拍卖程序又对其土地收回产生一定阻碍。面对该等“冲突”，法院通过多次访谈、调查等方式对土地概况、历史问题进行调研、梳理，进一步了解行政机关诉求和相关政策规划，坚持系统思维，从大局出发，综合权衡社会公共利益及各方利益，对本案执行作出审慎裁量。

就解除查封而言，法院认为现不具备解除条件，故不应解除。法院经查认为，本案查封措施并不在实质上影响其启动闲置土地收回流程，且在区规划和自然资源局提出解除请求之日，其仍未正式启动收回程序，更未作出

〔1〕《习近平：加强党对全面依法治国的领导》，载 https://www.12371.cn/2019/02/15/ARTI1550217630844378.shtml，2024 年 7 月 19 日访问。

《闲置土地回收决定书》，故不符合请求解除查封的要件。纵使作出回收决定后拟再次申请，亦应对土地上债权清偿后方能申请解除。基于相关规定及债权人权益保护考虑，本案不应解除4号土地上的查封措施。

就中止拍卖而言，法院经充分调查研判认为，考虑到案涉地块区域特殊性，可暂中止拍卖，给予一定的收回期限。经法院依职权调查，该4号地块不仅是该区核心关键地带，也是上海市核心关键区域。该地块出让时，其开发建设要求明确强调：一是产业功能业态应服务该地段高端商业商务集聚带，应重点引入商贸服务业、专业服务以及金融服务业等产业；二是商业业态功能应符合商圈整体定位，注重引入国际知名品牌和服务，大力发展“首店经济”“品牌经济”；三是应引入跨国公司地区总部、民营企业总部等总部型企业，促进各类总部要素集聚和总部能级质量提升。以上条件表明，由于该地块具有高度区域优越性与稀缺性，开发后或可成为中心区域地标，故就该区域开发而言，不仅对开发商资金财力、商业资源有较高要求，也对其统筹能力及经营策略有较高要求。因此法院认为，由政府收回后再次出让，或许能找到更符合开发资质的受让人。综上，法院与区规划和自然资源局积极协商，敲定了两步走方案，即由该局限期收回，若未完成收回，则由法院进行司法拍卖。

“不谋万世者，不足谋一时；不谋全局者，不足谋一域。”本案执行中，在两种权力冲突时，法院与行政机关在坚持系统观念的基础上府院联动、积极沟通、求同存异，在处理涉案土地中相互配合、相互尊重，最终圆满完成土地处置工作。在案件执行过程中，法院坚持整体性、社会性立场，警惕碎片化线性思维，立足全局框架立场，做到守正创新、积极作为、统筹谋划，既维护了当事人的合法权益，又解决了该区的陈年顽疾，为该区关键地块开发和发展奠定了基础，实现了政治效果、社会效果、法律效果的有机统一。

专家点评

近年来，公私法交融引发的法律问题越发引人注目。所谓私法公法化、公法私法化的核心，就是民法和行政法的相互影响问题。

本案中，债务人为担保债务的履行将案涉土地抵押给债权人，债务人到期未履行债务，债权人向人民法院起诉行使抵押权。在执行的过程中，区规划和自然资源局向法院提出案涉土地已经属于闲置土地，拟无偿收回程序，因此请求法院解除查封并中止拍卖程序。案涉土地属于法律规定的闲置土地没有疑议，但是相关法律只是规定，行政机关有权无偿收回国有建设用地使用权，闲置土地设有抵押权的，同时抄送相关土地抵押权人。问题是，案涉土地如果无偿收回，抵押权人的权利如何保障。

国家有权无偿收回闲置土地，是基于公共利益的保护。因为城市核心区域的土地资源稀缺，土地资源闲置是一种浪费，也不利于城市规划和发展。但是公共利益的考量，不能以牺牲善意第三人的私人利益为代价。无偿收回闲置土地是对建设用地使用权的权利人的处罚，但是抵押权人并不是处罚的对象。如果国家无偿收回闲置土地再进行出让，同时又不对抵押权人进行清偿，事实上会导致国家两次取得土地出让金，这不符合社会主义核心价值观的公平价值。最终法院认为，如果政府需要无偿收回闲置土地，应向债权人支付相应的债务及利息款项，结清查封土地上的债务。后因疫情影响，且债权清偿存在困难，政府未能在一定期限内完成案涉土地的收回工作。最终土地由法院拍卖成功，债权人的利益得到清偿，案涉土地也已进入开发状态。案件最终处理的结果非常符合社会主义核心价值观的富强、和谐和法治价值，因为土地资源得到了充分利用，债权人的利益在公私法冲突的背景下得到了充分实现，同时债权人的利益和国家的利益也得以和谐处理。

习近平总书记强调，“公正是法治的生命线”，[1]法院在本案的处理中，恪守公平正义的底线，合法、合情、合理地解决案件，既是将社会主义核心价值观融入司法实践的生动写照，也是践行习近平法治思想的突出体现。

（方新军，苏州大学王健法学院院长、教授，博士生导师）

---

〔1〕《用习近平法治思想引领法治中国建设》，载 https://www.12371.cn/2020/12/25/ARTI1608857485759243.shtml，2024 年 7 月 19 日访问。

某发展（上海）有限公司诉上海市黄浦区某业主大会等业主撤销权纠纷案

——《民法典》视域下业主未实际投票行为的法效果认定

王晓梅[*]　顾嘉旻[**]

一、基本案情

某发展（上海）有限公司（以下简称“某发展公司”）诉称：其系某小区业主，该小区业委会召开业主大会，将表决票交给包括承租人在内的非业主第三人，是小区《业主大会议事规则》（以下简称《议事规则》）约定以外的送达方式，故该表决票未全部送达业主。且《民法典》第 278 条第 2 款所规定的“参与表决”旨在鼓励业主参与社区事务，对共同决定的事项应作出自己的意思表示，故“参与表决”应指业主实际投票表决，但本案有超过半数的业主没有参与表决，表决议题也未满足《民法典》规定的通过比例，表决程序严重违反法律规定。遂请求法院判决撤销议题 3、议题 4。

某业主大会、某业委会辩称：表决票已按照《议事规则》约定的三种方式全部有效送达，其中按照第三种方式送达的选票，也全面履行了见证及通过楼宇宣传栏、业委会微信公众号等形式进行了全面公告。《议事规则》第 12 条与《民法典》并不冲突，“视为同意多数”条款符合《民法典》立法目的和实践惯常做法，其依据该条作出的表决程序合法。

法院经审理查明：案涉小区《议事规则》第 11 条约定，业主同意采用下列方式之一的，均作为表决票已送达：（1）业主本人当面领取，或专人送达，交由业主签收；（2）投入物业所在地的该户业主信报箱或者房屋内，并由物

* 王晓梅：上海市第二中级人民法院民事审判庭副庭长、三级高级法官。
** 顾嘉旻：上海市第二中级人民法院民事审判庭法官助理。

业管理区域内两人以上的业主或者居民委员会证明，在物业管理区域内公告送达情况。第12条约定，已送达的表决票，业主在规定的时间内不反馈意见或不提出同意、反对、弃权意见的，按视为同意已表决的多数票意见。第13条约定，会议采用书面征求意见形式召开的，与会业主以表决票送达的业主人数确定。

某发展公司是该小区业主，也是该小区建设单位。2021年1月6日，业委会在小区各楼大厅公告栏公告将在2021年1月22日9时召开业主大会，就“授权业委会聘请律师通过诉讼解决：小区物业管理用房及其他公共用房的配置、交付、使用、权属问题”（以下简称“议题3”）和“授权业委会暂时取消2021年的小区公共收益资金转入维修基金计划，以备诉讼相关费用的支出”（以下简称“议题4”）等13项议题进行表决，同时提示《议事规则》第11条，并指出发起议题的原因是该小区未办理物业管理用房登记，业委会与小区建设单位（即某发展公司）多次沟通未果。上述公告附有《表决票（样张）》，并提示《议事规则》第12条。

同日，该小区业委会在其开设的微信公众号亦发布上述内容。

2021年1月7日至2021年1月10日，业委会组织人员向业主送达表决票并按照楼栋分属制作表决票签发表。依照签发表，大部分为业主现场签收，还有部分为塞入门缝、租客代收、放入信箱。每楼栋的签发表有两个以上业主或居委会工作人员签字。随后，业委会在各楼大厅公告栏张贴《表决票非当面送达公告》，并在其微信公众号发布通知，载明经工作人员上门但无法当面送达表决票的，均根据《议事规则》的约定，由两人以上的业主或者居委会证明，投入该户业主信报箱或者房屋内，并以字体加粗的方式，提醒对已送达的表决票，业主未反馈意见的，视为同意已表决的多数票意见。

2021年1月22日，该小区业委会对业主大会会议开箱计票，居委会工作人员现场监督指导与见证。经统计，本次业主大会有居委会等单位参会人员3人，业主总人数1083户，参会业主人数1083户，其中，未发表意见计入已表决多数共611票。

2021年1月25日，小区业主大会、业委会发布《表决结果公告》，载明：投票权共1083票，总计送达表决票1083张，根据《议事规则》的约定，已送达的表决票，业主在规定时间内不反馈意见或者不提出同意、不同意、弃权意见的，视为同意已表决的多数票意见，案涉两项议题均获业主大会表决通过。

二、裁判结果

上海市第二中级人民法院于2022年6月22日作出［2022］沪02民初16号民事判决：对某发展公司的全部诉讼请求不予支持。

三、裁判理由

法院生效裁判认为，本案主要争议焦点为：（1）案涉业主大会表决票是否有效送达；（2）案涉业主大会表决程序是否因采用“已送达的表决票，业主在规定的时间内不反馈意见或不提出同意、反对、弃权意见的，按视为同意已表决的多数票意见”“会议采用书面征求意见形式召开的，与会业主以表决票送达的业主人数确定”，而违反《民法典》第278条第2款的规定。

关于争议焦点一。《议事规则》约定，投入业主信报箱或者房屋内，应由两人以上的业主或者居民委员会证明，并公告送达情况。虽然《议事规则》并未明确送入房内非业主签收的情形，但按照《议事规则》约定的第三种表决票送达方式，将表决票直接投入房内且符合特定程序的，无需业主直接签收，属于有效送达，故此种送入房内交由非业主第三人，亦进行见证、公告等程序的送达方式，应认为符合《议事规则》的约定。且业委会对表决票的送达已经依照《议事规则》的约定，穷尽送达手段，更为保障业主知情权、参与权，细化至在楼宇公告栏、业委会公众号等多种便利渠道公告，故应认为业委会已有效送达业主大会表决票。

关于争议焦点二。业主大会议事规则是就业主大会的议事方式、表决程序等事项作出的约定，在约定不违反法律规定及公序良俗的情况下，应尊重业主自治权。小区业主大会按照约定程序形成的决议，并未违反法律规定的程序。具体原因如下：

一方面，《民法典》第278条第2款并未排除业主在参与表决方式的选择上行使自治权利，本条并未对参与表决的形式作出限定，且业主共同决定事项的通过比例较《物权法》，修改为以参与表决的人数为计算基础，实质降低业主表决同意及专有部分面积占比的要求，以促成业主大会相关议题的通过。为避免业主大会陷入停滞，参与表决的形式并不仅限于业主实际投出表决票，业主可通过《议事规则》约定参与表决的形式。本案中，小区业主大会按照

《议事规则》第 13 条确定参与表决人数并无违法之处。

另一方面，《民法典》并未就业主如何表决同意作出规定，且依据《民法典》第 140 条，行为人可以明示或者默示作出意思表示，沉默只有在有法律规定、当事人约定或者符合当事人之间的交易习惯时，才可以视为意思表示。虽然在本次业主大会的决议过程中，部分业主因未提交表决票，而未能明确表达其意见，但在《议事规则》已对此情形有明确约定的情况下，可视为该部分业主以其约定的方式行使表决权。本案中，业委会所送达的表决票，大部分由业主直接签收，且在相关的通知、表决票、公告中，多次用加粗等特殊字体的方式对《议事规则》第 12 条的约定进行提示，已穷尽送达、告知手段，并有居民委员会到场进行监督，已充分保障业主知情权、参与权，故案涉业主大会会议的表决过程、表决结果，难以认定违反法律规定。

四、法官感悟

实施好《民法典》是坚持以人民为中心、保障人民权益实现和发展的必然要求。习近平总书记强调，民法典在中国特色社会主义法律体系中具有重要地位，对坚持以人民为中心的发展思想、依法维护人民权益、推动我国人权事业发展等，都具有重大意义。〔1〕习近平总书记还高度重视自治组织、群团组织、社会组织的作用，要求加强指导和管理，使各类基层组织按需设置、按职履责、有人办事、有章理事。基层自治是建设法治社会的关键环节，而业主自治则是基层自治的重要体现。

本案为《民法典》实施背景下的业主撤销权纠纷，既涉及《民法典》新增条文的理解与适用，也涉及当下业主自治的主要困境。实践中，业主大会议事规则常设有“表决票送达即视为参与”（以下简称“视为参与”）、“未投票即视为同意已表决的多数意见”（以下简称“视为同意”）条款，以避免业主大会陷入停滞而无法维持小区运转秩序。但《民法典》第 278 条第 2 款新增“业主参与表决”要件，与《物权法》相比更强调业主参与度。因对“参与表决”的解读各有不一，且在物业管理实务中，多有将其理解为“实际

---

〔1〕《习近平在中央政治局第二十次集体学习时强调　充分认识颁布实施民法典重大意义　依法更好保障人民合法权益》，载 https://www.12371.cn/2020/05/29/ARTI1590761889301795.shtml，2024 年 7 月 19 日访问。

投票”，而使召开业主大会尤为困难，“视为参与”“视为同意”条款遂生效力争议。

为平衡小区运转秩序与业主参与权，应对“业主参与表决”理解为不限于实际投票，允许业主共同约定参与表决的形式，其原因包括以下四个方面：一是限定参与度非谓业主必须实际投票。2007 年《物业管理条例》已规定，业主大会会议应当有物业管理区域内专有部分占建筑物总面积过半数的业主且占总人数过半数的业主参加。但住房和城乡建设部在 2009 年颁布的《业主大会和业主委员会指导规则》却首次认可“视为同意”条款。规定业主参与度并不必然否认“视为参与”“视为同意”条款的效力。二是降低业主大会的操控风险。以少数操控多数，是“视为参与”“视为同意”受到的主要疑问，但在将“参与表决”解释为实际投票后，若专有部分面积占比 1/3 以上的业主或人数占比 1/3 以上（不含本数）的业主不参与投票，则未达到简单多数决的基本要求，业主大会决议无法通过。本案中，原告某发展公司既是业主，也是小区建设单位，案涉议题旨在促使某发展公司交付小区物业管理用房，某发展公司可通过诱导较少数甚至极少数业主，促使对其不利的决议不能通过，导致多数业主的权益受损。三是谨慎采用“法律家长主义”。业主未投票的原因以对业主大会的表决抱有不以为意的“不想投”心理，和认为其他热心业主会积极投票的“自认不需投”心理为主，抱此二类心理的业主，其未投票的行为本系主观自由选择，若要求其必须明确表决意见或必须实际投票，则易陷入“法律家长主义”。四是认可以沉默作出意思表示的约定。《民法典》第 140 条第 2 款规定，“沉默只有在有法律规定、当事人约定或者符合当事人之间的交易习惯时，才可以视为意思表示”。“视为参与”“视为同意”条款实质是业主共同约定以沉默的方式作出同意多数意见的表决意思。通过将沉默约定为意思表示方式，在保证沉默确系业主的主观选择时，将业主未投票视为同意已表决的多数意见亦属业主的真实意见，仍属业主参与权的行使方式。

业主大会议事规则的“视为参与”“视为同意”条款原则上继续有效，但前述条款应是业主的真实约定，而本案中，某发展公司并未否认“视为参与”“视为同意”条款的真实性。且业主委员会亦穷尽告知业主大会的召开时间、地点以及拟表决议题，充分提示未投票的法律效果，并已按照约定的合理方式送达表决票，已积极完成送达程序以及表决前的提示说明义务，故对某发展公司的诉讼请求不予支持。

专家点评

基层治理是国家治理的基石。习近平总书记指出，党的工作最坚实的力量支撑在基层，经济社会发展和民生最突出的矛盾和问题也在基层，必须把抓基层打基础作为长远之计和固本之策，丝毫不能放松。[1]其中，物业管理是连接人民生活的“最后一公里”，是人民群众生活最基础的保障，是人民群众感知公共服务效能和温度的“神经末梢”。而要实现共建共治共享的物业治理，就必须将人民群众真正纳入治理过程中，将增进民生福祉作为城市建设和治理的出发点和落脚点，建设人人有责、人人尽责、人人享有的社会治理共同体。

全过程人民民主与城市社区治理相融合，是健全社区治理体系和提升社区治理能力的需要。习近平总书记强调，要把增进民生福祉作为城市建设和治理的出发点和落脚点，把全过程人民民主融入城市治理现代化。[2]物业服务是城市社区治理贯穿在全过程人民民主中的关键节点，物业纠纷案件不仅关乎人们切身利益的民生问题，更影响社区稳定和谐的社会问题。近些年来物业纠纷案件频发，案件类型呈现主体多元、法律关系复杂、诉讼利益难以调和、服务标准难以认定等特点。在本案的审理中，法院抓住当下业主自治的主要困境，围绕“视为送达”“参与表决”等关键问题展开说理，明确在约定不违反法律规定及公序良俗的情况下，应尊重业主自治权。法院认为在《议事规则》有明确规定的情况下，不应当要求其必须明确表决意见或必须实际投票，充分体现了对小区议事规则约定的尊重，符合民事行为意思自治的原则。

国之兴衰系于制，民之安乐皆由治。“小”物业牵动“大”民生，作为城市的“细胞”，社区不仅是市民群众日常的生活场所和居住空间，也是公共服务和社会治理的基本单元。习近平总书记强调“要加强和创新基层社会治理，使每个社会细胞都健康活跃，将矛盾纠纷化解在基层，将和谐稳定创建

---

〔1〕《习近平在贵州调研时强调　看清形势适应发展趋势发挥优势　善于运用辩证思维谋划发展》，载 https://syss.12371.cn/2015/06/18/ARTI1434628569347758.shtml，2024 年 7 月 22 日访问。

〔2〕《习近平在上海考察时强调　聚焦建设“五个中心”重要使命　加快建成社会主义现代化国际大都市　返京途中在江苏盐城考察》，载 https://www.12371.cn/2023/12/03/ARTI1701603858186641.shtml，2024 年 7 月 22 日访问。

在基层”。[1]本案强化了业主的契约意识和诚信意识，引导了物业企业良性发展，弘扬了社会主义核心价值观。同时，本案谨慎采用“法律家长主义”，权衡小区运转秩序与业主参与权，充分发挥了司法在矛盾纠纷多元化解中的引领和保障作用，让人民群众切实感受到司法的力度和温度。

（蒋莉，同济大学上海国际知识产权学院教授，硕士生导师）

---

〔1〕《习近平：在经济社会领域专家座谈会上的讲话》，载 https://www.12371.cn/2020/08/25/ARTI1598310923548272.shtml，2024 年 7 月 22 日访问。

上海某物业有限公司诉王某某劳动合同纠纷案

——企业用工管理权合理边界探析

陈　樱[*]　张　曦[**]

一、基本案情

上诉人（原审原告）：上海某物业有限公司

被上诉人（原审被告）：王某某

上海某物业有限公司诉称，王某某请假未经批准擅自离岗，共缺勤 6 个工作日，即使给足 3 天丧假，累计旷工也达 3 个工作日，符合辞退条件。其因私请假虽事出有因，但必须遵守公司规章制度，人情不能大于法，一味偏袒员工，对用人单位显失公平。王某某不等审批即离岗，说明其主观已有旷工故意。其提供的由村委会出具的其父死亡及火化下葬证明，真实性无法确认，公司对此存有合理怀疑。超出法定丧假期间的，公司完全有权根据实际情况和工作需要，适当作出是否批准的决定。公司充分考虑实际情况后审慎作出辞退决定，并未违反合理、限度和善意的原则。请求不支付违法解除劳动合同赔偿金。

王某某辩称，不同意上海某物业有限公司的诉讼请求，认可仲裁裁决结果。

王某某于 2008 年进入上海某物业有限公司，岗位为保安，做二休一。上海某物业有限公司规定，员工请事假或公休需填写请假申请单，写明假别、时间、事由等，申请单落款签字栏分别为“申请人”“主管部门”“人事”及“经理”等。上海某物业有限公司考勤管理细则规定，员工请事假 1 天由主管

[*] 陈樱：上海市第二中级人民法院民事审判庭审判团队协助负责人、三级高级法官。

[**] 张曦：上海市第二中级人民法院民事审判庭法官助理。

领导审批，连续2天由行政事务部（办公室）审批，连续3天以上（含3天）由公司总裁（总经理）审批；累计旷工3天以上（含3天）者，视为严重违反公司规章制度和劳动纪律，公司有权辞退，提前解除劳动合同并依法不予支付经济补偿。王某某签收并学习了上述文件。

2020年1月6日，王某某因父亲生病向主管提交请假单后回乡，请假时间为1月6日至1月13日。次日，王某某因公司告知未准假而返回，途中得知父亲去世，王某某向主管汇报，主管让其安心回家料理后事，王某某便再次回家。后，公司未再联系王某某。王某某于1月14日返回上海，次日开始上班。2020年1月6日至14日期间，王某某应出勤日期为6日、8日、9日、11日、12日、14日。2020年1月31日，上海某物业有限公司向王某某出具《解除劳动合同通知书》，以王某某未经审批同意擅自离职回老家，按照公司考勤管理规定应视为旷工，即使扣除3天丧假，旷工天数也已达到累计3天以上（含3天），严重违反公司规章制度和劳动纪律为由，解除劳动合同。

王某某2019年应享受10天年休假，已休7天。王某某所处保安岗位在2019年8月1日至2020年7月31日期间实行以季为周期的综合计算工时工作制。

王某某于2020年3月27日申请仲裁，要求上海某物业有限公司支付2020年1月1日至2月29日工资11 190.53元、违法解除劳动合同赔偿金104 069.06元及2019年未休年休假工资差额2464.38元。仲裁裁决上海某物业有限公司支付王某某2020年1月工资3419.3元、违法解除劳动合同赔偿金75 269.04元及2019年未休年休假工资差额865.16元，对王某某的其余请求不予支持。

上海某物业有限公司不服仲裁裁决，诉至一审法院，请求判决不支付王某某违法解除劳动合同赔偿金等。一审法院对上海某物业有限公司的诉讼请求不予支持，上海某物业有限公司不服一审判决，提起上诉。

二、裁判结果

上海市青浦区人民法院于2020年10月10日作出［2020］沪0118民初14509号民事判决：上海某物业有限公司支付王某某违法解除劳动合同赔偿金75 269.04元等。

上海市第二中级人民法院于2020年12月15日作出［2020］沪02民终10692号民事判决：驳回上诉，维持原判。

三、裁判理由

法院生效判决认为：本案的争议焦点在于，上海某物业有限公司以王某某旷工为由解除劳动合同是否构成违法解除。

在劳动合同存续期间，用人单位及劳动者均应切实、充分、妥善履行合同。劳动者有自觉维护用人单位劳动秩序、遵守用人单位规章制度的义务；用人单位依法享有用工管理自主权，但行使管理权的边界和行使方式应善意、宽容及合理。

上海某物业有限公司虽享有对员工请假的审批权，但其亦应考虑事件背景缘由，尊重公序良俗，以恰当、合理的方式行使。本案中，上海某物业有限公司是否构成违法解除，应审视王某某是否存在公司主张的违纪事实。根据在案证据及查明事实，王某某工作做二休一，2020 年 1 月 6 日至 14 日期间，其请假日期为 1 月 6 日至 13 日，应出勤日期分别为 6 日、8 日、9 日、11 日、12 日、14 日。关于 2020 年 1 月 6 日至 13 日，王某某于 1 月 6 日早上提交了请假手续，其上级主管李某和吴某予以签字同意，然其领导迟至下午才报集团公司审批，次日才告知王某某未获批准，故一审认定王某某 1 月 6 日缺勤系因上海某物业有限公司未及时行使审批权所致，不应认定为旷工，并无不当。1 月 7 日，王某某因公司未准假返回上海，途中得知父亲去世便再次回家办理丧事，至此，事假性质发生改变，转化为丧假事假并存，扣除 3 天丧假，王某某实际事假天数为 2 天。公司享有对事假的审批权，但王某某请假事出有因，其回老家为父亲操办丧事，符合中华民族传统人伦道德和善良风俗，相关村委会证明显示的其父亲从去世到火化下葬所耗时间尚在合理范围内，考虑当地农村丧葬习俗，考虑工作地上海距其老家路途较远，2 天未超合理期限，对其丧父之不幸，公司应予体恤，尊重民俗，体恤员工的具体困难与不幸亦是用人单位应有之义，故法院对上海某物业有限公司之主张不予采纳。至于 1 月 14 日，该日不在请假期间范围内，王某某未出勤，上海某物业有限公司可认定该日为旷工。王某某仅旷工 1 日，并未达到上海某物业有限公司考勤管理细则规定的可解除劳动合同的条件。

用人单位对劳动者违反规章制度和劳动纪律的行为有权进行惩戒，但解除劳动合同系最严厉的惩戒措施，用人单位应审慎为之。本案中，王某某因父亲生病向主管提交请假单后回乡，次日因公司告知未准假而回沪，难以体现其有旷工之主观故意。王某某回程途中得知父亲去世，随即向主管汇报，主管答复让其安心回家料理后事。事后，公司未再联系王某某。王某某与其主管并未明确请假天数，请假过程确存在一定瑕疵。上海某物业有限公司虽始终强调王某某应依规请假，但当王某某主管的表态与公司意见不一致时，公司应另行通知王某某并及时与之协商，此亦是及时合理行使用工管理权之体现。综上，王某某行为虽有瑕疵，但尚不构成严重违反规章制度的情形，公司在不予准假已属“不合理”及本可采取替代性惩戒措施之情形下，径行解除劳动合同，缺乏合法性和合理性，系违法解除。

关于 2019 年年休假工资。双方均认可王某某当年度应享受 10 天年休假，已休 7 天，故王某某尚余 3 天年休假未休。仲裁裁决的金额在法院核算范围内，王某某未提起诉讼，应视为认可，予以确认。关于 2020 年 1 月工资，仲裁裁决上海某物业有限公司支付王某某 2020 年 1 月工资 3419. 3 元，双方均未提起诉讼，应视为认可，予以确认。

四、法官感悟

习近平法治思想的根本立足点是坚持以人民为中心，以人民为中心也是新时代坚持和发展中国特色社会主义的根本立场。劳动是民生之基石，保护劳动者的合法权益，维护劳动关系和谐稳定是习近平法治思想的应有之义。

本案曾登上热搜，引发社会高度关注。本案判决被最高人民法院官方微信公众号、人民法院报官方微信公众号、人民法院报以及人民日报、新华社、澎湃新闻等各大主流媒体刊载，裁判结果得到社会各界充分认可和好评，取得了良好的法律效果和社会效果。本案的处理对于规范用人单位用工管理权行使、构建和谐稳定劳动关系、贯彻习近平法治思想及弘扬社会主义核心价值观具有重要指导意义，为理论界与实务界对此类案件的思考和判断提供了有益的借鉴，对今后类似案件的审理具有积极的指导与借鉴意义。

本案判决从司法裁判者的角度，纠正了部分企业在用工管理认识上的偏差，向社会清晰地传达了司法所追求的价值导向：企业行使管理权要注意“边界”，应善意、宽容、合理；企业不能机械强调制度的“刚性”，更要注重“柔性”，以人为本，尊重法律法规及公序良俗。

本案中上海某物业有限公司不予准假并径行解雇是否合法之争，实质为公司行使用工管理权与王某某基于伦理关怀要求实现休息休假权之价值冲突。

休息休假权是劳动者谋求发展、维护尊严及实现自我价值的天然权利，是道德、法律及现实层面的基本人权，具有应然性和正当性。休假制度以休息休假权为基础，以规定休假形式、时间、待遇及法律后果等为内容，既可保障劳动者休息休假权之充分享有，又能促进休息休假权之法律价值与社会价值的协调统一。对劳动者而言，休假制度可满足恢复生理机能、追求精神文化、参与家庭生活和社会活动、实现自身全面发展等需要。对于企业，则可保护劳动力，提高工作效率等。

就事假而言，实践中企业通常与员工在劳动合同中约定或在规章制度中规定事假的请假条件、流程、天数和违反事假制度的后果等。相比其他法定休假，事假具有独特属性：其一，企业有较大审批权限，更多依据自身标准进行价值或道德判断，随意性较大；其二，事假更需体现员工伦理属性、社会属性。现实中，员工有多重身份，除了劳动者，还具有家庭中的父母、子女等多重身份。劳动者要面对复杂的社会关系，而事件的发生和发展具有不确定性，在现有法定假期不能妥善应对时，不得不占用工作时间去处理诸如家属就医等私事。故对于企业，审批事假是企业管理权之体现，但企业不能利用天然优势地位恣意处理员工事假申请，其对员工正当事假申请应当予以批准，尤其在员工因亲属重病、死亡等家庭危急情况向企业请假且未超过合理期间的情形下，企业应尊重公序良俗，体恤员工的具体困难与不幸，予以准假，而非径行不予批准并据此认定旷工。当然，若缺勤行为给企业造成了一定损失，员工应酌情承担相应赔偿责任。

回到本案，用人单位基于经营管理之客观需求，依法制订考勤管理细则，并组织员工进行学习，系依法行使企业管理权之体现。王某某学习并签收了考勤制度，依法受该制度约束，其请假应遵守公司请假流程，公司亦依法享有审批权。王某某请假扣除丧假和休息日，实际请事假 2 天，公司享有事假审批权，但其亦应考虑事件背景缘由，尊重公序良俗，以恰当、合理的方式行使。王某某为父奔丧，符合公序良俗，考虑当地农村丧葬习俗，加之工作地上海距其老家较远，2 天未超合理期限，对其丧父之不幸，公司应予体恤。公司不予准假，不符合公序良俗，亦不能为一般社会观念所接受，属于滥用企业管理权情形。王某某请假虽存瑕疵，但公司在不予准假已不合理且本可采取替代性惩戒措施之情形下，径行解雇，显然过于严苛，属于违法解除。

本案判决将晦涩的法条和老百姓的朴素认知相融合，以严谨的法理彰显司法的理性，更以公认的情理传递司法的温度，兼顾天理、国法、人情，实现了法律效果和社会效果的有机统一，对贯彻习近平法治思想、弘扬中华民族传统美德及社会主义核心价值观具有重要指导意义。

专家点评

随着市场经济的活跃繁荣，劳动市场的就业机会亦大幅增加。与此同时，雇佣双方的权利和权益差距也在不断扩大。2008 年开始实施的《劳动合同法》是保护劳动关系中的双方主体，调和用人自主和劳动者权益保障间冲突的基本法。然而，《劳动合同法》在规范性、实效性与执行性等方面饱受质疑，尤其是在司法审判实践中，适用难问题阻碍了其应有效用的发挥。本案判决中，法院认定上海某物业有限公司为违法解除是对《劳动合同法》第 47 条和第 87 条的准确适用，既充分发挥了该法对劳动者个体权益保障的功能，又强调了其社会法益。

在适法层面，本案判决考虑到了劳动合同的典型特征，明确了管理权行使的合理边界。遵守单位规章制度及充分履行其他合同义务是员工的应尽职责，但劳动合同相比其他民事合同具有特殊属性。劳动者因生产资料匮乏等条件限制，与雇主相比属弱势方，二者地位不对等。此语境下，劳动者面对高度同质化的劳动合同，只有“签订”或“走开”的选项，选择空间的逼仄引致真实意思表示的不充分。如果在这种条件下一味强调合同严守，易导致对劳动者的不公。基于此，本案法院以引入公序良俗的方式实现了企业管理权的弹性行使，促成了二者间的实质公平，对此类纠纷的化解具指导意义。

法院通过“引俗入审”的方式让公序良俗原则于《劳动合同法》的规制空间发挥作用，此举背后的法理值得深思。法律体系层面，《劳动合同法》既有公法的强制规范，也有私法的自治精神，如何处理其与《民法典》的关系一直是理论与实务关注的焦点。公序良俗原则由《民法典》确立，《劳动合同法》并未对此明确规定。本判决中，法院援引《民法典》原则为司法实践处理两法关系打开了一个思考窗口：在《劳动合同法》规制抽象的情况下，可直接借助《民法典》的基本原则和相关条款解决劳动纠纷。

《劳动合同法》没有明确提及公序良俗原则，但属经济秩序的劳动市场秩序为公共秩序涵盖，亦需受该原则调整的客观事实不容否认。实务中，这一点已经为司法意识到，如最高人民法院《关于审理劳动争议案件适用法律问题的解释（一）》第43条就规定了变更后的劳动合同内容不得违背公序良俗。故本案的判决思路进一步证成了公序良俗原则规制劳动市场秩序的正当性，对此类案件有较强的指引作用。

当前，以习近平同志为核心的党中央正于全社会大力弘扬家国情怀，孝亲敬老之美德已蔚然成风。以之为前提，本案判决通过对“情、理、法”的交互融合，既做到了对公正与法治的维护，又传递出文明与和谐的意蕴，把握住了社会主义核心价值观的实质。在人民法院做深做实为大局服务、为人民司法的大背景下，本案判决实现了法律规范与大众期待的结合，具有重要意义。

（曹薇薇，上海大学法学院教授，博士生导师）

沈某某非法集资诈骗案

——系统思维下“以房养老”集资诈骗犯罪案件的罪与罚

袁 婷* 王 霏**

一、基本案情

公诉机关：上海市人民检察院第二分院。

被告人沈某某，男，1967 年 3 月 9 日出生于浙江省宁波市，汉族，大专文化，原系 A 公司、B 公司法定代表人；因本案于 2019 年 1 月 18 日被刑事拘留，同年 2 月 18 日被逮捕。

上海市人民检察院第二分院指控，2015 年 1 月至 2017 年 11 月，被告人沈某某成立 A 公司，后收购 B 公司，以投资经营德国米拉山奶粉、长青发公司等项目为幌子，以承诺收益、返现等为诱饵，通过借款方式向社会公众非法集资。其间，被告人沈某某为扩大非法集资规模，自 2016 年 7 月起，以承诺每月支付利息并承担抵押费用为诱饵，伙同顾某某（另案处理）等人鼓动被害人抵押房产，并将所得款出借给沈某某。截至案发，被告人沈某某共向 238 名投资人非法集资 2.98 亿余元（以下币种均为人民币），其中，绝大部分资金被用于兑付投资人本息，归还其他融资债务及用于经营中的消耗性支出等，致 139 名被害人的本金 1.68 亿余元无力归还。被告人沈某某自 2018 年 4 月 28 日至公安机关接受调查后逃离本市，后于 2019 年 1 月 18 日，在湖南省长沙市雨花区被公安人员抓获。公诉机关认为，被告人沈某某以非法占有为目的，以诈骗方法非法集资，数额特别巨大，其行为构成集资诈骗罪，提请依照《刑法》第 192 条之规定，追究其刑事责任。

---

* 袁婷：上海市第二中级人民法院刑事审判庭副庭长、三级高级法官。

** 王霏：上海市第二中级人民法院刑事审判庭法官助理。

被告人沈某某辩称，其没有非法占有集资参与人钱款的主观目的，不构成集资诈骗罪。辩护人对起诉书指控的事实和罪名均不持异议，但提出沈某某有坦白情节，建议法院从轻处罚。

上海市第二中级人民法院经审理查明，2015 年 1 月至 2017 年 11 月，被告人沈某某成立 A 公司并收购 B 公司，以投资经营德国米拉山奶粉、长青发公司等项目为幌子，以承诺高息回报为诱饵，通过借款方式向社会公众募集资金。2016 年 7 月，沈某某伙同顾某某等人以承诺支付抵押费用、按月支付贷款利息并向集资参与人支付高额借款利息为诱饵，诱使集资参与人抵押房产后将所得贷款出借给沈某某。截至案发，沈某某共计非法吸收资金 2.98 亿余元，造成集资参与人 1.68 亿余元本金损失尚未偿还。沈某某于 2018 年 4 月 28 日至公安机关接受调查后潜逃，后于 2019 年 1 月 18 日在湖南省长沙市雨花区被公安人员抓获。

二、裁判结果

上海市第二中级人民法院经审理后认为，被告人沈某某与他人结伙以非法占有为目的，以诈骗方法非法集资，且数额特别巨大，其行为已经构成集资诈骗罪。为维护社会经济秩序，保障公私财产不受侵犯，根据本案的犯罪事实、情节、性质、对于社会的危害程度，依照《刑法》第 192 条、第 25 条、第 12 条、第 57 条第 1 款、第 59 条及第 64 条之规定，对被告人沈某某犯集资诈骗罪，判处无期徒刑，剥夺政治权利终身，没收个人全部财产；违法所得予以追缴，不足部分责令继续退赔。

上海市第二中级人民法院于 2021 年 4 月 15 日作出刑事判决，宣判后，在法定期限内，被告人沈某某未提出上诉，上海市人民检察院第二分院未提出抗诉，判决已发生法律效力。

三、裁判理由

被告人沈某某与他人结伙，以非法占有为目的，以诈骗方法非法集资，且数额特别巨大，其行为已经构成集资诈骗罪。经查，在案证据可以证实，沈某某以购买德国米拉山奶粉股权、投资长青发公司等名义向集资参与人融资，并承诺高额年化收益率、保本付息。沈某某用于吸引投资的德国米拉山奶粉、长青发公司等项目均系虚假。沈某某虚构项目吸收资金的事实，不仅有证人陈某某、胡某等人的证言予以证实，亦有司法鉴定机构出具的审计报告、C公司提供的证明等书证材料予以印证，故对沈某某提出其不构成集资诈骗罪的相关辩解，法院不予采纳。沈某某到案后虽对吸收资金的经过、方式、数额等作出供述，但其在公安侦查阶段对涉案项目虚假性的供述有反复，且在庭审中否认相关项目系虚假，故不属于坦白，对辩护人的相关辩护意见，法院亦不予采信。综上，法院根据本案的犯罪事实、情节以及对社会的危害程度等，以集资诈骗罪对沈某某定罪处罚。

四、法官感悟

随着金融领域的繁荣和各种金融活动日益活跃，集资诈骗的犯罪手段也在不断更新迭代，逐渐从以高息非法吸收公众存款并非法占有等传统形式，向依托公司的合法外衣，以利用国家优惠政策、投资生产经营、教育医疗养老保险、房地产开发、新能源研发等名目为幌子的新型非法集资犯罪活动转化。这些新型非法集资犯罪更具欺骗性、隐蔽性，案发后关于非法占有目的、资金募集方式、如何准确定罪量刑以及涉案财产追赃挽损等，均对司法机关提出了新的挑战。本案例以“以房养老”集资诈骗案为对象，以习近平法治思想的系统思维方法为指导，考察犯罪分子假借“以房养老”名义进行非法集资的滋生“土壤”，检视司法适用难点问题。

（一）系统思维下非法集资犯罪行为的再认识

习近平总书记指出：“系统观念是具有基础性的思想和工作方法。”[1]其精髓在于用系统思维来分析事物的本质和内在联系，从整体上把握事物的发展规律，提高治国理政的科学性。习近平法治思想的一个鲜明特征就是善于运用系统思维方法，从系统、整体、全局高度擘画全面依法治国的工作布局。

回到集资类犯罪案件的处理上，司法机关也需要讲究辩证法，理解好、把握好习近平法治思想的深刻意义，坚持好、运用好习近平法治思想的系统方法论。胡云腾大法官指出，刑事法律比其他部门法具有更强的人民性和政治性，必须突出人民立场，履行好保护人民的职责。[2]如何突出人民立场?

〔1〕 任仲平:《把全面深化改革作为推进中国式现代化的根本动力》，载 https://www.12371.cn/2024/06/26/ARTI1719356788901228.shtml，2024年7月19日访问。

〔2〕 胡云腾：《习近平法治思想的刑事法治理论及其指导下的新实践》，载《法制与社会发展》2022年第5期。

具体而言，就是要牢固树立司法为民理念，坚持治罪和治理并重，正确处理好打击和预防、惩罚和教育、“治已病”和“治未病”的关系，既坚持依法从严惩处方针，又积极延伸司法职能作用。

在集资诈骗犯罪的治罪问题上，一是要将罪刑法定、罪责刑相适应、证据裁判等刑事审判理念一以贯之，严把案件的事实关、证据关、程序关和法律适用关，正确区分集资诈骗罪与非法吸收公众存款罪、诈骗罪等罪名的界限，确保法治思维在刑事诉讼的各方面得到严格落实。二是要贯彻宽严相济刑事政策，坚持国法天理人情相统一，综合考虑被告人在犯罪中所起作用、退赃退赔、认罪认罚情况等，实现罚当其罪，提升刑事裁判的社会认同感。

在集资诈骗犯罪的治理问题上，要贯彻落实习近平法治思想，坚持系统治理、依法治理、综合治理、源头治理，努力实现“办理一案、治理一片”。一是要“抓末端，治已病”，充分发挥刑罚的惩治和教育功能，依法惩治各类非法集资诈骗犯罪。二是要“抓前端、治未病”，加强刑事裁判文书说理，促进适法统一，挖掘集资类犯罪案件治理中存在的普遍性、趋势性问题，并加强法治宣传，提高公众防范意识，带动社会法治意识和法治观念的现代化。

（二）系统思维下非法集资犯罪行为的再评价

集资诈骗罪是指以非法占有为目的，使用诈骗方法非法集资数额较大的行为。集资诈骗罪侵犯的客体是复杂客体，不仅包括国家金融管理秩序，还包括公私财物所有权。非法集资在披上“以房养老”的“外衣”之后，是否改变了其本质特征？“以房养老”犯罪类型下如何准确认定行为人的“非法占有目的”？本案例从被告人的履约能力、履约行为、资金处置后果三个角度进行系统分析，认定被告人主观上具有非法占有目的，进而认定其构成集资诈骗罪。

第一，从履约能力的角度分析，被告人实施集资犯罪行为时不具备偿还能力。集资诈骗案中，行为人往往在集资之初就以合法经营公司的名义，对外宣传投资项目，事实上这些融资项目多为虚假的，既无偿还能力也无盈利的可能。本案中，沈某某成立A公司、收购B公司主要目的是融资，该两家公司从成立起亦主要以非法募集资金为主。集资参与人将房产抵押所得的贷款出借给沈某某时，沈某某宣称的偿还能力或者盈利能力均是不真实的。

第二，从履约行为的角度分析，被告人无履行投资协议约定事项的实际行动。集资诈骗案中，行为人绝大多数没有将募集到的资金投入公司生产经营活动，没有兑现集资时向投资人承诺的资金项目和用途。本案中，沈某某并没有将募集到的资金投入其对外宣称的德国米拉山奶粉项目、长青发公司项目中，投资者的投资款项没有用于约定的用途。沈某某亦供述，A 公司、B 公司均无其他收入来源，公司的资金去向也主要是用于还本付息。

第三，从非法募集资金的处置后果分析，被告人的行为造成投资款无法追回的后果。集资诈骗案中，行为人常将募集资金直接用于个人消费、肆意挥霍、“拆东墙补西墙”，甚至隐匿财产、携款潜逃，致使募集到的资金无法返还。本案被告人沈某某借用虚假的项目募集资金，共计非法吸收资金 2.98 亿余元，用于生产经营的数额与募集资金数额明显不成比例，造成集资参与人 1.68 亿余元本金损失的危害后果，侵害了投资者的财产所有权。

根据最高人民法院《全国法院审理金融犯罪案件工作座谈会纪要》的规定，认定行为人是否具有非法占有目的，应当坚持主客观相一致的原则。既要避免单纯根据损失结果客观归罪，也不能仅凭被告人自己的供述，而应当根据案件具体情况具体分析，并列举了“可以认定为具有非法占有的目的”的几种情形。通过前述分析，可以认定本案被告人沈某某具有非法占有目的，且系以投资项目为幌子，行集资诈骗之实，据此认定其构成集资诈骗罪。

（三）系统思维下惩治非法集资犯罪行为工作的再完善

习近平总书记强调：“全面依法治国最广泛、最深厚的基础是人民，必须坚持为了人民、依靠人民。”〔1〕法治必须为“努力让人民群众的获得感成色更足、幸福感更可持续、安全感更有保障”〔2〕保驾护航。这就要求司法机关从法治保障角度，运用系统思维方法，思考如何将以人为本的理念落实到审判工作中。

“以房养老”作为解决人口老龄化问题、缓解家庭及社会养老压力的有效途径，受到社会广泛关注。但很多不法分子趁机举着国家政策的旗号，制造“养老恐慌”，利用老年人金融理财意识较不理性、防范意识较差的特点，恶意设置陷阱，借“以房养老”名义实施非法集资。本案中，被告人沈某某等人诱骗老年人将房产抵押转换为资金，再购买涉案公司所谓的高收益、高回报理财产品，最后因为理财公司资金链断裂，房屋被行使抵押权，老年人陷

〔1〕习近平：《坚定不移走中国特色社会主义法治道路　为全面建设社会主义现代化国家提供有力法治保障》，载《求是》2021 年第 5 期。

〔2〕《习近平：在深圳经济特区建立 40 周年庆祝大会上的讲话》，载 https://www.12371.cn/2020/10/14/ARTI1602668335756345.shtml，2024 年 7 月 19 日访问。

入“钱房两空”的境地。集资诈骗犯罪属于典型的涉众型经济犯罪，天然具有参与人众多、影响范围广、社会危害性大等特点，容易引发社会群体性事件。集资诈骗犯罪叠加老年人受害群体的特殊性，对司法机关妥善处置非法集资犯罪案件工作提出了更高要求。对此，司法机关有必要从总体国家安全观的高度，结合新时代金融风险防范的新要求，予以全方位考量，进而提出对症的药方。[1]

司法机关在办理此类案件时，不仅要重视事实认定、证据审查、法律适用层面的问题，还要将案件办理与追赃挽损相结合，以最大限度挽回人民群众的损失，充分彰显审判工作中法律效果、社会效果和政治效果“三个效果”的辩证统一。此外，司法机关可以结合办案开展以案释法、以案普法等工作，提醒老百姓特别是老年人增强金融风险防范意识，避免投资理财时被高收益诱惑而陷入不法分子的“套路”，从而增强社会公众的法治观念，有效预防相关犯罪的发生。全社会联动起来，构建防范养老诈骗的整体格局，最大限度地挤压犯罪分子“行骗空间”，使养老诈骗无处藏身，守护老年人的晚年幸福。

习近平总书记强调：“要积极回应人民群众新要求新期待……系统研究谋划和解决法治领域人民群众反映强烈的突出问题，不断增强人民群众获得感、幸福感、安全感，用法治保障人民安居乐业。”[2]集资诈骗案件的涉众性和利诱性，使其具有强烈的结构性风险。面对日趋复杂化的集资犯罪，人民法院需要不断提升运用法治思维和法治方式化解矛盾、维护稳定、防范风险的能力，充分发挥刑事审判和审判延伸职能在维护社会秩序稳定、保障人民群众安居乐业等方面的作用。

专家点评

本案是较为典型的集资诈骗案。根据相关司法解释的规定，集资后不用于生产经营活动或者用于生产经营活动与筹集资金规模明显不成比例，致使集资款不能返还的，可认定为“以非法占有为目的”，据此可以确定行为人主

---

〔1〕 叶良芳：《总体国家安全观视域下非法集资的刑法治理检视》，载《政治与法律》2022 年第 2 期。

〔2〕 习近平：《坚定不移走中国特色社会主义法治道路　为全面建设社会主义现代化国家提供有力法治保障》，载《求是》2021 年第 5 期。

观上具有“以非法占有为目的”。根据《刑法》第192条的规定，以非法占有为目的，使用诈骗方法非法集资，数额巨大或者有其他严重情节的，处7年以上有期徒刑或者无期徒刑，并处罚金或者没收财产。由于行为人的涉案数额特别巨大，致使1.68亿余元本金损失，故以集资诈骗罪判处无期徒刑，是符合《刑法》及相关司法解释规定的。本案的主要意义在于对“以房养老”集资诈骗案具有较好的警示意义。近些年来，作为一项被社会和公众看好的养老政策，“以房养老”政策在缓解人口老龄化压力、为老人提供更好的养老补助等方面发挥着积极作用，却在司法实践中屡屡被不法分子利用，进行非法集资诈骗活动。本案立足于系统思维，通过制裁和防范集资诈骗犯罪，厘清司法实践中该类犯罪的司法适用重点、难点问题，借此消除以“以房养老”名义进行非法集资的现实“土壤”。

从本案的处理情况来说，是贯彻习近平法治思想中的系统思维方法以维护社会公平正义的生动写照。“非法集资犯罪行为的再认识”“非法集资犯罪行为的再评价”“惩治非法集资犯罪行为工作的再完善”之法官感悟，就是具体运用系统思维的生动映射，也是践行社会公平正义的具体实践。习近平总书记曾引用古人所言“夫孝，德之本也”一语，强调“自古以来，中国人就提倡孝老爱亲，倡导老吾老以及人之老、幼吾幼以及人之幼。我国已经进入老龄化社会。让老年人老有所养、老有所依、老有所乐、老有所安，关系社会和谐稳定。我们要在全社会大力提倡尊敬老人、关爱老人、赡养老人，大力发展老龄事业，让所有老年人都能有一个幸福美满的晚年”[1]。对“以房养老”中非法集资诈骗案的处理，就是保障老年人合法权益的具体举措，也有力地维护了人们日常生活中的社会公平正义。

（彭文华，上海政法学院刑事司法学院院长、教授，博士生导师）

〔1〕《习近平：在2019年春节团拜会上的讲话》，载https://www.12371.cn/2019/02/03/ARTI1549189074484666.shtml，2024年7月22日访问。

曹某某诉上海市静安区人民政府强制拆除违法建筑案

田 华[*] 陈晓龙[**]

一、基本案情

原告曹某某诉称，在推进“美丽家园”惠民实事项目工程背景下，2006年，其与其邻居李某某经协商约定，由上海某物业有限公司（以下简称“物业公司”）在上海市静安区某处房屋底层天井内搭建面积约3平方米的卫生间并归原告使用，原公用的底层卫生间、天井其余部位归邻居李家独用。但邻居事后反悔，并向城市管理执法部门投诉举报天井内卫生间系违法建筑。天井内卫生间系由物业公司搭建，原告户使用至今，并非擅自搭建的违法建筑。被告上海市静安区人民政府（以下简称“静安区政府”）在未查清天井内卫生间历史来源的情况下，即作出强制拆除违法建筑决定，认定事实不清，适用法律错误。原告请求法院撤销静安区政府于2021年12月29日作出的强制拆除违法建筑决定。

被告静安区政府辩称，底层天井系原告邻居李某某户的独用部位，原告的搭建行为起先是以邻居之间的友好协商为基础，而后邻居反悔，物业公司就未将搭建工程完成，后续搭建装修工作均系原告私自主张的个人行为。天井内卫生间也未记载于原告户的公房租赁凭证上，系违法建筑，且该搭建的违法性已由生效的责令限期拆除违法建筑决定确认。原告逾期未自行拆除，相关部门报请被告强制拆除，被告经审查作出被诉强制拆除违法建筑决定，程序合法。被告请求法院驳回原告曹某某的诉讼请求。

---

* 田华：上海市第二中级人民法院行政审判庭审判员、三级高级法官。

** 陈晓龙：上海市第二中级人民法院行政审判庭法官助理。

法院经审理查明，原告曹某某系上海市某处公有居住房屋底层承租人。2006 年，为切实提高居民生活质量，推进老式居民区合用卫生间改独用工程，物业管理部门调查确认后，曹某某与隔壁邻居李某某户协商一致。李某某于 2010 年 11 月 19 日向物业公司出具承诺书，承诺书由物业公司在公用的底层天井内搭建卫生间并归曹某某户使用，底层卫生间及底层天井其余部位归李某某户独用。天井内卫生间搭建过程中，因李某某反悔，后续搭建装修由曹某某户自行完成并使用至今，该天井内卫生间此后未记入曹某某户的公房租赁凭证。2010 年 12 月 1 日，物业公司将天井记载为李某某户独用。后因两家邻里关系进一步恶化，李某某于 2020 年 12 月 3 日向上海市静安区城市管理行政执法局（以下简称“静安城管执法局”）举报曹某某户存在违法搭建，要求查处。静安城管执法局经调查于 2020 年 12 月 15 日对曹某某户作出责令限期拆除违法建筑决定，责令曹某某自收到决定书之日起 10 日内自行拆除违法建筑即天井内卫生间。曹某某户收悉后逾期未拆除，亦未在法定期限内申请行政复议或提起行政诉讼。期限届满后，静安城管执法局于 2021 年 9 月 27 日向静安区政府申请强制执行。经催告、现场复查，静安区政府于 2021 年 12 月 29 日作出强制拆除违法建筑决定，认定曹某某户在规定期限内未拆除违法搭建的建筑物，依据《城乡规划法》第 68 条的规定，决定于 2021 年 12 月 30 日后由静安区政府组织实施强制拆除。曹某某收到上述强制拆除决定后不服，向上海市第二中级人民法院提起行政诉讼，请求撤销静安区政府作出的强制拆除违法建筑决定。

二、裁判理由

（一）强制拆除违法建筑决定纠纷应当如何审查？

本案中，原告并未在收到静安城管执法局所作责令限期拆除违法建筑决定后及时采取合法途径予以救济，而是通过信访渠道主张诉求，错过法院实体审理天井内卫生间合法性的最佳期限。直至静安区政府作出强制拆除违法建筑决定，原告才起诉至法院。按照惯常的审查思路，由于在先的责令限期拆除违法建筑决定未被生效判决推翻，其具备行政行为的公定力与不可变更力，而强制拆除违法建筑决定一般系依照《行政强制法》中行政机关强制执行程序的相关规定作出，故对静安区政府实施的强制拆除行为之合法性按照行政强制法的程序规定进行认定即可，如是否履行催告程序及权利义务告知程序、执行范围是否存在不当扩大、是否采取违法手段等，而不涉及天井内卫生间合法性的再审查。但行政诉讼并非刻板程式，只要在诉讼活动结束前行政机关启动自我纠错程序，法院经审查认为符合法定条件的，应当裁定准许原告撤回起诉。因此，即便本案的被诉行政行为强制拆除违法建筑决定已依法作出，若原告具有充足理由来证明己方主张，法院在综合多重考量后，仍可以采取补救措施，即在裁判作出前，建议被告改变其所作的行政决定，以争取案结事了。

（二）本案纠纷是否具有协调化解空间？

1. 背景引入："美丽家园"政策利好的历史成因

2006 年，为深入贯彻落实科学发展观和构建社会主义和谐社会要求，加快实现社区居民在高一层次上安居乐业目标，静安区南京西路街道全面推进老式居民区合用卫生间改独用工程，并由街道、居委、物业公司等多方联动协调实施。施策初衷在于改善人居环境，提高居民的生活幸福程度与质量水平，破解城区"二元结构"矛盾。

本案原告及其邻居居住于同一公有居住房屋内，原先共用楼梯下卫生间，空间狭小，洗漱条件艰苦，恰逢 2006 年利民政策，双方达成天井内卫生间改造的友好约定。尽管最终天井内卫生间的施工装修由原告户自行完成，但这一搭建行为具有一定政策背景，有阶段性的利民政策背书，实际上也大大改善了曹李两家居住使用的便利性。

2. 追根溯源：以邻里矛盾为实质症结的行政争议

承办法官受理该案后，经调阅原始房籍资料、实地勘察和公开开庭审理，认为曹李两家承租的系非成套公房，双方其实早在 2006 年经相关部门协调就卫生间使用问题达成协议，但因后来邻里关系恶化，天井内卫生间最终由曹某某户自行完成建造且面积超过原来约定的 3 平方米，该搭建亦未记入曹某某户的公房租赁凭证。从建筑物权利来源法定性的表象来看，天井内卫生间确实未经公房管理部门依法确认，属于违法建筑。同时，原告户所在小区实际上并非完全的"无违小区"，由于石库门旧式民居本就条件逼仄，许多人家为了解决最基本的生活需求，不得不通过搭建来延伸生活空间。静安城管执法局之所以启动强制拆除涉案违法建筑，主要还是源于邻里矛盾，即原告户与李某某户邻里关系不和睦导致李家多次信访举报。不难发现，邻里关系的不睦最终演化成原告与被告静安区政府对簿公堂的行政纠纷。

因此，纠纷实质在于曹李两家就天井内卫生间的使用问题产生的邻里纠纷，如不解开曹李两家的心结，后续可能会产生更多的行政和民事诉讼。曹李两家多年前曾经是友善和睦、互帮互助的好邻居，又具有2006年友好协商立约的良好基础，那么，调和邻里关系即成为承办法官实质性解决行政争议的突破口。

3. 法理探析：以衡平价值冲突为导向的合理行政

尽管《行政诉讼法》第60条规定将法院适用调解的行政案件限定为行政赔偿、补偿以及行政机关行使法律、法规规定的自由裁量权的案件，但是最高人民法院《关于行政诉讼撤诉若干问题的规定》允许行政诉讼中行政机关改变被诉具体行政行为，法院依法审查当事人申请撤诉的行为，并未限定被诉具体行政行为的案由类型，只要行政机关在诉讼中进行自我纠错即可。并且，根据上海市高级人民法院《关于进一步完善行政争议实质性解决机制的实施意见》第1条第5项的规定，行政争议实质性解决的具体情形可以包括涉及政策变化，影响行政相对人权益，有必要根据个案具体情况，综合考量案件事实、历史成因、当事人客观状况等因素开展调解或协调化解的行政案件。上述意见第2条第2款亦明确规定将可予协调化解的行政案件类型予以扩大，不再拘泥于《行政诉讼法》第60条的设定范畴。

一方为实现基本生活保障之需要而主张居住权，一方则代表国家权力为加强规划管理、协调空间布局而行使公共秩序管理权，两者的紧张对立关系在本案中得以展现。个人发展的需求扩张与社会发展的集约管理，即是城乡规划法相关规定及立法精神所要衡平、解决的价值冲突。一味挤压居民生活空间、制约居住环境，或是过度放任建设规划，都会带来合法性与合理性的问题，关涉良法能否善治的根本问题。

本案中，承办法官认为，静安城管执法局在未尽到审慎调查义务，且未考虑涉案建筑物历史成因的情况下即作出限期拆除决定，不仅再次造成曹李两家共用底层卫生间的生活不便，更将进一步激化邻里矛盾，产生新的不稳定因素。如果按部就班地依照行政强制法有关规定进行审查，仅能解决行政合法性问题，却无法有效回应行政合理性的原则要求，对于未来事态发展并无裨益。因此，把握合理行政原则，在个人居住权利与行政管制权力之间寻求平衡点，有助于邻里矛盾与行政纠纷的实质性解决。

（三）实质性解决行政争议的手段与方式

在查阅在案证据材料、公开开庭审理的基础之上，为充分了解房屋实际使用状况、还原事实全貌，承办法官调阅原告及其邻居李家的公房租赁资料，并前往涉案房屋进行实地调查，获取到曹李两家曾对搭建天井内卫生间及天井其他部位的使用权进行约定的承诺书这一关键证据。在充分了解本案的相关背景，清楚梳理本案法律关系后，法官主动为曹李两家、静安区政府、静安城管执法局搭建协商平台，并邀请静安区司法局、街道办事处、居委会、物业部门一同参与，分头做工作，力争在化解“官民矛盾”的同时，缓和邻里关系，彻底解决因卫生间引发的矛盾纠纷。由于双方互信尽失、情绪对立，协商过程异常艰难，经常是这方刚作了些退让，另一方又提出了新的过高要求。法官也曾数次萌生放弃的念头，但每每想到两家共用一个卫生间的难处和十多年龃龉不合的窘境，又继续寻找双方的差距，调整和解方案，通过线上线下联动的方式重新与双方组织沟通、分析利弊。经过多轮磋商和各方的不懈努力，曹李两家终于尽弃前嫌，就天井内卫生间的使用问题签订了和解协议。同时，曹某某向法院申请撤回起诉，静安区政府亦认为强制拆除决定已无执行必要，决定终止执行，法院最终裁定准许原告撤回起诉。

三、法官感悟

违法建筑整治是基层治理中的重要内容，也是坚持以人民为中心，提升国土空间功能和品质的关键一环。此类案件往往具有矛盾集中、成因复杂、难以协调化解等特点，其中，因邻里矛盾引发的强制拆除违法建筑行政案件更是涉及多方利益，法律关系错综复杂。在进行此类违法建筑的整治过程中，需对违法建筑形成背景进行调查，找到各方争议症结，以邻里之间的民事矛盾为切入，寻求行政争议的实质化解，避免机械司法、执法。

为促进本案纠纷实质解决，承办法官走访现场、查阅大量房籍资料后，找到了一份曹李两户之间的承诺书，其中对该搭建的卫生间及天井其他部位的使用权进行了约定。以此事实为基础，承办法官主动搭建协商平台，并邀请了区司法局、街道办事处、居委会、物业部门等一同参与，强化释法说理，分头开展化解工作，将民事纠纷与行政争议一并解决。本案最终以各方握手言和的方式圆满解决，充分彰显了司法为民情怀，是展现行政审判工作参与社会基层治理的崭新作为，更是贯彻司法为民理念的生动实践。

（一）以积极回应人民群众新要求新期待为价值判断基点

法治的根基在于人民。增进民生福祉是发展的根本目的，要多谋民生之利、多解民生之忧，在发展中补齐民生短板、促进社会公平正义。司法为民理念恰恰与之契合，不仅蕴含着司法裁判要成为民生事业发展的坚实后盾、解决民生发展中遇到的难点堵点痛点问题等价值导向，还要突出人民法院在保障人民安居乐业、维护社会稳定中的重要作用。

看似简单的强制拆除违法建筑纠纷，却流露出居民们受制于破旧简陋的居住条件而产生的无奈与渴求，另一边又是应当对违法违章建筑进行监督管理的严格与刚性。居住权与行政监管权的冲突碰撞在本案中展现无遗。法官究竟如何选择处理方法和裁判方式，归根结底是价值判断与取舍的问题。

习近平总书记强调要坚持不懈推进“厕所革命”，厕所问题不是小事情，是城乡文明建设的重要方面，需要努力补齐这块影响群众生活品质的短板。[1]因种种历史原因，上海的城市布局中存在着“二元结构”矛盾，在流光溢彩的南京西路、苏河湾集聚带背后，仍有着相当数量的零星二级以下旧里、不成套老旧住房、没有电梯的多层住宅以及居住拥挤的里弄住宅，且具有相同的共性——居住环境恶劣、空间拥挤、条件简陋。本案的纠纷即源于卫生间的建造与使用，涉及曹家及其邻居李家最为关心的基本卫生问题，若是简单就案论案、机械分析在案证据，被告静安区政府所作强制拆除决定并无不妥，但曹家今后的生存利益又从何保障，甚至无法正常生活。

在基本居住权益与行政监管职责的价值冲突“两难”中，承办法官作为土生土长的上海人，深知石库门房屋居住条件的破旧不堪，并最终选择顺应人民群众对居住权益保障、基本生活需要的新期待，广泛听取居民意见，深入了解隐藏于案件背后的实际情况，从而作出最为妥当的司法判断。承办法官除完成翻阅在案证据、质证、开庭审理等指定动作外，还通过实地走访调查、调取内档材料等自选动作来增强司法结论的公正可靠性。“如我在诉”意识体现的正是法官要密切联系群众，回应人民群众对司法公正的关注与期待，否则，不懂群众语言、不了解群众疾苦、不熟知群众诉求，就难以掌握正确的工作方法，更难以发挥司法效能。

---

〔1〕《习近平：坚持不懈推进“厕所革命”　努力补齐影响群众生活品质短板》，载 https://www.gov.cn/xinwen/2017-11/28/content_ s242720.htm，2024 年 7 月 22 日访问。

（二）以合法兼顾合情合理的为民司法为裁判检验标准

深入推进严格规范执法不等同于运动式、“一刀切”执法，而是坚持以法为据、以理服人、以情感人，在行政执法过程中树立、落实正确的法治理念。监督依法行政作为行政诉讼制度的三大功能之一，预示着行政审判活动必须全面审查行政机关的行政行为，不能脱离法律只讲情理，也不能抛开情理只顾法律，否则会造成畸轻畸重、违背朴素价值观、有损法治尊严的“恶果”。

本案涉及卫生间拆除或保留的问题，关系两户人家今后最基本的生活居住条件，既然涉及民生，就必须准确把握社会心态和群众情绪，充分考虑执法对象的切身感受，在法律法规的框架内尽可能实现行政合理最大化，释放比例原则与便民原则的善意。换言之，行政机关在对涉及民生基本问题作出行政处理决定时，应当遵循合法性，兼顾合理行政原则，即行政机关作出行政行为，在主观上必须出于正当的动机，在客观上必须符合正当的目的；行政机关在选择作出某种行政行为时，必须注意权利与义务、个人受损害与社会所获利益、个人利益与国家集体利益之间的平衡；行政机关作出行政行为，必须符合客观规律，合乎情理，不能要求行政相对人承担其无法履行或者违背情理的义务。

法治并非空中楼阁，而是紧紧扎根于国家、社会、人民沃土中的本土化产物，具有强大的民族基因与鲜明的地缘特色。若法院仅仅是法律照搬适用的行家，那与自动贩卖机的社会功能并无差异，只会机械司法，根据输入的指令获取输出的商品，丧失了人的能动性，本案中的原告最终也只能眼睁睁看着设施齐全的卫生间夷为平地，回到“拎马桶”年代。这样的裁判结果显然得不到社会的认同，也与人民城市理念相背，唯有合法与合理兼顾的行政裁判才能与社会发展同频共振，让行政执法既有力度，又有温度，为生动饱满的法治景象增添一块拼图。

（三）以多元化解的新时代“枫桥经验”为特色治理方案

国家治理现代化要求我们必须探索、夯实适合自己的特色法治道路。一纸判决，或许能够给当事人正义，却不一定能解开当事人的“心结”，“心结”没有解开，案件也就没有真正了结。“矛盾不上交、平安不出事、服务不缺位”的新时代“枫桥经验”是基层社会治理的智慧结晶，符合中国式现代化的实践要求，同时，也为人民法院矛盾纠纷多元解决机制提供了良好范本。

本案行政争议的特殊性在于系因邻里纠纷引发，理想状态下，基层组织可以通过民事纠纷的有效化解，避免矛盾繁衍升级。而行政机关在作出行政行为前，需尽到审慎调查的义务，对涉案争议的历史成因、案件矛盾焦点、相对人实质诉求进行充分调查，在化解民事纠纷的基础上，继续谋求行政纠纷的实质性解决。然而，本案的情况并未按照理想状态发展，且最终升级为原告户与被告区政府之间的行政诉讼对抗。在捋清本案复杂的法律关系后，最终确定了协调化解这条最难走的路，因为这也是唯一能够实现多方共赢的出路。

为平衡兼顾基本居住权益、依法行政权威、邻里关系发展等多重考量因素，承办法官以民行矛盾一并化解为思路，善用多元解纷平台，邀请人大、政协、司法局、城管部门、街道办、居委、人民调解委员会等多元主体共同参与，在“法庭”之外搭建社区调和平台，在一轮轮的劝说沟通后，最终实现矛盾纠纷的就地化解，也是法官为基层组织、行政机关上的一堂“生动课”。

新时代现代化人民法院建设背景下，法官要主动求变，以案释法、由案生治，积极投身于基层社会治理的事业，将多元解纷理念贯穿到社会治理的各个层面，综合运用法治思维和法治手段，有力促进法治、德治、自治有机融合。尤其在行政审判实践中，作为联结人民群众利益与行政机关权力的裁判者，要不断加强各部门间的相互支持与协调配合，找准职能定位、做到资源共享、责任共担，大力推进完善共建共治共享的社会治理格局，确保新时代纠纷解决机制改革创新有力推进、有序开展、有效落实。

专家点评

中国特色行政审判新理念的行政争议实质解决，是指人民法院在审查行政行为合法性的基础上，围绕行政争议产生的基础事实和起诉人真实的诉讼目的，通过依法裁判并辅以协调化解等机制的灵活运用，对案涉争议进行整体性、彻底性的一揽式解决，实现对公民、法人和其他组织正当诉求的切实有效保护。行政争议实质解决话语在我国政法实践的迅速兴起，是对长期以来行政审判程序空转、上诉率申诉率高现象的反思，是对新时代“以人民为中心”发展观的践行。

本案当事人都是居住条件和环境亟待改善的弱势群体，案涉行政争议的背后夹杂着邻里之间长期毗邻而居关系的维系，更是对友邻诚信、相互谦让化风成俗的考验。如果人民法院简单适用法律依法作出判决，不仅无法改善当事人的居住条件，而且会进一步恶化当事人之间的邻里关系，无法实现办案法律效果、社会效果和政治效果的统一。相反，本案法官克服重重困难，以“如我在诉”的精神深入现场查看，积极组织当事人和居委会、街道办事处和有关行政机关等多主体进行协调化解，寻求不同利益主体之间的最大公约数，最终采取邻里之间达成和解协议、原告撤诉、被告自行终止强制执行的共赢效果。

本案的灵活处理，为今后行政审判工作践行行政争议实质解决理念树立了良好的标杆。一是实质解决案件类型的特殊性。本案属于行政争议与民事纠纷相互交织的情形，需要一揽子解决各种纠纷避免陷入“案结事不了”的窘境，是最适合开展行政争议实质化解的案件类型。二是实质解决行政争议手段的多样性。本案通过协调化解促使当事人自愿达成和解协议，从根本上解决了邻里之间关系的对立，为社会主义核心价值观融入日常生活奠定了基础。通过裁定允许原告撤诉、被告自行终止强制执行的方式，达到了实质化解行政争议的目的。三是实质解决行政争议效果的最佳性。本案法院通过府院联动协调化解的运用，最大限度保护了当事人的居住权益和生活品质，以个案生动诠释了习近平总书记所言的“人权保障没有最好，只有更好”〔1〕的真谛。

（章志远，华东政法大学纪检监察学院常务副院长、教授，博士生导师）

〔1〕《习近平：人权保障没有最好，只有更好》，载 http://www.qstheory.cn/zhuanqu/2021-09/21/c_ 1127877920.htm，2024 年 7 月 22 日访问。

吴某诉陆某民间借贷纠纷案

——关于成年人民事行为能力欠缺的审查认定模式思考

李江英[*]　赵恺祺[**]

一、基本案情

2015年5月9日，陆某向吴某出具欠条，约定借款人民币60万元，此后吴某向陆某银行转账合计人民币60万元。2015年5月14日，双方在杨浦区公证处签署借款合同，办理公证。因陆某未能还款，吴某于2018年4月2日诉至法院。原审法院立案后主持进行调解，陆某及吴某本人均参加了调解，并于2018年4月12日达成调解协议，确认陆某应于2018年7月31日前归还借款本金及利息合计人民币90万元。原审调解依法发生法律效力。

2022年8月，陆某向上一级法院申请再审，陆某的妹妹陆某琴以陆某监护人身份共同参与诉讼。申请人认为，其系限制民事行为能力人，独自进行民事调解违反自愿合法原则，为此提交了残疾证、另案诉讼材料、智力测试报告、司法鉴定中心鉴定意见书等证据予以佐证。

被申请人吴某辩称，陆某未经特别程序被宣告为限制民事行为能力人，现有证据不足以证实其系限制民事行为能力人。陆某在生活中并无异常，在家中开设棋牌室并参与赌博多年。本案的借款合同经公证，原审中陆某本人到庭参加调解，故原审调解依法具有法律效力。另，申请人的再审申请超过法律规定的期限，请求驳回其再审申请。

再审审查查明，2007年，陆某为被告的一起民间借贷案件中，法院曾就陆某的精神状态及民事行为能力委托进行司法鉴定，鉴定意见书记载陆某韦

* 李江英：上海市第二中级人民法院申诉审查及审判监督庭审判团队负责人、三级高级法官。
** 赵恺祺：上海市第二中级人民法院申诉审查及审判监督庭法官助理。

氏智力测试显示 IQ 为 49，鉴定结论为陆某患有轻度精神发育迟滞，对该案应评定为具有限制民事行为能力。审理法院据此认定陆某在该案诉讼中为限制民事行为能力人。2020 年 8 月，陆某领取了智力残疾三级的残疾人证，韦氏智力测验显示其智商仍为 49。2021 年，陆某为原告的一起所有权确认纠纷案中，法院亦查明了陆某 2007 年民间借贷纠纷案中曾被认定为限制民事行为能力人的事实，将陆某的妹妹陆某琴列为陆某的法定代理人。

2020 年，陆某及陆某琴曾就原审调解违法一事联系原审法院，但并未提出再审申请。

二、裁判结果

上海市杨浦区人民法院于 2018 年 4 月 12 日出具［2018］沪 0110 民初 6582 号民事调解书：（1）被告陆某应于 2018 年 7 月 31 日前归还原告吴某借款本金及利息 900 000 元；（2）案件受理费 12 800 元，减半收取计 6400 元，由被告陆某负担（该款由原告吴某预缴，被告陆某应于 2018 年 7 月 31 日前支付原告吴某）。此后陆某以调解违反自愿原则为由申请再审。

上海市第二中级人民法院于 2022 年 11 月 24 日作出［2022］沪 02 民申 420 号民事裁定：驳回陆某的再审申请。

三、裁判理由

法院经审查认为，申请人陆某主张其参加原审调解时系限制民事行为能力，但申请人无论是在参加原审调解之前还是之后，均未经特别程序被认定为限制民事行为能力人。鉴于申请人举证的证据初步证明了其行为能力可能存在欠缺，故案件审查中，不以未经特别程序为由直接否定申请人该主张，而是通过审查其提交的证据，对申请人参与原审调解时是否具备相应行为能力作出判断。

申请人为证明其主张，提交了精神残疾证、智力测试报告及发生在原审调解案件之前以及之后的两起诉讼相关材料作为新证据，案件审查中亦据此查明相关事实。因原审调解发生在 2018 年，申请人虽曾在 2007 年的民间借贷诉讼案件中被鉴定为患有轻度精神发育迟滞、对该案应评定为限制民事行为能力人，且在 2020 年领取了智力残疾三级的残疾证，但该两节情况前后距离原审调解发生均有相当一段时间，申请人亦未能通过补强举证进一步证明

2007年至2020年期间，其认知水平始终不会发展提升，因此，该两项证据尚不足以直接证明其于2018年参加原审调解时欠缺行为能力。至于2021年，申请人为原告的所有权确认纠纷案中，法院依据2007年案件中查明的事实认定其为限制民事行为能力人，亦难以直接证明申请人2018年参加原审调解时的民事行为能力状况。故申请人申请再审中举证的证据尚不能充分证明原审调解时其系限制民事行为能力人。

此外，最高人民法院《关于适用〈中华人民共和国民事诉讼法〉的解释》明确规定，当事人对已经发生法律效力的调解书申请再审，应当在调解书发生法律效力后6个月内提出。本案原审调解协议经双方当事人于2018年4月12日在调解笔录上签名，法院予以确认后即具有法律效力，法院亦据此出具了民事调解书，陆某迟至2022年8月12日提出再审申请，已经超过了申请再审的法定期限。陆某申请再审所称以及举证的证据亦未能直接证明其于原审调解时系限制民事行为能力人。故裁定驳回陆某的再审申请。

四、法官感悟

在日常生活实践中法律行为是最重要和常见的行为，其效果直接为行为人意志所设定，是行为人借以实现自治的重要工具，效力如何，取决于行为人具有何等的理性能力。成年人一般具有行为能力，但仍存在不能辨认或者不能完全辨认自己行为的情况，对此，《民法典》第24条规定了一种特别程序，即行为能力欠缺的成年人的利害关系人或者有关组织可以向人民法院申请认定该成年人为无民事行为能力或者限制民事行为能力。

但在司法实践中，对于成年人民事行为能力欠缺的审查认定方式并不完全局限于特别程序的认定，有相关判决认为，在未经特别程序认定的情况下不应排斥对当事人的行为能力进行个案判断，认可行为能力欠缺既可以是基于法院特别程序的认定，也可以是基于对当事人的疾病诊断记录或司法鉴定结论及行为时的认知情况的综合判断。本案的办理思路亦是如此，认为在我国法律体系下，认定成年人民事行为能力欠缺较为合理的模式应该是以特别程序的法律拟制为原则，辅以行为能力的个案审查作为矫正。这其实是习近平法治思想的具体体现。

司法是保障法治正义的最后一道关口，其公正性是法治正义成熟的标志之一，习近平总书记曾引用英国哲学家培根的话来说明司法公正的重要性，

“一次不公正的审判，其恶果甚至超过十次犯罪。因为犯罪虽是无视法律——好比污染了水流，而不公正的审判则毁坏法律——好比污染了水源”。[1]进入新时代，以习近平同志为核心的党中央领导集体不仅深化了对于法治正义的认识，将公正作为司法的灵魂和法治的生命线，而且揭示出司法不公的源头性危害，以法治正义将公正司法与司法为民紧密联系在一起。本案的审查过程中主要遵循了其中两大核心理念。

第一，坚持和践行公平与效率并重。十九大报告提出了实现更高质量、更有效率、更加公平、更可持续发展的要求，一改之前“效率优先、兼顾公平”的提法，既不枉顾物质基础盲目追求结果公平，也不一味追求效率而轻视正义规则的整体建设，创造性地将更有效率、更加公平归于发展进程中。在本案中，对于成年人欠缺行为能力的审查如果仅根据是否经特别程序认定而判断，则是侧重效率的考虑，此时成年人事实上是否具有行为能力在所不问，这种判断模式客观存在过度保护及保护不足两大问题。一方面，成年人欠缺判断能力程度多种多样，在不同时间段及交易场合也可能千差万别；另一方面，在一些场合，行为人虽然不具备足够的判断能力，欠缺意思能力，但由于尚未被法院通过特别程序认定为欠缺行为能力人，无法得到相应帮助和保护，容易陷入交易不利的境地。而如果采用形式审查与个案审查相结合的审查方式，则能较好地避免上述问题，便于全面审查认定成年人的行为能力状况，也充分契合公平与效率并重的理念。

第二，充分维护人民的正当权益。马克思主义唯物史观将坚持人民主体地位作为人类社会发展进步的基本法则。以习近平同志为核心的党中央领导集体在推进社会主义现代化建设事业时，深刻把握马克思唯物史观这一法则，遵循马克思主义政党执政的根本要求，始终坚持人民视角，以人民遇到的问题与发展需求为指引，围绕人民群众的新要求新期待，在系统解决法治问题中保障人民安居乐业。习近平总书记明确指出，“全面依法治国最广泛、最深厚的基础是人民”。[2]从这个意义上讲，在全面推进依法治国中体现人民利益，就是以习近平同志为核心的党中央领导集体在法治正义上践行人民立场

〔1〕《学习习近平总书记关于思维方式的重要论述丨习近平总书记论法治思维》，载 https://www.12371.cn/2023/08/15/ARTI1692077966933160.shtml，2024 年 7 月 19 日访问。

〔2〕习近平：《坚定不移走中国特色社会主义法治道路　为全面建设社会主义现代化国家提供有力法治保障》，载《求是》2021 年第 5 期。

的基本方式。本案采取的以特别程序的法律拟制为原则，辅以行为能力的个案审查作为矫正的认定模式即是基于对成年人权益保障的充分考量，通过在个案审查时着重考虑法律行为与行为人的生活关联度、行为人的精神状况及认知状况、法律行为内容的公平性及前案诉讼认定情况等多种因素，既能避免行为人在举证其行为是否具有意思能力的困难，也能充分保障行为能力欠缺者的财产、人身利益，充分实现对保护功能与交易安全的兼顾。

专家点评

民事行为能力的一大重要功能是保护智虑不周之人，体现了民法的“人本位”价值、“人文关怀”精神、“意思自治”原则。实际生活中，民事行为判断年龄是绝对的，但可进行民事行为事项范畴并无细致详尽的例举，这就要求纠纷发生诉至法院时，应判断当事人是否在能力范畴之内从事民事行为，以及欠缺民事行为能力者是否经法律程序认定。

本案创新了成年人民事行为能力欠缺的审查认定模式。根据《民法典》第 24 条的规定，不能辨认或不能完全辨认自己行为的成年人，其利害关系人或者有关组织，可以向人民法院申请认定该成年人为无民事行为能力人或者限制民事行为能力人。而本案对成年人民事行为能力欠缺的审查方式并未完全局限于由受诉人民法院按照特别程序立案审理，认为欠缺行为能力既可以基于法院特别程序的认定，也可以基于对当事人的疾病诊断记录或司法鉴定结论及行为时的认知情况的综合判断。这一论述为更客观地评估成年人民事行为能力提供了新的途径和标准。

我国民事法律体系下，认定成年人民事行为能力欠缺以特别程序的法律拟制为原则，辅以行为能力的个案审查作为矫正，是习近平法治思想的具体体现。本案法官没有一味追求效率，简单根据是否经特别程序认定，而是充分审查成年人事实上是否具有行为能力，避免了对成年人的过度保护或保护不足问题。本案采用形式审查与个案审查相结合的审查方式，着重考虑法律行为与行为人的生活关联度、行为人的精神状况及认知状况、法律行为内容的公平性及前案诉讼认定情况等多种因素，既能避免行为人在举证其行为是否具有意思能力的困难，也能充分保障行为能力欠缺者的财产、人身利益，体现了审判人员的办案智慧、公平与效率并重的理念。根据“类似案件同样处理”的基本法理，该案也为后续案件中成年人民事行为能力的认定提供了有益的参考和指导，这种综合考虑事实与程序的方法，有助于法官更全面地评估成年人的行为能力状况，从而更好地保障当事人权益，与法治中国体现人民利益、践行人民立场这一要求相呼应。

本案是目前认定成年人民事行为能力的典型案例，其运用的以特别程序为原则、个案审查为补充的审查模式，将公正司法与司法为民紧密联系，不仅有效维护了社会公平正义，更体现了法治精神下对弱势群体的尊重与保护。本案判决也为此类案件的审理提供了具体操作范例与思路，为我国民事司法实践指明方向，极具借鉴意义。

（曹薇薇，上海大学法学院教授，博士生导师）

陈某诉A公司公司解散纠纷案

——全体股东协议附条件解散公司的正当性证成与司法认定

王　曦[*]　施凌波[**]

一、基本案情

原告陈某诉称：《承诺书》约定，A公司延长存续时间后必须正常及时地在股东间分配租金，且公司除了收取租金不允许做其他投资，该《承诺书》系A公司全体股东的真实意思表示，系附条件延长公司营业期限，等同于股东就公司附条件解散达成的股东会决议。在《承诺书》签订后，A公司其他两名股东李某、胡某拒绝分配租金，违反规定强行通过股东会决议做其他投资，彻底违背了《承诺书》的基本原则。本案符合《公司法》规定的公司解散的实质条件，请求解散A公司。

被告A公司辩称：《承诺书》不能作为公司解散的股东会决议。本案不符合《公司法》规定的法定解散条件，也不符合公司章程约定的解散条件。

第三人李某、胡某述称：A公司目前在正常经营，与第三方也有长期合同需要履行，公司解散势必造成巨大的损失，不同意公司解散。

二、裁判结果

法院经审理查明：A公司股东为陈某（40%）、李某（40%）、胡某（20%）。2014年7月，经营期限届满后，各方对延长经营期限未达成一致。2015年5月，陈某申请强制清算，因未提供清算材料，法院未予受理。2016年12月，各股东就公司展期签署《承诺书》，约定："……日后收益按股权份

* 王曦：上海市第二中级人民法院商事审判庭审判团队负责人、三级高级法官。

** 施凌波：上海市第二中级人民法院商事审判庭法官助理。

额当月分割……公司主营业务厂房租赁由李某负责……股东对公司财务状况有知情权……三方股东对上述承诺内容均已知悉且认可，并表示愿意照此执行。若今后任何一方违反本承诺书，三方可协商解决，协商不成的，则三方均同意解散该公司。”同日，A公司通过公司延期的股东会决定及新的公司章程，营业期限延长至2040年7月。

2019年6月，A公司召开股东会，议案涉及公司财务、经营、分红、执行董事酬金等，李某、胡某均表支持，陈某则以不符合《承诺书》等为由对各议题均表反对。2020年12月，A公司再次召开股东会，就房屋装修、审计、分红等议案表决，李某、胡某出席，陈某缺席，后形成决议。

2020年1月，陈某提起股东知情权诉讼，并经强制执行实现权利。2020年4月，A公司诉请陈某返还部分公司账册。2020年10月，陈某诉请公司分配盈余，后撤诉。

2021年4月6日，陈某提起本案诉讼，请求判令解散A公司。

上海市嘉定区人民法院于2021年8月31日作出［2021］沪0114民初8330号民事判决：驳回原告陈某的诉讼请求。宣判后，陈某提起上诉。上海市第二中级人民法院于2022年8月9日作出［2022］沪02民终2752号民事判决：（1）撤销一审判决；（2）确认A公司解散。

三、裁判理由

法院生效裁判认为：首先，关于《承诺书》的性质。股东会决议作为公司意志的体现，严格限定于股东会行使法定职权，股东就股东会法定职权事项形成合意，即便未召开股东会，仍得以全体股东书面一致形式，直接作出股东决定。本案中，《承诺书》经A公司全体股东签署，所涉内容包括：公司财产及分配时间方案；公司经营收益、厂房拆迁收入分配方式；股东知情权等。同时明确，若任一股东违反承诺，并协商不成的，全体股东一致同意解散公司。可见，《承诺书》记载的合意事项符合《公司法》第37条之情形，对全体股东产生效力。另，《承诺书》系在A公司营业期限届满，陈某不同意延期，诉诸法院申请强制清算未果的背景下，全体股东就公司延期后的经营模式、解散事由达成的合意，且各方于《承诺书》签订同日即形成延长营业期限的股东会决议。故此，综合《承诺书》的签订背景、内容属性及效力，《承诺书》属于《公司法》第37条所指的股东决定，与股东会决议具有同等效力。

其次，关于《承诺书》附条件解散A公司的效力。A公司能否因《承诺书》而解散，需明确如下问题：其一，解散公司可否附条件。《公司法》第181条就“股东会或者股东大会决议解散”事由未作特别限定，依照法律规定，民事法律行为可以附条件，故全体股东对公司解散设定条件，系属于意思自治的范畴，应为法律所允许。另外，因附条件解散公司涉及条件成就与否的判断，如股东之间就公司解散与否产生分歧，股东对此有诉的利益，可诉请法院予以确认。其二，解散条件是否成就。在案证据表明，李某、胡某未按《承诺书》约定经营使用公司资产、分配收益，阻碍陈某行使股东知情权属实，陈某亦多次就此提起诉讼，故李某、胡某的行为已严重违反《承诺书》项下全体股东就公司经营事项所达成的合意，《承诺书》规定的A公司解散的生效条件成就，理应发生A公司解散的法律效果。

最后，关于公司生存权保障与股东决议解散公司意思自治之间的冲突调和。司法理应对公司解散秉持审慎、谦抑态度，同时亦应依法畅通公司自行解散和强制解散渠道，保障公司法人主体有序退出市场。就本案而言：其一，区分审查公司自行解散与强制解散。自行解散则是公司基于内部意思自治而对公司不再存续作出决定，原则上符合《公司法》规定或公司章程约定的解散条件，便产生公司解散的法律效果。相较于强制解散，对产生争议的自行解散的司法确认并不会对公司自治产生不当冲击。鉴于此差异，《公司法》及司法解释所规定的强制解散案件的审查理念，包括注重调解，以股权回购、减资、分立等其他可以解决股东分歧的方式避免公司强制解散等，不宜一概适用于公司自行解散的纠纷解决。其二，保障股东压迫情形下的自行解散救济。本案中，A公司股东间的矛盾由来已久，已产生多个诉讼。如陈某所称，陈某同意公司延长营业期限，系以各方尤其是实际经营者李某即大股东一方遵照《承诺书》经营A公司、确保己方小股东权益不受压迫侵害为前提，否则延期后的A公司亦随时可能解散。现客观上，李某、胡某对《承诺书》的违反，加剧了股东间的信任缺失，陈某作为小股东的权益只能通过逐一诉讼得以救济和保障。2019年6月的股东会会议记录亦从侧面印证，陈某作为少数股东，对公司事项无法产生决策影响力。至此，A公司的股东压迫情形严重，其作为有限责任公司的人合性基础已经丧失，司法应允许A公司遵照全体股东的意志有序退出。

综上，《承诺书》系合法有效的股东决定，等同于股东会决议，对全体股东具有约束力。A公司自《承诺书》约定的解散条件成就之时即发生公司解散效力，李某、胡某违反《承诺书》约定的依据充分，各方亦未能就此协商一致解决，《承诺书》项下A公司解散的条件已经成就，A公司因此解散。

四、法官感悟

习近平法治思想为新时代深入推进全面依法治国、加快建设中国特色社会主义法治体系、建设社会主义法治国家提供了根本遵循和行动指南。新时代推动法院工作高质量发展，必须深刻认识习近平法治思想重大政治意义、理论意义、实践意义，必须准确把握人民法院在新时代推进全面依法治国中的历史方位。商事审判工作要适应社会矛盾的结构性变化，始终坚持以习近平法治思想为引领，把习近平法治思想转化为服务大局、司法为民、公正司法，推动商事审判工作高质量发展的生动实践。

（一）牢牢把握公平正义的价值追求，深入纠纷本质

习近平总书记指出："司法是维护社会公平正义的最后一道防线……司法公正对社会公正具有重要引领作用，司法不公对社会公正具有致命破坏作用。"〔1〕司法应当具有内在的价值追求和社会坚守。具体而言，裁判必须兼顾价值、权衡轻重，在符合司法逻辑前提下推导出结果。在作出裁判时，要考虑价值、逻辑规范和社会历史等要素，并将其融会贯通于一体化的司法审判，深刻把握纠纷事实的本质，才能全面、科学地推导出既具有规则逻辑性，又具有社会公共理性的正当化的裁判结果。

在适用法律方面，司法审判机关不能僵化地执行法律条文，而应以注重实质公平为导向，树立穿透式思维，探明法律条文背后的精神和目的，明确适法标准，才能作出正确的裁判。就本案而言，应当区分审查公司自行解散与强制解散。自行解散则是公司基于内部意思自治而对公司不再存续作出决定，原则上符合公司法规定或公司章程约定的解散条件，便产生公司解散的法律效果。相较于强制解散，对产生争议的自行解散的司法确认并不会对公司自治产生不当冲击。有鉴于此差异，公司法及司法解释所规定的强制解散

〔1〕《习近平：关于〈中共中央关于全面推进依法治国若干重大问题的决定〉的说明》，载http://www.gov.cn/xinwen/2014-10/28/content_2771717.htm，2024年7月19日访问。

案件的审查理念，包括注重调解，以股权回购、减资、分立等其他可以解决股东分歧的方式避免公司强制解散等，不宜一概适用于公司自行解散的纠纷解决。该种基于案件事实充分查明基础之上的精准法律适用，对实现实质公正、维护社会公平正义具有重要作用。

（二）准确理解能动司法的深刻内涵，服务审判全局

能动司法即依法能动履职，是指审判机关在依法履行法定职责时，心怀“国之大者”，积极进取、担当作为、忠诚履职，充分发挥司法审判职能作用，及时回应服务保障大局需求、人民群众“公正与效率”关切和一体推进法治国家、法治政府、法治社会建设需要，以更好地做实为大局服务、为人民司法，服务保障高质量发展，推进中国式现代化。能动司法既是司法理念的创新，又是司法理念乃至法治理念的深化。

故此，在审理公司解散纠纷时，面对公司生存权保障与股东决议解散公司意思自治之间的冲突调和，司法理应注重平衡好、协调好多重价值因素，对公司解散秉持审慎、谦抑态度，同时亦应依法畅通公司自行解散和强制解散渠道，保障公司法人主体有序退出市场。就本案而言，应当保障股东压制情形下的自行解散救济。本案中，A 公司股东间的矛盾由来已久，已产生多个诉讼。如陈某所称，陈某同意公司延长营业期限，系以各方尤其是实际经营者李某即大股东一方遵照承诺书经营 A 公司、确保己方小股东权益不受压制侵害为前提，否则延期后的 A 公司亦随时可能解散。现客观上，李某、胡某对承诺书的违反，加剧了股东间的信任缺失，陈某作为小股东的权益只能通过逐一诉讼得以救济和保障。2019 年 6 月的股东会会议记录亦从侧面印证，陈某作为少数股东，对公司事项无法产生决策影响力。至此，A 公司的股东压制情形严重，其作为有限责任公司的人合性基础已经丧失，司法应允许 A 公司遵照全体股东的意志有序退出。

（三）始终站稳司法为民的根本立场，创新裁判理念

司法工作要站稳人民立场，坚持以依法保障人民权益为根本目的，始终把实现好、维护好、发展好最广大人民根本利益作为永恒的出发点和落脚点，努力让人民群众在每一个司法案件中感受到公平正义。[1]本案系因股东压制

〔1〕 周强：《坚持以人民为中心　努力让人民群众在每一个司法案件中感受到公平正义》，载《民主与法制》2021 年第 44 期。

而起，涉及以股东“协议”附条件解散公司的新情形。我国公司法未将股东压制纳入公司解散事由，而现有的公司法体系为受排挤和压制的股东提供的无须解散公司的多种司法救济途径，在长期的复合性股东压制情形中，实效甚微。在审理过程中，本案找准司法服务保障的结合点和切入点，在准确适用法律的前提下，将司法为民作为根本出发点，牢牢把握市场主体的关切和诉求，主动作为，创新裁判规则，以期发挥司法审判对于公司解散纠纷规范正向引导作用，服务保障市场主体领域中的营商环境，为企业健康有序进入、退出市场保驾护航。

本案树立的裁判规则的意义在于，尊重股东和公司意思自治，探寻可行的股东压制救济途径，引入股东协议作为事先救济，并明确了如下裁判标准：全体股东以书面形式签署的附条件解散公司协议可纳入2018年《公司法》第37条规定的股东决定范畴，属于2018年《公司法》第180条第2项规定的决议解散，就约定的解散条件成就与否产生争议的，可诉请法院确认。对附条件协议解散公司的司法确认，一方面应与司法解散公司在审查理念上作区分，另一方面，应从严把握约定解散条件是否已实质成就，条件成就的，发生公司解散的法律效果。

坚持以习近平法治思想引领商事审判工作，能够更好地回应人民群众对司法公正的新要求新期待，更全面地推进中国特色社会主义法治道路，更有力地为经济持续健康发展和社会和谐稳定提供司法保障。要把习近平法治思想落实到新时代法院工作全过程各环节，依法能动履行司法审判职责，以法院工作现代化融入和助力政法工作现代化、服务中国式现代化，为全面建设社会主义法治国家作出新的更大贡献。

专家点评

我国股权结构中权力普遍较为集中，实践中，多数股东滥用权力以致公司和其他股东权益受损的情形并不少见。如何对少数和中小股东权益进行有效保护，一直是《公司法》关注的焦点。本案因大股东滥用权力（即“股东压制”）而起，与其他类案不同之处在于其涉及以股东“协议”附条件解散公司的新情形。因《公司法》未将股东压制纳入公司解散事由，法院将股东协议认作事先救济，通过对2018年《公司法》第37条、第180条的精准理解、适用使公司有序退出市场。这一做法平等地保护了少数股东的合法权益，契合公平正义的价值追求。此外，法院基于案件事实，充分考虑了股东压制情形严重、公司人合性基础丧失等事实后才作出判决，充分体现公司解散的谦抑性适用，判决思路值得借鉴。

本案判决考察了书面股东协议是否发生公司解散的法律效力。首先，根据2018年《公司法》第37条，股东以书面形式一致同意公司解散情形的，可以不召开股东会会议直接作出决定，法律认可其与股东会决议具有同等效力。其次，民事法律行为可以附条件，全体股东对公司解散设定条件，属意思自治范畴，应为法律所允许。法院鉴于李某、胡某严重违反股东协议项下合意的具体情形，判定公司解散条件成立，判决逻辑清晰，适用规范准确。本案判决明确了书面股东协议在公司解散议题上的法律效力，具有典型性。

公司争讼类案件中，为维护市场秩序、促进经济良性发展，无论是法院还是仲裁机构，都更多强调要审慎地行使自由裁量权，尽可能采取替代性救济方案以避免公司解散。本案裁判亮点为，在确认《承诺书》足以发生公司解散的法律效果之后，法院没有受限于公司生存权利强行保护，在兼顾多方价值、权衡裁判边界后，认定少数股东的权益损害大于自行解散对公司自治的冲击，尊重了公司内部的真实意思自治，因此，判定了公司解散。这一判决既考虑到了法律对市场经济平稳发展的保障，又坚守住了司法公正这一维护社会公平正义的防线。同时，本案创新性地将公司解散协议作为股东压制情形下的事前救济途径，为实践中此类案件纠纷提供了判决思路。本案中，法院明确了股东协议的法律约束力，将全体股东以书面形式签署的附条件解散公司协议纳入了2018年《公司法》第37条规定的股东决定范畴。在此基础上，法院充分查明了案件事实，正确判断了解散公司所涉条件的成就与否，产生了积极正面的法律效果。

综上，本案法官没有简单适用强制解散情形下的固有裁判理念，积极发挥了司法审判机关的主观能动性，理解了法律条文和司法实践的底层逻辑。法院在着力维护市场经济秩序的基础上，关注了少数股东的利益保护，引入了可以持续适用的事前救济途径。本案判决实现了司法为民价值导向的落地，体现了以人民为中心的中国特色社会主义法治根本立场，对推动市场主体在公正、法治轨道上健康、持续发展具有深远意义。

（曹薇薇，上海大学法学院教授，博士生导师）

倪某某、严某丙、严某丁与严某乙确认合同无效纠纷案

——擅自处分共同共有房屋的效力认定与物权变动分析

卢薇薇[*]　高　勇[**]

一、基本案情

严某甲（已于2019年4月12日死亡）与倪某某系夫妻，二人生育严某乙、严某丙、严某丁。

案涉房屋原系公房，承租人为严某甲。2000年5月15日，严某乙、严某甲与上海某物业管理合作公司签订《上海市公有住房出售合同》，约定由严某乙、严某甲购买该房屋，房屋售价款为18 757元。购买案涉房屋时，使用了严某甲的工龄，其中工龄优惠642.6元。2000年7月18日，案涉房屋登记在严某乙、严某甲名下，产权登记为共有。

2014年9月11日，严某甲（出卖人）与严某乙（买受人）签订《上海市房地产买卖合同》，约定房屋售价款为780 505元。双方未约定付款期限，仅于附件三中载明一次性付清。双方于补充条款一中约定1/2转让。合同签订后，严某乙未实际支付房屋价款。2014年10月29日，案涉房屋核准登记在严某乙名下。

另查明，案涉房屋原系严某甲承租的房屋动迁所得公房。案涉房屋租赁户为严某甲，家庭成员为严某乙、唐某某、严某戊。

倪某某、严某丙、严某丁起诉请求：（1）确认严某甲与严某乙于2014年9月11日签订的房屋买卖合同无效；（2）判令系争房屋恢复登记至倪某某、

* 卢薇薇：上海市第二中级人民法院民事审判庭副庭长、三级高级法官。

** 高勇：上海市第二中级人民法院民事审判庭原法官助理，现上海市杨浦区人民法院入额法官。

严某丙、严某丁、严某乙名下，为共同共有。

审理中，严某乙陈述，严某甲将自己在案涉房屋中的房产份额转移至严某乙名下，系严某甲生前表示将本属于严某乙的份额返还严某乙。

二、裁判结果

上海市杨浦区人民法院经审理作出［2021］沪 0110 民初 6511 号民事判决：(1) 倪某某、严某丙、严某丁诉讼请求不予支持；(2) 严某乙应于判决生效之日起 10 日内，将案涉房屋恢复登记至倪某某与严某乙名下，其中倪某某享有 1/4 房屋产权份额，严某乙享有 3/4 房屋产权份额。宣判后，严某乙提起上诉，请求撤销一审法院判决第二项。

上海市第二中级人民法院经审理作出［2022］沪 02 民终 1795 号民事判决：(1) 维持上海市杨浦区人民法院［2021］沪 0110 民初 6511 号民事判决第二项；(2) 撤销上海市杨浦区人民法院［2021］沪 0110 民初 6511 号民事判决第一项；(3) 确认严某甲与严某乙于 2014 年 9 月 11 日签订的《上海市房地产买卖合同》无效。

三、裁判理由

一审法院经审理后认为，登记在严某甲名下的系争房屋产权份额系婚姻关系存续期间取得，应认定为严某甲与倪某某的夫妻共同财产。现无证据证明严某甲将登记在其名下的产权份额转移至严某乙名下征得过倪某某同意，构成无权处分，对倪某某不产生物权变动效果。但严某甲与严某乙所签房屋买卖合同系双方真实意思表示，并未违反法律强制性规定，亦未违反公序良俗，应属合法有效。因此，对倪某某、严某丙、严某丁基于合同无效主张将房屋恢复登记的诉讼请求，不予支持。鉴于严某甲的行为系部分无权处分，为避免当事人诉累，对无权处分的法律后果一并处理。因登记在严某甲名下的系争房屋 1/2 产权份额由严某甲与倪某某各半享有，严某甲擅自处分属于倪某某的部分应恢复登记，而严某甲处分属于自己的部分系生前自愿行为，应予尊重，故该部分产权份额归严某乙所有。

据此，一审法院对倪某某、严某丙、严某丁的诉讼请求不予支持，并判令系争房屋恢复登记至倪某某与严某乙名下，其中倪某某享有 1/4 房屋产权份额，严某乙享有 3/4 房屋产权份额。

一审判决后，严某乙提起上诉。

二审法院经审理后认为，案涉房屋经购买公有住房产权，登记在严某乙与严某甲名下，虽严某乙与严某甲于2014年签订《上海市房地产买卖合同》，将案涉房屋产权全部登记至严某乙名下，但严某乙在审理中自述其与严某甲之间并没有支付房款的意思表示，实际上也未支付过房款，故案涉合同名为买卖，实为赠与。案涉房屋买卖合同缺乏房屋买卖的真实意思表示，应属无效。鉴于对合同效力的判定属于人民法院依职权主动审查的范围，故虽双方当事人对一审法院就此所作判项并未提起上诉，但二审法院仍予以纠正。

严某甲的赠与行为发生时，案涉房屋中属于严某甲的份额虽登记在其一人名下，但依法属于严某甲与倪某某夫妻共同财产。就该共同共有财产份额的处分，需有共同共有人的一致意思表示，即需征得严某甲以及倪某某的一致同意。审理中，并无证据证明倪某某知情并同意严某甲将案涉房屋内的夫妻共同财产份额赠与严某乙。严某乙上诉称，在无证据证明倪某某不同意严某甲处分的情形下，应推定为倪某某知情并同意，该主张与举证责任的分配原则相悖，法院不予采纳。据此，法院认定严某甲处分登记在其名下的属于严某甲与倪某某夫妻共同财产的案涉房屋产权份额的行为无效。但同时，严某甲的行为亦表明其愿意将属于自己的一部分财产份额赠与严某乙，现严某甲已过世，一审法院基于对当事人意思自治的尊重，对当事人在案涉房屋中的财产份额重新进行划定，并无不当。

据此，二审法院对一审所判房屋恢复登记予以维持，改判确认严某乙与严某甲所签房屋买卖合同无效。

四、法官感悟

法治的根基在于人民。要把以人民为中心的发展思想贯穿立法、执法、司法、守法各个环节，依法治国各项工作都要贯彻党的群众路线，密切同人民群众的联系，倾听人民呼声，回应人民期待，不断解决好人民最关心最直接最现实的利益问题，凝聚起最广大人民智慧和力量。在坚持法治为了人民、依靠人民的同时，也要牢牢把握社会公平正义的价值追求。习近平总书记指出："必须牢牢把握社会公平正义这一法治价值追求，努力让人民群众在每一

项法律制度、每一个执法决定、每一宗司法案件中都感受到公平正义。”〔1〕

不同效力状态合同的审理思路与处理原则并不相同，所以法院在审理合同类纠纷时，除确认合同效力类纠纷系应当事人请求对合同效力作出认定外，均应依职权主动对合同效力进行审查。又因法律针对各典型合同的特征就其效力作出了不同规定，所以在认定效力前应对合同性质进行识别。除了影响合同效力认定，性质识别对物权变动也具有特殊意义。因为物权变动取决于处分行为的效力，而不同性质合同所适用的物权变动规则却又不同。具体而言，在案件审理中宜透过合同名称这一外观，对合同条款所反映的当事人真实意思、缔约目的以及合同履行情况等实质因素进行综合审查，解决好人民群众最关心最直接最现实的利益问题。就本案而言，具体表现为识别严某乙、严某甲之间系“名为买卖，实为赠与”的法律关系，具体包括：

第一，识别合同性质以合同条款为基础。本案中，严某乙、严某甲所签《上海市房地产买卖合同》对房屋坐落、售价、付款方式作出约定，具备了房屋买卖合同的基本内容，在性质上符合出卖人转移标的物所有权于买受人，买受人支付价款的买卖行为特征。正是基于上述合同名称及条款内容，一审法院认定严某乙、严某甲之间成立房屋买卖合同关系。

第二，识别合同性质以缔约目的为关键。本案中，严某乙、严某甲所签《上海市房地产买卖合同》仅对房屋坐落、价款及付款方式作出约定，而对付款期限、违约责任、房屋交付、户口迁移等影响双方权利义务的重要条款均予留白，显然与一般的房屋买卖合同有别。再结合严某乙、严某甲同为房屋权利人且系父子关系这一特殊身份，以及实践中房屋共有人之间通过买卖的形式转移产权份额以减少再次处分时的税费负担等交易惯例，足以对双方之间是否系房屋买卖关系产生合理怀疑。

第三，识别合同性质以履行情况为核心。本案中，严某乙、严某甲虽签订《上海市房地产买卖合同》，但严某乙并未按约支付房屋价款，且严某甲在未获得合同对价的情况下依然将房屋份额转移至严某乙名下。从实际履行情况来看，双方均无履行买卖合同的意思，而无偿转让房屋份额的行为则完全符合赠与合同的特征。据此，二审法院认定严某乙、严某甲之间系“名为买

〔1〕《习近平：加强党对全面依法治国的领导》，载 https://www.gov.cn/xinwen/2019-02/15/content_5365984.htm，2024 年 7 月 22 日访问。

卖，实为赠与”的法律关系。

坚持全面推进科学立法、严格执法、公正司法、全民守法是全面依法治国的重要环节。公正司法事关人民切身利益，事关社会公平正义，事关全面推进依法治国。要坚持以提高司法公信力为根本尺度，坚持符合国情和遵循司法规律相结合，坚持问题导向，勇于攻坚克难，坚定信心，凝聚共识，锐意进取，破解难题，不断促进社会公平正义。就本案而言，具体表现为一审法院认定的合同效力并不在上诉请求范围内，二审法院依职权主动审查后直接改判。二审法院所承担的审级职能具有“双重性”：一方面在原审的基础上对一审诉讼标的继续审理，以作出终局且确定的判断，是为“续审”的本意；另一方面围绕上诉请求，对原审的事实认定、法律适用（含诉讼法）再次审查并纠正错误，这是审级监督使然。〔1〕二审审理范围主要涉及尊重当事人处分权和确保法律贯彻执行两者之间关系的协调问题，涉及二审程序的纠纷解决和纠错功能的定位问题。在二审程序的价值取向和功能定位上，对当事人处分权的尊重与对法律严肃性的确保、对解决纠纷的追求和对纠正错误的重视，都是不可偏废的，必须综合平衡。〔2〕

民事案件同人民群众权益联系最直接最密切。要提高民事案件审判水平和效率，加强民事司法工作，提高办案质量和司法公信力。不同性质合同效力认定所适用的规则有别，且基于不同性质合同所作处分行为效力亦适用不同的物权变动规则进行判断，应在案件审理中将合同性质识别前置。只有在辨明合同性质的基础上，才能选择与之相适应的效力认定与物权变动规则判断负担行为与处分行为效力，进而查明物权变动效果。法律不应该是冷冰冰的，司法工作也是群众工作，要将解开当事人的“心结”作为案件真正的了结的标准。

专家点评

合同类型是沟通事实与规范的重要技术性中介工具，对合同类型的准确判断有助于裁判者深入交易本质，将纷繁芜杂的合同构造加以归纳和抽象处

〔1〕 参见陈杭平：《民事第二审审理范围及其例外》，载《国家监察官学院学报》2018年第4期。

〔2〕 最高人民法院民法典贯彻实施工作领导小组办公室编著：《最高人民法院新民事诉讼法司法解释理解与适用》（下），人民法院出版社2022年版，第709页。

理，涵摄在特定规范之下，选择与之相适应的效力认定与物权变动规则，进而查明物权变动效果，作出公正合理的判决，最终实现平衡当事人之间的权利配置和利益分配的现实效果。

本案创新性地整合了合同类型的识别要素，并形成一套兼具实践性和参考意义的合同类型识别方法。首先，合同目的作为当事人真意的核心，是决定合同条款内容的指针。而合同条款作为合同目的的载体，彰显了当事人意图通过特定的合同构造实现的法律效果。最高人民法院《关于适用〈中华人民共和国民法典〉合同编通则部分的解释（征求意见稿）》规定了“名实不符与合同效力”条款，明确在当事人越过合同内容主张权利义务时，裁判者应充分考量“目的”要素。因此，宜将合同条款作为合同类型判断的基础。其次，依照《民法典》第142条的规定，确定意思表示的含义应当按照所使用的词句，结合相关条款、行为的性质和目的、习惯以及诚信原则。欲对合同类型准确判断，除需对合同内容进行深度解读外，还应考量当事人之间的特殊关系及交易惯例。最后，确认合同类型还应考察合同的履行情况。合同的履行情况是当事人意思自治的真实表现，《民法典》合同编的合同严守原则与合同全面履行原则均表明合同行为的最终落脚点在于履行。本案二审法院将以上识别要素进行整合后得出了严某甲与严某乙之间系“名为买卖，实为赠与”的法律关系的结论。

综上，本案审理过程中形成的合同类型识别方法具有较强的规范意义和指引作用，有助于帮助裁判者对合同类型进行准确判断，进而作出更公正、合理的判决，是其他法院处理名实不符合同案件时的优秀示例。此外，我国民事诉讼中的处分原则是当事人自由处分与国家干预相结合，本案展示了国家干预对当事人自由处分的适度干预，在尊重当事人自由处分的基础上兼顾他人合法权益，充分体现了中国特色社会主义法治对人民群众利益多维度、全方位的保护，有助于促进广大人民群众尊法、守法、信法、奉法，在实施民事法律行为时以合乎法律为行为底线，将兼顾他人利益树立为自觉意识，以维护社会公平正义为追求目标，从而有助于弘扬和谐、平等、公正的社会主义价值观，让法治文明蔚然成风，推进社会主义法治化强国进程。

（曹薇薇，上海大学法学院教授，博士生导师）

冯某某违法所得没收案

——上海市首例适用刑事违法所得没收特别程序案件

姜琳炜 [*]　秦方舟 [**]

一、基本案情

上海市人民检察院第二分院诉请：犯罪嫌疑人冯某某因涉嫌犯贪污罪、受贿罪、挪用公款罪被国际刑警组织发布红色通报，被通缉一年后不能到案。申请对冯某某贪污、受贿、挪用公款的违法所得及其孳息予以没收。

（1）贪污犯罪事实。2003 年 8 月至 2008 年 7 月，冯某某利用全面负责新杨工业园区各项工作以及负责联系新杨工业园区的职务便利，单独或伙同他人，通过往来款不入企业账户、虚抬工程决算价格、在土地使用权转让中虚增转让环节等多种手段，截留并侵吞新杨工业园区公款，共计人民币 17 911 110. 92元。

（2）受贿犯罪事实。2003 年 11 月至 2008 年 3 月，冯某某利用全面负责新杨工业园区工作，以及负责联系新杨工业园区的职务便利，通过指定发包工程项目、违规抵押新杨工业园区资产、违规拆借新杨工业园区资金等方式，为他人谋取利益，多次索取或者收受贿赂共计 36 335 455 元。

（3）挪用公款犯罪事实。2003 年至 2009 年，冯某某单独或伙同他人，利用职务便利，将新杨工业园区等单位的资金私自借贷给上海宝翔企业发展有限公司等企业用于营利活动，共计挪用公款 8600 万元。

（4）违法所得事实。冯某某将上述部分犯罪所得用于上海钢博会实业发展有限公司（以下简称“钢博会公司”）增资、购买钢博会公司位于本市宝

* 姜琳炜：上海市第二中级人民法院刑事审判庭原审判员、现上海市高级人民法院刑事审判庭审判员、三级高级法官。

** 秦方舟：上海市第二中级人民法院刑事审判庭法官助理。

山区业绩路 8 号地块的土地使用权（32 666.8 平方米），在该地块上建造厂房 41 329.63 平方米，收取厂房租金等收入共计 47 423 563.69 元。

（5）查封、扣押、冻结情况：①2018 年 8 月 2 日，上海市普陀区监察委依法查封钢博会公司的土地使用权及地上厂房。2021 年 8 月，上海市普陀区国资委对钢博会公司进行托管。②2018 年 7 月至 2021 年 12 月，依法冻结钢博会公司及其他涉案公司、冯某 1、冯某 2、羌某某等人的 12 个银行账户收取的钢博会公司租金。

为证明上述事实，检察机关提交了法人营业执照、冯某某的任职文件、财务凭证、银行账户明细、国有土地使用权出让合同、上海市房地产权证、股权转让协议、借款合同、贷款材料等书证，司法会计鉴定意见书，搜查、查封、扣押、冻结等文书，证人证言等证据。

其间，声称在境外与冯某某注册结婚的外籍配偶 L 某申请作为利害关系人并委托诉讼代理人参与诉讼。

法院经审理查明：犯罪嫌疑人冯某某涉嫌于 2003 年至 2009 年间，单独或伙同他人，利用担任上海普陀区桃浦镇党委副书记、调研员、上海新杨工业园区经济发展（集团）有限公司董事长、上海新杨工业园区管委会主任等职务便利，侵吞上海市新杨工业园区公款 1791 万余元，收受他人贿赂 3633 万余元，挪用公款 8600 万元，后冯某某将其中部分违法所得，为虚假出资成立的钢博会公司增资、以钢博会公司名义购买本市宝山区业绩路 8 号总面积为 32 666.8 平方米地块的土地使用权、在该地块上建造厂房 41 329.63 平方米，收取租金等收入共计 4742 万余元。

二、裁判结果

上海市第二中级人民法院于 2023 年 2 月 24 日作出［2022］沪 02 刑没 1 号裁定：（1）没收上海市宝山区业绩路 8 号地块的土地使用权及地上厂房，登记产权人钢博会公司。（2）没收钢博会公司上海农商银行账户内人民币 8 110 340.16 元及孳息。（3）没收钢博会公司建设银行账户内活期存款人民币 670 813.77 元及孳息，定期存款人民币 11 262 649.7 元及孳息。（4）没收钢博会公司某工商银行账户内人民币 1 322 186.51 元及孳息。（5）没收钢博会公司某工商银行账户内人民币 102 564.68 元及孳息。（6）没收钢博会公司上海农商银行账户内人民币 2 488 379.7 元及孳息。（7）没收上海好捷建筑工程有限公司建设银行账户内人民币 2 949 704. 98 元及孳息。（8）没收上海环外建筑有限公司建设银行账户内活期存款人民币 420 578. 91 元及孳息，定期存款人民币 5 931 815. 33 元及孳息。（9）没收上海环外建筑有限公司工商银行账户内人民币 312 592. 32 元及孳息。（10）没收上海安绩盛实业有限公司某工商银行账户内人民币 1 610 612. 05 元及孳息。（11）没收上海安绩盛实业有限公司某工商银行账户内人民币 650 万元及孳息。（12）没收冯甲建设银行账户内人民币 68 387. 91 元及孳息。（13）没收冯乙交通银行账户内人民币 120 688 元及孳息。（14）没收羌某某建设银行账户内人民币 139 589. 67 元及孳息。（15）没收扣押的现金人民币 502. 716 万元、购物卡 38. 55 万元。

宣判后，利害关系人没有上诉，裁定书已发生法律效力。

三、裁判理由

生效裁判认为：本案有证据证明犯罪嫌疑人冯某某单独或伙同他人实施了贪污、受贿、挪用公款犯罪，并逃匿境外，被通缉一年后未到案，上海市人民检察院第二分院申请没收的钢博会公司名下的位于本市宝山区业绩路 8 号，面积 32 666. 8 平方米地块的土地使用权、建筑面积 41 329. 63 平方米的地上厂房，高度可能属于冯某某使用贪污、受贿、挪用公款违法所得中的钱款购买并建造，厂房租金等收入 47 423 563. 69 元及孳息亦属于违法所得，依法应当裁定予以没收。

四、法官感悟

本案系党的二十大后首例暨上海市首例，针对“红通人员”适用违法所得没收特别程序审结的案件，既是习近平法治思想中关于反腐败法治化、规范化理论的生动实践，亦充分彰显了党中央全面从严治党的意志和决心。本案中，外逃贪官将大部分赃款用于投资经营企业，违法所得及其收益成了企业财产，而企业账户钱款因稳定营利，始终处于增长状态，使得没收企业账户的违法所得数额存在不确定性。检察院仅将截至向法院提出申请日的企业账户资金及其孳息作为没收范围，故法院面临的问题在于：从申请日到案件生效日期间，违法所得及孳息仍在增长，此时，申请没收的财产数额少于实际违法所得数额当如何处理？

（一）投资设立企业并不改变违法所得的性质

最高人民法院、最高人民检察院《关于适用犯罪嫌疑人、被告人逃匿、死亡案件违法所得没收程序若干问题的规定》第 6 条明确了“通过实施犯罪直接或者间接产生、获得的任何财产，应当认定为刑事诉讼法第二百八十条第一款规定的‘违法所得’。违法所得已经部分或者全部转变、转化为其他财产的，转变、转化后的财产应当视为前款规定的‘违法所得’。来自违法所得转变、转化后的财产收益，或者来自已经与违法所得相混合财产中违法所得相应部分的收益，应当视为第一款规定的‘违法所得’”。

本案中，检察院申请没收的大部分违法所得，均系间接违法所得，即犯罪嫌疑人将其违法所得通过各种渠道转变其价值形态，将违法所得财产转变为企业财产，并通过实际经营，将企业财产转化为企业收益，但依照最高人民法院、最高人民检察院《关于适用犯罪嫌疑人、被告人逃匿、死亡案件违法所得没收程序若干问题的规定》第 6 条，违法所得与对其进行追缴两者之间，不因行为人改变该财产的存在形式而被切断。

本案中，冯某某投资经营的企业固定资产来源于违法所得，无论该部分违法所得转变为何种形式、产生多少收益，均系违法所得。

（二）以检察院申请为限确定违法所得的范围

本案中，针对企业资金账户，检察院将截至申请日的企业账户资金及孳息作为没收范围，嗣后向人民法院提出申请。问题是，人民法院受案后，企业因处于经营状态，资金账户仍有入账，若申请没收的财产数额小于实际违法所得数额时，当作何处理？

从规范解释层面来看，最高人民法院《关于适用〈中华人民共和国刑事诉讼法〉的解释》第 621 条明确了“申请没收的财产属于违法所得及其他涉案财产的，除依法返还被害人的以外，应当裁定没收”。但对于未申请没收却高度可能属于违法所得的财产，是否应当纳入违法所得没收的范围予以裁判，尚不明确。

笔者认为，人民法院仍应坚持“不告不理”的基本原则，将违法所得没收的范围严格限制在检察院的申请范围内。原因是，违法所得没收程序非以刑事违法性评价为核心，而以涉案财产系高度可能属于违法所得为重点，该程序以检察院“申请”为开端，以检察院和利害关系人就涉案财产进行举证、质证为诉讼进程，以法院居中裁判为定案，较为类似民事诉讼中的确权诉讼，其本质系以检察院为一方的“权力”同利害关系人为一方的“权利”间进行对抗。故，对于检察院未提出申请且双方未予以举证、质证的财产，即使系违法所得，人民法院仍应保持中立性，遵循“不告不理”原则。

因此，本案中，检察院申请没收的企业账户资金因企业处于经营状态等客观原因，与实际企业财产不一致，但最终裁定没收的范围未超出其申请范围。为杜绝追赃不到位的可能性，笔者将通过两项措施，充分保障没收效果，详见下文第四点。

（三）以“高度盖然性”为依据确定证明标准

不同于普通刑事诉讼中，要求犯罪证明标准需达到“排除合理怀疑”，违法所得没收程序的证明标准借鉴了“优势证据”证明标准的表述，体现在最高人民法院《关于适用〈中华人民共和国刑事诉讼法〉的解释》第621条中：“申请没收的财产具有高度可能属于违法所得及其他涉案财产的，应当认定为前款规定的‘申请没收的财产属于违法所得及其他涉案财产’。”即采取“高度盖然性”的证明标准，根据“谁主张，谁举证”的原则，如果检察院提出证据证明申请没收的财产高度可能属于违法所得及其他涉案财产，除应当返还被害人以外，应当予以没收；如果利害关系人提供证据证明申请没收的财产高度可能不属于违法所得及其他涉案财产，则应驳回检察院的相应申请。

本案中，合议庭充分梳理了经检察院及利害关系人举证、质证后的相关证据，形成了从贪污、受贿、挪用公款到企业增资、购买土地、建造厂房，再到收取租金等具有高度盖然性的证据链条，对涉案资金的流向进行了着重审查。根据在案证据，检察院申请没收的钢博会公司名下土地使用权、地上厂房高度可能属于冯某某使用贪污、受贿、挪用公款违法所得中的钱款购买并建造，嗣后的厂房租金等收入及孳息亦属于违法所得，合议庭依法裁定予以没收。

（四）以“托管”及“违纪没收”为双重保障

对于尚处经营状态并具备持续营利能力的企业，除非强制解散企业，否则通过司法裁判得出一个确切的财产没收数额并不现实。以检察院向法院提起申请即启动违没程序为节点，对于该节点之后产生的违法所得，尽管未处于申请范围内，但可以通过国资委对企业的托管及“违纪没收”两条路径，以充分保证没收的彻底性。

一方面，国资委对涉案企业进行托管，既保证了没收效果，又保障了公民财产性利益。国资委系代表国家履行国有资产运营职能的机构，本案中，国资委于检察院提起没收申请前依法对涉案企业进行了托管，其最大价值在于，不仅对可能没收的违法所得实现了保全效果，而且能通过托管维持企业运营以实现企业的社会经济价值，更能在确认存有利害关系人合法财产的情形时保留“财产回转”的余地，不至于造成公民合法财产权的减损。

另一方面，对于国资委接管企业后，违法所得孳息不断增长的情形，亦可通过监察机关启动“违纪没收”程序予以处置，实现“追赃彻底”。合议庭认为，当前已形成完备的法律法规体系，来处理公职人员违纪情况，针对违纪产生的经济利益，可通过《中国共产党纪律处分条例》《监察法》等由监察机关依法予以没收，确保涉案企业后续产生的一切违法所得孳息都落入恢恢法网之中。

习近平法治思想中关于反腐法治的理论是以习近平同志为核心的党中央领导党风廉政建设和反腐败斗争的集体智慧结晶。习近平总书记强调：“反腐败高压态势必须继续保持，坚持以零容忍态度惩治腐败。对腐败分子，发现一个就要坚决查处一个。”〔1〕本案以习近平法治思想为指导，充分运用反腐法治理论，依法惩治腐败犯罪，实现了追逃追赃“法网”越织越紧的效果，对腐败分子产生了极大震慑。

专家点评

在刑事理论与实务中，违法所得的范畴向来是个较具争议的论题。《刑法》第64条虽有规定却并未明确“违法所得”的范畴，2017年的“两高”司法解释在一定程度上相对明确了违法所得的界限。根据《刑事诉讼法》的规定，追缴违法所得由人民检察院向人民法院提出申请。然而，从申请日到案件生效日期间，仍然存在违法所得及孳息问题，对此期间仍然需要追缴的违法所得如何处理，是困扰理论与实务的一大难题。本文在法律适用上对该问题进行了针对性的化解，极具典型性和新颖性。从理论上看，自检察院提出申请之日，违法所得的追缴就被定格在申请日，此后产生的违法所得及其孳息不在申请追缴范围内，法院原则上当然不能主动追缴未予申请追缴的违

〔1〕《习近平强调：要以深化改革推进党风廉政建设和反腐败斗争》，载 https://news.12371.cn/2014/01/15/ARTI1389734964624863.shtml，2024年7月19日访问。

法所得。从司法实务来看，法院在处理这样的违法所得追缴时往往较为谨慎，以检察院提出申请的追缴范围为准，自然比较稳妥和恰当。尽管如此，本案立足于现实，基于更好地维护国家、社会、集体乃至他人的合法权益需要，以“托管”及“违纪没收”为双重保障，较好地处理了这一司法疑难问题，于情于理于法均可圈可点，具有积极的理论价值和实践意义。

本案系党的二十大后首例暨上海市首例，针对“红通人员”适用违法所得没收特别程序审结的案件，在弘扬社会主义核心价值观和法治精神等方面具有较好的示范、引领作用。众所周知，人民性是中国共产党人道德的根本价值属性，坚持以人民为中心是习近平法治思想的根本立场。相比于其他案件的审判，刑事案件审判往往更敏感、更容易受到大众关注，也通常具有更强的人民性和政治性。本案中的外逃贪官将大部分赃款用于投资经营企业，违法所得及其收益始终处于增长状态，如何更好地追缴违法所得成为有效保护国家、社会、集体利益的重要任务。本案法官在审判时以“托管”及“违纪没收”为双重保障，最大限度地实现了违法所得的有效追缴，有利于政治效果、法律效果与社会效果的最佳化，充分体现了法官在案件裁判中的敏锐、担当与智慧。

（彭文华，上海政法学院刑事司法学院院长、教授，博士生导师）

刘某、魏甲诉秦某共有物分割纠纷案

——公房承租人在征收决定作出前已死亡的情况下征收补偿利益的分配

姚倩芸[*]　徐　琛[**]

一、基本案情

刘某系魏乙之母，魏甲系魏乙与其前妻郑某（2012 年 3 月死亡）所育之女。秦某与魏乙系夫妻，双方于 2015 年 5 月登记结婚。魏乙于 2015 年 7 月死亡。

系争房屋系公有租赁房屋，承租人为魏乙。系争房屋内原有魏乙、刘某、魏甲三人户籍。魏乙户籍于 2015 年 8 月注销。刘某户籍于 2015 年 4 月即迁入系争房屋，并在魏乙死亡后变更为系争房屋户籍户主，魏甲于 2010 年 12 月在系争房屋报出生。

2019 年 6 月，甲方征收单位与乙方（被征收人或公有房屋承租人）魏乙（亡）、代理人刘某签订《上海市国有土地上房屋征收补偿协议》，载明：系争房屋属于征收范围，房屋性质为公房，房屋用途为居住；乙方不符合居住困难户的条件；乙方搬离原址 60 日内，甲方应向乙方支付本协议约定的款项，共计 200 万余元。

刘某、魏甲管理出租系争房屋。秦某在系争房屋内没有户口也未实际居住。

秦某与刘某、魏甲因征收补偿利益分割发生争执，故涉讼。秦某起诉要求与刘某、魏甲均分魏乙所遗留的系争房屋征收补偿款。

---

* 姚倩芸：上海市第二中级人民法院行政审判庭副庭长、三级高级法官。

** 徐琛：上海市第二中级人民法院未成年人与家事案件综合审判庭法官助理。

二、裁判结果

一审法院认为，系争房屋性质系公房，公房承租人和共同居住人均应作为安置补偿对象。刘某、魏甲在系争房屋内长期落户，且管理并出租系争房屋，故应确定为系争房屋的同住人，刘某、魏甲应作为被征收房屋的被安置人员。《上海市国有土地上房屋征收补偿协议》将系争房屋的被征收人或公有房屋承租人确定为魏乙，代理人为刘某，由此可见，征收部门已将魏乙作为被征收的系争房屋的公有房屋承租人予以认定。秦某未对系争房屋的取得作出过贡献，其亦非系争房屋的户籍在册人员和实际居住人员，故秦某非系争房屋的同住人或被安置对象。公房同住人与承租人应平等分割被征收房屋的价值补偿款部分，故被征收房屋的价值补偿款部分应属魏乙、刘某、魏甲所有并平等分割。

魏乙已于 2015 年 7 月死亡，生前未立下遗嘱，其所遗留的财产应由其第一顺序继承人即秦某、刘某、魏甲共同继承。故酌定秦某应得征收补偿款 17 万余元。

一审判决后，刘某、魏甲不服，上诉认为系争房屋原承租人确实是魏乙，但在该房屋被征收前魏乙已死亡，其承租权已经消灭。故魏乙无从享有征收补偿利益，秦某无权参与征收补偿利益分配。

二审法院认为，魏乙于系争房屋所在地块的征收决定作出前已过世，因此已自然丧失享有系争房屋征收补偿利益的权利，故系争房屋的征收补偿利益中并无魏乙的合法遗产。系争房屋的征收补偿利益应由共同居住人刘某、魏甲取得。秦某的诉讼请求缺乏依据，故判决撤销一审判决，驳回秦某的诉讼请求。

三、裁判理由

本案主要争议焦点为：公房及公房承租权能否作为承租人的遗产分割？若公房承租人在征收决定作出前死亡，征收补偿利益能否作为已故承租人遗产处理？已故承租人能否分得征收补偿利益？其继承人能否参与征收补偿利益分配？

（一）公房及公房承租权不能作为承租人的遗产由其继承人继承

第一，从权利属性上看，《民法典》规定，遗产是自然人死亡时遗留的个人合法财产。依照法律规定或者根据其性质不得继承的遗产，不得继承。遗产的构成要件包括：其一，遗产必须为财产，不得为人身权或身份；其二，遗产必须为被继承人生前所有的合法财产，既包括物权又包括其他财产权益；其三，遗产必须是非专属于死者自身的财产；其四，具体形态不以被继承人死亡时遗留财产的状态为限，亦包括孳息及衍生财产等。

按照公有住房的性质，公有住房产权属于国家或集体，承租人享有的是承租权，承租权与产权所享有的权益不同，承租人对所承租的公有房屋只享有自己占有、居住、使用的权利，没有处分的权利，实质上是房屋的使用权。被继承人生前并未取得公房的所有权，所有权并不属于承租人。公有住房并非死者生前个人财产，不属于遗产范围，故不能继承。至于公房承租权，属单位提供给职工的特殊权利，即被继承人对公房的承租权依据其特殊身份取得，系被继承人依据其人身的特殊性所取得的专属于个人的财产权益。且承租权是赋予有生命的人对房屋居住、使用的权利，因此承租人死亡时，居住房屋的需要不再存在，权利也就自然消灭，死亡的人无法再享有该权利。因此，公房与公房承租权均不符合遗产的构成要件，不能认定为遗产，其继承人无权对公有房屋享有继承权利，承租权利亦不作为承租人的遗产进行继承和分割。

第二，从公房承租人死亡后承租权的处理角度看，《民法典》第 732 条规定，承租人在房屋租赁期限内死亡的，与其生前共同居住的人或者共同经营人可以按照原租赁合同租赁该房屋。法律赋予了承租人生前同住人享有一项法定权利，即承租人死亡后，同住人可以取得继续租赁该房屋的权利，其权利基础是房屋租赁合同的法定变更，而不是基于继承关系中的法定继承发生的。由此，公房租赁权可以在原承租人死亡后有条件转移，但不是继承。根据上海市房屋管理局关于公有居住房屋变更租赁户名的相关规定，承租人死亡后，应依据有关公房承租人变更的政策性规定重新确定权利人，由出租人依法与新的承租人建立租赁关系。但鉴于本案公房已被依法征收，已经不存在变更承租人的问题。

公房租赁关系首先是一种合同关系，当事人享有自主选择合同相对人的权利。该权利未经授权，他人不得代行。公有住房承租人死亡后，原租赁关系消灭，再与其他人建立租赁关系是产权部门基于其房屋所有权实现所有权能的活动，他人无权干涉。即使按照相关法律政策规定，公有房屋承租人共同居住的人或者其生前的配偶或直系亲属可以继续承租房屋，也是产权人对自己的房产所进行的一种处分行为，并非继承。因为公房承租权的特殊性，它的确具有一定的市场交换价值，但和产权房又有一定的区别。所有权房屋在自然人死亡后可以由遗嘱继承人或者法定继承人继承。

继续承租和继承是有很大区别的，主要体现在：其一，财产权利的继受人范围不同。公有居住房屋承租人死亡的，由其生前的共同居住人作为承租人或其生前的配偶或直系亲属作为承租人继续履行合同。可以看出，在原承租人死亡后，能够继续履行合同、享有承租权的主体，与我国法律所规定的法定继承人范围并不完全一致，且我国法律亦未赋予承租人生前指定本人死亡后的承租人的权利。继承由遗嘱继承人或者法定继承人按顺序继承。如果遗产为私产房屋，房屋所有权证可以登记为多个继承人共有，而公有住房承租权只能登记在一人名下。其二，争议解决的方式不同。对遗产的继承有争议且无法协商解决的，遗产继承人可以通过向法院起诉解决，而由于公有住房的承租人变更、承租人主体资格的审查和认定问题应由公房管理部门确认，在数人同时有权继续履行租赁合同，且无法协商一致的情况下，应当由作为出租人的公房产权单位或国家授权经营管理公房的单位从中予以确定。当事人因由谁担任公房承租人无法协商一致的，由公房管理部门先行指定。法院不应越权代行，不宜在析产继承中一并解决。其三，适用的法律不同。继承争议适用的法律是继承相关法律规定，而公房承租是根据每个城市的地方性政策。其四，对权利保护的目的不同。对遗产中所有权房屋的继承进行法律保护，主要是维护公民的合法财产不受侵犯，继承人继承被继承人个人财产不受继承人户籍地限制，而对公房承租权的调整体现解决该市居民的居住问题，往往受到户籍地限制，如很多城市都要求继续承租人有当地的户口否则不能承租该房屋。

综合以上分析，公房及公房承租权不属于已故承租人的遗产，不能和遗产一样被继承。

（二）征收补偿利益的分配

1. 一般情况下，公房承租人在征收决定作出前已死亡，其继承人无权参与征收补偿利益分配

《民法典》规定，继承从被继承人死亡时开始。遗产必须为被继承人生前所有的合法财产。征收补偿利益在承租人死亡时并不存在，并非针对该承租人，故从法律性质上讲，不属于其遗产。即便征收补偿利益是公房承租权转

化的利益，但因公房及公房承租权均不属于已故承租人的遗产，故征收补偿利益也不属于其遗产。且死者通常意义上不具备相应的民事主体资格，当然也不会发生具体的民事法律行为，其已自然丧失享有房屋征收补偿利益的权利，故已故承租人因不具备主体身份而无从享有征收补偿利益，即征收补偿利益中不存在公房承租人的遗产，征收补偿款等权益无法定性为被继承人的遗产，该承租人继承人也就无权参与征收利益分配。

2. 征收补偿利益的具体分配

（1）被征收公房存在符合共同居住人条件的人员。《上海市国有土地上房屋征收与补偿实施细则》第 44 条规定，公有房屋承租人所得的货币补偿款、产权调换房屋归公有房屋承租人及其共同居住人共有。公有住房作为特定历史时期的产物，具有一定的保障住房的性质。承租人虽然没有获得产权，但根据我国公有住房租赁、征收的相关政策，承租公有住房是国家分配给职工的一种社会福利，此种福利的享受人不仅包括承租人，还包括与其共同居住的家庭成员，相应具有资格的同住人的居住权可以得到具体保障。因此，国家针对公有居住房屋作出的征收补偿系对承租人及共同居住人居住利益的补偿，发放给具备承租人或共同居住人身份的人。

公房承租人在征收决定作出前已死亡，此时应该保护共同居住人的居住利益，公有住房征收补偿利益为共同居住人共有。当然共同共有也不意味着等额共有，司法实践中，法院在裁决该类案件时会综合考虑房屋来源、居住情况、对系争房屋贡献的大小、他处有房情况等因素作出判断。

（2）被征收公房不存在符合共同居住人条件的人员但有户籍在册人员。若有户籍在册人员且均不属于共同居住人的，因各方情况一致，应在户籍在册人员中酌情分配征收补偿利益。具体分配时依然应当结合在册户籍人员的实际情况，考虑系争公房来源、当事人户籍迁入的时间和原因、系争公房实际居住使用情况、他处福利分房的时间和面积等因素，按照公平合理原则予以分配。

（3）被征收公房中无户籍在册人员。若公房承租人死亡后，该房屋内无户籍在册人员，则考虑房屋的来源，从公平合理的角度，征收补偿利益可作为公房承租人的遗产由其继承人依法继承。

本案中，公房承租人魏乙在征收决定作出前已经死亡，秦某作为魏乙的继承人无权参与征收补偿利益分配，系争房屋征收补偿利益应由系争房屋的共同居住人刘某和魏甲享有。

四、法官感悟

习近平法治思想指出，坚持以人民为中心是关于全面依法治国的根本立场，要积极回应人民群众新要求新期待。人民对美好生活的向往，就是我们党的奋斗目标。习近平总书记指出，坚持问题导向、目标导向，树立辩证思维和全局观念，系统研究谋划和解决法治领域人民群众反映强烈的突出问题，不断增强人民群众获得感、幸福感、安全感，用法治保障人民安居乐业。[1]要解决人民最关心的教育、就业、收入分配、社会保障、医药卫生、住房等方面的突出问题。政法机关在保障人民安居乐业、服务经济社会发展、维护国家安全和社会稳定中具有十分重要的作用。房屋征收补偿利益纠纷是矛盾最为集中领域，具有较强的法律性、政策性、伦理性以及明显的时代特征和地域特征。为此，法院在处理房屋征收补偿利益分割纠纷案件时，应以法律为依据，审慎处理。

公有居住房屋是指政府和单位分配给职工和解放时收归国有，并且租金按照政府规定的租金标准执行的居住房屋，一般是由国家以及国有企业、事业单位投资兴建、销售的住宅，在住宅未出售之前，住宅的产权归国家或单位所有。许多人因福利分房制度得以承租国家或单位的公有住房。公有住房承租权是计划经济的产物，也是我国长期以来实行住房福利化的结果。公有居住房屋的产权人为国家或单位，公房承租人对该房屋享有的仅是承租居住使用权。《民法典》第 366 条规定，居住权人有权按照合同约定，对他人的住宅享有占有、使用权，以满足生活居住的需要。居住权的主要特征之一是用于满足居住权人的生活居住需要，具有一定专属性。《民法典》第 369 条规定，居住权不得转让、继承。《民法典》第 370 条规定，居住权期限届满或者居住权人死亡的，居住权消灭。而遗产是自然人死亡时遗留的个人合法财产。公房承租人对公房的居住使用权具有一定专属性，其在征收决定作出前已死亡，对公房的居住需求已不存在，且其亦不具备主体身份，无从享有征收补偿利益，即征收补偿利益中不存在公房承租人的遗产，故其继承人无权要求参与征收补偿利益分配。此时更应该保障的是共同居住人的居住利益。共同

---

〔1〕 习近平：《坚定不移走中国特色社会主义法治道路　为全面建设社会主义现代化国家提供有力法治保障》，载《求是》2021 年第 5 期。

居住人是指作出房屋征收决定时，在被征收房屋处具有常住户口，并实际居住生活一年以上（特殊情况除外），且本市无其他住房或者虽有其他住房但居住困难的人。显然，共同居住人对公房的居住需求更为迫切，公房被征收后，应侧重保障征收前在房屋内实际居住的共同居住人的生活，共同居住人的安置利益应得到保障，这也体现了公房制度设立之初的宗旨。依法保障人民群众的居住权益，是维护民生最直接的体现。而已故承租人的继承人若不是共同居住人，则对该公房并无居住需求，其居住并不依赖于该公房，其居住利益并不需要通过公房的征收补偿利益来保障，无权仅以已故承租人的继承人身份要求分割公房征收补偿利益。仅在被征收的公有居住房屋内，除已故承租人外无其他户籍在册人员的特殊情况下，征收补偿利益可作为公房承租人的遗产由其法定继承人依法继承。

本案的裁判生动体现了习近平法治思想中以法治保障人民安居乐业，满足人民对美好生活的向往的精神。在公房征收补偿利益分割案件中，应以习近平法治思想为指导，无论在共同居住人的认定上还是具体的利益分配酌定上，均应考虑各方当事人的实际居住情况，依法保障人民群众的居住权益。

专家点评

居住利益和安置利益是关乎老百姓切身利益的民生大事。习近平总书记指出住房问题既是民生问题也是发展问题，关系千家万户切身利益，关系人民安居乐业，关系经济社会发展全局，关系社会和谐稳定。〔1〕要准确把握住房的居住属性，以满足新市民住房需求为主要出发点，形成长远的制度安排，让全体人民住有所居。而公有住房承租权作为计划经济的产物，其权利属性和权利取得方式有较大的特殊性，在涉及该权利的纠纷中，存在不少裁判标准不明确和不统一的问题。

住房既是商品，也是民生保障品。习近平总书记指出，总有一部分群众由于劳动技能不适应、就业不充分、收入水平低等原因而面临住房困难，政府必须“补好位”，为困难群众提供基本住房保障〔2〕。从公房制度的设立宗

---

〔1〕《习近平：加快推进住房保障和供应体系建设》，载 http://cpc.people.com.cn/n/2013/1030/c64094-23379624.html，2024 年 7 月 22 日访问。

〔2〕《习近平：加快推进住房保障和供应体系建设》，载 http://cpc.people.com.cn/n/2013/1030/c64094-23379624.html，2024 年 7 月 22 日访问。

旨出发，应当侧重保障共同居住人的居住权益和安置利益。同时，《民法典》也关注民生，保障权利，确立了居住权制度，权利人可以按照合同约定或者遗嘱，对他人的住宅享有占有、使用，以满足生活居住需要的用益物权，为公租房和老年人以房养老等提供法律层面的保障。在该案的审理中，法院切实运用法治思维和法治方式解决涉及群众居住利益的矛盾和问题，准确把握如下几个关键点：一是透彻理解公房承租权的特殊属性，基于公房承租权主要依据其特殊身份取得，认定其不能作为遗产继承。二是保障公房承租人共同居住家庭成员的居住利益，基于人民的居住需求出发，肯定公有居住房屋同住人的征收补偿利益。

维护社会大局稳定，根本之计在于解决好群众合理合法的利益诉求。习近平总书记指出，人心安定，社会才能稳定。〔1〕土地征用、房屋拆迁等涉及人民群众切身利益的问题比较突出，解决的关键在于始终把群众合法权益作为工作的出发点和落脚点。本案的审理充分保障了房屋共同居住人的居住利益，实现了利益分割中法律性和伦理性的交融，满足了人民群众对美好生活的向往，为弱势群体传递时代体温。同时，本案依据法理、事理、情理认定共同居住人以及平衡协调利益分配等问题，对公有住房承租权相关案件具有十分重要的指导意义。

（蒋莉，同济大学上海国际知识产权学院教授，硕士生导师）

---

〔1〕 闻言：《指导新时代国家安全工作的强大思想武器——学习〈习近平关于总体国家安全观论述摘编〉》，载 https://news.12371.cn/2018/05/04/ARTI1525386982636719.shtml，2024 年 7 月 19 日访问。

周某诉A公司劳动合同纠纷案

——达到法定退休年龄人员用工关系的认定

徐蔚青 *　库娅芳 **

一、基本案情

周某诉求：要求A公司支付2020年10月1日至12月22日期间停工留薪期工资13 851元及经济补偿金80 797.5元。周某于2003年10月8日入职A公司担任操作工，2019年3月10日达到退休年龄，但未解除劳动关系，周某仍从事原岗位工作，A公司继续缴纳社会保险。2020年7月13日，周某在工作中受伤，2020年9月30日被认定为工伤，2020年12月8日经鉴定为因工致残程度十级。2020年10月起，A公司停发工资。A公司辩称，周某到达退休年龄时因户籍性质问题，未满足办理退休条件，周某提出继续留用及A公司为其缴纳社会保险，A公司同意继续留用周某。A公司已于2020年9月30日关停，与所有员工依法解除劳动关系、办理退工退保手续。A公司关停时，周某处于工伤认定阶段，因停缴社保会造成后续医疗费无法报销，故在解除劳动关系的情况下，A公司在周某劳动能力鉴定期间继续为其缴纳社会保险，至鉴定及报销完成。

法院经审理查明，周某达到退休年龄时因自身缴费年限不足15年导致其未能享受养老保险待遇。周某便向A公司申请继续工作，自愿服从遵守A公司规章制度，接受A公司管理。A公司同意并继续为周某缴纳社会保险费。双方签订期限为2019年3月11日至2020年12月31日的劳务合同。2020年7月13日，周某在工作中受伤，工伤鉴定结论为因工致残程度十级。2020年

* 徐蔚青：上海市第二中级人民法院民事审判庭副庭长、三级高级法官。

** 库娅芳：上海市第二中级人民法院民事审判庭法官助理。

9月7日，周某在确认书上签字，确认：A公司于2020年9月30日关闭，因周某与单位之间非劳动关系，不享受经济补偿金。考虑周某工作多年表现良好，A公司决定补偿其两个月工资9 234元。由于周某仍在工伤认定期间，公司为其代缴10月至12月社会保险至工伤认定结束。双方协商一致并无其他劳动争议事项。双方根据确认书内容已履行完毕。2021年1月15日，周某从工伤保险基金获得医疗费用3 333.21元、一次性伤残补助金40 628.7元、劳动能力鉴定费350元。

二、裁判结果

上海市嘉定区人民法院于2021年12月23日作出［2021］沪0114民初15950号民事判决：A公司应于判决生效之日起10日内支付周某2020年10月1日至2020年12月22日期间工资11 843.6元；对周某要求A公司支付经济补偿金80 797.5元的诉讼请求不予支持。

上海市第二中级人民法院于2022年6月22日作出［2022］沪02民终4010号民事判决：驳回上诉，维持原判。

三、裁判理由

法院生效判决认为，本案争议焦点为：（1）2020年10月1日至12月22日期间是否存在劳动关系；（2）A公司是否应当支付周某经济补偿金。

关于争议焦点一。首先，法定退休年龄不应作为劳动者退出劳动合同关系的年龄界限，劳动者达到法定退休年龄后未办理退休手续，但劳动者仍从事原单位工作且遵守原单位规章制度，接受原单位管理，用人单位为其缴纳社会保险的，双方之间仍应认定为劳动关系。其次，根据《关于确立劳动关系有关事项的通知》第1条之规定，如果用人单位与劳动者之间完全符合劳动关系从属性这一根本属性，则应认定为劳动关系。周某遵守A公司各项规章制度，从事A公司安排的操作工工作，A公司为周某缴纳社会保险且操作工工作系A公司业务的组成部分。周某受伤后，A公司申请工伤认定，并由工伤保险基金支付了周某相应工伤保险待遇。由此，可推定A公司非基于劳务关系承担雇主责任，而是基于劳动关系承担单位责任，故双方应认定为劳动关系。A公司应支付周某停工留薪期工资以及病假工资。

关于争议焦点二。双方就经济补偿金事宜已经协商一致签订确认书且履行完毕，A 公司不应再次支付周某经济补偿金。

四、法官感悟

劳动关系是基础性的社会关系，劳动关系和谐是社会和谐的根本性保障。习近平法治思想深刻论述了依法保障劳动者权益、依法处理劳动纠纷等重要问题，推动构建中国特色的劳动关系。习近平总书记明确提出："要依法保障职工基本权益，健全劳动关系协调机制，及时正确处理劳动关系矛盾纠纷。"〔1〕第七次人口普查显示，我国劳动力老龄化程度愈发严重，达到退休年龄的劳动者再就业现象已成为社会关注的热点。然而，我国现行法律制度对达到退休年龄的劳动者再就业的用工关系认定问题，仍存在诸多争议和矛盾。司法实践中大多参考法定退休年龄、是否享受养老保险待遇、从属性标准等因素进行判定，同案不同判现象时有发生。解决此类问题，对提高相关劳动者再就业积极性、减轻社会养老压力、促进社会稳定发展具有重要意义。

本案的争议焦点在于劳动关系的认定是否受法定退休年龄、享受养老保险待遇及书面用工协议的影响。

（一）达到法定退休年龄劳动者的内涵界定及用工关系制度规定

（1）达到法定退休年龄劳动者的内涵界定。劳动和社会保障部办公厅《关于企业职工"法定退休年龄"涵义的复函》（已失效）在 2001 年 5 月对法定退休年龄作出说明，将我国的退休年龄明确为男职工 60 周岁，女职工 50 周岁，女干部 55 周岁。退休指"职工因年老或因公致残而离开岗位，按月领取生活费用"〔2〕。

（2）达到法定退休年龄劳动者参与劳动的制度规范。《劳动合同法实施条例》（以下简称《实施条例》）第 21 条规定，劳动者达到法定退休年龄的，劳动合同终止。但《劳动合同法》第 44 条和最高人民法院《关于审理劳动争议案件适用法律问题的解释（一）》（以下简称《司法解释》）第 32 条规定了劳动者开始享受基本养老保险待遇，劳动合同终止。人社部在《对十三届全国人大二次会议第 6979 号建议的答复》（人社建字［2019］37 号）中表示

---

〔1〕《习近平在庆祝"五一"国际劳动节大会上的讲话》，载 https://news.12371.cn/2015/04/28/ARTI1430215853597482.shtml，2024 年 7 月 19 日访问。

〔2〕 中国社会科学院语言研究所词典编辑室编：《现代汉语词典》（2002 年增补本），商务印书馆 2002 年版，第 1283 页。

劳动者一旦达到法定退休年龄，便不再符合劳动法规定的劳动主体资格，即不具备建立劳动关系的条件，劳动合同自然终止。最高人民法院民一庭在《关于达到或者达到或超过法定退休年龄的劳动者（含农民工）与用人单位之间劳动关系终止的确定标准问题的答复》（［2015］民一他字第6号）中将劳动者是否享受养老保险待遇或者领取退休金确定为判断劳动关系是否终止的标准。这些规定为达到法定退休年龄用工关系的认定带来了一定冲突。

（二）达到法定退休年龄用工关系的确定路径

（1）达到法定退休年龄并不丧失劳动主体资格。《宪法》将劳动权规定为公民的基本权利。用人单位合理招录达到法定退休年龄的劳动者可促进社会生产力的发展，缓解就业压力。《实施条例》第21条认为劳动关系受劳动年龄的影响，在一定程度上限制了当事人的意思表达。

（2）享受养老保险待遇并不影响劳动关系的确认。《劳动合同法》第44条和《司法解释》第32条肯定了达到法定退休年龄劳动者可以成为劳动关系的适格主体。但是，劳动关系具有的经济从属性的特点。[1]经济从属性是指用人单位应当对劳动者付出的劳动，给予相应的报酬，这是法律公平正义原则的体现。对于享受养老保险待遇系劳动关系的认定，不可忽视劳动关系的经济从属性。

（3）劳动关系的认定需符合从属性标准。根据《关于确立劳动关系有关事项的通知》第1条的规定，若劳动者和用人单位均具有主体资格，劳动者为公司提供劳动，且符合从属性特征，则不管是否具有劳动合同，均构成劳动关系。达到法定退休年龄劳动者因社保缴费年限不足而选择继续就业时，由于其择业难度更大，对用人单位依赖性更强。劳动者为使用人单位为其代缴社会保险，表面上多与用人单位签订劳务合同，实则按用人单位要求从事劳动，接受用人单位管理。当双方存在管理与被管理、监督与被监督的事实劳动关系时，应认定为劳动关系，不应以双方签订的书面协议为标准判断双方的劳动关系。

（三）对达到法定退休年龄劳动者用工关系的立法完善建议

（1）立法上承认劳动关系主体地位。立足于我国达到法定退休年龄劳动

［1］ 李文志、曙光：《超过法定退休年龄的劳动者仍享有劳动者的合法权益》，载《人民法院报》2018年8月23日。

者普遍再就业的现实情况，立法上承认其劳动关系主体地位且对一般劳动者倾斜性保护法律规范对其无差别适用，才能为其继续就业过程中所产生的纠纷提供制度保障。

（2）明确社保缴纳相关规范。对于社保缴费年限不足的劳动者，建议规定用人单位应按照正常劳动关系中社保缴纳标准缴纳至15年。对于已享受养老保险待遇的劳动者，建议规定劳动者暂缓领取养老金或降低其所享受的养老保险数额〔1〕。因用人单位客观上不能继续为劳动者缴纳社保，应当将正常劳动关系中企业缴纳社保部分直接发放给劳动者。

（3）细化劳动关系解除条件。我国不同地区、不同职业、不同岗位的劳动者设定了统一的退休年龄，不同地区经济发展程度不同，不同岗位对劳动者职业要求不同，如果规定统一的退休年龄难以实现劳动力资源的最优配置。法律应当根据劳动者行业性质、地区差异等现实情况，对退休条件进行具体化规范。

专家点评

劳动关系是生产关系的重要组成部分，属于基础性的社会关系。党和国家历来高度重视劳动关系，以强有力的思想推动和谐劳动关系构建，促进社会稳定和谐发展。习近平法治思想蕴含着深刻的和谐劳动关系构建理论，强调始终坚持以人民为中心的价值立场，把构建和谐劳动关系放在党和国家事业发展的全局加以考量，并对新时代构建和谐劳动关系的重大理论和实践难题作出回应。习近平总书记指出，“构建和谐劳动关系，是建设社会主义和谐社会的重要基础，是增强党的执政基础、巩固党的执政地位的必然要求，是坚持中国特色社会主义道路、贯彻中国特色社会主义理论体系、完善中国特色社会主义制度的重要组成部分”。〔2〕习近平总书记关于劳动关系的重要论述为促进劳动关系法治化提供思想指引，为构建和谐劳动关系提供行动指南，为建设社会主义和谐社会提供理论指导，为促进劳动者全面发展提供实践路径。

---

〔1〕 谢增毅：《退休年龄与劳动法的适用——兼论“退休”的法律意义》，载《比较法研究》2013年第3期。

〔2〕《习近平出席全国构建和谐劳动关系先进表彰会并讲话》，载 https://www.gov.cn/ldhd/2011-08/16/content_1926777.htm，2024年7月22日访问。

随着人口老龄化时代的到来，超出法定退休年龄劳动者逐渐成为就业主力军的重要组成部分，超出法定退休年龄劳动者的再就业纠纷不断凸显，成为社会及学界关注的热点。我国现行法律制度对超出法定退休年龄劳动者再就业的劳动关系认定存在争议和矛盾，导致相应的司法实践活动无所适从，出现同案不同判的现象。本案的争议焦点即在于劳动关系的认定，根据《实施条例》第21条的规定，“劳动者达到法定退休年龄的，劳动合同终止”。该条款的适用实质上对《劳动合同法》的规定进行了修改，既有损《劳动合同法》的权威，违背保护劳动者合法权益的立法目的，又不合理地限制了劳动合同双方当事人的合同自由。劳动者达到法定退休年龄时劳动合同终止的规定，既难以获得法律的支持，也难以从社会政策考量的角度获得合理性。在市场经济条件下，达到退休年龄并不具有禁止劳动者继续从事工作的效力，也不具有缓解年轻人就业压力的积极社会效应。退休年龄并非停止劳动的年龄，更不应当是强制退出劳动市场的时间点。劳动权是《宪法》所规定的公民的基本权利。基于社会经济发展和客观现实的需求，达到退休年龄劳动者的再就业能够有效促进社会生产力的发展，法律上应当承认其劳动关系的主体地位，并且要无差别适用对劳动者倾斜保护的法律规范，方能为劳动者权益的全方位保护提供法律制度保障。

本案的裁判深刻体现出习近平法治思想中的和谐劳动关系构建理论的精神要义，强调依法保障劳动者的合法权益，及时正确处理劳动关系矛盾纠纷。由于受经济增速换挡、结构调整加快、发展动能转换等叠加因素的影响，我国劳动关系逐渐变得更加复杂，构建和谐劳动关系面临许多新问题。在以中国式现代化推进中华民族伟大复兴的过程中，要以习近平法治思想所蕴含的深刻内容促进“人口红利”转向“和谐劳动关系红利”，在司法过程中构建新时代的和谐劳动关系，依法保障劳动者的合法权益，从而促进社会公平正义和稳定发展。

（许中缘，中南大学法学院院长、教授，博士生导师）

黄某拒不执行判决案

——坚持在法治轨道上推进国家治理体系和治理能力现代化

张莺姿* 吕曼菲**

一、基本案情

2016年6月20日，被告人黄某与陆某签订《房屋转让协议书》，约定陆某以人民币855 000元（以下币种均为人民币）的价格购买黄某位于崇明区城桥镇的房屋，后双方又签订了《上海市房地产买卖合同》，并进行网签。陆某、陈某夫妇二人按约向黄某支付定金及首付款共计500 000元，并于同年7月28日通过房产中介从黄某处取得该房屋钥匙。待需黄某按约配合办理房屋过户手续时，黄某却拒绝继续履行合同。同年8月，陆某夫妇向崇明区法院提起民事诉讼，请求该院确认房屋买卖合同有效、判令黄某继续履行合同并协助办理房屋产权过户手续。法院于同年10月24日作出［2016］沪0230民初5473号民事判决，支持陆某夫妇的上述诉讼请求。判决生效后，被告人黄某拒不协助陆某夫妇办理产权变更手续。尔后，陆某夫妇依据该院［2017］沪0151执241号执行裁定，至崇明区房地产交易中心直接办理了房屋产权过户手续。获悉该情况后，黄某擅自更换上述房屋的门锁，添置家具、家电后携其家属一同入住，以此阻却陆某夫妇实际取得涉案房屋。其间，黄某还将装有其母亲骨灰的骨灰盒放置于房屋卧室内。2018年10月，陆某夫妇向崇明区法院提起民事诉讼，请求该院判令黄某向其二人腾退涉案房屋。该院于同年11月29日作出［2018］沪0151民初8557号民事判决，支持陆某夫妇的上述诉讼请求。判决生效后，因被告人黄某拒不执行，法院于2020年8月31

* 张莺姿：上海市第二中级人民法院刑事审判庭审判员、三级高级法官。

** 吕曼菲：上海市第二中级人民法院刑事审判庭法官助理。

日发出公告，责令黄某及该房内人员限期携其物品迁出房屋。同年9月17日，被告人黄某向法院作出“一周内腾退房屋”的虚假承诺后继续逃避执行。法院遂于2020年10月21日作出司法拘留和罚款的决定，决定对黄某拘留15日，罚款3万元。以上处罚内容，执行法官以电话、短信方式告知黄某，责令其于一周内来院接受处罚，并将相关文书张贴于其住处。被告人黄某逃避上述制裁措施，予以逃匿，继续抗拒执行。2021年5月17日，被告人黄某在江苏省昆山市玉山镇被公安人员抓获。经鉴定，黄某被评定为完全刑事责任能力，具有受审能力。

被告人黄某的上诉理由是：本案由虚假的民事诉讼引起，其行为不构成犯罪。其辩护人提出：上诉人黄某非因房价增值而欲取消交易，是因政策变动使其本欲置换另一套房屋的合同目的难以实现，民事判决可能存在错误，上诉人对抗生效判决的目的非故意破坏法院判决的公信力，而是想以这种方式救济自己的权利，原判事实不清证据不足，量刑过重，恳请二审法院依法改判或发回重审。

上海市人民检察院第二分院认为，原判认定上诉人黄某犯拒不执行判决罪的事实清楚，证据确实、充分，审判程序合法，定罪量刑均无不当，建议驳回上诉，维持原判。

二、裁判理由与结果

上诉人黄某对人民法院的判决有能力执行而拒不执行，情节严重，其行为已构成拒不执行判决罪，依法应予处罚。经查，在案证据查证属实且能相互印证，证实相关民事案件经人民法院依法作出判决并已发生法律效力，由于黄某未自觉履行相关判决，陆某夫妇依据生效民事判决向人民法院申请强制执行；人民法院作出执行裁定后，黄某仍有能力执行而拒不执行，对黄某应以拒不执行判决罪定罪处罚。黄某的上诉理由及辩护人的相关辩护意见没有事实依据，且与已查证的事实不符，不予采信和采纳。原审法院根据黄某犯罪的事实、性质、情节及对于社会的危害程度等，依法所作判决并无不当，且诉讼程序合法。上海市人民检察院第二分院的意见正确。据此，依照《刑事诉讼法》第236条第1款第1项之规定，裁定如下：驳回上诉，维持原判。

三、法官感悟

法治是国家治理体系和治理能力的重要依托，法治体系是国家治理体系的骨干工程。只有全面依法治国才能有效保障国家体系的系统性、规范性、协调性，才能最大限度凝聚社会共识。房地产产业是国家发展中的关键产业，房地产市场的交易具有金额高、流动性强、受政策影响大、价格起伏波动高等特点，且房产投资也具有金融投资的特性，因此房地产交易市场的治理需要法治来维持、协调和保障。

在本案中，上诉人黄某之所以用尽手段拒绝完成涉案房产过户手续，是因为其原本想要置换另一套房屋，却发现因为政策调整而无法实行其原本的购房计划，因此才想要取消原本的交易。但是，房地产市场处于国家宏观调控之下，价格瞬息万变，为了保障交易，减少房地产买卖的合同纠纷，我国《民法典》及相关司法解释详细充分规定了房地产交易的相关法律规则。本案中陆某夫妇向法院提起民事诉讼，法院作出民事判决支持陆某夫妇完成房地产过户的诉求，责令黄某腾退涉案房屋，黄某却拒不执行，屡次作出虚假承诺，逃避法院的制裁措施，坚决抗拒执行。为严肃国家法律制度，维持司法秩序，保障房地产市场的合法交易推行，根据《刑法》第 313 条，以拒不执行判决罪对黄某判处有期徒刑 1 年。

由此可见，国家治理需要法治作为保障和依托。坚持在法治轨道上推进国家治理体系和治理能力现代化，是实现良法善治的必由之路。通过宪法和法律确认和巩固国家根本制度、基本制度、重要制度，并运用国家强制力保证实施，保障了国家治理体系的系统性、规范性、协调性、稳定性。具体到本案中，房地产交易的市场规则以《民法典》条文的形式固定下来，成为每位市场交易者必须遵守的规范。一旦有人违反该规范，试图破坏交易，那么司法体系将会发挥其作用，根据当事人诉求强制执行，完成房地产交易，以维持市场的稳定性和交易的协调性。

专家点评

本案是一起针对司法实践中“执行难”问题充分运用司法处罚、刑事处罚手段追究行为人责任，维护司法秩序和市场经济秩序的优秀案例。

“执行难”作为我国社会的一个顽疾，已经成为影响司法权威、损害胜诉当事人合法权益的重大现实问题，引起了社会各界的广泛关注。党的十八届四中全会提出“切实解决执行难”的要求，最高人民法院时任院长周强在十二届全国人大四次会议郑重承诺“用两到三年时间，基本解决执行难问题”。拒不执行判决、裁定罪作为惩治“老赖”、解决执行难的刑法手段，是维护司法裁判权威、引导社会诚信、促进被执行人积极履行法院生效裁判义务的重要方法和途径。尤其是在罪刑法定原则确立的当下，规范意义上的法律更是成为司法机关执法、适用法律的重要依据。

拒不执行判决、裁定罪在专门打击无视国家法律、诚信缺失行为方面具有重要的威慑作用，是对被执行人最严厉的司法制裁。发挥此罪在司法实践中的作用，须正确理解此罪犯罪构成要素的认定标准及方法，完成法律规定向客观行为的涵摄。实践中，应从实体和程序两个方面掌握正确的认定方法，真正理解此罪的犯罪构成要素，充分有效地发挥此罪的功能。房地产交易市场秩序的稳定对维护社会主义市场经济秩序至关重要，人民法院依法适用法律明确不动产交易双方权利义务，上诉人黄某漠视生效判决，有能力执行却使用各种阻挠手段拒绝执行判决的行为，不仅损害了案件当事人的合法权益，对其造成了经济损失，也损害了人民法院的司法权威和司法公信力，破坏了不动产交易市场的经济秩序，在实体方面其行为已经符合拒不执行判决罪构成要件，侵害了拒不执行判决罪所保护的法益。

程序方面，陆某夫妇依据生效民事判决向人民法院申请强制执行；人民法院作出执行裁定后，黄某仍有能力执行而拒不执行，人民法院决定对黄某司法拘留15日，罚款3万元，黄某在因拒不执行判决司法处罚后仍继续逃避执行。在整个执行过程中人民法院依照法定程序，在黄某抗拒执行时对其进行司法处罚，在黄某受到司法处罚后继续逃避执行时依法将其抓获，对黄某涉拒不执行判决罪的案件启动刑事追诉程序，程序完整合法，在执行过程中执行手段和处罚力度渐进，既保护了当事人合法权益，也给予了被执行人改过自新的机会，对受到处罚后仍采取各种手段拒不执行判决的行为人依法认定其行为构成拒不执行判决罪，充分维护了司法权威和司法公信力，起到了引导社会诚信，优化市场经济秩序的作用。党的二十大报告强调要“弘扬诚信文化，健全诚信建设长效机制”，本案正是在司法实践中践行习近平总书记诚信理念的生动写照。

（虞浔，华东政法大学社会协同合作处处长、教授，博士生导师）

甲诉A公司生命权、身体权、健康权纠纷案

——常识、常情、常理在法律事实认定中的运用

唐墨华 [*]　刘子娴 [**]

一、基本案情

甲诉称：2017年9月9日晚10点，甲陪同其亲属入住A公司经营的宾馆，因A公司未开楼梯灯且楼梯石材表面十分打滑导致甲从三楼摔至二楼。事发后，甲的律师曾至现场勘查，A公司曾出示事发时的监控视频，该视频显示楼道光线昏暗。根据甲长期治疗以及鉴定结果，现请求：判令A公司赔偿甲医疗费133 149.63元，住院伙食补贴440元，营养费14 400元，护理费36 000元，残疾赔偿金138 884元，精神损害抚慰金5 000元，误工费110 400元，鉴定费2620元，残疾辅助器具费3000元，律师费5000元，交通费1285元。

A公司辩称：宾馆经营多年，符合公安和消防的检查标准，楼梯处安装了灯具并且贴有“小心台阶”的警示标语，事发时楼梯的灯是开着的，光线正常。甲的摔伤系因事发时与他人聊天所致。事发时监控视频保存在A公司法定代表人乙的手机上，后乙过世，手机丢失，故无法提供当时的监控视频。A公司已经尽到了安全保障义务，故不同意甲的全部诉讼请求。

法院经审理查明：2017年9月9日晚10时许，甲陪同哥哥丙、嫂子丁投宿A公司经营的宾馆。A公司安排丙、丁入住三楼客房后，甲在三楼下二楼的楼梯上摔倒。丙报警后，上海市公安局110接警登记表显示“报警人称同乡甲从三楼楼梯上摔倒，摔到二楼大堂致脚断了，送至长海医院”。2020年4

* 唐墨华：上海市第二中级人民法院民事审判庭审判团队协助负责人、三级高级法官。

** 刘子娴：上海市第二中级人民法院商事审判庭法官助理。

月22日，经司法鉴定科学研究院鉴定，甲构成十级残疾。另查，甲和A公司均未能提供事发时的监控视频和报案笔录，出警的五角场派出所亦无当时的报案笔录及监控留存。再查，A公司经营的宾馆楼梯台阶坡度正常，有灯，张贴有警示标识。

二、裁判结果

上海市杨浦区人民法院于2021年3月4日作出［2020］沪0110民初13249号民事判决：（1）A公司应于判决生效之日起10日内赔偿甲30 000元；（2）甲其余之诉讼请求不予支持。

宣判后，甲提起上诉称A公司作为直接反映事发时情形的监控录像的唯一持有者，应当承担举证证明责任。因其无法提供监控录像故应当承担举证不能的不利后果即应认定A公司未尽安全保障义务致甲摔伤。故请求二审改判支持甲的全部诉讼请求。上海市第二中级人民法院于2021年6月24日作出［2021］沪02民终5502号民事判决：驳回上诉，维持原判。

三、裁判理由

法院生效判决认为，本案的争议焦点在于A公司是否尽到其作为经营场所经营者之安全保障义务，继而是否应对甲主张的损失进行赔偿。根据相关法律规定，违反安全保障义务导致他人损害的，适用过错责任原则。故甲应对A公司未尽安全保障义务承担举证责任。首先，甲主张事发时楼梯照明不良以及大理石打滑导致其从三楼摔到二楼受伤，但甲仅提供了事发后到现场拍摄的照片，从现场来看，楼梯间有灯，从照片中无法看出事发时楼梯间存在未开灯或照明不足的情况。此外，楼梯虽系大理石铺就，但从照片中也无法看出楼梯湿滑，故仅凭甲提供的照片，无法证明事发时楼梯间照明不足或楼梯打滑。其次，甲主张A公司无法提供监控录像而应由A公司承担举证不能的不利后果，但认定A公司是否应对无法提供监控录像承担不利后果，应具体考察A公司是否存在无正当理由拒不提交监控录像的情形。案发后A公司的法定代表人乙并未故意删除或隐藏监控录像，而是将监控录像保存在其手机上，据甲的代理人称其也从乙的手机上看过该录像。后因乙过世，A公司称该手机没了，考虑到A公司的经营规模以及民间的一些丧葬习俗，乙过世后手机丢失具有很大的可能性。故无法认定A公司对不能提供监控录像存在主观故意。并且甲在警方在场的情况下未要求警方对监控录像进行保存或自行对监控录像进行保存，自身也存在一定的过错。故A公司不存在无正当理由拒不提供监控录像的情形，继而无法因A公司不提供监控录像而推定甲主张的事实成立。最后，从一审查明的事实来看，事发楼梯台阶坡度正常，有灯，张贴有警示标识，并且甲未举证证明A公司存在违反安全保障义务的情形，故甲以A公司未尽安全保障义务为由要求其赔偿全部损失，依据不足，法院不予支持。但考虑到A公司在法定代表人去世后未能继续保存监控录像，在管理上存在一定的瑕疵，一审基于人道主义赔偿的角度酌定A公司赔偿甲30 000元，A公司对此并未提起上诉，在二审中也未提出异议，故法院对此予以维持。

四、法官感悟

常识、常情、常理是经民众长期实践而形成的被普遍认同且得以最广泛遵循的行为规则、是非标准、情感倾向、价值取向，是人类基本需要同社会客观条件相结合的产物，体现了人民意志的经验形态和社会规律的基本要求。习近平法治思想坚持以人民为中心强调坚持人民主体地位，把体现人民利益、反映人民愿望、维护人民权益、增进人民福祉落实到依法治国全过程，使法律及其实施充分体现人民意志。常识、常情、常理本身即是人民意志的集中体现。以常识、常情、常理为标准的立法反映了人民的根本利益，契合“我国社会主义制度保证了人民当家作主的地位，也保证了人民在全面推进依法治国中的主体地位”[1]。以常识、常情、常理为标准的司法体现了依法保障人民权益的担当作为，践行努力让人民群众在每一宗司法案件中都感受到公平正义的目标。

常识、常情、常理在个案审理中可运用在法律事实查明、法律解释、法律适用结果检测等各个环节。其中，常识、常情、常理从正常逻辑推理、日常经验推测等角度对以证据为基础的法律事实查明起到辅助、审视、回查等积极作用。具体到本案中，对于A公司是否履行安全保障义务的认定，法院将常识、常情、常理贯穿于通过考量控制证据一方保存证据的可能性、第三

---

〔1〕 李林：《依法治国是党领导人民治理国家的基本方略》，载 https://news.12371.cn/2016/09/06/ARTI1473113696963890.shtml，2024年7月19日访问。

方介入、负有举证责任一方过错等因素查明事实的各个细节之中。

首先，虽然A公司对监控视频应尽证据保管义务，但该义务的履行方式、期限等需根据A公司的履行能力、履行意识等作出合理的个案认定。A公司作为小微民营企业，经营规模较小，组织架构不全面，未设有保管公司材料的专门部门履行证据保存义务，故其履行证据保存义务的能力和意识均不强。然而事发后，在公安机关出警后并未复制监控视频、未在笔录中记载视频内容、未告知A公司监控视频的重要性、未提醒A公司妥善保管的情况下，A公司仍及时导出监控视频并保存于单独设备以备未来可能存在的诉讼所用。关于保存期限，根据上海市《重点单位重要部位安全技术防范系统要求》第八部分旅馆、商务办公楼的相关规定，旅馆图像记录保存时间应不少于30天。本案中，甲于事发后3年才提起诉讼，要求A公司保存监控视频长达3年之久存在一定程度的不合理。

其次，A公司陈述的因丧葬习俗，保存监控视频的载体即A公司负责人乙的手机于其去世时被烧毁，符合常情。

最后，甲主张A公司未履行安全保障义务，故需承担举证证明责任，但其并未在有条件的情况下，要求公权力机关对可证明纠纷事实的关键证据进行保存或者自身复刻视频并保存。加之，甲于2018年结束治疗，直至2020年才提起本案诉讼，虽然符合诉讼时效的规定，但其在治疗结束后相关损失额度基本确定，具备起诉条件之时却迟迟未提起诉讼。甲怠于行使权利的行为加大了监控视频被妥善保管的不确定性，使得A公司保存视频的期限超出了一般合理预期。故甲对视频的毁损具备一定的过错。因此A公司不符合最高人民法院《关于民事诉讼证据的若干规定》第95条规定的一方当事人控制证据无正当理由拒不提交的情形。根据在案其他证据可以合理推定A公司事发时并未违反安全保障义务。

经营场所管理者需履行法定的安全保障义务以保护进入场地主体的人身、财产安全。然而，安全保障义务应当限定在合理范围内，既保障已尽合理注意义务的进入场地主体的权益，又不苛加过重的安保要求于安全保障义务人阻碍正常经营。本案中，在最能直接反映事发情形的监控视频灭失的情况下，二审法院综合考量各因素，以证据为基础，以符合常识、常情、常理为标准进行事实认定，平等保护各方权益，实现个案的公正审判。

专家点评

常识、常情、常理反映的是普通民众最广泛认同的是非观、价值观，是人民群众在日常生活中自然形成并用以指导自己行为的基本准则，是人民意志最基本的体现、人民利益最起码的要求。在法治语境下，司法裁判关切常识、常情、常理，体现出法律的人文关怀，是习近平法治思想的重要主张。习近平总书记指出，“法律不应该是冷冰冰的，司法工作也是做群众工作”。〔1〕对司法机关而言，努力让人民群众在每一个司法裁判中感受到公平正义是神圣使命，司法工作要站稳人民立场。司法工作不应拘泥纯粹的法律条文分析，应进入更加细腻的人性化、情感化的层面。习近平法治思想坚持以人民为中心的立场强调法律和司法工作应更贴近民众的实际需要和情感期待，从而提高人民对法律的认同感和信任度，促进法律的人性化发展，构建更加公正、合理、和谐的社会。

一方面，安全保障义务的立法沿革深刻体现出习近平法治思想与时俱进且有效回应社会现实需求的重要特征。随着社会形态变化、新科技出现、新业态发展，安全保障义务的边界也在发生变化。《民法典》第1198条扩大了安全保障义务的主体范围，即相对于《侵权责任法》(已失效) 第37条，《民法典》将安全保障义务的主体从原来的“公共场所的管理人”调整为“经营场所、公共场所的经营者、管理者”。另一方面，安全保障义务的具体认定深刻体现出习近平法治思想对常识、常情、常理的追求，以使法律真正成为体现人民意志和维护人民利益的法。《民法典》排除了最高人民法院2003年发布的《关于审理人身损害赔偿案件适用法律若干问题的解释》第6条关于“合理限度范围”的规定，但是现行司法实践中并没有使安全保障义务的范围无限扩张，基本仍将“合理限度范围”作为判断安保义务人是否违反安全保障义务的必要考虑因素。在“合理限度范围”的考量上，首要考虑个案的差异性；其次，需考虑权利与义务的适度性，根据不同的义务主体所获得的收益确定安全保障义务的合理限度；再次，在认定合理限度范围时需考虑价值导向性，即要求义务人在合理限度内履行安全保障义务的价值导向与引导社

---

〔1〕 陈冀平：《谈谈法治中国建设——学习习近平同志关于法治的重要论述》，载 https://news.12371.cn/2014/01/01/ARTI1388537175161254.shtml，2024年7月19日访问。

会认识到每个人都是自身安全保障的首要责任人的价值导向的平衡；最后，认定合理限度范围时也需要考虑经济效益性，不能对安保义务人加诸过于苛刻的经济负担，否则不利于经济的繁荣发展和社会活动的正常展开。

本案裁判生动诠释了习近平法治思想的重要主张，法律应当向民众认同的常识、常情、常理靠拢，只有坚持以常识、常情、常理来指导法律的制定、理解与适用，法才能成为民众从内心认同而自觉遵守的法。安全保障义务是一门衡量的艺术，其设立目的在于平衡利益和分配社会正义，法院从安全保障义务人、受害人的不同角度，结合常识、常情、常理和日常生活经验法则的运用，对安全保障义务的具体责任进行了确认，实现了安全保障义务人与受害人之间权益最大限度的平衡。所有司法裁判的案件都应经具体分析，厘清多方责任界限，保证其裁决既符合法律又兼顾情理，努力让人民群众都能在个案中感受到公平正义，这既是对习近平法治思想的重要遵循，亦是发展新时代中国特色社会主义法治的应有之义。

（许中缘，中南大学法学院院长、教授，博士生导师）

A 公司、B 公司诉 C 公司国际货物买卖合同纠纷案

——审执联动诉中保全拍卖鲜活易腐货物

王蓓蓓 [*]　郑新月 [**]

一、基本案情

A 公司、B 公司诉称：A 公司、B 公司与 C 公司曾签订一系列买卖合同，A 公司与 B 公司按约支付了合同项下全部货款，但 C 公司有部分阿根廷红虾货物未能按约交付。经各方协商，C 公司同意以价值 13 226 400 美元货物抵偿应付款项。2020 年 3 月 6 日，A 公司、B 公司与 C 公司签订《采购合同》，约定 C 公司应向 A 公司、B 公司交付价值为 13 226 400 美元的海产品货物。A 公司、B 公司已经支付全部货款，C 公司应及时履行交付义务，逾期交货的，应向 A 公司、B 公司支付相当于合同总价 20%的违约金，并赔偿 A 公司、B 公司由此造成的律师费、港杂费、滞箱费等损失。截至 2020 年 6 月 26 日，C 公司迟迟不予交付其中 9 条货柜阿根廷红虾。同时，经双方核算，除需要交付货物之外，C 公司尚欠 A 公司 135 687.2 美元。本案审理过程中，因案涉阿根廷红虾货物系冷冻海产品，已临近保质期，不宜长期保存，且在港口长期堆放将产生巨额滞箱费、滞港费，故为避免损失扩大，A 公司、B 公司申请对案涉 9 条货柜阿根廷红虾货物进行司法拍卖，并将拍卖所得价款予以提存。法院准许 A 公司与 B 公司的申请并开启拍卖程序后，得知 9 条货柜中的 3 条经发货人通知已电放给案外人。剩余 6 条货柜中，有 1 条货柜经现场勘验发现海产品已腐烂发臭，发生货物损毁。由此，经 A 公司与 B 公司申请，法院

* 王蓓蓓：上海市第二中级人民法院商事审判庭审判团队负责人、三级高级法官。
** 郑新月：上海市第二中级人民法院商事审判庭法官助理。

就案涉 9 条货柜中的其余 5 条货柜进行司法拍卖，并将对应价款予以提存，发生货物损毁的 1 条货柜经海关部门指令由 A 公司进行销毁。为配合法院司法拍卖，A 公司与 B 公司先行垫付了案涉滞港货物产生的相关滞港滞箱费、司法拍卖费用、评估鉴定费、销毁费等共计人民币 4 252 784.71 元。现 C 公司未履行全部货物交付义务，构成违约。A 公司与 B 公司请求解除案涉采购合同，判令 C 公司返还未交付货物对应价款并赔偿因此造成的损失。

C 公司未作答辩。

一审法院认定事实：

（1）案涉买卖合同的订立情况。A 公司与 B 公司共同作为甲方（买方），C 公司作为乙方（卖方），签订一份《采购合同》，载明："因甲、乙双方就关于阿根廷红虾的合同解除，乙方应返还甲方货款、滞箱费、港杂费（13 225 879.57 美元）转为甲方购买本合同项下货物。第一条，明确合同项下订购货物对应的总金额为 13 226 400 美元……第三条，1. 双方一致同意采用 CFR（Cost and Freight）贸易形式，由甲方承担货款、集装箱订舱、办理保险并支付保险费用，支付货物货权交割后相应的冷库费用。由乙方办理货物运输手续并承担运费、办理货物出关手续并缴纳相关费用，及时向甲方提交与货物有关合法单证……4. 货物从存放处运输至启运港装船的陆路运输费、搬运费、吊驳费、堆场费及出口关税、出口手续费均由乙方承担。第四条，因乙方对甲方负有返还所欠货款、滞箱费、港杂费共计 13 225 879.57 美元之义务，故该款自动全部转为本合同项下甲方向乙方支付的全部货款，甲方不再另行付款。第五条，本合同生效后，乙方应当及时按本合同第三条之约定向甲方履行交货义务（包括但不限于交付货物，交付与货物有关合法单证及办理货物运输、出关等所有符合双方约定 CFR 贸易形式下乙方应尽之合同义务）。若乙方不按照本合同第三条之约定履行交货义务，乙方构成违约，乙方应向甲方支付本合同总金额 20%的违约金，并赔偿甲方由此遭受的全部损失。第六条……2. 守约方因维权产生的诉讼费、律师费、交通费等由违约方负担。3. 本合同争议解决适用中华人民共和国法律。"

（2）案涉买卖合同的履行情况。C 公司根据案涉买卖合同陆续向指定港口发货，截至 2020 年 6 月 26 日，《采购合同》项下所有货物共计 63 条货柜均已到港，除诉争 9 条货柜 C 公司一直不向 A 公司与 B 公司电放交付外，其余已完成交付。未交付的 9 条货柜中，有 6 条货柜"阿根廷去头红虾 C1"，每条货柜对应价值均为 203 580 美元；余下 3 条货柜“阿根廷去头红虾 C2”，对应价值分别为 197 600 美元、197 539.2 美元、197 600 美元，经发货人通知已电放给案外人。案涉 9 条未交付货柜货物的合同价款合计 1 814 219.2 美元。

（3）A 公司与 B 公司就 6 条 C1 红虾货柜支付了关税及增值税总计人民币 949 192.07 元，支付保费人民币 9 112.26 元。

（4）A 公司与 B 公司就 6 条 C1 红虾货柜诉中拍卖所发生的费用支出。

第一，诉中拍卖情况。2021 年 2 月 25 日，A 公司与 B 公司向上海市第二中级人民法院（以下简称“上海二中院”）提出申请，请求对在 D 公司处的 6 条 C1 红虾货柜进行查封、拍卖并提存价款。2021 年 5 月 19 日，上海二中院出具［2021］沪 02 民初 45 号民事裁定书，裁定查封位于 D 公司处的 6 条 C1 红虾货柜。2021 年 6 月 23 日，受委托的 E 公司出具《评估报告》，评估意见显示案涉标的物在评估基准日的市场价值是人民币 3 568 754 元。同时，《评估报告》载明，在评估过程中发现其中一条货柜有异味，A 公司与 B 公司确认放弃该条货柜的评估、拍卖，变更评估、拍卖的标的为其余 5 条货柜等内容。

2021 年 8 月 9 日，上海二中院出具［2021］沪 02 民初 45 号之一民事裁定书，裁定拍卖位于 D 公司处的五条货柜阿根廷红虾货物，并保存价款。最终，该标的物网络拍卖成交价格为人民币 2 498 127.8 元。2022 年 1 月 5 日，上海二中院将拍卖服务费 34 483.15 元予以发还，提存余款人民币 2 463 644.65 元。

第二，A 公司与 B 公司相关费用支出情况。A 公司为处理 6 条 C1 红虾货柜而支付了以下费用项目：包干费人民币 42 000 元、服务费人民币 12 000 元、放箱费人民币 780 元、还箱费人民币 1 600 元、停车费人民币 600 元、过夜费人民币 8 700 元、坏污箱费人民币 1 260 元、滞箱费（超期费）人民币 1 867 900元及额外港杂费人民币 1 002 156 元。A 公司另为上述费用支付税款人民币 173 699.76 元。以上费用合计人民币 3 110 695.76 元。

A 公司为 6 条 C1 红虾货柜支出的其他费用：销毁费 91 350 元、评估费人民币 70 000 元、开箱费人民币 1 570 元、财产担保服务费 14 158.92 元、委托乌拉圭当地律师调取 C 公司注册信息的服务费用人民币 6 705.7 元。

另查明，2020 年 10 月 15 日，A 公司与某律师事务所签订《聘请律师合同》，代理费为人民币 480 000 元。

二、裁判结果

上海二中院于 2023 年 3 月 20 日作出［2021］沪 02 民初 45 号民事判决：（1）A 公司、B 公司与 C 公司于 2020 年 6 月 30 日签订的《采购合同》于 2023 年 1 月 18 日解除；（2）C 公司应于判决生效之日起 10 日内返还 A 公司、B 公司合同价款 1 814 219.2 美元；（3）C 公司应于判决生效之日起 10 日内返还 A 公司欠款 135 687.2 美元；（4）C 公司应于判决生效之日起 10 日内向 A 公司、B 公司支付违约金 2 645 175.9 美元；（5）C 公司应于判决生效之日起 10 日内赔付 A 公司、B 公司律师费损失人民币 480 000 元、保全担保费损失人民币 14 158.92 元；（6）C 公司应于判决生效之日起 10 日内向 A 公司、B 公司支付费用人民币 1 756 010.88 元（A 公司与 B 公司为处置 6 条货柜垫付的费用人民币 4 219 655.53 元，扣除上海二中院已提存价款人民币 2 463 644.65元）；（7）驳回 A 公司、B 公司的其余诉讼请求。

三、裁判理由

生效判决认为：C 公司系在乌拉圭东岸共和国注册成立的法人，根据《涉外民事关系法律适用法》第 41 条的规定，当事人可以协议选择合同适用的法律。本案中，A 公司、B 公司与 C 公司签订《采购合同》，明确约定本合同争议解决适用中华人民共和国法律。故本案应适用中华人民共和国法律。

第一，关于 A 公司与 B 公司提出的合同解除请求。在案涉买卖合同法律关系下，A 公司与 B 公司的主要义务是支付货款，C 公司的主要义务是按合同约定的期限和数量交付货物。A 公司与 B 公司关于其已经付清合同价款，而 C 公司作为供方未能在约定期限内完全履行货物交付义务。根据《合同法》第 166 条，出卖人分批交付标的物的，出卖人对其中一批标的物不交付或者交付不符合约定，致使该批标的物不能实现合同目的的，买受人可以就该批标的物解除合同。故法院对 A 公司、B 公司关于 C 公司构成违约，并就尚未交付的部分提出合同解除的主张，予以支持，确认案涉《采购合同》于 2023 年 1 月 18 日解除。

第二，关于 A 公司与 B 公司提出的货款返还请求。C 公司在《采购合同》项下有 9 条货柜未能完成交付，且该批货物事实上已经无法完成交付，故 A 公司与 B 公司对未履行部分行使合同解除权，有权主张 C 公司返还上述未交付货物所对应的合同价款 1 814 219. 2 美元。另，双方在货物交付问题发生争议后的邮件往来沟通内容显示，A 公司、B 公司与 C 公司事实上均已经确认，《采购合同》项下，即使 63 条货柜全部交付，C 公司仍欠付余额 135 687. 2 美元应予清偿。A 公司与 B 公司就该笔差额欠款明确表示应由 C 公司返还给 A 公司一方。故法院确认 C 公司应向 A 公司与 B 公司共同返还未交付的 9 条货柜合同价款 1 814 219. 2 美元，C 公司应向 A 公司返还《采购合同》价款差额 135 687. 2 美元。

第三，关于 A 公司与 B 公司提出的损失赔付请求。首先，针对 A 公司与 B 公司依照合同约定提出的违约金等赔付主张。本案中，双方当事人在案涉《采购合同》中约定，C 公司不依约履行交货义务，应支付合同总金额 20%违约金，并赔偿损失。一方面，上述违约责任的约定是在 C 公司已就前期交易发生违约情形后，双方协商就可能再次违约的后果作出的安排。C 公司在该次缔约时，对订立案涉违约金条款，迟延履行或拒绝履行合同的后果也已有充分预见。另一方面，A 公司与 B 公司就其所受损失已经作了较为充分的说明，包括 C 公司存在的部分货物迟延交货、部分货物不予交付等违约行为所造成的现实损失和预期利益损失等。故 A 公司与 B 公司依照《采购合同》约定向 C 公司提出的赔付违约金 2 645 175. 9 美元的赔付主张，事实和法律依据充分，对此予以确认。另，鉴于双方在合同中采用 CFR 贸易形式，该批货物最终交付与否，A 公司与 B 公司都必然发生相应保险费支出，属于 A 公司与 B 公司因 C 公司违约行为所造成的实际损失，亦系合同当事人在订立合同时可以预见的损失范畴。法院已将上述保险费支出纳入违约金数额的考量范围，因此不再另行支持 A 公司与 B 公司关于保险费支出部分的主张。另，案涉《采购合同》在上述违约金条款之外作了特别约定，守约方因维权产生的诉讼费、律师费、交通费等由违约方负担。故法院对其有关律师费、财产保全担保费损失的赔付主张予以支持。

其次，针对 A 公司与 B 公司就 6 条 C1 红虾货柜货物处置事宜而支出的费用返还主张。案涉货物系需要冷冻保存的生鲜食品，若长期滞留港口不进行及时处理，将因保质期缩短而发生价值贬损，乃至变质腐烂而全部毁损灭失，同时，货物滞留港口期间，除税费外，相关滞箱费、港杂费等费用也在不断积累，处置成本持续上升。本案中，C 公司作为卖方未依照案涉合同约定将 6 条 C1 红虾货柜货物交付给 A 公司与 B 公司，该货物所有权未转移至 A 公司与B公司处。由此，对于A公司与B公司而言，其无法对上述货物进行及时处分；对于C公司而言，其在双方发生争议后放任货物滞留港口不予处分，进一步扩大了不必要的损失。在此情况下，A公司与B公司将该批货物视为C公司的资产向法院申请对该批货物进行诉中拍卖以提存价款，客观上达到了及时止损的效果，最大限度降低该批货物对应的滞箱费、港杂费等额外费用，故A公司与B公司提出诉中拍卖申请并垫付费用的行为，具有合法性，本质上有利于C公司。由此，A公司与B公司就诉中拍卖所垫付的费用，向C公司提出清偿主张，并且基于上述垫付费用是为了实现诉中拍卖而产生的费用，要求在拍卖所得价款中优先抵扣，理据充分，予以支持。法院具体考量相关费用发生情形的合理性和必要性，确认A公司与B公司有权主张的垫付费用包括关税、增值税、包干费、服务费、放箱费、还箱费、坏污箱费、滞箱费（超期费）、额外港杂费、销毁费、评估费、开箱费、调取信息服务费合计人民币4 219 655.53元，经与提存价款人民币2 463 644.65元相抵扣，A公司与B公司有权就不足部分向C公司提出清偿主张，即C公司仍需向A公司与B公司清偿垫付费用人民币1 756 011.38元。

四、法官感悟

习近平法治思想为新时代人民法院开展商事审判工作确立了根本遵循和行动指南，要求人民法院作为法治建设的重要参与者、践行者和推动者，必须充分发挥司法职能作用，考量当事人的经济诉求，加强对诉讼中财产权利的司法保障，防范商事审判中的风险，积极回应经济社会发展对司法工作的新需求和新期待。本案涉国际货物买卖合同纠纷，为妥善处置受疫情及当事人争议影响而积压于港口的鲜活易腐货物，上海二中院在考量案涉货物不宜长期保存的特性和当事人无法自行处理的情形后，首次通过审执联动对此类不宜长期保存的货物采取诉中保全变卖措施，顺利提存货款并交付货物，有效避免损失扩大，在保障诉讼顺利进行的同时，充分维护了当事人的合法权益。

（一）保全变卖的财产特点：不宜长期保存

最高人民法院《关于适用〈中华人民共和国民事诉讼法〉的解释》第153条规定了诉中保全变卖内容。人民法院引用该条采取保全拍卖措施的首要条件是货物不宜长期保存。对于季节性商品、鲜活、易腐烂变质以及其他不宜长期保存的物品，如不及时处理，则会导致货物价值减损，甚至灭失。尤其在涉外诉讼案件中，调查取证困难、文书送达程序复杂等因素交织，导致审理周期较非涉外民商事诉讼案件长，使得及时处理该类不宜长期保存的货物更具必要性与紧迫性。本案系国际货物买卖合同纠纷，C公司住所地为乌拉圭东岸共和国，受文书送达等因素影响，本案无法在短时间内审结。而案涉货物系须零下十度以下保存的冻鲜产品，总价值逾千万人民币，滞留港口已超数月，剩余保质期迫近，且天气逐渐转热，一旦保质期届至，货物将面临全损风险，且长期滞留还将导致数百万冷藏费、仓储费等费用的产生。因此，案涉货物具有需由当事人及时处理或由法院变卖的必要性与紧迫性。

（二）保全变卖的情形：必要时

最高人民法院《关于适用〈中华人民共和国民事诉讼法〉的解释》第153条规定：必要时，人民法院可予以变卖，保存价款。笔者认为对于此处“必要时”的认定，可从以下两个方面考量：一是人民法院对于不宜长期保存的物品采取保全措施时，在处理上具有先后顺序。从《最高人民法院民事诉讼法司法解释理解与适用》对该条文的理解上来看，首先人民法院可以责令当事人及时处理，保存当事人处理所得价款；其次，必要时人民法院可以交有关部门及时变卖，保存变卖所得价款。那么，如果当事人无法及时处理，则由人民法院予以变卖有其必要性。二是具有需由人民法院予以变卖的特殊情况，《最高人民法院民事诉讼法司法解释理解与适用》解释“必要时，也就是在一些特殊情况下”，虽该官方释义未进一步明确“特殊情况”的内涵，但该“特殊情况”应当达到需由人民法院采取变卖措施的必要程度。在本案中，C公司作为卖方拒绝对货物进行处理，而A公司与B公司在货物未交付的情况下更是无法对该批货物进行处分。在当事人无法自行处理的情况下，基于货物不宜长期保存的特殊性，A公司与B公司向法院申请就该批货物进行诉中拍卖，人民法院有必要作出诉中保全变卖决定，最大限度减少损失，阻止滞箱费、港杂费等额外费用继续支出。

（三）保全变卖的程序：查封、拍卖、提存

根据最高人民法院《关于人民法院民事执行中拍卖、变卖财产的规定》第2条、第4条第1款、第32条，人民法院对查封、扣押、冻结的财产进行变价处理时，应当首先采取拍卖的方式，并可以委托具有相应资质的评估机构进行价格评估。当事人双方及有关权利人对变卖财产的价格没有约定的，且该财产无市价但价值较大、价格不易确定的，应当委托评估机构进行评估。基于此，本案中人民法院通过审执联动，针对货物采取了“核对查封—检验报关—评估拍卖—货款提存—货物交付”的方案，在保证民事诉讼顺利进行的同时，快速完成对货物的核对查封、检验报关和评估拍卖等流程，顺利提存货款并交付货物。

本案深入贯彻习近平法治思想，为着力提升人民法院工作现代化水平、不断推进更高水平法治建设贡献了力量。一是真正把以人民为中心落到实处。在货物不宜长期保存且当事人无法及时处理的情况下，人民法院依当事人申请，及时采取变卖措施并保存价款，能够有效降低货损风险，避免损失扩大，依法保障了当事人的合法权益，深刻体现了人民法院坚持以人民为中心的工作理念。二是坚持统筹推进国内法治和涉外法治。在跨国贸易纠纷中，及时变卖被保全的鲜活易腐产品并保存价款，保证判决生效后得以全面履行、妥善处理案件纠纷，通过以点带面积极响应推进国内法治与涉外法治的重要号召，有力推动高质量涉外法治建设。三是助力优化法治化营商环境。本案为解决同类案件中的相关货损风险提供了参考，也为跨国货物贸易提供了有效路径及法制保障，推动形成可预期、法治化、国际化的营商环境。

专家点评

法治是现代国家治理的基本方式，习近平法治思想是中国特色社会主义法治体系的重要组成部分，为中国法治建设指明了方向。在习近平法治思想的指导下，涉外民事裁判实践必须坚持以人民为中心的发展思想，保证民事司法的公正与效率，进而推动构建开放、包容、普惠、平衡、共赢的全球治理体系。法院在案件处理过程中深刻贯彻法治原则，遵循法律的规定，充分尊重当事人之间的意思自治，强调统筹推进国内法治和涉外法治，依法解决跨国商事纠纷。

本案的裁判生动地阐释和运用了习近平法治思想的内容，具体而言：其一，贯彻了习近平法治思想中以法律为准绳解决争议的基本立场。本案中，A 公司和 B 公司支付了货款，却因 C 公司未能按时交付合约货物遭受损失，根据《合同法》第 166 条（《民法典》第 633 条）的规定，法院判决确认解除《采购合同》，支持 A 公司和 B 公司基于 C 公司违约而提出的合同解除请求。此判决展现对法律规定的遵循与运用，彰显了合同法对公平正义的追求，映射出习近平法治思想中维护社会主义市场经济秩序的坚决态度。其二，对当事人合法权益进行及时和有效的保护体现出习近平法治思想以人民为中心的重要理念。法院在确认合同解除的同时，针对案涉货物具有不宜长期保存的性质，依当事人申请及时采取变卖措施并保存价款，有效避免了货物价值的进一步减损，维护了市场经济秩序的稳定与公正，同时也体现了法律对人民财产安全的有效保护。其三，法院的裁判展现出习近平法治思想对推进高质量涉外法治建设的要求。本案判决反映出我国对涉外法治建设重视程度的提升，体现了在涉外法治领域的积极进取。法院在处理涉外案件时，注重国家主权与国际协作的平衡，维护了国家法制的尊严，也遵循了国际法的基本准则，加强了国际法治的信任和国际社会的规则认同，贯彻了法治国家、法治政府、法治社会建设全面同步发展的理念。

本案不仅依法维护了合同当事人的合法权益，也体现出习近平法治思想在涉外民事裁判实践中的深度融合与创新运用，对法治建设和国际贸易纠纷解决机制有着深远的影响。同时，本案反映了我国在涉外民事裁判工作中，面对复杂跨国法律环境所展现的国际视野和本土智慧，倡导基于对法律规范的准确解读和适当引领，推动构建一个更加公正、透明、高效的跨国商事纠纷解决机制。因而，无论是在促进贸易投资便利化，还是在强化法治环境建设方面，本案判决都作出了积极的贡献，有助于加强国际社会对我国司法裁判公正性的认知和信任，推动国际法治合作和法治国际化发展。

（许中缘，中南大学法学院院长、教授，博士生导师）

A公司诉B公司运输合同纠纷案

——保价条款的排除适用及货物损失的责任承担

朱志磊 * 段 夏 **

一、基本案情

A公司诉称：A公司将一批呼吸机交给B公司运输，B公司承接业务后将该业务转包给案外人。案外人在实际运输时发生交通事故导致案涉货物被烧毁，案涉货物的价值为510 188元。为此，A公司认为B公司擅自将业务转包给案外人，并因案外人的过错导致案涉货物被烧毁，B公司存在严重过错，理应承担赔偿责任，故提起诉讼，请求判令B公司赔偿损失510 188元。

B公司辩称，案涉交通事故系意外交通事故，属于双方合同中约定的不可抗力免赔情形，根据案涉合同约定，B公司不应承担赔偿责任。且双方合同对于保价赔偿标准有明确约定，内容也符合《邮政法》《快递市场管理办法》及《快递暂行条例》的规定，相应条款已加粗加黑，B公司已尽到提示义务，而且双方是长期合作关系，A公司对条款明确知悉，但却未如实声明价值，存在重大过错。因此，根据合同约定的保价赔偿标准，B公司同意按A公司保价声明价值2 000元赔偿A公司，并同意退还运费630元。

一审法院认定事实：2021年1月14日，A公司与B公司签订《快件服务合同》，约定B公司向A公司提供快件寄送服务，A公司支付快递费；A公司托寄物品时应如实申报托寄物内容、数量、声明价值等资料，寄递价值超过1000元的贵重物品时，应当如实声明托寄物价值；对于保价托寄物，若因B公司过错造成托寄物全部毁损、灭失，B公司将免除本次运费并按照投保金

* 朱志磊：上海市第二中级人民法院商事审判庭审判团队协助负责人、三级高级法官。

** 段夏：上海市第二中级人民法院商事审判庭法官助理。

额予以赔偿；鉴于B公司无法对托寄物的实际价值进行核实，A公司应当遵循诚实信用原则，按照托寄物的实际价值申报投保金额等。

2021年1月4日及同年3月31日，案外人C公司向A公司订购呼吸机、重复使用流量传感器等货物，其中哈美顿C3呼吸机共计9台。同年3月10日，经A公司授权委托，案外人D公司与C公司签订《进口合同》，由D公司进口呼吸机，包括哈美顿C3呼吸机30台，单价8630.027瑞士法郎。同年3月24日，D公司就进口货物报关，报关单载明消费使用单位为A公司，货物中哈美顿C3呼吸机30台，单价8630.027瑞士法郎。同年4月27日，D公司向A公司开具30台哈美顿C3呼吸机的上海增值税专用发票，总价人民币2 186 520元。

2021年4月6日，A公司将7台哈美顿C3呼吸机等一批货物交由B公司运输，收件人为廖某。运单显示件数为8件，运费630元，A公司选择保价附加服务，声明价值2000元，保价费12元。该运单进度详情最后为“2021年4月7日1：42 快件已发车”，此后再无更新。

B公司接收托运货物后交由案外人进行运输。2021年4月7日21时11分许，驾驶员秦某驾驶承载案涉货物的E公司所有的重型集装箱半挂车从武汉往深圳方向行驶至武深高速公路，追尾其他车辆造成车祸，重型半挂牵引车与案外车辆发生燃烧，货箱及箱内货物均烧毁。经认定，驾驶员秦某驾驶机件不符合技术标准具有安全隐患的车辆上路行驶，未充分注意路面动态确认安全驾驶，且在行驶中与前车未保持足以采取紧急制动措施的安全距离，是造成事故的根本原因，驾驶员秦某违反《道路交通安全法》有关规定，存在全部过错，负事故全部责任，其余车辆驾驶员及乘客不负责任。

二审法院认定事实：案涉合同附件一快件产品服务条款第1.1条约定“快件寄递服务是通过集货混装所进行的多式联运方式，在收件—分类建包—中转—安检—空运（或陆运）—提货—中转—分拣—派送等过程中，存在某些非乙方可控制的挤压、冲撞等影响安全的因素。甲方同意根据托寄物的实际状况，积极采取分票寄递、保价等手段，使相应风险得到最大程度的降低”。

二、裁判结果

上海市青浦区人民法院于2021年12月1日作出［2021］沪0118民初

16642 号民事判决：（1）B 公司于判决生效之日起 10 日内赔偿 A 公司货物损失 30 万元；（2）驳回 A 公司其余诉讼请求；（3）B 公司于判决生效之日起 10 日内退还 A 公司运费 630 元。

上海市第二中级人民法院于 2022 年 6 月 28 日作出［2022］沪 02 民终 3258 号民事判决：驳回上诉，维持原判。

三、裁判理由

生效判决认为：（1）保价条款在承运人存在故意或重大过失的情况下应排除适用。保价条款的拟定是物流行业的通行做法，一般经过托运人同意，由托运人自主选择是否保价，应当属于托运人与承运人的真实意思表示，对双方具有法律约束力。但承运人存在故意或重大过失造成货物损毁的，保价条款无适用之余地。本案中，B 公司的转包行为构成重大过失，其一，从合同约定来看，案涉合同明确货物由 B 公司承运，并未约定 B 公司可以转包，实际履行中也无证据证明 B 公司转包取得了 A 公司的同意。其二，从行为方式来看，B 公司转包扩大了货物受损的风险。正是基于对 B 公司的信任，无论货物价值的大小，A 公司均相信 B 公司能够亲自承运，但在转包的情况下，A 公司对实际承运人不了解也无法判断可能存在的风险。其三，正是因为 B 公司将案涉承运业务转包给了 E 公司，且因 E 公司的不当运输行为，才造成案涉事故以致货物毁损。（2）A 公司未如实声明案涉货物的价值，违反合同约定在先，存在明显过错。一方面，案涉合同明确约定了 A 公司负有如实申报的义务。另一方面，从 A 公司的主张来看，案涉货物的价值 50 余万元，但 A 公司在寄递时声明价值为 2000 元，与实际价值存在天壤之别。对于价值 2000 元的货物和价值 50 余万元的货物，B 公司的收费必然不同，所采取的承运方式以及需要尽到的注意义务也会有所区别。A 公司将价值 50 余万元的货物声明为 2000 元，可能会误导 B 公司作出合理判断，进而可能造成实际承运中货物的受损。如果放任这种“以小博大”的行为，可能会扩大托运人的道德风险，造成托运人与承运人之间的利益失衡，进而产生消极的社会影响，不利于社会主义市场诚信体系的建设，不利于物流行业的健康发展。（3）托运人和承运人对货物的损失均存在过错，应根据过错大小承担相应的责任。B 公司作为承运人将案涉业务转包以致货物全部毁损，在主观上存在重大过失，理应排除适用保价条款，按照货物实际价值进行赔偿。同时，A 公司不适当履行（瞒报货物实际价值）合同的行为影响了B公司的合理判断，对损失的发生亦存在过错，应当承担相应的责任。鉴于B公司的转包行为是造成案涉货物毁损的直接原因，应当承担主要责任，而A公司因其过错应承担次要责任，一审法院据此认定B公司承担约60%的赔偿责任，即向A公司赔偿损失30万元，并无明显不当，二审法院遂驳回上诉，维持原判。

四、法官感悟

市场经济是追求公平竞争的契约经济，法治是最好的营商环境，只有在法治环境下，才能形成有利于市场公平竞争的规则和秩序。随着快递物流业的迅猛发展，保价条款的适用越来越广泛。与此同时，因保价条款引发的争议也时有发生。这就要求司法机关着力通过司法案件的公正裁判，促进降低交易成本、维护诚实信用关系规则的构建，保障各类新型经济活动顺利进行。

保价条款在什么情况下应当排除适用，排除适用后如何认定货物损失的责任承担，特别是托运人与承运人均有过错的情况下，如何平衡当事人的利益，以维护健康稳定的市场秩序，一直是审判实务中的难点。本案中，法院认定承运人擅自转包构成重大过失，保价条款不发生法律效力，承运人应按货物实际价值赔偿，同时，托运人严重“低保”的不诚信行为影响了承运人的商业判断，应当分担损失，该责任承担规则有效平衡了托运人与承运人的利益，体现了公平公正的要求，对同类案件的处理具有较强的指导意义。

基于以下几个方面的考量，保价条款一般情况下应属有效，对托运人和承运人具有法律约束力。首先，要全面尊重意思自治。意思自治是合同法的基本原则，也是合同法赖以存在和发展的基石，它在合同法领域集中体现为尊重双方当事人的意思自治能够有效地维护交易安全，创造良好的交易环境。快递行业正在规范发展、稳步运行之时，应给予缔约双方充分发挥意思自治的空间。其次，从内容上看，保价条款一般不会涉及免除或减轻己方责任、加重对方责任的情形。就限制对方主要权利而言，保价条款所设定的赔偿规则只是对快递服务合同中快件损害赔偿的约定，并不涉及对快递服务合同中托运人主要权利的排除，也未免除承运人在快件毁损灭失时的赔偿责任，只是对该赔偿责任的范围进行了限制，在限额赔偿范围内托运人受到的损失仍然可以获得救济。最后，要充分保障物流业的健康持续发展。物流业是一个高风险的行业，快递物品在物流运输过程中毁损灭失的情况较为普遍。特别是在当前物流业竞争白热化的形势下，快递企业收取较少的运费，但要承担物品毁损灭失的较大风险。在此情况下，保价服务应运而生，它在一定程度上可以增加快递企业的收入，提高履约的注意义务，进而减少风险发生的概率，以平衡快递企业与托运人之间的利益。

那么，在什么情况下保价条款会被排除适用？其一，违反告知说明义务。保价条款属于格式条款，且与托运人有重大利害关系，承运人应当履行告知说明义务，否则托运人可以主张排除适用保价条款。其二，承运人故意或重大过失。要准确判定承运人是否存在故意或重大过失，除根据运输过程中的具体事由进行分析外，举证责任的分配也可以作为裁判者判断承运人是否存在故意或重大过失的重要抓手。如承运人恶意占有或物品遭盗窃、承运人不当运输、擅自转包。其三，托运人故意或重大过失。为了合理分担风险，促使承运人作出正常商业判断进而提高注意义务，托运人在交寄货物时应当如实声明货物的品名、规格、性质、价值等信息，并确保货物无损坏。对于一些需要特殊处理的货物，还应重点强调注意事项。

承运人故意或重大过失造成承运货物毁损灭失的，保价条款不发生法律效力，承运人与托运人根据托运人的过错情况各自承担相应的责任。具体为：

	故意	重大过失
重大过失	承运人赔偿货物实际价值	承运人与托运人分担损失
一般过失	承运人赔偿货物实际价值+托运人的其他合理损失	承运人承担主要责任，托运人承担次要责任
轻微过失	承运人赔偿货物实际价值+托运人的其他合理损失	承运人赔偿货物实际价值+托运人的其他合理损失

习近平总书记立足中国式现代化战略规划，提出“一个现代化国家必然是法治国家”[1]“在法治轨道上全面建设社会主义现代化国家”[2]。平等，则是法治的内在价值，也是优化营商环境的必然要求。优化营商环境，就要

〔1〕 习近平法治思想研究中心：《推进宪法理论和宪法实践创新》，载 https://www.12371.cn/2023/04/07/ARTI1680822639299113.shtml，2024 年 7 月 19 日访问。

〔2〕《习近平总书记重视法治人才培养》，载 https://www.12371.cn/2023/08/14/ARTI1691996097118387.shtml，2024 年 7 月 19 日访问。

综合考量市场主体的特点，加强主体权利保护，以事实为依据，以法律为准绳，紧紧围绕公平正义的核心，促进市场经济活动在法律框架内有序运行。

专家点评

习近平总书记强调，一个现代化国家必然是法治国家〔1〕，法治对于实现国家治理体系和治理能力现代化具有基础性作用。法治环境下推动市场公平竞争、维护交易安全、促进经济活动有序进行都是法治对现代化进程支撑作用的反映。本案是物流运输领域的货物损毁纠纷案，其中对公平原则、诚实信用原则的重视、对促进社会主义市场经济健康发展的关注，都深刻体现了习近平法治思想在司法实践中的贯彻。

第一，本案促进并保障了社会诚信体系的建设。习近平法治思想强调建立完善的社会诚信体系。“诚实信用原则”是民法中的原则，旨在提供一个一般的行为标准，要求根据对方的具体期望和社会上普遍存在的一般规范，采取忠诚和正确的行为，表现出相互尊重和体谅。本案之所以排除适用保价条款，是因为当B公司存在故意或重大过失情形时，允许该条款的适用就意味着允许一方当事人利用这种条款不公平对待对方当事人，损害对方当事人的权益，这是与合同制度的设立目的相违背的。《民法典》第506条规定，因故意或重大过失造成对方财产损失的免责条款无效。而针对保价条款，正如二审判决中指出的：“保价条款虽属于限制赔偿责任条款，但一定程度上也免除了承运人据实赔偿的责任，限制了托运人的权利，如果承运人在实际承运过程中存在故意或重大过失导致货物毁损，该保价条款应属无效。”因此，法律同样禁止严重违反诚实信用原则和社会公共利益的责任限制条款。该判决在一定程度上促进了诚信体系的建设，提醒市场主体在进行商业活动时，必须遵守基本的诚信原则，这对于维护良好的商业道德和市场秩序具有长远意义。

第二，本案的判决结果符合习近平法治思想关于公平正义的内在要求。《民法典》第592条规定：“当事人都违反合同的，应当各自承担相应的责任。当事人一方违约造成对方损失，对方对损失的发生有过错的，可以减少相应的损失赔偿额。”该条第2款规定了与有过错。与有过错，又称过错相抵、混

---

〔1〕 习近平法治思想研究中心：《推进宪法理论和宪法实践创新》，载 https://www.12371.cn/2023/04/07/ARTI1680822639299113.shtml，2024年7月19日访问。

合过错，指受损失一方对于结果的发生存在过错的，在计算损失赔偿额时应当予以相应减少。违约责任采取无过错归责原则，仅仅是不依据违约方是否具有过错使得违约方承担违约责任，但与有过错解决的是对方的过错导致损失发生时，是否能够减少违约方的损失赔偿额，与无过错原则之间并不矛盾。与有过错适用的前提是：(1) 债权人因债务人违约遭受损失；(2) 债务人的违约行为导致了损失的发生；(3) 债权人具有过错。本案中，承运人因擅自转包而构成重大过失，承运人应对由此造成的损失承担责任。同时，托运人因未如实申报货物价值，也应承担一定的责任。法院通过考量双方的过错程度和对事故的贡献，按照公平原则和比例原则进行责任分配，展现了法律逻辑和公平正义的统一。

本案的裁判生动体现了习近平法治思想通过法治手段平衡各方利益、实现正义的要求。今后在类似案件的处理中，应以习近平法治思想为指导，发挥法院在促进社会主义市场经济健康发展中的积极作用。在法治框架内通过司法裁判促进公平竞争、维护市场秩序，实现社会公平正义，提升公众对法治的信心，推动构建更加公平、透明的市场环境。

（许中缘，中南大学法学院院长、教授，博士生导师）

包某某诉上海某幼儿园缔约过失责任纠纷案

——表意反复型缔约过失责任在劳动合同缔约纠纷中的适用

王晓梅 [*]　叶　戈 [**]

一、基本案情

上海某幼儿园（以下简称“某幼儿园”）上诉称：某幼儿园在原定入职时间前再次向包某某作出的愿意继续录用的意思表示，对原录用通知书约定的录用条件未作任何更改，不应认定为新要约。包某某的损失系其自己放弃入职造成，某幼儿园不应承担责任。本案所涉损失应限于直接损失，包某某诉请的经济损失并无依据。故请求改判驳回包某某的全部一审诉讼请求。

包某某辩称：某幼儿园向包某某发送的录用通知书载明入职时间、报到材料、薪酬待遇、合同期限等内容，并要求包某某与原工作单位解除劳动关系。该录用通知书足以使包某某形成照此履行即可与某幼儿园订立劳动合同的合理信赖。包某某按要求从原工作单位离职后，某幼儿园又以非包某某的原因告知取消录用，违背诚信原则，使包某某失去原本稳定的工作，遭受经济损失，某幼儿园应承担缔约过失责任。故请求驳回上诉，维持原判。

法院经审理查明：2021 年 10 月 20 日，某幼儿园向包某某发送录用通知书，告知其通过综合面试评估，拟予录用，并载明了入职时间、薪酬标准、合同期限、试用期等内容，要求其必须与其他公司解除劳动关系，并通过入职体检。包某某于当日回复同意，即向原工作单位提出离职申请。离职申请于 10 月 21 日获批，包某某亦办妥入职体检。包某某在原工作单位最后工作至 10 月 24 日，原劳动关系自此解除。

---

* 王晓梅：上海市第二中级人民法院民事审判庭副庭长、三级高级法官。

** 叶戈：上海市第二中级人民法院民事审判庭法官助理。

10月23日，某幼儿园联系包某某，告知不再录用，包某某回复其已按要求办妥离职及体检，现称不予录用，难以接受。某幼儿园未作否认，仅表示确有难处。两天后，双方曾面商，在案录音显示，包某某问某幼儿园，10月23日来电称职位给不到自己，为何现在又让自己入职，某幼儿园回复“实在不行只能内部协调”，包某某表达了对某幼儿园的不信任，并提出赔偿。双方协商未果。此后，10月29日、10月30日、11月1日，某幼儿园再次通过微信、电子邮件询问包某某是否愿意入职，并称入职时间、录用岗位、薪酬待遇等均与原录用通知书一致，包某某均未予答复。

包某某从原工作单位离职后6个月未找到新工作。包某某起诉至法院，要求某幼儿园赔偿因缔约过失造成的经济损失、体检费、交通费、律师费。

二、裁判结果

上海市宝山区人民法院经审理作出［2021］沪0113民初29580号民事判决：（1）某幼儿园于判决生效之日起10日内支付包某某经济损失15 000元；（2）某幼儿园于判决生效之日起10日内支付包某某体检费220元、交通费200元；（3）驳回包某某其余诉讼请求。宣判后，某幼儿园提出上诉。

上海市第二中级人民法院经审理作出［2022］沪02民终4378号民事判决：驳回上诉，维持原判。

三、裁判理由

法院生效裁判认为，本案争议焦点为：（1）某幼儿园在向包某某发出录用通知书后是否曾向其作出取消录用的意思表示；（2）如某幼儿园曾作出该意思表示，此后向包某某作出的希望按录用通知书约定条件继续录用的意思表示应如何定性；（3）某幼儿园是否因此承担缔约过失责任，其赔偿责任的范围如何认定。

关于争议焦点一。根据在案证据，可以认定某幼儿园在包某某对录用通知书作出承诺后曾向其作出取消录用的意思表示。

关于争议焦点二。某幼儿园上诉主张后续已再次告知包某某仍可按原录用通知书约定的时间、条件录用，但包某某未予回复，系自己放弃入职，某幼儿园不应承担责任。就此，其一，某幼儿园取消录用的意思表示系以对话方式作出，在包某某接听某幼儿园该次电话知晓其内容时即已发生法律效力，其后续作出的仍愿按原录用通知书录用的意思表示无法产生意思表示撤回的效力，故系新要约；其二，劳动关系具有人身依附性，订立劳动合同的双方应对彼此具有合理信赖，劳动者亦有自主择业的权利，用人单位无法强制缔约。某幼儿园取消录用后，包某某表示出不信任，不再愿意入职，亦符合常理，双方以录用通知书内容为基础的预约合意已无法履行，故对于某幼儿园要求继续入职的新要约，包某某并无承诺义务。因此，包某某对自身损失并无与有过失或损失自负的情形，某幼儿园的缔约过失责任不因此减免。

关于争议焦点三。其一，某幼儿园向包某某发送录用通知书，包某某回复同意入职并积极准备，双方就订立劳动合同形成预约合同关系，处于联结较为紧密的缔约进程中，某幼儿园应对包某某负有合理注意等先合同义务。某幼儿园在包某某基于信赖而办妥离职及体检后无正当理由告知取消录用，违背诚信原则，具有过错，造成包某某经济损失，应承担缔约过失责任。其二，缔约过失责任的赔偿范围应覆盖包某某因合理信赖录用通知书而遭受的损失，包括缔约费用及因信赖而从原工作单位离职所造成的合理的收入损失，前者包括体检费、交通费等缔约费用，后者可结合包某某在原工作单位的薪酬情况、录用通知书约定的薪酬标准以及合理的再就业时间等因素综合认定，一审法院酌定的金额尚属合理。

综上，某幼儿园的上诉请求不能成立，应予驳回。

四、法官感悟

依法保障人民权益是在司法工作中坚持以人民为中心的具体要求。“民法典调整规范自然人、法人等民事主体之间的人身关系和财产关系，这是社会生活和经济生活中最普通、最常见的社会关系和经济关系……同人民群众生产生活密不可分”“实施好民法典是坚持以人民为中心、保障人民权益实现和发展的必要要求”。[1]在司法工作中贯彻落实习近平法治思想，要求准确适用《民法典》，并将社会主义核心价值观贯穿其中。

本案为劳动合同缔约过程中发生的缔约过失责任纠纷，涉及劳动者合法权益保护与用人单位用工自主权规范行使，与群众生产生活联系紧密。本案裁判适用《民法典》意思表示生效时间、预约合同、缔约过失责任等新规则，

〔1〕 习近平：《习近平谈治国理政》（第4卷），外文出版社2022年版，第281~282页。

以对缔约过失责任的构成要件、与有过失或损失自负、赔偿范围等争议焦点的审查认定为脉络构建“表意反复型缔约过失责任”的规则框架。本案裁判明确，录用通知书被劳动者承诺后，用人单位无正当理由单方取消录用的，应承担缔约过失责任；用人单位取消录用后反悔表示仍可按原定条件录用的，不产生意思表示撤回的效力，其性质为新要约，劳动者对新要约无承诺义务，其不予承诺不构成与有过失或损失自负；用人单位承担的损害赔偿责任应以赔偿信赖利益为原则，以劳动者遭受的“缔约费用+合理的收入损失”为支点加以认定。就此，劳动者按录用通知书要求与原工作单位解除劳动关系的，其因取消录用而遭受的合理的收入损失具有可确定性，应纳入缔约过失责任的赔偿范围。

以此为引，笔者认为，在审理缔约过失责任纠纷等劳动合同缔约纠纷过程中，宜坚持劳动者就业权利依法保护与用人单位用工自主权合理行使并重，适用《民法典》规则、结合劳动法精神，助力缔约诚信、契约自由、就业稳定、用工规范，具体包括以下方面：

（1）以自愿原则为基础、以诚信原则为藩篱联结《民法典》与劳动法的基本原则。其一，自愿原则是《民法典》的基本原则，而“平等自愿、协商一致”亦是《劳动合同法》的基本原则。基于意思自治达成缔约合意，是合同成立的基础。不同于一般民事合同，劳动合同具有更强的人身依附性与经济从属性，因此，在缔约过程中，用人单位与劳动者各自的自主选择权利更应得到尊重。其二，诚信原则是《民法典》《劳动合同法》共同的基本原则。以诚信原则为基础产生的协力、通知、照顾、保护等先合同义务，是缔约过失责任的产生基础。[1]于此，就诚信原则及先合同义务的基本要求，民法与劳动法具有一致性。

综上，缔约过失责任是在缔约过程中违反由诚信原则产生的先合同义务所致，对其认定亦宜从《民法典》与《劳动合同法》共同的原则与精神出发加以审视。

（2）从时间、行为、损害、归责四个方面出发审查缔约过失责任的构成要件。其一，从时间要件看，录用通知书生效之时系某幼儿园应向包某某承担先合同义务的起点。先合同义务并非自双方刚开始接触时便确定产生，而

〔1〕参见王泽鉴：《民法学说与判例研究》，北京大学出版社 2015 年版，第 439~440 页。

是随债之关系的进展并依事态的发展而产生，[1]即双方就缔结合同形成较为紧密的联结关系时才产生照顾、协助等先合同义务，而对先合同义务的违反是产生缔约过失责任的行为基础。其二，从行为要件看，先合同义务的范畴是界定归责行为的准据。先合同义务在性质上属于法定义务，[2]其性质与强度超过一般侵权责任法下的注意义务，而近于合同关系中的注意义务。[3]从义务内容上看，进入缔约关系的双方对缔约相对方负有的先合同义务包括协力、通知、照顾、保护、忠实等，其目标均是共同推进诚信的缔约磋商。包某某对录用通知书予以承诺，并按其要求进行入职准备，双方形成预约合意，进入彼此联结更为紧密的缔约阶段，互负先合同义务。某幼儿园对包某某负有协力促进劳动合同订立、照顾其利益及忠实履行录用通知书约定等先合同义务。但本案中，某幼儿园单方告知取消录用的行为显然有违该等义务，应认定为《民法典》第 500 条第 3 项规定的“其他违背诚信原则的行为”，可纳入缔约过失责任加以规制。其三，从损害要件看，缔约过失责任的损害赔偿以信赖利益受损为特征，应包括所受损害与所失利益，[4]一般认为其界分标准在于损害是否具有可确定性。在劳动者因信赖录用通知书要求而与原工作单位解除劳动关系的情形下，劳动者支出的体检费及必要的交通费等缔约费用作为直接损失、所受损害，显然属于包某某因缔约过失所受损害的范畴，但劳动者应用人单位要求而与原工作单位解除劳动关系所导致的合理的收入损失，虽作为间接损失、所失利益，但其损失大小却可根据原工作单位薪酬、录用通知书约定及合理的再就业时间三个因素加以特定化，该损害仍然具有确定性，并不是或有损失或机会损失，故应当纳入缔约过失责任下信赖利益损害的范畴。其四，从归责要件看，《民法典》第 500 条规定的缔约过失责任主要系以过错归责，但如存在受害人与有过失或损失系由受害人故意造成等情况，缔约过失行为人的责任将因此减轻或者免除。在本案中，某幼儿园在明知包某某已按录用通知书的要求自原工作单位离职并完成入职体检的情况下仍单方取消录用，显然符合主观过错要件。而如本案裁判认为，包某某对于某幼儿园后续发出的希望按原录用通知书约定继续录用的新要约未作承诺，

[1] 参见王泽鉴：《民法学说与判例研究》，北京大学出版社 2015 年版，第 439~400 页。
[2] 参见叶名怡：《再谈违约与侵权的区分与竞合》，载《交大法学》2018 年第 1 期。
[3] 参见王泽鉴：《民法学说与判例研究》，北京大学出版社 2015 年版，第 440 页。
[4] 参见韩世远：《合同法总论》（第 4 版），法律出版社 2018 年，第 185 页。

不能认定为属于与有过失或者损失自负的情形，故某幼儿园仍应承担的缔约过失责任不因此减免。

综上，某幼儿园的行为符合缔约过失责任的构成要件。

（3）缔约过失的损害赔偿以赔偿信赖利益为基础，应包括所受损失与具有确定性的所失利益。在本案中，包某某为入职某幼儿园而支付的体检费及必要的交通费等缔约费用，作为所受损失，属于信赖利益覆盖范围。而包某某因信赖录用通知书内容而自原工作单位离职后产生的合理的收入损失，具有确定性，并非机会损失，应可纳入信赖利益的覆盖范围，并根据其在原工作单位的薪酬标准、某幼儿园录用通知书载明的薪酬标准以及合理的再就业时间等因素综合加以酌情认定。

综上所述，保障劳动者合法权益和就业稳定，是司法服务保障稳定就业的重要举措。本案裁判贯彻落实坚持以人民为中心的审判理念，回应实践难点，助力劳动者合法权益保护与用人单位用工自主权规范行使，彰显社会主义核心价值观。

专家点评

习近平法治思想指出，坚持以人民为中心是全面依法治国的根本立场，要积极回应人民群众新要求新期待。劳动者对美好生活的向往，就是我们党的奋斗目标。保护劳动者的合法权益，维护劳动关系和谐稳定是习近平法治思想的应有之义，也是司法服务保障稳定就业的重要举措。

一方面，要系统研究谋划和解决法治领域人民群众反映强烈的突出问题，不断增强人民群众获得感、幸福感、安全感，用法治保障人民安居乐业。就业问题是人民群众赖以生存的重要民生问题，是人民群众过上幸福生活的基本保障。司法裁判应当坚持以人民为中心的理念，坚持以人民为中心，要尊重和保障人权，维护人民群众合法权益，维护社会公平正义。本案中某幼儿园无正当理由取消给包某某的录用通知，不仅违背了诚信原则，也给包某某造成了经济损失。因此，法院判决赔偿范围覆盖了包某某因合理信赖录用通知书而遭受的损失（体检费、交通费及因信赖而从原工作单位离职所造成的合理的收入损失），不仅体现了对包某某作为劳动者合法权益的尊重和保障，也体现了司法裁判对弱势群体的倾斜保护，维护了人民主体性的根本准则，维护社会公平正义。

另一方面，习近平法治思想坚持以人民为中心强调坚持人民主体地位，把体现人民利益、反映人民愿望、维护人民权益、增进人民福祉落实到依法治国全过程，使法律及其实施充分体现人民意志。常识、常情、常理（以下简称“三常”）本身即是人民意志的集中体现，以“三常”为标准的司法裁判体现了依法保障人民权益的担当作为。不仅如此，“三常”也可运用在法律事实查明、法律解释、法律适用结果检测等各个环节，并作为判断与有过失的重要因素。本案中，劳动合同相较一般民事合同具有更强的人身依附性与经济从属性，订立劳动合同的双方应对彼此具有合理信赖。在某幼儿园取消录用后，包某某表示出不信任，不再愿意入职，符合常理、常情。法院认为包某某对某幼儿园要求继续入职的新要约无承诺义务的判断是正确的，该判决不仅体现了法院践行努力让人民群众在每一个司法案件中感受到公平正义的目标，更能通过该案达致更大、更广的社会效果，平衡劳动者与用人单位的权利义务关系，具有社会矫正的功能。

综上所述，本案的裁判不仅对于规范用人单位在诚信缔结劳动合同、构建和谐稳定劳动关系有重要的警醒意义，也对弘扬社会主义核心价值观具有重要指导意义，为理论界与实务界对此类案件的思考和判断提供了有益的借鉴，生动体现了习近平法治思想中以法治保障人民安居乐业，满足人民对美好生活的向往的精神，充分发挥了司法裁判在社会治理中的规范引导作用。在踏上以中国式现代化全面推进强国建设、民族复兴伟业的新征程中，准确把握《民法典》蕴含的人民立场，平衡劳动者与用人单位的权责关系，构建和谐劳动关系，不仅是实现高质量充分就业的重要保障，也是促进经济持续健康发展的重要支撑，更是保持社会和谐稳定的重要基础。

（许中缘，中南大学法学院院长、教授，博士生导师）

徐某娣诉郭某其他合同纠纷案

——证人不得依据“有偿作证”约定请求支付

周丽云*

一、基本案情

徐某娣向上海市杨浦区人民法院提起诉讼：（1）判令郭某依约偿付徐某娣垫付的徐某宝医药费 1 027 433.8 元；（2）判令郭某交付约定平分款 3 111 409.32元。事实和理由：徐某娣是徐某宝的姐姐，郭某是徐某宝的前妻，徐某宝于 2015 年 1 月被确诊为“渐冻症”，长期住院治疗。徐某宝在与郭某离婚前曾与案外人彭某同居生子徐某南。后，徐某娣及配偶提供关键性证据供郭某起诉案外人彭某及其子徐某南，徐某娣与郭某双方于 2018 年 11 月 21 日签订协议书，约定徐某宝的医药费由郭某负责支付，郭某胜诉后取得的钱款在支付医药费、扣除支付给案外人约定数额后，由徐某娣与郭某平分。现郭某根据徐某娣提供的关键性证据胜诉获得 10 000 000 元，徐某宝的医药费尚有 1 027 433.8 元未付，扣除医药费及已支付给案外人的 500 000 元后，根据协议约定郭某还应支付徐某娣 3 111 409.32 元。

被告郭某辩称：郭某不是徐某宝医药费的支付义务人。系争协议书属于赠与合同，赠与人在赠与的财产权利转移之前可撤销赠与，故协议书未履行部分及承诺书未履行部分，郭某均可不再支付。徐某娣知道徐某宝将夫妻共同财产赠与案外人后，有法定作证义务，不应约定报酬，否则违法。徐某宝的医药费已全部支付完毕，不存在系争协议书所述“无人支付”情形。

法院经审理认定如下事实：徐某娣是徐某宝的姐姐，毛某与徐某娣系夫妻。郭某与徐某宝原系夫妻，1993 年生育一子（2000 年死亡），2015 年离

---

* 周丽云：上海市第二中级人民法院民事审判庭法官助理。

婚。徐某宝在与郭某婚姻期间，与彭某于2007年生育一子徐某南。2015年，徐某宝确诊为“渐冻症”，2020年死亡。

2018年10月15日，徐某娣与其配偶毛某出具《证人证言》并经公证，两份公证书内容基本一致，显示“证人系徐某宝胞姐，毛某系徐某宝姐夫，现就徐某宝将其钱款存在证人与毛某处保管，并指令证人与毛某将其钱款赠与彭某及徐某南的相关情况提供证词如下……三、在婚姻关系存续期间，因徐某宝已有婚外情，故将200万元存放于毛某股票账户内并要求根据其指令买卖股票……徐某宝的股票连本带利共计约2000万元……处置情况：1. 支付购房款用于购买霍山路房屋。2. 将股票账户内1000万元存入毛某银行账户后以本票方式转给徐某南”。

2018年10月30日，郭某作为原告提起诉讼，案由为赠与合同纠纷、离婚后财产纠纷，被告为徐某宝、彭某、徐某南，案号［2018］沪0110民初22811号。该案中，郭某将徐某娣及毛某公证的《证人证言》作为证据提供。

2018年11月21日，徐某娣、郭某签订《协议书》，主要约定：（1）郭某此次诉徐某宝离婚前隐瞒财产一案，郭某承诺如无人支付徐某宝医药费，胜诉所得优先用于徐某宝医药费；（2）如徐某宝病故，郭某胜诉所得支付完毕徐某宝医药费后，剩余钱款先支付俞某和孙某（费用以商议为准），其余由郭某与徐某娣平分；（3）诉讼费用一律由郭某承担；（4）郭某承诺不再与徐家发生财产和其他任何纠纷；（5）任何人不得以任何理由动用郭某此次胜诉所得钱款。

该案件于2018年11月22日、12月12日两次开庭审理。该案判决彭某、徐某南返还郭某10 000 000元。案件生效后，郭某收到执行款800万余元，尚有200万元郭某与彭某、徐某南达成和解协议分期支付。

2019年11月15日，郭某向徐某娣转账225万元，并于当日出具书面《承诺》记载“本人郭某承诺在2020年2月底之前送徐某娣人民币壹佰万元整”。当日郭某转账给孙某50万元。郭某称已向俞某分次现金支付100万元，俞某先后出具收条五张。

二、裁判结果

上海市杨浦区人民法院于2022年8月23日作出［2022］沪0110民初4335号民事判决：（1）郭某应于判决生效之日起10日内支付徐某娣3 073 511.9元；

（2）驳回徐某娣的其余诉讼请求。郭某不服，认为双方之间成立赠与合同关系，赠与的表示基于郭某享有任意撤销权而无需再予履行，故提出上诉。

上海市第二中级人民法院于 2023 年 1 月 5 日作出［2022］沪 02 民终 10400 号民事调解书，双方当事人均同意由郭某再行支付徐某娣一定数额钱款后再无其他争议。

三、裁判理由

（一）《协议书》的法律性质

系争协议的性质，是本案的争议焦点之一。徐某娣主张是双方为共同完成某一事项并对完成事项后所获钱款如何分配达成的协议，郭某主张系争协议为赠与合同。

所谓赠与合同，是指赠与人将自己的财产无偿给予受赠人，受赠人愿意接受赠与的合同。赠与合同为单务、无偿合同。在附义务的赠与合同中，受赠人按照合同约定负担某种义务，但受赠人所负担的义务并非赠与人所负义务的对价，通常远远小于赠与人的义务，两者间的义务并不相互对应。首先，从协议本身的内容看，本案中双方当事人签订的书面协议，共计五项条款，涉及他案诉讼的收益分配与费用分担，以及二人其他财产权益的处理。显然该协议并非单纯的无偿给予他人财产的赠与合同。其次，从权利义务对价看，根据双方当事人的陈述，系争协议约定由郭某负担其前夫医疗费用并且由徐某娣与郭某共同分享他案诉讼收益，前提是徐某娣及其丈夫在他案诉讼中能够作为证人提供关键性的证人证言以帮助郭某追回财产。该项约定虽然并未以书面形式体现在系争协议书中，但确系双方签订协议的目的之一，也是协议的主要权利义务之一，是徐某娣负担的主要合同项下义务。徐某娣、郭某双方合同项下的权利义务是相互对应的。故，系争协议并非赠与合同，属《民法典》中非典型的无名合同。

（二）证人出庭作证义务

根据我国《民事诉讼法》第 75 条的规定，凡是知道案件情况的单位和个人，都有义务出庭作证。可见，在我国，出庭作证是证人的法定义务，是证人对代表国家司法权的人民法院所尽的公法上的义务。

证人出庭作证虽然是履行个人对国家应尽的义务，但证人出庭作证由此可能带来一定的经济损失甚至人身危险。为激励证人出庭作证，我国《民事诉讼法》第77条规定，证人因履行出庭作证义务而支出的交通、住宿、就餐等必要费用以及误工损失，由败诉一方当事人负担。关于证人的经济补偿权，需要明确：首先，法律赋予证人请求填平其损失的权利，本质上属于“利益填平”性质，不具有奖励性。证人不得因此获得额外收益。其次，基于证人出庭作证的公法义务性质，证人享有的经济补偿请求权也属公法性质，为避免当事人贿买证人，法律规定当事人申请证人出庭作证时，应当向法院预先缴纳出庭作证费用，继而由法院支付给证人。证人应向法院提出支付请求，而不能直接向当事人提出，当事人也不能直接向证人支付费用。

（三）有偿作证合同

如前所述，知道案件真实情况的个人负有作证的法定义务，但由于证人享有的法定经济补偿权仅为损失填平性质，实践中，部分案件的证人会与当事人约定由当事人向其支付钱款或其他财物作为出庭作证的报酬，且双方约定的该报酬数额超过法定经济补偿权可请求支付的数额，即“有偿作证”。

本案中，双方当事人订立的系争协议书实质上为有偿作证合同。徐某娣负有的合同义务为其本人及其丈夫在他案中作为郭某的证人出庭作证，合同对价不仅包括与郭某共同分享他案的最终诉讼收益，还包括郭某向第三人履行的内容。该有偿作证约定的法律效力是核心问题。合议庭倾向将这类约定作无效认定，概因：（1）该约定背离了证人作证的公法性质。有偿作证的约定，无疑背离了证人为法院的证人、作证为公法义务这一司法伦理，实质上将证人变为了某一方当事人的诉讼工具，而作证义务也成了双方约定的合同义务。证人的中立地位成为空中楼阁。（2）该约定将极大可能导致证人作虚假陈述或选择性陈述，大大削弱证言的客观真实。当事人与证人作伪证之约定，无需赘言，该约定属恶意串通损害他人合法权益，当为无效。即便当事人与证人约定如实陈述，因证人请求报酬的相对人为该特定当事人，为自身收益出发，证人较大可能自发作出有利于该方当事人的虚假陈述或仅选择性陈述对该方当事人有利的证言。而我国缺乏完备的证人交叉询问制度设计，可能导致证人证言更加真伪不明，增加法官认证的难度。（3）以司法裁判的价值导向与社会效果而言，如作有效认定，虽然短期内会提高证人出庭作证的动力从而提升出庭作证率，但长期看，一方面，必将出现证人以不履行出庭作证义务为压力促成当事人订立有偿作证合同，违背社会的公序良俗；另一方面，也将加重诉讼双方诉讼能力的失衡，更加不利于经济弱势方权益的保护，不符合社会主义核心价值观。

（四）裁判路径选择

本案中，虽然如徐某娣所述，如非其向郭某提供财产线索及他案中的书证、证人证言，郭某将不会知晓财产权利受到侵害，也将不会取得他案诉讼的胜诉从而获取诉讼收益，其对郭某得以挽回的财产贡献巨大。但此不能成为其依系争协议书请求郭某支付对价的正当理由，出庭作证为徐某娣的法定义务，徐某娣在他案庭前向郭某提出诸多财产对价作为其出庭作证的条件，违反了法律的强制性规定，系争合同当属无效。按照法律规定，合同无效后，行为人因该行为取得的财产，应当予以返还；不能返还或者没有必要返还的，应当折价补偿。一方面，徐某娣无法再依据无效的协议书主张按照约定与郭某平均分享他案诉讼收益；另一方面，郭某已经按照协议约定支付的其前夫医药费用等也可能涉及后续返还问题。

考虑到双方当事人之间的亲属关系，以及合同项下已完成履行的郭某前夫医疗费问题，特别是徐某娣在他案诉讼中已积极出庭作证、所作证言均为如实陈述并未侵害他人合法权益，经法院沟通了解，郭某亦表示对于已按约履行部分不考虑追回且具有主动向徐某娣再行支付一定数额钱款的意愿，本案最终并未以判决形式认定合同无效并对无效后果作相应处理，而是选择通过调解妥善解决了徐某娣与郭某的民事纠纷。

四、法官感悟

随着人民群众的司法需求日益增长，越来越多的纠纷进入诉讼，为了提高己方胜诉率，开始出现所谓的有偿作证约定。对于有偿作证约定是否合法有效的问题，一方面，要坚持法律是准绳，发挥好法律的规范作用；另一方面，更要以习近平法治思想为指导，“牢牢把握社会公平正义这一法治价值追求，努力让人民群众在每一项法律制度、每一个执法决定、每一宗司法案件中都感受到公平正义”〔1〕。

从法律规定出发，我国《民法典》明确规定：“违反法律、行政法规的强制性规定的民事法律行为无效”“违背公序良俗的民事法律行为无效”“行为

〔1〕《习近平：加强党对全面依法治国的领导》，载 https://www.gov.cn/xinwen/2019-02/15/content_5365984.htm，2024年7月22日访问。

人与相对人恶意串通，损害他人合法权益的民事法律行为无效”。当事人与证人如作伪证之约定，即属恶意串通损害他人合法权益，当为无效。当事人与证人如作如实陈述之约定，表面看符合法律的强制性规定，然究其根本，此类约定一般系证人以不履行出庭作证义务为压力促使当事人支付超出法律规定之报酬，违背社会的公序良俗。纵观《民事诉讼法》及其司法解释、最高人民法院《关于民事诉讼证据的若干规定》等相关法律法规，庭前证人须经法院准许并通知出庭作证，庭审时证人由法院告知如实作证的义务及作伪证的法律后果并责令签署保证书，证人由法院主导询问，双方当事人经法院许可后方可向证人发问，而当事人对证人的发问仍属法院对证人进行证据调查的一部分，不具有独立诉讼行为的意义。因而，在我国的民事诉讼中，证人是法院的证人，而不是当事人任何一方的证人，强调证人的客观、中立。司法伦理上不提倡任何一方当事人或其代理人庭前与证人接触，并在制度设计上试图通过隔离二者以尽量确保证言的客观真实。有偿作证的约定无疑背离了这一司法伦理。

以习近平法治思想为指导，须牢牢把握社会公平正义的价值追求。公正是法治的生命线。维护社会公平正义，必须坚持法律面前人人平等。平等是社会主义法律的基本属性，是社会主义法治的基本要求。必须将坚持法律面前人人平等体现在立法、执法、司法、守法各个方面，绝不允许让普通群众打不起官司，要加快完善体现权利公平、机会公平、规则公平的法律制度，确保法律面前人人平等。有关有偿作证的约定，虽然通过提高证人出庭作证的收益从而增加了证人出庭作证的概率，但当事人诉前或庭前提前接触证人并许之以利，将极大可能导致证人作虚假陈述或选择性陈述，严重影响案件事实的查明，违背公平正义这一法治的价值追求。同时，司法裁判如作有效认定，可能形成当事人对证人出庭作证的竞价，加重诉讼双方诉讼能力的失衡，更加不利于经济弱势方权益的保护，有损法治的平等要求。司法是维护社会公平正义的最后一道防线，司法裁判须重视对社会的价值导向及引领作用。

最后，值得一提的是，该案的裁判路径选择。虽然二审法院认为有偿作证的约定应为无效，但并未一判了之，而是充分考虑到个案的实际情况，做好当事人的沟通工作，了解当事人的真实意愿，最终以调解方式妥善化解了双方当事人的纠纷。推进公正司法，必须坚持司法为民，法律不应该是冷冰冰的，司法公正也是做群众工作。一纸判决，或许能够给当事人正义，却不一定能解开当事人的“心结”，“心结”没有解开，案件也就没有真正了结。

专家点评

首先，本案裁判的特色和亮点之一，即科学释明了赠与合同与其他无名合同之间的重要区别。赠与合同的重要特点就在于它的单方性、无偿性和实际履行前的可撤销性。虽然赠与合同也可以附随相关义务，但该种义务不能和赠与人的义务对等或者完全等价，赠与人也不能将受赠人未履行相关义务作为自身可不履行相关赠与义务的抗辩。本案裁判从当事人获益是他案的诉讼收益和费用分担，以及收益的对价前提是当事人在他案诉讼中能够作为证人提供关键性证言以帮助另一方当事人追回财产两个视角，明确否定了协议的赠与合同性质。虽然对当事人的作证义务，双方并未在合同中加以明确约定，但法官并没有局限于合同的“字面意思”和“纸面条款”，而恰是科学灵活地结合了案件当事人的陈述，从目的论这一解释视角出发，充分揭示了当事人订立合同的真实目的并非建立一般的赠与关系，而是有偿作证关系。它在本质上不属于赠与合同，而是《民法典》合同编第二分编明文规定的15类合同之外的无名合同，对合同本身性质的准确认定，是本案裁判精准适用法律的重要前提。

其次，任何合同的订立，都应当遵循平等、诚信和合法等原则。但当事人订立的有偿作证合同显然违反了出庭作证是公民的义务这一民事诉讼法上的强制性规定，容易严重扭曲证人的中立地位，甚至带来当事人贿买证人作伪证或者是“竞标作证”、证人和当事人之间串通作伪证以及证人进行非客观的选择性陈述等违反公序良俗的现象，从而在根本上削弱证据的客观性、中立性，不利于法院查明案件事实，作出公平裁判，难以使公民在每个司法个案中感受到公平正义。该案通过准确适用《民事诉讼法》第75条、第77条和对《民法典》第153条、第154条的内容进行科学的释明，明确违反法律强制性规定和违反公序良俗的协议无效，从裁判上明确否认有偿作证协议的效力，有利于使诉讼当事人的诉讼能力恢复至平等地位，从根本上贯彻“法律面前人人平等”和程序法上“诉讼当事人地位平等”的法治理念，从而积极弘扬社会主义核心价值观。

最后，本案的裁判很好地践行了习近平法治思想。习近平总书记指出：

“公平正义是我们党追求的一个非常崇高的价值，全心全意为人民服务的宗旨决定了我们必须追求公平正义，保护人民权益、伸张正义。全面依法治国，必须紧紧围绕保障和促进社会公平正义来进行。”[1]在本案办理的过程中，法院不仅遵循了形式公平的要求，更是具体落实了实质公平的理念，即对相关合同不以字面上的意思为限，而是从法律目的上来否定有偿作证协议的效力，这一做法值得推广。

（黄汇，西南政法大学教授，博士生导师）

---

〔1〕《学习习近平总书记关于思维方式的重要论述丨习近平总书记论法治思维》，载 https://www.12371.cn/2023/08/15/ARTI1692077966933160.shtml，2024 年 7 月 19 日访问。

张某等人诉甲公司生命权纠纷案

——公共场所管理人安全保障义务的合理界定

姜英超 *

一、基本案情

张某等人诉称：2019 年 10 月 12 日，死者曾某（张某之妻）至甲公司经营的超市购物，在蔬果区摔倒并造成脑外伤，甲公司员工报警，并送至医院抢救，次日因抢救无效死亡。事发后，死者家属曾至甲公司要求看事发时事发地点的监控录像，但甲公司称事发地点属于监控盲区，只能根据超市门口的监控录像确定曾某进出超市的时间，以此来推断事发时间。张某等人认为，其一，甲公司未及时将曾某送医治疗，延误了救治时间。其二，甲公司作为超市经营者，对人流量较大的蔬果区域未设置监控，说明监控范围严重不足。其三，甲公司未提供事发当日曾某在超市内全过程监控视频，属于应提供证据而拒不提供，故依法应当推定张某等人关于曾某摔倒系因地面湿滑导致其摔伤的主张成立，甲公司应当承担赔偿责任。现张某等人诉至法院，请求判令甲公司赔偿医药费、误工费、死亡赔偿金、精神损害抚慰金、丧葬费、交通费、律师费等损失合计人民币 508 366. 98 元。

甲公司辩称：事发当日，曾某确至甲公司经营的超市购物。在蔬果区域突然晕倒，甲公司的工作人员见其倒地，立即通知蔬果区的负责人以及超市客服人员，事发地面上并无水渍等，故曾某并非因地面有水等原因摔倒。事发后，曾某意识清楚，后甲公司工作人员将其扶至他处休息并询问是否需要送去就医，曾某表示不需要，但甲公司工作人员觉得曾某年纪较大，还是慎重处理较好，便报了警，后又拨打了 120，由甲公司的工作人员陪同就医。派出所民警查询

---

* 姜英超：上海市第二中级人民法院民事审判庭法官助理。

并联系到了曾某的家人，后自称是曾某的儿媳到医院，表示曾某平时在家也经常晕倒，让她不要出门。随后甲公司的工作人员离开医院。事发地点并未覆盖监控探头。甲公司认为曾某摔倒系其自身疾病所致，事发后，甲公司也及时报警并将曾某送医，已经尽到安全保障义务，故不同意承担赔偿责任。

法院认定事实：2019 年 10 月 12 日 10 时许，曾某至甲公司经营的超市购物时在蔬果区摔倒；10 时 35 分，甲公司工作人员报警，民警到达现场了解情况后报 120 并联系到曾某家属，后由甲公司工作人员陪同曾某送至 A 医院急救；13 时 24 分，曾某被转至本市 B 医院，经诊断为脑挫裂伤，告病危；次日 13 时 30 分，曾某被转至 C 医院治疗，后又被送至 D 医院，经抢救无效死亡。

审理中，就曾某摔倒原因，甲公司称根据曾某在 B 医院的就诊记录，曾某是突发晕倒致头部外伤三小时，且曾某有高血压疾病，结合甲公司拍摄的事发现场照片，曾某摔倒的地方地面上并无水渍等，故可推断曾某摔倒原因系其自身疾病所致。对此，张某等人认可在 B 医院就诊时，系由曾某家属陪同就医，就诊病历上记录的“突发晕倒致头部外伤三小时”系曾某家属表述给医生，但认为表述较口语化，且会受甲公司工作人员表述影响，在急于救人、不清楚事发原因的前提下，不能据此认定曾某摔倒是自身疾病所致；对于曾某生前是否患有高血压疾病，张某等人予以认可，但称平时都在正常服药，此前也从未发生过晕厥的情况。

另查明，死者曾某，女，死亡时 80 岁，与本案四原告分别系夫妻、母子、母女关系。

二、裁判结果

一审法院依照最高人民法院《关于民事诉讼证据的若干规定》（2001 年版）第 2 条之规定，判决如下：对张某等人的诉讼请求不予支持。张某等人不服一审判决，提起上诉。二审法院依照《民事诉讼法》（2017 年版）第 170 条第 1 款第 1 项之规定，判决如下：驳回上诉，维持原判。

三、裁判理由

一审法院认为，本案的争议焦点系甲公司是否违反了安全保障义务。甲公司作为超市经营者，依法负有符合社会一般价值判断所认同的安全保障义务，未尽义务，造成他人损害的，应承担侵权责任。本案中，曾某摔倒后并未发生昏迷等明显症状，甲公司并非专业医疗救治机构，其在事发后将老人送至他处休息并报警，并不存在放任不管的情形，此后也陪同救护人员将老人送往医院就诊，已经尽到救治义务。

对于张某等人提出甲公司未在事发地点设置监控设备的行为属于未尽到安保义务，一审法院认为，是否设置监控录像与曾某摔倒之间并无因果关系，且根据现有证据事发地点照片和曾某就诊记录等，均未反映出曾某系因地面湿滑等原因而摔倒。事发区域未被监控覆盖，甲公司客观上无法提供事发区域的监控录像，不属于持有不利证据拒不提供的情形，故不能据此推断出因地面湿滑原因致老人摔倒的结论成立。当事人对自己提出的诉讼请求所依据的事实或者反驳对方诉讼请求所依据的事实有责任提供证据加以证明。没有证据或者证据不足以证明当事人的事实主张的，由负有举证责任的当事人承担不利后果。故张某等人以甲公司未尽到安全保障义务为由要求甲公司承担赔偿责任的诉讼请求证据不足，不予支持。

二审法院认为，根据《侵权责任法》(已失效，下同）第 37 条的规定，宾馆、商场、银行、车站、娱乐场所等公共场所的管理人或者群众性活动的组织者，未尽到安全保障义务，造成他人损害的，应当承担侵权责任。本案中，张某等人主张曾某系在甲公司经营的超市摔倒后抢救无效死亡，要求甲公司承担赔偿责任，应当就甲公司未尽到安全保障义务提供有效的证据加以证明。现张某等人主张甲公司未在事发区域设置监控摄像头，属于未尽到安全保障义务，对此，二审法院认为，甲公司在本案中的安全保障义务，主要体现在对其经营管理场所及相关配套设施的安全性负有保障义务，即，甲公司的经营管理场所及相关配套设施不应具有危险性、不应威胁人身安全，至于事发区域是否安装监控摄像头，与曾某摔倒之间并不具有因果关系，因此，对张某等人的该项上诉主张，法院不予支持。至于张某等人主张甲公司经营超市在曾某摔倒后未及时报警、送医，法院认为，经营者的安全保障义务应界定在合理范围内，甲公司经营超市在曾某摔倒后，并未放任不管，而是将老人送至他处休息并报警，此后也陪同救护人员将老人送往医院就诊，故不能据此认定其未尽到救治义务。张某等人主张甲公司持有事发时监控录像但拒不提供，缺乏事实依据，二审不予采纳。

四、法官感悟

法治，是最好的营商环境，是国家治理体系和治理能力的重要依托，是治国理政不可或缺的重要手段。此处的“法治”，既包括有法可依、依法治国的形式状态，还包括良法善治、社会治理的实质价值。本案曾入选 2021 年最高人民法院公报案例，以案例形式探讨了公共场所管理人安全保障义务的合理界定问题，从实务视角折射出“以良法促善治”的法治价值，是社会主义核心价值观融入法治建设的充分体现。

所谓安全保障义务，是指宾馆、商场、银行、车站、机场、体育场馆、娱乐场所等经营场所、公共场所的经营者、管理者或者群众性活动的组织者等安全保障义务主体，在合理限度范围内使他人免受人身及财产损害的义务。法律之所以对这类主体课以安全保障义务，是因为他们对经营、管理或组织的场所具有他人不具有的控制和管理能力，能够及时预见场所内可能发生的危险，能够以最小的成本排除安全隐患和潜在危险，防止或减轻损害后果的发生。这种义务派生于公共场所管理人在经营、管理公共场所或组织群众性活动过程中所产生的权利和利益，同时也是保障公众安全、推动公共生活良性发展的一种社会责任。

在我国的侵权法律体系下，违反安全保障义务责任应适用过错责任原则。根据过错责任原则，法律并不会要求安全保障义务人对其场所内的所有伤害事故承担赔偿责任，义务人只有在未尽到安全保障义务时才承担责任，这也是很多受害人在诉请赔偿时容易陷入的误区。另外，被侵权人对同一损害的发生或者扩大有过错的，可以减轻侵权人的责任。在前述案例中，张某等人请求损害赔偿时，应当基于其所受损害的事实，举证证明曾某系因甲公司未尽到安全保障义务而受有损害，否则应承担举证不能的法律后果；甲公司则应就其已尽到相应的安全保障义务进行抗辩。

司法实践中，公共场所管理人的安全保障义务通常包括如下几个方面：首先，要提供安全设施和条件。根据场所特点和风险程度，公共场所管理人应当合理配置安全设施，如监控设备、防护设施等，以确保公众的人身安全。同时，还应当确保公共场所的基本安全条件，如通道畅通、楼梯扶手完好等，以防止人群踩踏、火灾等事故的发生。其次，制定安全管理制度和应急预案。公共场所管理人应当建立健全安全管理制度，明确安全责任和安全措施，并制定相应的应急预案，以应对突发事件和紧急情况。这些制度和预案应当合理、可行，并经常进行演练和更新，以确保在危急时刻能够迅速、有效地采取应对措施。再次，应提供必要的安全警示和教育。公共场所应当设置明显的安全警示标识，如逃生指示牌、禁止吸烟标识等，以引导公众正确使用场所和设施，增强公众的安全意识和自我保护能力。最后，做好应对安全事件的处理和协调工作。如果发生安全事件或突发情况，公共场所管理人应当及时采取措施进行处理，向相关部门报告，并在必要时与相关部门进行协调，确保事件得到妥善处理，减少人员伤亡和财产损失。

管理人是否尽到安全保障义务，可以参照相应标准加以判断。这个标准既可以是法律规定、行业制定或合同约定的相关标准，也可以是善良管理人标准，即安全保障义务的履行是否达到作为一个理性、审慎、善良的人所应达到的合理注意程度。在前述案例中，张某等人主张甲公司未在超市蔬果区安装监控摄像头属于未尽到安全保障义务。对此，从社会一般价值判断来看，消费者在经营区域内摔倒通常取决于自身体质、场所环境、他人干扰等因素，而不取决于该区域是否安装有监控摄像头，该主张显然加重了对于甲公司安全保障义务的要求，故法院对该主张并未采纳。本案中的甲公司作为超市的经营主体，对进入场所的消费者应尽到的安全保障义务，主要体现在对其经营、管理场所及相关配套设施是否符合安全标准、是否采取必要措施排除安全隐患、是否对常规风险有合理清晰的提示，以及在危险发生之后是否及时采取社会普遍认同的救助措施等。若在查明事实、诉辩举证以及综合衡量之后，仍无法认定事故原因系管理人未尽到安全保障义务所致，则管理人不应承担赔偿责任。

总之，法院在界定公共场所管理人的安全保障义务时，需要综合考虑公共场所的特点、风险程度、管理能力和公众的合理期望等因素，确保合理、公正地界定公共场所管理人的安全保障义务。过度扩张安全保障义务的主体和适用范围，势必会增加相关主体的成本与风险，最终的成本和风险仍是整个社会来承担，这既不符合侵权法的制度目的，也不利于经济社会平稳发展。

专家点评

习近平总书记指出，“生命至上，集中体现了中国人民深厚的仁爱传统和中国共产党人以人民为中心的价值追求”。[1]公民的生命健康权是公民的一项基本人权，具有神圣不可侵犯性，它既是一项宪法性权利，也是公民的基本民事权利之一，受到我国《民法典》和《侵权责任法》（已失效，下同）的保护。而宾馆、商场、银行、车站、机场、体育场馆、娱乐场所等公共场所，因其具有公共性、易发生侵害性和涉及人员众多等特点，从我国《侵权责任法》（第37条）开始到我国《民法典》（第1198条）均赋予了这些场所的管理者和经营者安全保障义务。这种安全义务具体包括提供安全的设施与服务，进行必要的安全提示与警示，制定相关的安全守则和规范，发生安全事件时的应急和减损处置措施等，经营者和管理者如果未尽到相关保障义务造成他人损害，则应当承担侵权责任。这一特殊的安全保障义务的设定有利于切实维护人民群众的公共生活安全，为在公共场所保护公民的生命健康权构筑起一道严密的防护墙。

但需要注意的是，公共场所经营者和管理人的安全保障义务并非无限，其具有一定的边界。这一义务的设定应当充分考虑公共场所的类型特点，场所风险程度及其来源，场所管理人对风险的预见能力、控制能力和管理能力，相关保障义务措施的成本付出和社会公众的合理期待等因素，从而在科学界定公共场所管理人安全保障义务之同时，合理划清其边界和责任的范围。使该义务的设计要既能督促公共场所管理人切实履行相关的安全保障义务，最大限度地维护公民的生命健康权；同时又不能对公共场所管理人和经营者施以过高的注意义务，从而影响其正常的经营活动，并最终损害社会公共利益。

另外，违反安全保障义务责任应适用过错归责原则，即受有损害的当事人不但应当负责举证证明公共场所管理人和经营者未尽到相关的安全保障义务，从而在主观上存在过错，同时还应当证明自己的损害和这一义务的违反之间具有明确的因果联系。本案裁判紧扣作为超市的甲公司事发区域是否安

---

〔1〕《习近平：在全国抗击新冠肺炎疫情表彰大会上的讲话》，载 https://www.12371.cn/2020/09/08/ARTI1599557266374496.shtml，2024年7月19日访问。

装监控摄像头，与原告曾某摔倒之间并不具有因果关系，而且甲公司的经营管理场所及相关配套设施不具有危险性和不存在威胁人身安全的因素，从而判定甲公司不承担侵权责任。该案裁判科学划定了公共场所承担安保责任的边界范围，有效避免了不适当加重经营者安保义务现象的发生。

（黄汇，西南政法大学教授，博士生导师）

周某等组织卖淫、胡某斌等协助组织卖淫案

——组织卖淫罪和协助组织卖淫罪的区分及“情节严重”的认定

郭　寅[*]　马健博[**]

一、基本案情

上海市普陀区人民检察院以被告人周某、凌某亮、计某银、李某军、陆某丹犯组织卖淫罪，被告人胡某斌、王某、孟某、胡某根犯协助组织卖淫罪，向上海市普陀区人民法院提起公诉。

上海市普陀区人民法院经审理查明：2017 年 8 月，被告人周某、凌某亮、计某银共谋在上海市祁连山路开设会所，分别雇佣丁某（另案处理）和被告人李某军、陆某丹、胡某斌、王某、孟某、胡某根等人，招募、组织多名卖淫人员在该处从事卖淫活动，从中抽头牟利。其中，李某军、陆某丹负责招聘并组织多名卖淫人员，胡某斌负责会所收银、向嫖客发手牌等，王某、孟某负责通过微信、电话等方式招揽嫖客并带入会所，胡某根负责在会所内接待嫖客更换衣服等。同月 24 日，公安机关对该会所进行检查，当场查获实施卖淫嫖娼活动的卖淫人员 12 人、嫖娼人员 11 人，并当场抓获计某银、李某军、陆某丹、胡某斌、王某、孟某、胡某根，同年 11 月又抓获凌某亮、周某。

上海市普陀区人民法院认为，被告人周某、凌某亮、计某银、李某军、陆某丹组织他人卖淫，情节严重，其行为均已构成组织卖淫罪；被告人胡某斌、王某、孟某、胡某根协助组织他人卖淫，情节严重，其行为均已构成协助组织卖淫罪，依法应予处罚。胡某斌、王某、孟某、胡某根到案后如实供

---

* 郭寅：上海市第二中级人民法院刑事审判庭审判员、三级高级法官。

** 马健博：上海市第二中级人民法院刑事审判庭法官助理。

述自己的犯罪事实，李某军、陆某丹当庭自愿认罪，依法可予从轻处罚。依照《刑法》第358条第1款和第4款、第25条第1款、第26条第1款和第4款、第27条、第67条第3款、第55条第1款、第56条第1款、第52条、第53条、第64条及最高人民法院、最高人民检察院《关于办理组织、强迫、引诱、容留、介绍卖淫刑事案件适用法律若干问题的解释》第1条第1款、第2条第1项、第4条第1款、第5条第1项之规定，判决如下：（1）被告人周某犯组织卖淫罪，判处有期徒刑11年6个月，剥夺政治权利1年，并处罚金人民币10万元；（2）被告人凌某亮犯组织卖淫罪，判处有期徒刑11年6个月，剥夺政治权利1年，并处罚金人民币10万元；（3）被告人计某银犯组织卖淫罪，判处有期徒刑11年6个月，剥夺政治权利1年，并处罚金人民币10万元；（4）被告人李某军犯组织卖淫罪，判处有期徒刑10年6个月，剥夺政治权利1年，并处罚金人民币8万元；（5）被告人陆某丹犯组织卖淫罪，判处有期徒刑10年，剥夺政治权利1年，并处罚金人民币7万元；（6）被告人胡某斌犯协助组织卖淫罪，判处有期徒刑6年，并处罚金人民币5万元；（7）被告人王某犯协助组织卖淫罪，判处有期徒刑5年，并处罚金人民币3万元；（8）被告人孟某犯协助组织卖淫罪，判处有期徒刑5年，并处罚金人民币3万元；（9）被告人胡某根犯协助组织卖淫罪，判处有期徒刑3年，并处罚金人民币1万元。

宣判后，被告人周某、凌某亮、李某军、陆某丹、胡某斌、王某提出上诉。

被告人周某的上诉理由是：其行为构成协助组织卖淫罪，原判对其量刑过重。其辩护人提出：周某系自首，原判认定周某犯组织卖淫罪且情节严重，适用法律错误。

被告人凌某亮的上诉理由是：其未对涉案卖淫场所进行实际投资，未实际参与管理或控制卖淫活动，也未实际参与招募、雇佣卖淫场所人员，仅构成协助组织卖淫罪。其辩护人提出：原判认定凌某亮组织卖淫情节严重，适用法律错误。

被告人李某军的上诉理由是：其系受他人指使管理卖淫人员，构成协助组织卖淫罪，原判对其量刑过重。其辩护人提出：李某军系受他人指使管理卖淫人员，在共同犯罪中系从犯，不构成情节严重，原判对其量刑过重。

被告人陆某丹的上诉理由是：原判对其量刑过重。后在庭审中自愿认罪服判，申请撤回上诉。其辩护人提出：陆某丹系受他人指使参与犯罪，其行为构成协助组织卖淫罪，且不构成情节严重。

被告人胡某斌的上诉理由是：原判对其量刑过重。其辩护人提出：胡某斌没有实施招募、运送卖淫人员的行为，原判认定其协助组织卖淫罪情节严重，适用法律错误；胡某斌能如实供述罪行，请求依法公正判决。

被告人王某的上诉理由是：其经人介绍到会所上班不足半天时间，没有招募过卖淫人员，不构成协助组织卖淫情节严重；能如实供述罪行，原判对其量刑过重。其辩护人提出：原判认定王某协助组织卖淫情节严重，适用法律错误；王某仅介绍了两名嫖客，且尚未完成交易，在共同犯罪中仅起次要作用，系从犯，能如实供述罪行，请求对其从轻、减轻处罚。

上海市普陀区人民检察院抗诉提出：原判以被告人胡某根负责带领嫖客更换衣服、引导嫖客，认定其在协助组织卖淫的共同犯罪中起次要作用，系从犯，系事实认定错误，适用法律不当。上海市人民检察院第二分院认为，上海市普陀区人民检察院抗诉不当，要求撤回抗诉，原判认定被告人周某、凌某亮、李某军、陆某丹、计某银犯组织卖淫罪，被告人胡某斌、王某、孟某、胡某根犯协助组织卖淫罪的事实清楚，证据确实、充分，适用法律正确，量刑适当，审判程序合法，建议二审驳回上诉，维持原判。

二、裁判结果

上海市第二中级人民法院认为，被告人周某、凌某亮、计某银经共同预谋开设会所，招募、雇佣管理团队，采取招募和管理卖淫人员，雇佣客服招揽嫖客等手段，管理、控制他人卖淫，卖淫人员达十人以上，其行为均已构成组织卖淫罪，且情节严重；被告人李某军、陆某丹受雇佣招募和管理卖淫人员，管理、控制他人卖淫，其行为亦构成组织卖淫罪，且情节严重。被告人胡某斌、王某、孟某、胡某根明知他人实施组织卖淫犯罪活动而提供协助，其行为均已构成协助组织卖淫罪，应依法惩处。周某、凌某亮、李某军及周某、凌某亮、陆某丹的辩护人认为周某、凌某亮、李某军、陆某丹四人行为分别构成协助组织卖淫罪的意见，以及周某、凌某亮、李某军、陆某丹的辩护人认为周某、凌某亮、李某军、陆某丹均不属于情节严重的意见，周某的辩护人认为周系自首的意见，与查明的事实不符，法院均不予采纳。在共同组织卖淫犯罪中，周某、凌某亮、计某银作为起意者、出资人，其地位、作用明显高于李某军、陆某丹，系主犯，李某军、陆某丹起次要作用，系从犯，对李某军、陆某丹依法可予从轻处罚。对李某军的辩护人认为李某军在共同犯罪中系从犯的意见予以采纳。胡某斌负责会所收银、向嫖客发放手牌等，王某、孟某负责通过微信、电话等方式招揽嫖客并带领嫖客进入会所；胡某根负责在会所内引领嫖客更换衣服等，均构成协助组织卖淫罪，但均不属于“情节严重”。对王某及其辩护人、胡某斌的辩护人提出胡某斌、王某不属于情节严重的意见，法院予以采纳。王某的辩护人认为王某系协助组织卖淫罪从犯的意见，与查明的事实不符，法院不予采纳。胡某斌、王某、孟某、胡某根均能如实供述自己的罪行，依法可予从轻处罚。综上，原判认定的事实清楚、证据确实、充分，对各被告人行为定性准确，但认定胡某斌、王某、孟某、胡某根犯罪情节严重，未认定李某军、陆某丹系从犯，致对该六名被告人量刑不当，应当改判。陆某丹要求撤回上诉的申请，法院不予准许。上海市人民检察院第二分院撤回抗诉的要求，符合法律规定，应予准许。据此，根据《刑事诉讼法》第236条第1款第2项，最高人民法院《关于适用〈中华人民共和国刑事诉讼法〉的解释》[1]第305条第1款、第307条，《刑法》第358条第1款和第4款、第25条第1款、第26条第1款和第4款、第27条、第67条第3款、第55条第1款、第56条第1款、第64条，以及最高人民法院、最高人民检察院《关于办理组织、强迫、引诱、容留、介绍卖淫刑事案件适用法律若干问题的解释》第1条第1款、第2条第1项、第4条第1款之规定，判决如下：(1) 维持原判认定被告人周某犯组织卖淫罪，判处有期徒刑11年6个月，剥夺政治权利1年，并处罚金人民币10万元；被告人凌某亮犯组织卖淫罪，判处有期徒刑11年6个月，剥夺政治权利1年，并处罚金人民币10万元；被告人计某银犯组织卖淫罪，判处有期徒刑11年6个月，剥夺政治权利1年，并处罚金人民币10万元的部分。(2) 撤销原判认定被告人李某军犯组织卖淫罪，判处有期徒刑10年6个月，剥夺政治权利1年，并处罚金人民币8万元；被告人陆某丹犯组织卖淫罪，判处有期徒刑10年，剥夺政治权利1年，并处罚金人民币7万元；被告人胡某斌犯协助组织卖淫罪，

---

〔1〕 此处引用的是2012年最高人民法院《关于适用〈中华人民共和国刑事诉讼法〉的解释》，其已被2021年3月1日起施行的最高人民法院《关于适用〈中华人民共和国刑事诉讼法〉的解释》废止，相应条文已被吸收作为第383条第2款、第385条第1款。

判处有期徒刑 6 年，并处罚金人民币 5 万元；被告人王某犯协助组织卖淫罪，判处有期徒刑 5 年，并处罚金人民币 3 万元；被告人孟某犯协助组织卖淫罪，判处有期徒刑 5 年，并处罚金人民币 3 万元；被告人胡某根犯协助组织卖淫罪，判处有期徒刑 3 年，并处罚金人民币 1 万元的部分。（3）被告人李某军犯组织卖淫罪，判处有期徒刑 7 年，并处罚金人民币 6 万元。（4）被告人陆某丹犯组织卖淫罪，判处有期徒刑 6 年，并处罚金人民币 5 万元。（5）被告人胡某斌犯协助组织卖淫罪，判处有期徒刑 3 年，并处罚金人民币 3 万元。（6）被告人王某犯协助组织卖淫罪，判处有期徒刑 2 年 6 个月，并处罚金人民币 1 万元。（7）被告人孟某犯协助组织卖淫罪，判处有期徒刑 2 年 6 个月，并处罚金人民币 15 000 元。（8）被告人胡某根犯协助组织卖淫罪，判处有期徒刑 1 年 6 个月，并处罚金人民币 5000 元。

三、裁判理由

（一）区分组织卖淫罪和协助组织卖淫罪的关键在于行为人是否控制、管理卖淫活动

本案涉案人员较多，各被告人具体行为、分工不同，部分行为存在交叉，是否均按组织卖淫罪定性，关键在于准确区分组织卖淫罪和协助组织卖淫罪，是以行为人在组织卖淫活动中的作用大小进行区分，还是以行为是否具有控制、管理卖淫属性进行区分。笔者认为，应以行为属性区分两罪，再根据行为人作用大小在各罪内部区分主从犯。

首先，应以行为属性区分组织卖淫罪和协助组织卖淫罪。最高人民法院、最高人民检察院《关于办理组织、强迫、引诱、容留、介绍卖淫刑事案件适用法律若干问题的解释》（以下简称《解释》）对组织卖淫罪和协助组织卖淫罪的罪状进行了界定：一是以招募、雇佣、纠集等手段，管理或者控制他人卖淫，卖淫人员在三人以上的，以组织卖淫罪定罪处罚；二是明知他人实施组织卖淫犯罪活动而为其招募、运送人员或者充当保镖、打手、管账人等的，以协助组织卖淫罪定罪处罚，不以组织卖淫的从犯论处。可见，应以被告人的行为是否具有管理、控制属性，来区分组织卖淫罪和协助组织卖淫罪，不能简单以其作用大小或者参与程度进行区分。组织卖淫罪的认定，应当着重审查被告人的行为是否具有管理或者控制卖淫人员、卖淫活动的属性特点。如果被告人实施了策划、指挥、管理、控制、安排、调度等组织行为，则具

有管理、控制属性，应以组织卖淫罪定性。如果行为不具有管理、控制属性，而是为组织卖淫提供招募人员、运送人员、结账、充当打手等帮助行为，则以协助组织卖淫罪定性。具体到本案，被告人周某、凌某亮、计某银虽未具体参与招募卖淫人员，但系出资组织者，三人共谋开设会所，雇佣管理团队，安排团队成员招募、管理卖淫人员，或者发布信息招嫖等，且卖淫人员十人以上，符合《解释》关于组织卖淫的罪状要求，即以招募、雇佣、纠集等手段管理、控制三人以上进行卖淫，具有管理、控制属性，构成组织卖淫罪。同理，李某军、陆某丹二人，虽受他人指使招募、管理卖淫人员，地位作用小于周某、凌某亮、计某银三人，但是组织卖淫罪定性的关键是行为性质，而非作用大小，只要其行为符合组织卖淫罪管理、控制他人卖淫的核心特征，无论作用大小，均应以组织卖淫罪定性。李某军、陆某丹不仅负责招募卖淫人员，还对卖淫活动进行了管理，二人行为具有管理属性，亦应以组织卖淫罪定性。

其次，应在组织卖淫罪和协助组织卖淫罪内部区分主从犯。按照共同犯罪理论，组织卖淫者和协助组织卖淫者构成共同犯罪。《刑法》对协助组织卖淫者单独定罪后，协助者不再作为组织卖淫罪的从犯处理，而是作为独立的犯罪定罪量刑，不再比照组织卖淫者的量刑从轻或者减轻处罚。《刑法》针对协助组织卖淫罪进行了单独的法定刑配置，作为独立罪名，其处罚应在法定刑区间内，综合考虑全案情节，对协助组织卖淫者进行量刑。也就是说，组织卖淫罪和协助组织卖淫罪应在各罪内部，根据作用大小分别区分主犯和从犯，不能因为行为人作用小，就直接认定为协助组织卖淫罪，也不能因为行为人作用大，就定组织卖淫罪。应当根据被告人具体行为特征和属性进行判断，在准确定罪的基础上，再根据行为的作用大小区分主犯、从犯。组织卖淫和协助组织卖淫，不再作为整体进行主从犯的量刑考察，而是在各罪内部进行单独的主从犯划分。

（二）应依据协助组织卖淫活动的具体情节认定是否构成协助组织卖淫罪“情节严重”

一审法院认定被告人周某、凌某亮、计某银、李某军、陆某丹构成组织卖淫罪且“情节严重”，被告人胡某斌、王某、孟某、胡某根构成协助组织卖淫罪且“情节严重”。二审法院认为被告人胡某斌等四人构成协助组织卖淫罪，但不属于“情节严重”，应适用基本量刑档。争议焦点在于组织卖淫罪的

"情节严重"，是否当然适用于协助组织卖淫罪，即认定组织卖淫者犯罪"情节严重"的，对协助组织卖淫者单独定罪后是否亦应认定为"情节严重"。笔者认为，两罪"情节严重"的认定，应当严格区分把握，不能简单等同认定，协助组织卖淫者是否构成"情节严重"，应根据其协助、组织卖淫活动的具体情节来认定。

对于组织卖淫罪和协助组织卖淫罪，哪些情形构成"情节严重"，《解释》分别作了规定。《解释》第2条规定："组织他人卖淫，具有下列情形之一的，应当认定为刑法第三百五十八条第一款规定的'情节严重'：（一）卖淫人员累计达十人以上的；（二）卖淫人员中未成年人、孕妇、智障人员、患有严重性病的人累计达五人以上的；（三）组织境外人员在境内卖淫或者组织境内人员出境卖淫的；（四）非法获利人民币一百万元以上的；（五）造成被组织卖淫的人自残、自杀或者其他严重后果的；（六）其他情节严重的情形。"第5条规定："协助组织他人卖淫，具有下列情形之一的，应当认定为刑法第三百五十八条第四款规定的'情节严重'：（一）招募、运送卖淫人员累计达十人以上的；（二）招募、运送的卖淫人员中未成年人、孕妇、智障人员、患有严重性病的人累计达五人以上的；（三）协助组织境外人员在境内卖淫或者协助组织境内人员出境卖淫的；（四）非法获利人民币五十万元以上的；（五）造成被招募、运送或者被组织卖淫的人自残、自杀或者其他严重后果的；（六）其他情节严重的情形。"

本案涉及"情节严重"认定的关键情节是卖淫人数。公安机关当场抓获涉嫌卖淫人员12人、嫖娼人员11人，一审法院据此认定该会所组织卖淫者、协助组织卖淫者均符合《解释》规定的"卖淫人员累计达十人以上的"标准，构成"情节严重"。但如前所述，协助组织卖淫罪被确立为独立罪名后，共犯理论只能分别适用于组织卖淫罪和协助组织卖淫罪内部，因此，对于加重量刑情节"情节严重"的认定也应区分适用。《解释》将组织卖淫罪"情节严重"涉及卖淫人数的情形，表述为"卖淫人员累计达十人以上"；将协助组织卖淫罪"情节严重"的相关情形，表述为"招募、运送卖淫人员累计达十人以上"。

从条文表述差异可以看出，组织卖淫罪主犯"情节严重"的认定，应从全案角度累计计算卖淫人数，即便组织卖淫者没有实际招募卖淫人员，基于共同犯罪理论，亦应按其组织、控制、管理的卖淫人数认定，即按抓获的全部卖淫人员数量来认定是否构成“情节严重”。反之，协助组织卖淫罪的“情节严重”，应当从其自身具体招募、运送的卖淫人员人数来认定是否构成“情节严重”，如其没有招募、运送卖淫人员，则不符合《解释》第5条第1项规定。不能将认定组织卖淫者“情节严重”的卖淫人数，不加区分、直接认定为协助组织卖淫者涉及的卖淫人数，继而认定为“情节严重”。同理，不同的协助组织卖淫行为，甲行为认定为“情节严重”，并不必然得出乙行为也属“情节严重”的结论。由于《解释》对协助组织卖淫罪“情节严重”的认定，仅就招募、运送两种行为规定了人数，所以其他协助行为“情节严重”的认定，不以人数作为直接认定标准。同样，值得强调的是，《解释》关于“情节严重”涉及非法获利金额的认定标准，亦应严格区分认定协助组织者的非法获利金额。不能将据以认定组织卖淫罪主犯“情节严重”的非法获利金额，不加甄别、直接认定为组织卖淫罪从犯的非法获利金额，继而认定为“情节严重”，更不能直接套用认定协助组织卖淫者“情节严重”。

本案中，被告人周某、凌某亮、计某银共同开设会所，以参与分成纠集人员参与管理团队，以招募和管理卖淫人员，雇佣、管理、拉嫖客等手段，通过管理团队组织他人卖淫，案发当场抓获12名卖淫人员，均已构成组织卖淫罪且情节严重。李某军、陆某丹受雇佣招募和管理卖淫人员，管理他人卖淫，案发当场抓获12名涉嫌卖淫人员，组织卖淫人数十人以上，符合《解释》第2条第1项的规定，构成组织卖淫罪且“情节严重”。在共同组织卖淫犯罪中，周某、凌某亮、计某银作为起意者、出资人，地位、作用明显高于受雇管理的被告人李某军、陆某丹，但后者参与管理的卖淫人员亦在十人以上，亦构成组织卖淫罪的“情节严重”。被告人胡某斌作为会所的管账人，王某、孟某作为拉嫖的客服，胡某根作为为客人开更衣柜、拿浴衣和拖鞋以及负责打扫的服务员，均构成协助组织卖淫罪。四人的协助组织卖淫行为不同，应当分别对照《解释》规定，区分认定各人是否构成协助组织卖淫罪的“情节严重”。由于四人行为均不符合《解释》规定的协助组织卖淫罪“情节严重”的六种情形，故四人构成协助组织卖淫罪，但均不属于“情节严重”，不能将全案抓获卖淫人员的总数作为认定胡某斌等四人协助组织卖淫罪“情节严重”的标准。

综上，一审法院认定被告人周某、计某银、凌某亮、李某军、陆某丹以招募、纠集等手段，管理、控制他人卖淫，卖淫人员达十人以上，均已构成组织卖淫罪且情节严重；被告人胡某斌、王某、孟某、胡某根明知他人实施组织卖淫犯罪活动而提供协助，均已构成协助组织卖淫罪；二审法院在此基础上，进一步认定李某军、陆某丹受他人指使参与组织卖淫犯罪活动，在共同犯罪中起次要作用，均系从犯；胡某斌、王某、孟某、胡某根构成协助组织卖淫罪，但均不构成“情节严重”，是正确的。

四、法官感悟

司法审判人员应当在每一个鲜活的案件中切实增强人民群众法治获得感，随着我国经济社会持续发展和人民生活水平不断提高，人民对于民主、法治、公平、正义、安全、环境等方面的要求日益增长。加大法治服务保障和改善民生力度，要做到重点突破、专项整治、务求实效，用法治保障人民安居乐业。当下司法实践中对于组织卖淫行为的认定、组织卖淫罪从犯与协助组织卖淫罪的区分等定罪量刑问题存在适法不统一现象。特别是近几年来，组织卖淫、协助组织卖淫案件出现犯罪规模扩大化、犯罪模式去场地化、犯罪组织松散化等新特征，对有效打击犯罪、构建社会治理新局面带来严峻的考验。该案中组织架构松散、人员众多，涉及组织人员、协助人员、卖淫人员、嫖娼人员等，不同人员担负不同的职责，共同完成组织卖淫这个活动。对于该案的定罪量刑应当建立在行为人定性、行为定性、情节认定等关键点的清晰判断基础上，人民群众的公平正义不仅仅是结果的公正，更是过程的公开，不同人员承担不同的责任，不同的行为担负不同的刑罚，个案的公正、个人的公正共同构筑起司法的公正。努力让人民群众在每一个司法案件中感受到公平正义，强调的不仅仅是全局，更是每一个鲜活的案子。

该案中审判人员在准确把握法律要义，坚持习近平法治思想的指引，准确界分组织卖淫罪整体架构下的主从犯标准、明晰情节严重的判断标准之后，依法对被告人李某军、陆某丹、胡某斌、王某、孟某、胡某根作出改判。深刻领悟习近平法治思想求真务实的理论品格，对案件的审理必须充分重视个案正义、具体问题具体分析，认识到刑事案件对个体的重大意义，认识到刑罚处理对个人的重大影响，真正在审理的全过程保持人民至上、公平至上、正义至上的理念，要通过准确的法律解释、适当的法治宣传，提高人民群众自觉守法、遇事找法、解决问题靠法的意识，真正使法治成为社会共识和基本准则。

专家点评

组织卖淫罪与协助组织卖淫罪是常见案例。《刑法》将协助组织卖淫从组织卖淫的帮助行为中独立出来成罪有其特别的立法意义，却也为界分组织卖淫和协助组织卖淫带来一定困惑。本案中，对李某军、陆某丹的行为定性发生分歧，是被告人上诉的原因之一。另外，在情节认定上本案也具有一定的典型性，这是导致多名被告人以量刑过重为由上诉的原因所在。本案的理论和实务价值主要表现为两点：一是准确界定组织卖淫罪与协助组织卖淫罪。从案件审判情况来看，主要是对李某军、陆某丹二人行为定性存在一定争议。二审判决在认定组织卖淫时，以分工而非作用为依据，认为李某军、陆某丹二人虽受他人指使招募、管理卖淫人员，却具体负责管理、控制他人卖淫，在组织卖淫中承担具体的策划、指挥等任务，在性质上属于组织卖淫行为，符合事实与法律规定。二是量刑情节的认定。本案对组织卖淫罪与协助组织卖淫罪的情节认定颇具典型性。是否情节严重是两罪法定刑升格的基本条件，一审在认定时显得有些粗糙、简单，给人感觉罪刑不相当，是造成多人上诉的主要原因。二审判决不但厘清了李某军、陆某丹二人在组织卖淫中的作用，还对胡某斌、王某、孟某、胡某根等人在协助组织卖淫中的作用进行了细致划分，进而分别作出是否情节严重的认定，相对来说更为客观、中肯，能更好地体现公正量刑。

党的二十大报告特别强调，要“加快建设公正高效权威的社会主义司法制度，努力让人民群众在每一个司法案件中感受到公平正义”。近年来，我国司法机关在深入践行习近平法治思想、力求让人民群众在每一个司法案件中感受到公平正义方面，做出了不懈努力。本案可谓司法机关深入践行习近平法治思想的代表性案件之一。二审法院坚持以公平正义为司法的终极诉求，针对组织卖淫罪与协助组织卖淫罪的界分以及两罪之“情节严重”的认定，从事实、法律以及理论的视角进行了精益求精、认真细致的分析和研究，为准确定罪量刑奠定了坚实基础，能让人民群众在司法案件中充分感受到公平正义。本案的二审判决在定罪量刑上公正合理，体现了法官在案件裁判上的智慧。

（彭文华，上海政法学院刑事司法学院院长、教授，博士生导师）

邹某蕾诉高某、孙某等法定继承纠纷案

——继父（母）与生父（母）离婚后，继子女是否有权继承继父（母）的遗产

祝丽娟*

一、基本案情

被继承人孙某孝与邹某娟于1974年3月登记结婚，1974年12月22日生育一女名孙某蕾，后更名邹某蕾，即本案原告。孙某孝与邹某娟于1981年9月28日经新疆昌吉市人民法院调解离婚。孙某孝与陈某萍于1984年12月8日再婚，婚后陈某萍与其前夫所生之子陈某随孙某孝、陈某萍共同生活在上海市重庆北路某处住所，1991年10月17日，孙某孝与陈某萍协议离婚。后孙某孝与刘某萍再婚，婚后未生育子女，并于2000年11月16日协议离婚。2002年5月16日，孙某孝与高某登记结婚，婚后生育一女名孙某。孙某孝于2016年5月3日死亡，其父母均先于其死亡。

系争房屋于2000年办理产权登记，登记产权人为孙某孝。孙某孝于2016年5月3日死亡后，高某、孙某于2016年5月9日向上海市闸北公证处申请办理孙某孝的继承公证，后以［2016］沪闸证字第2171号公证书（2016年8月22日出具）确定系争房屋由高某、孙某共同继承。2016年8月23日，高某、孙某申请变更系争房屋的产权登记，2016年9月5日，系争房屋核准变更登记权利人为高某、孙某各享有1/2产权份额。

* 祝丽娟：上海市第二中级人民法院未成年人与家事案件综合审判庭原法官助理，现上海市普陀区人民法院入额法官。

法院依职权追加陈某为被告并向上海市公安局出入境管理局调取了陈某自1998年出国后至2018年8月24日的出入境记录，记录如下：陈某于2003年1月26日入境，同年3月10日出境；2007年2月7日入境，同月27日出境；2009年5月20日入境，同月27日出境。

另查明，被继承人孙某孝与陈某母亲陈某萍于1991年7月1日在民政局登记备案的《自愿离婚协议书》约定："一、子女抚养：女方同前夫所生男孩，陈某……仍由女方抚养直至工作，男方不承担其他费用……三、分居住宿安排：女方和子（陈某）仍迁回原户口所在地居住，男方住户口所在地。离婚后，男方住重庆北路某处住所，户口落实重庆北路该处。女方住周家嘴路某处住所，户口落实周家嘴路该处。"

二、裁判结果

上海市静安区人民法院于2017年9月14日作出［2016］沪0106民初18925号民事判决：登记在高某、孙某名下属于被继承人孙某孝遗产的上海市西藏北路某室房屋产权由邹某蕾、高某、孙某、陈某按份共有，各享有1/4产权份额；邹某蕾、高某、孙某、陈某应于判决生效之日起30日内共同办理上址房屋产权变更手续，邹某蕾、高某、孙某、陈某有相互配合的义务，因办理上址房屋产权变更手续所产生的费用由邹某蕾、高某、孙某、陈某依法分别负担。

宣判后，高某、孙某不服，提起上诉。上海市第二中级人民法院于2018年10月31日作出［2017］沪02民终10068号民事判决：（1）撤销上海市静安区人民法院［2016］沪0106民初18925号民事判决；（2）登记在高某、孙某名下属于被继承人孙某孝遗产的上海市西藏北路某室房屋产权由邹某蕾、高某、孙某按份共有，其中，邹某蕾享有30%产权份额，高某享有40%产权份额，孙某享有30%产权份额；邹某蕾、高某、孙某应于判决生效之日起30日内共同办理上述地址房屋产权变更手续，邹某蕾、高某、孙某互有配合义务，因办理上述地址房屋产权变更手续所产生的费用由邹某蕾、高某、孙某按比例负担。

三、裁判理由

法院生效判决认为：根据我国《继承法》（已失效，下同）第10条的规定，判断继父母子女之间是否享有继承权，以是否形成扶养关系为标准。继承法上的扶养包含一定范围内的亲属间相互供养和扶助的法定权利和义务，包括抚养、扶养、赡养，即长辈对晚辈的抚养、晚辈对长辈的赡养和平辈亲属间的扶养。继父母子女在事实上形成了扶养关系的，由直系姻亲转化为拟制血亲，从而产生法律拟制的父母子女间的权利义务。确定是否形成扶养关系应以继承实际发生时为节点。本案中，陈某两岁时，因生母陈某萍与被继承人孙某孝结婚，确实与孙某某共同生活，形成事实上的继父子关系，孙某孝与陈某萍共同抚养教育过陈某，后陈某萍与孙某孝协议离婚。最高人民法院《关于人民法院审理离婚案件处理子女抚养问题的若干具体意见》（已失效）第 13 条规定："生父与继母或生母与继父离婚后，对曾受其抚养教育的继子女，继父或继母不同意继续抚养的，仍应由生父母抚养。"根据上述规定，法院认为，继父母与继子女是基于姻亲而发生的一种事实上的抚养关系，这种关系是法律拟制的，离婚后，在继父母不愿意继续抚养的情况下，应视为继父母子女关系的解除，他们之间父母子女的权利义务不复存在。本案中，陈某曾经由孙某孝抚养过，但是在其生母陈某萍与孙某孝离婚时，陈某九岁还尚未成年，且孙某孝、陈某萍在离婚协议中明确约定陈某由陈某萍继续抚养，孙某孝不再承担抚养费用。在此情形下，应当认定孙某孝不再继续抚养是对原已形成抚养事实的终止，孙某孝与陈某之间的继父子关系视为解除。而且，陈某与孙某孝的继父子关系解除之后至孙某孝病故时，时间长达 20 余年之久，双方再无来往。陈某于 1998 年出国至今仅回国三次，短时间停留，其成年后也不存在赡养孙某孝的事实。故法院认为，陈某与被继承人孙某孝之间虽存在过抚养事实，但因孙某孝与陈某生母陈某萍离婚后不再抚养陈某，以及陈某成年后未履行赡养义务，本案继承发生时，陈某与被继承人孙某孝之间继父子关系已解除，双方的权利义务不复存在，陈某不符合继承法规定的有扶养关系的继子女情形。综上，陈某对被继承人孙某孝的遗产不享有继承权。一审判决认定陈某为法定继承人不当，依法予以纠正。

遗产是公民死亡后遗留的个人合法财产，公民依法享有财产继承权。继承开始后，没有遗嘱的，按照法定继承办理。一审判决根据在案证据以及一审庭审中证人孙某忠当庭作证的证人证言，认定邹某蕾为被继承人孙某孝与前妻邹某娟所生之女，将其列为法定继承人，并无不妥，予以确认。本案中，系争房屋系原登记在被继承人孙某孝个人名下的产权房屋，被继承人孙某孝生前未立遗嘱，其遗产应按法定继承处理。邹某蕾作为孙某孝与前妻邹某娟所生女儿，高某作为孙某孝的配偶，孙某作为孙某孝与高某的婚生女儿，依法均应作为孙某孝的第一顺位法定继承人继承系争房屋产权。同时，鉴于高某长期与孙某孝共同生活，对被继承人尽了主要的扶养义务，故在分配遗产时，依法可以适当多分。

四、法官感悟

本案是一起法定继承案件，一二审间的争议焦点在于继父（母）与生父（母）离婚时，继父（母）明确表示不再抚养未成年继子女的，继子女对曾经共同生活的继父（母）死亡后遗留的遗产有无法定继承权利。

对此，有观点认为，根据我国《婚姻法》（已失效）第 27 条、第 24 条以及《继承法》（已失效）第 10 条的规定，父母与子女之间互有继承权，继父母和受其抚养教育的继子女之间适用婚姻法对父母子女关系的有关规定，即有扶养关系的继子女与继父母之间互为第一顺位法定继承人。同时根据最高人民法院 1988 年 1 月 22 日《关于继父母与继子女形成的权利义务关系能否解除的批复》（已失效），继父母与继子女已形成的权利义务关系不能自然终止，一方起诉要求解除这种权利义务关系的，人民法院应视具体情况作出是否准许解除的调解或判决。故认为尽管继父（母）与生父（母）离婚，但基于姻亲关系而发生的事实上的抚养关系，这种继父母与受其抚养教育的继子女之间的权利义务关系依然存在，并不随着继父（母）与生父（母）离婚而消失。继父母死亡后，继子女依然享有法定继承权。

在办理该案的过程中，笔者也注意到一审法院采取的便是上述观点，但本案关键在于，陈某虽在未成年时期跟随母亲与被继承人孙某孝生活过一段时间，曾经形成了具有抚养关系的继父子关系，但之后其生母与继父离婚时，陈某年仅九岁，离婚协议亦明确载明陈某由生母抚养，并在之后出国，与被继承人孙某孝不再有任何往来。在该情形下，如果判决陈某具有孙某孝的法定继承人资格，显然与朴素的正义观不符，亦与社会主义法治应当把社会主义核心价值观贯穿其中的要求有所背离。

因此，对于该案，笔者认为，继承法上“有扶养关系的继子女”的认定应当以继承发生时为节点，从而认定抚养关系是否存在。继父母与继子女虽然存在事实上的抚养教育关系，但该关系因姻亲而成立，在一定条件下可以视为解除。继父（母）与生父（母）离婚时，继父母不再继续抚养未成年继子女的，应当视为继父母与继子女之间的关系已经解除，若发生继承纠纷时，则不再符合继承法上“有抚养关系的继子女”的规定，继子女对继父母的遗产无法定继承权利。

结合本案分析，陈某两岁时，因生母陈某萍与被继承人孙某孝结婚，确实与孙某孝共同生活，形成事实上的继父子关系，孙某孝与陈某萍共同抚养教育过陈某，但陈某萍与孙某孝协议离婚。根据 1993 年最高人民法院发布的《关于人民法院审理离婚案件处理子女抚养问题的若干具体意见》(已失效)，继父母与继子女是基于姻亲而发生的事实上抚养关系，这种关系是法律拟制的，离婚后，在继父母不愿意继续抚养的情况下，应视为继父母子女关系的解除，相互间的父母子女权利义务不复存在。本案中，陈某的生母陈某萍与孙某孝离婚时，陈某尚未成年，且孙某孝、陈某萍在离婚协议中明确约定陈某由陈某萍继续抚养，孙某孝不再承担抚养费用，在此情形下，应当认定孙某孝不再继续抚养是对原已形成抚养事实的终止，孙某孝与陈某之间的继父子关系视为解除，而且，陈某与孙某孝的继父子关系解除之后至孙某孝病故时，时间长达 20 余年之久，双方再无来往。陈某于 1998 年出国至今仅回国三次，短时间停留，陈某成年后也不存在赡养孙某孝的事实。故而，陈某与被继承人孙某孝之间虽存在过抚养事实，但因孙某孝与陈某生母陈某萍离婚后不再抚养陈某，以及陈某成年后未履行赡养义务，本案继承发生时，陈某与被继承人孙某孝之间继父子关系已经解除，双方的权利义务不复存在，陈某不符合继承法规定的有扶养关系的继子女，陈某对被继承人孙某孝的遗产不享有继承权。

法安天下，德润人心。习近平总书记指出：“中国特色社会主义法治道路的一个鲜明特点，就是坚持依法治国和以德治国相结合，强调法治和德治两手抓、两手都要硬。”[1]因此，判决在符合法律规定的前提之下，还应当兼顾人民群众的法感情，接受人民群众内心公平正义观念的检验，做到情、理、法兼顾，并引导全社会崇德向善，弘扬美德义行，使社会主义法治成为良法善治。

---

〔1〕《习近平在中国政法大学考察时强调　立德树人德法兼修抓好法治人才培养　励志勤学刻苦磨炼促进青年成长进步》，载 https://news.12371.cn/2017/05/03/ARTI1493813533526614.shtml，2024 年 7 月 19 日访问。

专家点评

敬老爱老是中华民族的传统美德。习近平总书记多次强调，把弘扬孝亲敬老纳入社会主义核心价值观宣传教育，建设具有民族特色、时代特征的孝亲敬老文化。[1]“自古以来，中国人就提倡孝老爱亲，倡导老吾老以及人之老、幼吾幼以及人之幼。我国已经进入老龄化社会。让老年人老有所养、老有所依、老有所乐、老有所安，关系社会和谐稳定。我们要在全社会大力提倡尊敬老人、关爱老人、赡养老人，大力发展老龄事业，让所有老年人都能有一个幸福美满的晚年。”[2]他指出“要加强家庭建设，教育引导人们自觉承担家庭责任、树立良好家风，巩固家庭养老基础地位”。[3]如果说法不容情，法却又不外乎天理人情，司法裁判不该超出人类普遍的、正向的情感范畴，它应该符合社会的基本伦理道德、人们的伦理常情。

对于本案一、二审作出不同裁判。本案的争议焦点在于：继父（母）和生父（母）的婚姻关系终止，是否导致继父母和继子女之间的关系自然解除。《民法典》所确认的继承权除依据血亲和配偶而发生外，还可以依据姻亲形成“扶养关系”而发生。该制度的目的是实现家庭养老育幼的功能。继父母子女之间的继承权是否受制于继父（母）与生父（母）婚姻状态，法律没有明确规定，学术界和实务界认识存有分歧，法院的裁判不尽统一。

多数观点认为，单向型的继父母子女的抚养不构成法定的“扶养关系”，这种抚养虽存在着继父母抚养继子女的事实，但是，继子女成年后却未对继父母赡养扶助，因此，未形成拟制的继父母子女关系。如果仅仅因为继父母对继子女抚养教育，继父母死亡时，继子女即有权继承其遗产，对继子女利益的保护未免过于优厚，而对于继父母生子女难免有失允当。即使基于抚养关系的继父母子女被视为拟制血亲，其与养父母子女间的拟制血亲相比，在

---

〔1〕《习近平在中共中央政治局第三十二次集体学习时强调　党委领导政府主导社会参与全民行动　推动老龄事业全面协调可持续发展》，载 https://news.12371.cn/2016/05/28/ARTI1464426800294593.shtml，2024 年 7 月 19 日访问。

〔2〕《习近平：在 2019 年春节团拜会上的讲话》，载 https://www.12371.cn/2019/02/03/ARTI1549189074484666.shtml，2024 年 7 月 22 日访问。

〔3〕《习近平在中共中央政治局第三十二次集体学习时强调　党委领导政府主导社会参与全民行动　推动老龄事业全面协调可持续发展》，载 https://news.12371.cn/2016/05/28/ARTI1464426800294593.shtml，2024 年 7 月 19 日访问。

亲属关系的效力上也应存在程度差别。只有在抚养、赡养双向型继父母子女关系上，才应当产生交互性的权利义务关系，包含着相互的遗产继承权。依据权利义务相一致的原则来认定继父母子女间的继承权，会更符合社会普遍认知和善良风俗。因此，适用该条进行目的限缩解释才符合立法本意。

本案只存在着单向度的抚养关系，且被继承人孙某孝与陈某生母离婚时，离婚协议明确记载了“陈某由生母抚养”的内容，可以视为继父子关系解除，加之成年后二者再无任何联系，若认定其享有继承权，有违权利义务相一致原则。据此，本案通过对该条款进行目的性限缩解释，排除陈某的继承权，二审法院的改判并无不当。建构一个良好的社会秩序，使主体从善如流回归良知，司法裁判担负着重要的使命。家事审判应当聚焦在让法治之中占支配地位的理念成为社会普遍奉行的法则，将权利的保护从财产利益、身份利益延伸到人格利益、安全利益和情感利益，进而充分发挥司法的规范、指引、评价和教育功能。

（丁慧，辽宁师范大学法学院教授，硕士生导师）

A 公司与 B 公司等仲裁一案

——执行中“变更法定代表人”现象的应对与规制

郁　亮*　林梦婷**

一、基本案情

A 公司与 B 公司、C 公司、D 公司仲裁纠纷一案，深圳国际仲裁院作出的［2021］深国仲涉外调××××号调解书已发生法律效力。仲裁调解书确定，B 公司、C 公司、D 公司应向 A 公司支付股权转让款人民币××万元。因 B 公司、C 公司、D 公司未能履行调解书所载义务，A 公司向上海市第二中级人民法院（以下简称“上海二中院”）申请强制执行。2023 年 4 月 4 日，上海二中院立案受理。案号分别为［2023］沪 02 执 262 号和 263 号，立案标的合计 10 亿余元。

二、执行过程

立案执行后，上海二中院依法向被执行人送达了执行通知书、报告财产令等法律文书，并冻结了 B 公司名下的银行账户。2023 年 4 月 20 日，鉴于三被执行人未能履行调解书所确认的义务，上海二中院将三被执行人列入失信被执行人名单，并对三被执行人及其公司法定代表人采取限制高消费措施。2023 年 4 月 26 日，B 公司法定代表人张某向上海市高级人民法院去信表示，其从 2023 年 4 月 13 日起已经不再担任 B 公司的法定代表人，执行法院对其采取限制高消费措施不符合法律规定，并要求执行法院撤销其限高令。

* 郁亮：上海市第二中级人民法院执行局执行团队协助负责人、三级高级法官。

** 林梦婷：上海市第二中级人民法院商事审判庭法官助理。

上海二中院在收到上海市高级人民法院转交督办的张某信访件后，第一时间联系了张某了解其意见和诉求，并对相关事实展开了核查。

经查，工商登记信息显示张某于2023年4月25日公示退出B公司，B公司法定代表人变更为曲某。执行法院对张某采取限制高消费措施的日期是2023年4月20日，即在B公司法定代表人公示变更之前。

经过本案合议庭的认真研判，通盘考虑具体案情和多方面因素，最终决定对B公司的限制高消费名单四类人员进行变更，解除对张某的限高令，并对B公司变更后的法定代表人曲某采取限制高消费措施。

三、执行理由

执行法院认为，本案争议焦点为：（1）执行法院对张某采取限制高消费措施是否符合法律规定；（2）是否应解除张某的限制高消费措施。

关于争议焦点一。合议庭认为，执行法院对张某采取限制高消费措施符合法律规定，于法有据。根据最高人民法院《关于限制被执行人高消费及有关消费的若干规定》（以下简称《限消规定》）第3条第2款的规定，被执行人为单位的，被采取限制消费措施后，被执行人及其法定代表人、主要负责人、影响债务履行的直接责任人员、实际控制人不得实施该条第1款所列高消费及非生活和工作必需的消费行为。首先，从时间节点来看，在本案执行依据载明的债务发生、执行依据形成以及该案受理执行申请并采取限制高消费措施过程中，张某均系B公司工商登记载明的法定代表人，公司的工商登记具有公示公信效力。其次，就执行实操层面来说，限制高消费人员名单由最高人民法院执行系统直接设定并推送，地方法院在采取限制高消费措施时无权进行变更。执行法院对张某作出限高令时，张某尚未公示离职，在国家工商总局网站上其仍是B公司法定代表人，执行法院亦没有收到B公司或张某本人关于变更法定代表人的书面报告，故客观上无从知晓法定代表人变更事宜。最后，张某主张解除限高令的程序不合法。根据最高人民法院《关于在执行工作中进一步强化善意文明执行理念的意见》（以下简称《善意文明执行意见》）第17条、第18条和最高人民法院《关于公布失信被执行人名单信息的若干规定》（以下简称《失信规定》）第12条的规定，若自然人、法人或其他组织认为执行法院采取限制高消费措施错误，应当依法向执行法院提出书面申请纠正，执行法院审查后认为理由不成立决定驳回的，若上述人员对驳回决定不服可以再向上一级人民法院申请复议。本案中，张某本人向上海市高级人民法院执行局写信投诉，并未按照前述法律规定向执行法院提交相关书面申请或说明，其主张权利救济的程序明显于法不合。

关于争议焦点二。合议庭多数意见认为，综合考虑各方面因素，对张某的限制高消费措施可予依法解除。《善意文明执行意见》第 17 条规定，人民法院在对被执行人采取限制消费措施后，被执行人及其有关人员申请解除或暂时解除的，按照下列情形分别处理："……（2）单位被执行人被限制消费后，其法定代表人、主要负责人确因经营管理需要发生变更，原法定代表人、主要负责人申请解除对其本人的限制消费措施的，应举证证明其并非单位的实际控制人、影响债务履行的直接责任人员。人民法院经审查属实的，应予准许，并对变更后的法定代表人、主要负责人依法采取限制消费措施……"上述人员在向法院提出申请时，应当提交充分有效的证据并按要求作出书面承诺。根据该条规定，要解除被执行人及其有关人员限制高消费措施应满足以下条件：

第一，确因企业经营管理需要变更法定代表人、主要负责人。虽然我国现行法律赋予了企业高度的自治权，企业是否变更、何时变更法定代表人以及由谁担任法定代表人属于企业自治范畴，只要企业变更的法定代表人不具有《公司法》规定的禁止情形和损害公司债权人利益的，法院一般不予干涉。但自治权的行使不能突破法律所提倡的公平正义、诚实信用等原则，当企业变更法定代表人行为有规避执行、逃避债务之嫌，该变更行为将无法阻却原限制高消费措施的法律效力，执行法院亦可依当事人的申请对变更行为予以限制。反之，若被执行人变更法定代表人确有经营管理需要，执行法院应尊重企业自治，解除对原法定代表人的限制高消费措施。关于如何辨别 B 公司变更法定代表人、主要负责人系出于经营管理需要，还是出于规避执行的"恶意"，主要从以下几方面进行综合判断：（1）变更的时间节点。本案中，张某提交了 B 公司变更事宜的内部登记材料，证明 B 公司于 2023 年 4 月 13 日已办理了企业内部变更登记，张某不再担任 B 公司的法定代表人和董事（董事长职务），而对张某采取限高措施的时间为 2023 年 4 月 20 日，故仅凭 B 公司变更法定代表人发生在执行立案后这一事实难以认定其明显存在规避执行的"恶意"。（2）变更时公司的经营和资产负债情况。要充分考虑公司的实际经营状况，特别是对于资不抵债公司变更法定代表人的，要予以重点关注。本案中，从外部资料来看，B 公司作为国内有名的大型商业地产开发运营企业，其经营状况未发生重大变化，亦未披露出企业资不抵债的不良状况。(3) 变更行为对案件执行结果的影响。要充分考虑法定代表人变更后是否会影响企业债务的实际履行。本案中，B 公司上级公司出于实际经营和管理的需要，决定变更 B 公司法定代表人、董事并进行了工商登记，张某本人无权干涉和控制，而且变更行为并未对 B 公司的正常运作产生实质影响，亦未影响本案债务的实际履行。

第二，原法定代表人、主要负责人并非单位的实际控制人、影响债务履行的直接责任人。实际控制人，是指虽不是单位的股东或其他登记的权益人，但通过投资关系、协议或其他安排（如代持股、家族企业、VIE 协议控制等方式）能够实际支配单位行为的人。影响债务履行的直接责任人员，是指虽不具有法定代表人、主要负责人等特定身份，但能够通过其行为直接或间接对被执行企业的实际经营活动产生重要影响的人。要确定影响债务履行的直接责任人员，应当根据相关人员的身份、行为性质、影响和后果进行综合判断。本案中，张某提交相关证据材料并作出书面承诺，其本人从未持有过 B 公司的股份，不是 B 公司的实际受益人，在公司管理方面亦不享有实际控制权，而且 B 公司不属于自然人公司范畴，受上级公司管理，张某本人无论是在职还是卸任均不对本案债务履行产生影响。工商登记信息显示，目前 B 公司的股东为 E 公司、F 公司，法定代表人为曲某。

第三，原法定代表人、主要负责人对前述第二点条件承担举证责任并作出书面承诺。本案中，张某提交的证据可以证明其并非 B 公司的实际控制人或影响债务履行的直接责任人员，张某本人亦按要求作出承诺，其所提供的证据材料均完备属实，否则自愿承担相应的法律后果。

综上，执行法院对张某采取限制高消费措施符合法律规定，但鉴于张某已不再担任 B 公司的法定代表人，且张某提交的证据可以证明变更法定代表人确因 B 公司经营管理需要，其本人也并非 B 公司的实际控制人或影响债务履行的直接责任人员，故对张某主张解除限高令的请求，可予准许。

四、法官感悟

民生无小事，枝叶总关情。坚持以人民为中心是习近平法治思想的重要内容。人民法院执行工作是“公平正义最后一道防线的最后一个环节”，关系人民群众的合法权益，也涉及人民群众“急难愁盼”问题。坚持以习近平新时代中国特色社会主义思想为指导，学习贯彻习近平法治思想，就是要始终牢记人民法院为人民，始终站稳人民群众立场，始终与人民群众心连心，着力解决人民群众急难愁盼问题，践行以人民为中心的理念，赢得民心。

执行实践中，经常会遇到作为被执行人的公司在执行阶段“变更法定代表人”后，要求解除对原法定代表人限制高消费措施的现象。对此如何处理与应对，涉及公司自治权和原法定代表人的合法权益，也关乎申请人债权的及时兑现，成为执行工作的一大难点。本案是一起执行阶段被执行公司变更法定代表人的典型案例，执行法院秉持善意文明执行理念，坚持司法为民、公正司法，准确适用法律，平衡好各方主体合法权益，较好地实现了政治效果、法律效果和社会效果三者有机统一。

第一，积极回应人民群众关切。习近平总书记强调，我们要依法公正对待人民群众的诉求，努力让人民群众在每一个司法案件中都能感受到公平正义。[1]本案中，在收到涉案信件后，执行法院立即联系了张某本人，充分倾听其意见和诉求，并在合议庭多轮讨论研判最终决定准许解除其限高令后，第一时间在执行系统进行了操作处理。

第二，厚植善意文明执行理念。司法强制执行程序所承载的法律价值是多元的，保障债权人权利的兑现是执行工作的使命任务，但与此同时，坚持以人民为中心，践行善意文明执行理念，最大限度减少对被执行人及其有关人员的权益影响，也是维护社会公平正义、促进社会和谐稳定的必然要求。本案中，对于是否应当解除原法定代表人张某的限高令，执行法院坚持善意文明执行理念，准确适用相关法律法规，综合考虑变更行为的时间节点、原法定代表人对被执行人是否仍有控制权或有影响债务履行能力、变更行为是否影响本案债务的实际履行和变更行为是正常的公司自治还是规避执行行为等因素，及时解除了对张某的限高令，最大限度减少对其权益的影响。

第三，依法加大强制执行力度。执行的强制性是善意文明执行的基础，有效执行是司法权威的基石。强化善意文明执行理念绝非意味着消极执行、放任执行，而是要把强制力聚焦到对规避执行、逃避执行、抗拒执行行为的依法打击和惩处上来。变更法定代表人事宜属于公司自治范畴，司法一般不予干涉，

---

〔1〕《习近平：在首都各界纪念现行宪法公布施行 30 周年大会上的讲话》，载 https://news.12371.cn/2012/12/04/ARTI1354627849124486.shtml，2024 年 7 月 19 日访问。

但倘若自治权被滥用以逃避债务、规避执行，则应予以严厉打击和规制。如果一个自然人是被执行人的实际控制人或影响债务履行的直接责任人员，即便其通过变更工商登记已不再担任被执行人的法定代表人，其仍不能逃避法院的强制执行措施。而且，通过变更法定代表人身份的手段规避强制执行的，还可能构成拒不履行生效裁决的行为，可能招致罚款、拘留等更严厉的强制措施。

专家点评

为进一步提高民事案件的执行率，提高我国社会信用机制建设和最大限度保护申请执行人的利益，最高人民法院颁布了包括《限消规定》在内的系列司法解释，依据司法解释，被执行人如果属于单位，在被采取限制高消费措施后，其法定代表人也被禁止从事系列高消费及非生活和工作必需的消费行为。但本案的特殊性在于，在人民法院执行限高令的过程中，发生了单位法定代表人变更的事宜，此时原法定代表人能否请求解除限高令？

从《公司法》的角度来看，变更法定代表人本属于公司自治的事项，公司依照法定程序和章程的有关规定，可以自主变更法定代表人，但前提是必须符合诚实信用的基本原则，且不存在滥用公司自治权，试图通过变更法定代表人来逃避债务和规避执行的情况。否则，即使变更了法定代表人，相关解除限高令的请求亦不能得到法院的支持。

本案经过法院的调查核实后，认定B公司将法定代表人从张某变更为曲某，并不存在规避执行的主观恶意，变更时公司的经营状况未发生重大变化，对公司的正常运作未构成实质性影响，也不影响本案债务的实际履行。同时，该变更行为经过了严格的工商登记，而公司原法定代表人就解除限高令提出了书面申请，且提供了充分的证据和相关承诺。因此，法院在综合研判后，精准适用最高人民法院《善意文明执行意见》第17条、第18条和最高人民法院《失信规定》第12条的规定，及时解除了对张某的限高令，并在执行系统中及时进行了解除操作。

习近平总书记指出，“我们提出要努力让人民群众在每一个司法案件中都感受到公平正义，所有司法机关都要紧紧围绕这个目标来改进工作”。[1]本案

〔1〕《习近平强调：依法治国依法执政依法行政共同推进》，载 https://news.12371.cn/2013/02/24/ARTI1361705900863350.shtml，2024年7月19日访问。

裁判充分体现了人民法院准确适用法律，实事求是，善意文明执行的基本精神，在有力保护执行债权人利益实现的同时，也充分尊重了公司的意思自治，实现了多方主体之间的利益平衡，最终实现了裁判政治效果、法律效果和社会效果的辩证统一。

（黄汇，西南政法大学教授，博士生导师）

郑某愚诉北京某科创公司名誉权纠纷案

——网络服务提供者侵权责任的认定

费　鸣[*]　李博雅[**]

一、基本案情

郑某愚诉称：2019年9月9日，微博名为“嘉丽明珠”的用户在北京某科创公司运营的微博上对郑某愚进行诽谤，并在微博上公开郑某愚的名字和地址，至今未删除。“嘉丽明珠”的侵权行为，对郑某愚的身心造成了极大的伤害，严重影响了郑某愚的生活与工作。由于“嘉丽明珠”为虚拟匿名，郑某愚无法对其起诉，只能对为其提供网络服务的北京某科创公司提起诉讼。

北京某科创公司辩称，北京某科创公司系微博网站的经营者，作为网络服务提供者对于微博用户所发布的内容无事先审查或主动审查的义务，对此北京某科创公司并无过错，不构成侵权。郑某愚在起诉前也并未有效通知北京某科创公司删除相关内容，北京某科创公司知悉后已将涉案微博内容予以删除。

一审法院认定事实：北京某科创公司系微博网站的运营方，为网络提供服务。2019年9月9日，微博名为“嘉丽明珠”的用户在北京某科创公司运营的微博上发表了一篇名为《败诉我不服，讹诈不成我继续投诉》的文章，其中涉及郑某愚居住地址。

二审法院经审理查明，2019年9月9日，微博名为“嘉丽明珠”的用户在北京某科创公司运营的新浪微博上发表了一篇名为《信件标题：要求静安区劳动保障监察大队履行法定义务》的文章，其中涉及郑某愚的个人信息。

---

[*] 费鸣：上海市第二中级人民法院民事审判庭庭长、二级高级法官。

[**] 李博雅：上海市第二中级人民法院民事审判庭法官助理。

二、裁判结果

上海市黄浦区人民法院于2020年11月4日作出［2020］沪0101民初9207号民事判决：（1）被告北京某科创公司应于本判决生效之日起10日内删除微博上2019年9月9日“嘉丽明珠”发布的文章；（2）原告郑某愚要求被告北京某科创公司赔礼道歉、恢复名誉的诉讼请求，本院不予支持；（3）原告郑某愚要求被告北京某科创公司支付精神损害抚慰金等其他各项损失35 000元的诉讼请求，本院不予支持。

上海市第二中级人民法院于2021年4月14日作出［2021］沪02民终1199号民事判决：驳回上诉，维持原判。

三、裁判理由

生效判决认为：本案涉及网络服务提供者的侵权责任承担问题。郑某愚主张因“嘉丽明珠”在北京某科创公司提供服务的网络平台中发表不当言论，故要求北京某科创公司承担相应责任。而北京某科创公司辩称，因郑某愚并未在起诉前通知北京某科创公司删除，故北京某科创公司不应当承担责任，但其同意将“嘉丽明珠”发表的微博删除，而新浪博客并非其运营，故无法采取也不应采取任何措施。法院归纳本案争议焦点为：北京某科创公司是否构成侵权。

需言明，郑某愚在本案一审、二审阶段提供的证据涉及新浪微博和新浪博客两个载体，故应对本案审查范围进行固定。郑某愚起诉状中称，“2019年9月份以来，‘嘉丽明珠’在北京某科创公司运营的新浪微博上对其进行诽谤”。而郑某愚二审阶段提供的《信件标题：要求静安区劳动保障监察大队履行法定义务》一文发布者、发布时间及发布载体均与之相吻合，故法院认为该文所涉微博属于应审查范围之内。本案二审阶段，郑某愚另提供新浪博客文章截图一份，而北京某科创公司已经提供充分证据证明其并非新浪博客的运营主体，且该文作者亦非“嘉丽明珠”，故法院认为该文所涉博客并不属于应审查范围之内，对于郑某愚基于该新浪博客文章要求北京某科创公司承担侵权责任的主张，无事实和法律依据，法院不予支持。

依照最高人民法院《关于适用〈中华人民共和国民法典〉时间效力的若干规定》第1条第2款以及《侵权责任法》（已失效，下同）第36条之规定，网络用户利用网络服务实施侵权行为的，被侵权人有权通知网络服务提供者采取删除、屏蔽、断开链接等必要措施。网络服务提供者接到通知后未及时采取必要措施的，对损害的扩大部分与该网络用户承担连带责任。网络服务提供者知道网络用户利用其网络服务侵害他人民事权益，未采取必要措施的，与该网络用户承担连带责任。

首先，网络服务提供者承担侵权责任的前提和基础是网络用户利用网络服务实施侵权行为。本案中，“嘉丽明珠”在新浪微博中发布《败诉我不服，讹诈不成我继续投诉》《信件标题：要求静安区劳动保障监察大队履行法定义务》两篇文章。本案二审审理中，郑某愚表示《败诉我不服，讹诈不成我继续投诉》涉及侵犯其名誉权，而《信件标题：要求静安区劳动保障监察大队履行法定义务》涉及侵犯其个人信息权。郑某愚另称，两篇文章结合起来亦构成对其名誉权的侵犯。对此，法院认为，名誉是对民事主体的品德、声望、才能、信用等的社会评价。任何组织或者个人不得以侮辱、诽谤等方式侵害他人的名誉权。而个人信息是以电子或者其他方式记录的能够单独或者与其他信息结合识别特定自然人的各种信息，包括自然人的姓名、出生日期、身份证件号码、生物识别信息、住址、电话号码、电子邮件、健康信息、行踪信息等。故此，一方面，侵犯民事主体名誉权的前提是因行为人侮辱、诽谤行为而造成该民事主体社会评价的降低。而在本案二审阶段，郑某愚称《败诉我不服，讹诈不成我继续投诉》一文所涉关于郑某愚曾到劳动保障监察大队投诉，并提起劳动争议仲裁系事实，故《败诉我不服，讹诈不成我继续投诉》一文只涉及郑某愚的家庭住址，未因“嘉丽明珠”的侮辱、诽谤等行为造成其社会评价的降低。另一方面，处理自然人已经合法公开的信息应当避免侵害权利人的重大利益。而即便是以公共利益为依据进行的个人信息处理活动，也必须满足合法、正当、必要的原则，不对实现目的必要范围之外的个人信息进行收集和处理。此外，行为人应履行相应的告知义务，且在其处理目的的实现之后应当尽快删除或者对相关信息进行匿名化处理。因《信件标题：要求静安区劳动保障监察大队履行法定义务》一文涉及郑某愚的姓名，亦非以公共利益为目的。故此，“嘉丽明珠”发布两篇文章均触及郑某愚的个人信息，但均不构成对郑某愚名誉权的侵犯。

其次，关于网络服务提供者在网络用户构成侵权基础上的责任承担问题。依据《侵权责任法》第36条之规定，仅当郑某愚对北京某科创公司进行有效通知，或者举证证明北京某科创公司未经郑某愚通知即已知道侵权事实存在时，方可要求北京某科创公司与实施网络侵权行为的网络用户承担相应责任。本案中，郑某愚称新浪微博用户“嘉丽明珠”在北京某科创公司运营的新浪微博上实施名誉侵权，并提供含《败诉我不服，讹诈不成我继续投诉》《信件标题：要求静安区劳动保障监察大队履行法定义务》两篇文章的微博截图，然郑某愚并未举证证实其在起诉前已通知北京某科创公司对两条文章所涉微博予以删除；亦未举证证实在其起诉前，北京某科创公司知道“嘉丽明珠”在新浪微博上发布与郑某愚相关的微博内容。故此，北京某科创公司不构成侵权，无需承担侵权责任。因《败诉我不服，讹诈不成我继续投诉》一文涉及郑某愚家庭住址，且北京某科创公司称其已将该微博删除，故一审法院判决北京某科创公司将该微博删除，并无不当。而本案二审阶段，北京某科创公司称其已将《信件标题：要求静安区劳动保障监察大队履行法定义务》一文所涉微博删除，并明确表示同意将该微博删除，故北京某科创公司应当将该文一并删除。综上，一审法院判决北京某科创公司在判决生效之日起 10 日内删除新浪微博上 2019 年 9 月 9 日“嘉丽明珠”发布的文章，应当包括《败诉我不服，讹诈不成我继续投诉》一文与《信件标题：要求静安区劳动保障监察大队履行法定义务》一文。

此外，鉴于北京某科创公司不构成侵权，郑某愚主张北京某科创公司赔礼道歉、恢复名誉、支付损失，均无事实和法律依据。

四、法官感悟

党的十八大以来，党中央关于加强党对网信工作集中统一领导的决策和对网信工作作出的一系列战略部署是完全正确的。没有网络安全就没有国家安全，没有信息化就没有现代化，网络安全和信息化事关党的长期执政，事关国家长治久安，事关经济社会发展和人民群众福祉。

在互联网时代，行为人利用网络服务实施侵权行为已经成为引发诉讼的常态。如何在行为人的言论自由与受害人权益保护之间找寻平衡点，是司法实践中值得探讨的问题。本案的核心在于，在哪些情况下，网络服务提供者在网络侵权案件中需要承担责任。对此，《民法典》的规定较之《侵权责任法》的内容更为细化。《民法典》第 1194 条与第 1197 条体系化地明确了权利人、网络用户、网络服务提供者三方的权利义务，较好地平衡了各方利益。

其中对于网络服务提供者的责任，审判实践中，应当注意以下几点：

第一，网络服务提供者在接到受害人的通知后未及时转达行为人也未采取必要措施，应当承担责任。《民法典》第1195条与第1196条确立了“避风港原则”。权利人，即被侵权人如果发现网络用户利用网络服务侵害其合法权益，有权向网络服务提供者发出通知，要求其采取必要措施。如果网络服务提供者及时采取了必要措施，则不承担侵权责任，此即为“避风港原则”。第1195条第2款规定，网络服务提供者在接到权利人要求其就侵权行为采取必要措施的通知后，未将通知转送相关网络用户并及时采取删帖等必要措施，或者采取的措施不合理，造成损害结果扩大，此时网络服务提供者需要承担责任，但承担责任的范围是，因未采取必要措施而造成的损害的扩大部分与直接侵权的网络用户承担连带责任。

网络空间具有即时性特征，如果网络服务提供者接到通知后不及时采取必要措施，可能导致损害后果无限放大。但是，此种情形隐含的前提是，权利人应当先行向网络服务提供者发送相关通知。这是考虑到在通常情况下，网络服务提供者无法就发生在诸如某某微博、某某博客等大流量的网络服务平台上的侵权事实做到全部掌握，若要求网络服务提供者对在其提供的平台上发生侵权行为均承担部分责任，对其过于苛刻。

而本案中，郑某愚未举证证明其曾经向某创科公司发出通知，要求其采取必要措施，而是直接向法院起诉要求某创科公司承担责任，混淆了实际侵权人与网络服务提供者应当承担责任的情形，不具备要求某创科公司承担责任的条件。

第二，网络服务提供者知道或者应当知道已有行为人对受害人实施了侵权行为而未采取必要措施时，应当承担责任。网络侵权的惯常模式是，行为人通过网络服务提供者提供的网络服务，对受害人实施侵权行为。网络服务提供者并非直接造成侵权责任的主体，而是为行为人提供了实施侵权行为的“途径”。根据《民法典》第1197条，网络服务提供者在知道或者应当知道侵权人实施侵权行为而不采取必要措施时，与侵权人承担连带责任。因此，与违背“避风港原则”而需要承担责任范围不同的是，此时网络服务提供者应当就侵权人所造成的全部损害承担连带责任。而对于哪些情况下可以认定网络服务提供者“知道或者应当知道”侵权行为存在，2020年最高人民法院《关于审理利用信息网络侵害人身权益民事纠纷案件适用法律若干问题的规定》第6条对此予以明确。

此外，相比于《侵权责任法》第36条，《民法典》增加了“应当知道”作为评判标准之一。申言之，按照当前规定，仅当网络服务提供者不知道且不应当知道侵权行为存在时，网络服务提供者不需要承担侵权责任。在举证责任分配方面，应当由受害人举证证明网络服务提供者知道或者应当知道侵权行为的存在。

本案应当适用原《侵权责任法》的规定，即郑某愚应当举证证明某创科公司知道侵权人实施侵权行为而不采取必要措施，从而主张某创科公司承担责任。但郑某愚所提供的证据均系用以证明“嘉丽明珠”存在侵权事实，而未能就某创科公司是否知道该侵权事实提供相关证据，故不能主张后者承担侵权责任。

综合以上两点，郑某愚要求某创科公司承担侵权责任的诉讼请求不应得到支持。然因某创科公司同意删除涉案微博，并提供后台信息资料证明已予以删除，故人民法院通过判决的形式予以确认。

坚持依法上网，让互联网始终在法治轨道上健康运行，坚持防范风险和促进健康发展并重，让互联网更好造福社会，坚持以人民为中心的发展思想，让亿万人民在共享互联网发展成果上有更多的获得感。

专家点评

本案涉及网络用户利用他人网络平台对第三人实施民事侵权行为，网络服务提供者究竟如何承担责任的问题。

首先，互联网作为海量信息的来源和传播手段与工具，网络服务提供者对网络用户发布的内容并不具有事先审查和主动筛查的义务，否则互联网的发展将举步维艰。为了保障网络服务提供者能够正常经营，我国《民法典》第1195条在借鉴吸收《侵权责任法》第36条第2款等相关规定的基础上，为网络服务提供者确立了“避风港”和责任限制规则。即当出现网络用户侵权时，权利人应当先行向网络服务提供者发送有关权利遭侵害的适格通知，这是其承担民事责任的根本前提。后者在接到通知后，应及时将该通知转送相关网络用户并视情况采取删除、屏蔽、断开链接等必要措施，否则对损害的扩大部分与网络用户承担连带责任。也就是说，权利人发送合格的权利受侵害的通知是网络服务提供者承担责任的根本前提。因为，经过权利人的通知，网络服务提供者对网络用户的侵权行为已经构成了《民法典》第1197条意义上的“明知”，其接到通知后未及时采取必要措施，属于对网络用户侵权行为的放任，具有间接故意，视同与用户之间的共同侵权行为。但本案中，原告郑某愚并未向被告某创科公司发出类似适格的通知，并要求其采取必要措施，因此原告并不具有要求被告承担责任的前提条件。

其次，本案裁判有效区分了名誉权侵权和个人信息保护之间的关系。根据《民法典》第1024条的规定，名誉权侵权的前提是因行为人侮辱、诽谤行为造成了他人社会评价的降低。本案网络用户“嘉丽明珠”对原告姓名、地址等信息的使用，并没有造成类似的损害后果。根据网络服务提供者承担侵权责任的前提是网络用户利用网络服务实施了相关侵权行为，因此法院裁定被告不构成对原告名誉权的侵权。

习近平总书记指出，“网络空间同现实社会一样，既要提倡自由，也要保持秩序。自由是秩序的目的，秩序是自由的保障。我们既要尊重网民交流思想、表达意愿的权利，也要依法构建良好网络秩序，这有利于保障广大网民合法权益。网络空间不是‘法外之地’”。〔1〕本案判决既很好维护了受害人的合法民事权益，又精准适用了“避风港”规则，有利于为互联网产业发展提供必要的制度空间。另外，本案既有效保护了行为人网络环境下的言论自由权，也积极保护了受害人的其他民事权益，充分实现了互联网环境下多方主体之间的利益平衡。

（黄汇，西南政法大学教授，博士生导师）

〔1〕《习近平在第二届世界互联网大会开幕式上的讲话》，载 https://news.12371.cn/2015/12/16/ARTI1450250340197792.shtml，2024年7月23日访问。

甲诉A公司信息网络买卖合同纠纷一案

——坚持以人民为中心，准确适用食品惩罚性赔偿规则

赵　静[*]　储继波[**]

一、基本案情

A公司上诉称：（1）A公司经营的涉案产品，系由具有合法生产经营资质的厂家生产，产品标签上标注了生产许可证、保健食品批准文号、执行标准等，清楚明确，A公司对涉案产品进行了必要的查验和注意义务，但其并无法定义务和能力去查证生产者取得的生产许可资质、相关批准文号的真伪，不知道涉案产品不符合食品安全标准。（2）甲单方委托某检测公司对部分涉案产品出具的检验检测报告不能作为本案定案依据。某检测公司及某检测人员均无“西地那非”检验项目的检测资质，双方未共同封存检测样品、A公司未被告知且未参与检测程序、检测机构未就检测程序和检测结论征询A公司意见，该检验检测报告的检测程序不合法，检测意见不具有独立、客观、公正、科学性。（3）涉案商品中是否含有熟地黄、山茱萸，不能仅凭商品标签内容作为唯一认定依据，应当依法委托专业鉴定机构进行检测后作出认定。而根据相关规定，山茱萸既是食品又是中药材，可以添加到食品中。一审法院关于山茱萸“系药材，属于可用于保健食品的物品”的认定有误。（4）即便A公司经营的涉案产品存在质量问题，其作为不知情的经营者，亦不应对十倍的惩罚性赔偿承担首负责任。（5）甲系职业打假人，其通过购买涉案产品索赔牟利的行为并非普通消费行为，而是非法经营行为，其无权援引《食品安全法》第148条的规定向A公司索赔。综上，一审法院认定事实不清，

[*] 赵静：上海市第二中级人民法院民事审判庭审判团队协助负责人、三级高级法官。

[**] 储继波：上海市第二中级人民法院民事审判庭法官助理。

适用法律错误，请求依法改判。

甲辩称：（1）本案中，A 公司未履行索要生产许可证、产品检验合格证明等资料的义务，根据司法解释的规定，应当认定构成《食品安全法》第 148 条规定的“明知”的情形。（2）某检测公司具备检验检测资质，本案中甲提交的检测报告虽是其单方送检，但在 A 公司未提出重新检测申请的情况下，应认定该检测报告具有证明力。（3）根据相关规定，预包装食品的标签内容，必须真实准确。涉案产品标签上明确标示配料含有山茱萸、熟地黄等，现 A 公司予以否认，应对此进行举证。（4）本案中甲不存在知假、买假的情况，且根据法律规定，消费者主张食品领域的惩罚性赔偿，不以为生活消费需要购买、受到欺诈为前提。综上，一审法院认定事实清楚，适用法律正确，请求驳回 A 公司的上诉请求。

法院认定事实：2021 年 8 月 22 日，甲从 A 公司经营的“肾宝康酒业”公众号购买了商品名为“肾保康胶囊 6 瓶装/盒”的产品，甲共计下单 30 份，实际支付金额 17 440 元。A 公司通过快递向甲邮寄了上述产品。产品包装上标注主要成分：熟地黄、山茱萸肉、牡丹皮、山药、茯苓、泽泻、红参、黄芩。功能主治：调和阴阳、温阳补肾、扶正固本，用于头晕耳鸣、腰膝酸软、骨蒸潮热、盗汗遗精。生产许可证 C12737100200302、国食健字 G20130619、执行标准 Q/SYKCH0014J。生产企业 B 公司。

经食品生产许可获证企业信息查询平台查询，B 公司未有食品生产许可。国家市场监督管理总局的特殊食品信息查询平台显示，国食健字 G20130619 对应的产品名称为藏草珠峰牌蛹虫草胶囊。熟地黄、山茱萸记载于《中国药典》，不在《按照传统既是食品又是中药材的物质目录》之内。

2021 年 12 月 24 日，经甲委托，某检测公司对涉案产品其中 1 盒进行了检测。检测后，该公司出具检验检测报告，表示涉案产品中含西地那非含量为 8.96%。

二、裁判结果

上海市宝山区人民法院于 2022 年 11 月 18 日作出［2022］沪 0113 民初 9422 号民事判决：（1）甲与 A 公司之间的买卖合同解除，A 公司应于判决生效之日起 10 日内退还甲货款 17 440 元，同时甲应将所购 30 盒肾保康（胶囊）全部退还给 A 公司，如甲届时无法退还，则以每盒 581.33 元的价格折抵应退货款；（2）A公司应于判决生效之日起10日内支付甲赔偿金174 400元。

上海市第二中级人民法院2023年5月11日作出［2023］沪02民终3509号民事判决：驳回上诉，维持原判。

三、裁判理由

法院生效裁判认为，本案的争议焦点有二：一是涉案商品是否符合食品安全标准；二是A公司是否应按照《食品安全法》第148条之规定承担十倍惩罚性赔偿责任。

关于争议焦点一，首先，涉案商品标签上的生产许可号、保健食品批准文号均与涉案商品实际情况不符，其实际生产企业未取得食品生产许可证，故涉案商品属于无证生产、假冒保健食品批准文号的非法产品，不符合食品安全标准。其次，根据涉案商品标签内容及甲提供的检测报告，涉案商品中含有熟地黄、山茱萸中药材及西地那非药品的成分，A公司对此虽予否认，但并未提供证据加以佐证，不予采信。涉案商品中添加上述成分违反了不得在食品中添加药品的相关规定。综上，应认定涉案商品不符合食品安全标准。

关于争议焦点二，首先，根据法律规定，食品经营者采购食品，应当查验供货者的许可证和食品出厂检验合格证或者其他合格证明。本案中，A公司未能提供所售食品的合法进货来源，一审法院据此认定其销售明知是不符合食品安全标准的食品，于法有据。A公司主张其已尽到必要的查验和注意义务，缺乏事实和法律依据，不予采纳。其次，根据相关司法解释，因食品、药品质量问题发生纠纷，购买者向生产者、销售者主张权利，生产者、销售者以购买者明知食品、药品存在质量问题而仍然购买为由进行抗辩的，人民法院不予支持。故A公司以甲知假买假为由主张不承担十倍赔偿责任，缺乏法律依据，不予支持。

四、法官感悟

食品安全直接关系人民群众的生命健康和生活水平，也关乎食品产业和国民经济的发展以及社会稳定。随着对美好生活的需要的日益增长，人民群众对食品安全的关注和诉求越来越强烈和迫切。习近平总书记多次强调要把食品安全工作作为一项重大政治任务来抓，要求以最严谨的标准、最严格的监管、最严厉的处罚、最严肃的问责这“四个最严”，确保人民群众“舌尖上

的安全”。〔1〕

坚持以人民为中心，既是贯穿习近平新时代中国特色社会主义思想的一条主线，也是习近平法治思想的根本立场。近年来，为了贯彻“以人民为中心”的价值立场，食品安全立法不断加大消费者权益保护力度和对违法生产经营的处罚，其中就包括大众比较熟悉的“退一赔十”的惩罚性赔偿规则的确立。虽然《食品安全法》第148条明确了惩罚性赔偿规则的构成要件，但抽象规则具有较大的解释空间，在具体个案中仍需要加以明确。坚持以人民为中心的价值准则，是准确理解和适用食药品惩罚性赔偿规则的关键。

第一，如何确定“不符合食品安全标准”。由于我国食品安全标准涉及食品生产经营的各个环节和流程，有些环节和流程上的要求可能并不影响食品品质安全和消费者购买选择，故《食品安全法》第148条第2款规定了“食品的标签、说明书存在不影响食品安全且不会对消费者造成误导的瑕疵”的除外情形。故判断是否符合食品安全标准应综合违法性质、是否会对食品安全造成实质危害、是否会对消费者造成误导等因素综合判断。本案中，涉案商品为无证生产、仿冒食品批号，考虑到生产者逃避监管的主观恶意及违法行为性质，即便不影响食品本身安全，也会给食品安全监管带来极大挑战，给消费者带来极大误导，故应认定为不符合食品安全标准。另外对于是否符合食品安全标准的举证义务，亦应根据当事人地位和举证能力合理加以分配。就本案而言，消费者提供了涉案商品的标签及初步检测报告，均表明涉案商品中含有违法添加的药物成分，已经完成初步举证义务，经营者主张标签内容与实际不符，应承担举证责任。

第二，如何认定经营者“明知”。经营者除了经营不符合食品安全标准的食品，还应对此存在明知。明知是一种主观状态，消费者难以举证，相比之下，经营者在经营过程中对商品进行形式合规性审查是其基本经营义务，故有能力证明其履行了审查和注意义务，应承担相应举证义务。最高人民法院《关于审理食品安全民事纠纷案件适用法律若干问题的解释（一）》列举了几种“明知”情形，其中就包括“未能提供所售食品的合法进货来源的”和“未依法履行进货查验义务的”两种类型。本案中经营者未能提供合法进货来

〔1〕《习近平：严防严管严控食品安全风险　保证广大人民群众吃得放心安心》，载 https://news.12371.cn/2017/01/03/ARTI1483445035792238.shtml，2024年7月19日访问。

源，也不能证明其履行进货查验义务，已经构成法律规定的“明知”情形。

第三，“知假买假”行为的性质认定。根据最高人民法院《关于审理食品药品纠纷案件适用法律若干问题的规定》第3条及最高人民法院第23号指导案例，购买人明知所购食品不符合安全标准仍然购买，仍然可以主张惩罚性赔偿，表明最高人民法院支持食品领域的“知假买假”行为。但实践中“知假买假”形式多样，比如有些购买者并非以日常消费为动机，而是以获取惩罚性赔偿为目的，还有些购买者从事职业打假，对此类行为能否支持，司法实践存在较大争议。本质上来说，“知假买假”某种程度上不符合诚实信用原则，但这种行为确实有助于打击食品违法生产经营行为，净化市场环境。相比之下，食品安全因关乎身体健康和生命安全，应置于更优先的价值顺位。因此，即便购买者以牟利为目的主张惩罚性赔偿，也不能仅因其动机不纯不予支持，对于“职业打假”“非以日常消费为动机的购买”这类特殊情况，应该在个案中作具体处理，处理时需要综合考虑生产经营者的主观恶意、违法行为严重性、购买者赔偿金额等情况进行价值权衡。

在涉食品安全案件审理中，应始终以习近平法治思想为指导，坚持以人民为中心，切实促进食品安全状况实现根本好转，不断满足人民群众对美好生活的向往。

专家点评

民以食为天，食以安为先。本案在判断违法行为是否影响食品安全、是否适用十倍惩罚性赔偿等方面具有典型意义，有效维护了食品安全监管秩序，保障了消费者健康和生命权益，弘扬了公平、诚信的社会主义核心价值观。

第一，本案关于商品是否符合食品安全标准、是否影响食品安全的法律适用具有典型性。本案对是否符合食品安全标准引入了综合衡量的方法，要求综合衡量违法性质、是否会对食品安全造成实质危害、是否会对消费者造成误导等。事实上，这些要素可通过对《食品安全法》第148条第2款除外条款和第150条的体系解释推导而来，此种实质性审查、动态性衡量的理念值得赞同。同时，本案对于食品安全的判断体现了食品安全法公法与私法结合的属性，其损害并不必然表现为对身体健康现实的侵害，对于消费者信赖、药品监管秩序等的损害同样应当考虑为食品安全隐患。本案中被告无证生产、仿冒食品批号、在食品添加药品，法院并不强调该食品或者药品成分在原材料和生产过程中的安全性，而着重论证了其对食品监管秩序的影响以及可能造成消费者误认的问题。这一认定有利于发挥《食品安全法》有效遏制违法行为、促进企业规范经营、维护消费者权益的功能。

第二，本案对判断职业打假是否应适用十倍惩罚性赔偿具有重要实践指导价值。本案采取了利益位阶判断，强调食品安全原则上重于诚实信用，正确贯彻最高人民法院《关于审理食品药品纠纷案件适用法律若干问题的规定》第3条对“知假买假”行为观点的态度。值得注意的是，本案关注到“知假买假”情形多样，因此对于职业打假或超过生活需要的购买情形，应综合考虑生产经营者的主观恶意、违法行为严重性、购买者赔偿金额等情况进行价值权衡。这一观点一方面认识到职业打假人、知假买假者具有通过合法公开的诉讼程序监督食品违法行为的有效功能，另一方面也体现了通过赔偿金额等因素尽力控制其机会主义行为的努力，此种综合权衡、个案判断体现了司法实践的裁判智慧。

第三，本案是践行习近平法治思想的生动写照。习近平总书记多次强调，“要贯彻食品安全法，完善食品安全体系，加强食品安全监管，严把从农田到餐桌的每一道防线”。[1]本案的判决，从民生的角度而言，为人民群众的健康、安全提供了司法保护；从社会公平正义的角度来说，维护了消费者的合法权益，凸显了司法公正作为社会公平正义最后一道防线的效果与功能。

（丁晓东，中国人民大学法学院教授，博士生导师）

〔1〕《习近平在全国卫生与健康大会上强调　把人民健康放在优先发展战略地位　努力全方位全周期保障人民健康》，载 https://news.12371.cn/2016/08/20/ARTI1471694277840960.shtml，2024年7月19日访问。

上海某建工有限公司与上海某混凝土有限公司买卖合同纠纷案

——当事人对法律关系中的某一事实或履行行为不能提起独立的诉

赵　炜[*]　徐　晨[**]

一、基本案情

2017年12月15日，上诉人（一审原告）上海某建工有限公司（甲方）（以下简称“建工公司”）与被上诉人（一审被告）上海某混凝土有限公司（以下简称“混凝土公司”）（乙方）签订《上海预拌混凝土购销合同》（以下简称《混凝土购销合同》）一份，由混凝土公司向建工公司供应混凝土。合同约定对预拌混凝土方量结算，混凝土供应量以甲方签收的供方送料单（一车一单）为依据进行结算。合同订立后的履行过程中，双方进行了21次结算（每月）并形成《签证单》共计21张，双方工作人员在其上签名。该《签证单》对施工部位、标号、坍方度、砼方量、泵送、非泵、泵送单价、非泵送单价金额均已载明。

混凝土公司先行以《签证单》为结算依据诉请建工公司支付《混凝土购销合同》项下的货款，在该案审理中，建工公司以混凝土公司与案外人共同欺诈为由另案诉至法院，要求撤销《签证单》。

二、裁判结果

上海市崇明区法院经审理后认为，当事人对自己提出的诉讼请求所依据的事实有责任提供证据加以证明，没有证据或证据不足以证明当事人主张的，

[*] 赵炜：上海市第二中级人民法院商事审判庭审判员、三级高级法官。

[**] 徐晨：上海市第二中级人民法院商事审判庭原法官助理，现上海市宝山区人民法院入额法官。

由负有举证责任的当事人承担不利后果。本案中，建工公司与混凝土公司签订的《混凝土购销合同》合法有效，依法受法律保护。混凝土公司依照合同的约定向建工公司供应混凝土后，双方按照合同的约定每月对混凝土的供应数量、规格、价格等进行结算并形成了《签证单》，该《签证单》由建工公司授权指定签收人与混凝土公司工作人员签字确认。根据当事人在庭审中的陈述及《混凝土购销合同》的约定，其供货模式为：建工公司购买混凝土应当在前一天以书面形式向混凝土公司申报供料计划，混凝土公司按照供料计划制作混凝土，送货时每车均有送货单交混凝土公司工作人员签字确认。每月结算时，对每日混凝土的供应量及规格、施工部位、随车小票进行核对后才形成《签证单》。在供货过程中，建工公司应当能及时发现混凝土的送货单载明的供应量与实际供应量存在的差异。从证据效力来看，建工公司提交的证据多为传来证据、间接证据，不足以证明诉称的事实，而《签证单》系直接证据、原始证据，更具证明力。

上海市崇明区人民法院于 2020 年 12 月 4 日作出［2020］沪 0151 民初 5748 号民事判决：驳回建工公司要求撤销《签证单》的诉讼请求。

建工公司不服一审判决提起上诉。

上海市第二中级人民法院于 2021 年 5 月 30 日做出［2021］沪 02 民终 3753 号民事裁定书，裁定撤销一审判决，驳回建工公司的起诉。

三、裁判理由

上海市第二中级人民法院经审理后认为，建工公司提起本案诉讼的请求权基础是受欺诈后的撤销权，但法律规定的撤销权行使的对象应为合同等民事法律行为，合同是平等主体之间设立、变更、终止民事权利义务关系的协议。建工公司与混凝土公司签订《混凝土购销合同》缔结混凝土买卖法律关系，该合同约定，建工公司与混凝土公司每月办理当月混凝土供应量和总金额确认手续。案涉《签证单》是双方在履行《混凝土购销合同》中依约进行的每月汇总和确认行为的表现形式，并非缔结新的合同，也不是对《混凝土购销合同》的协议变更或终止，双方经办人员在《签证单》上的签名并没有产生异于《混凝土购销合同》的权利义务内容，即案涉《签证单》并不构成独立的民事法律关系，其依附于《混凝土购销合同》，是该合同履行内容的表现形式，案涉《签证单》不能单独成为民事诉讼标的。至于案涉合同的履行中是否存在混凝土公司与建工公司工作人员串通并虚构送货单，应属于《混凝土购销合同》货款诉讼中的抗辩理由和焦点事实问题，建工公司对《签证单》的请求不构成独立的诉。因此，一审法院对建工公司的诉请进行实体审理并作出判决有误，本案应裁定驳回建工公司的起诉。故二审法院裁定撤销一审判决，驳回建工公司起诉。

四、法官感悟

习近平总书记指出，“过去，中国吸引外资主要靠优惠政策，现在要更多靠改善投资环境”，[1]而法治是最好的营商环境。一个地方的法治化水平越高，越能得到各类经营主体的青睐，经济发展的动力和活力就越充沛、越持久。而法院要通过高质量、有权威的审判为商事主体提供良好的司法体验，使其在每一起商事纠纷中感受到“公平正义”。

司法具有引导作用，好的司法裁判不仅能够在当事人之间定分止争，在司法案件中感受到“公平正义”，不仅要让当事人获得实体结果上的公正，更应对社会主体起到引导作用，这要求审判人员在处理纠纷时，不仅要梳理好当事人之间的纷争脉络，更应穿透现象探究本质，探究当事人提起诉讼的实质目的，以求从根本上解决纠纷或纠正当事人错误的诉讼策略，避免矛盾纠纷复杂化。就案涉纠纷而言，建工公司看似诉请是撤销签证单，其本质是要对抗另案中混凝土公司的付款请求权，首先，其对证据单独提起诉讼不构成独立的诉；其次，若本案对证据材料的真伪进行了实体裁判，该裁判结果也将直接导致另案中混凝土公司不得再对该证据材料的真实性、证明力进行抗辩。本案诉讼的提起一方面增加了当事人的诉累，就一个纠纷引发了多重诉讼；另一方面对当事人的实质争议也起不到解决意义。且由于目前商事活动越发精细、复杂，一个交易中围绕基础法律关系往往形成诸多文本材料，如果允许当事人对这些不构成独立法律关系的文本材料单独起诉，无疑会产生为拖延基础法律关系的纠纷处理而滥用诉权的可能，既浪费司法资源也增加了当事人的诉累。尽管从结果上看，案涉纠纷一审裁判结果也未支持建工公司的诉请，但是判决驳回其诉请，意味着法院在基础法律关系纠纷之外的诉

〔1〕《习近平在博鳌亚洲论坛 2018 年年会开幕式上的主旨演讲》，载 https://news.12371.cn/2018/04/10/ARTI1523341014638798.shtml，2024 年 7 月 19 日访问。

讼中，单独对一份证据材料的证明力进行了认定，不仅不符合法理上对诉的构成的认定，也直接导致在基础法律关系中，建工公司直接丧失了对该证据的抗辩权利，因此合议庭经评议后认为，还应裁定驳回建工公司的起诉，引导当事人在基础法律关系的纠纷中彻底解决争议。

专家点评

诉的适格性是审判实践中一个前提性和基础性的问题，直接影响当事人的诉讼和实体权益。本案准确识别形成之诉和确认之诉的要件，并以裁定书形式作出驳回起诉裁判，法律适用正确，有利于引导当事人在基础法律关系纠纷中彻底解决争议，维护其合法权益。

本案法院准确适用法律判断诉的适格性问题。本案中原告希望“撤销”合同履行过程中产生的凭证《签证单》，本质上并非形成之诉而是确认之诉，因为当事人对已经发生的事实问题不可能享有形成权。法院正确指出撤销权行使对象为民事法律行为，得出原告无权撤销签证单的正确结论。而关于确认之诉中当事人能否确认某一特定事实，目前我国民事诉讼法原则上并不承认当事人有权起诉确认合同履行行为是否存在，也并无此民事诉讼案由。这是因为考虑到事实易产生较大变动，且合同给付之诉往往能够吸收确认之诉，无论是从减少法院诉累还是当事人权利保障角度来看都不应当认可此种确认之诉。因此，本案生效裁判中对签证单所代表的履行行为不予确认是符合民事诉讼法理和实践的。事实上，在本案中，如果建工公司希望对抗另案中混凝土公司的付款请求权，其相应的救济手段应为在另案中提出实体法或程序法上的抗辩，或提出反诉，最终由法院在另案或反诉中审查实体和程序事由。

本案的另一亮点在于，法院作出的生效裁判系驳回起诉裁定书而非驳回原告诉讼请求的判决书，值得赞同。本案的核心问题是原告诉权的程序问题，在明确原告无权提起“撤销”签证单的诉讼或确认履行行为不存在的诉讼后，法院并未也不应当对实体问题（如签证单的真实性）作出审理，故二审作出驳回起诉的裁定是非常恰当的。这是因为，未经法院实体审理的事项，当事人再行主张或提起反诉并不违反一事不再理原则或重复起诉规则，为另案裁判留下空间。如若作出驳回诉讼请求的判决，将导致本案中双方可能未对签证单所代表的履行行为进行充分辩论，另案中亦无法就该问题提出主张或抗辩，难以达成妥善解决纠纷的目的。

习近平总书记指出，公平正义是司法的灵魂和生命，要健全社会公平正义法治保障制度，努力让人民群众在每一个司法案件中感受到公平正义。[1]本案的判决，就是遵循习近平法治思想具体要求、守护社会公平正义的生动写照。

（丁晓东，中国人民大学法学院教授，博士生导师）

〔1〕 习近平：《坚定不移走中国特色社会主义法治道路 为全面建设社会主义现代化国家提供有力法治保障》，载《求是》2021 年第 5 期。

印某某与A公司、B公司民间借贷纠纷案

——涉众型经济犯罪与民商事案件交叉问题的司法探析

顾文怡[*]　程阳强[**]

一、基本案情

印某某诉称，2017年至2018年，A公司、B公司与印某某签订《企业借款合同》及《上海婺丰农业借款合同补充协议》，约定由A公司、B公司向印某某借款用于资金周转，同时约定了借款金额、借款期限和利率等。合同签订后，印某某依约向A公司出借款项累计人民币（以下币种均为人民币）23.4万元。因事后A公司、B公司未还本付息，印某某经多次催要未果，故诉至法院。请求判令：（1）A公司、B公司向印某某归还本金23.4万元并支付至本金实际清偿之日止依法计算的利息；（2）诉讼费用由A公司、B公司承担。

一审法院经审查发现，2019年7月10日，上海市公安局长宁分局决定对A公司以非法吸收公众存款罪立案侦查。2020年7月31日，上海市长宁区人民法院作出［2020］沪0105刑初573号刑事判决书（以下简称“573号刑事判决”），查明案外人江某某在A公司、B公司担任法定代表人，明知A公司、B公司未经批准从事相关金融业务，仍伙同他人，组织公司业务人员，通过随机拨打电话、召开推介会、组织参观公司项目等方式，向社会公开宣传，承诺定期还本付息，非法吸收社会公众资金。经审计，2016年9月至案发，共计吸收资金2280万元，未兑付1130余万元。其中，江某某参与吸收资金1700余万元。法院最终以非法吸收公众存款罪判处江某某有期徒刑6

* 顾文怡：上海市第二中级人民法院申诉审查及审判监督庭审判团队负责人、三级高级法官。

** 程阳强：上海市第二中级人民法院申诉审查及审判监督庭原法官助理，现上海市浦东新区人民法院入额法官。

年，并处罚金20万元；违法所得予以追缴。

二、裁判结果

上海市普陀区人民法院于2020年11月19日作出［2020］沪0107民初22078号民事裁定：驳回印某某的起诉。

上海市第二中级人民法院于2021年3月25日作出［2021］沪02民终2424号民事裁定：驳回上诉，维持原裁定。

上海市高级人民法院于2022年2月16日作出［2021］沪民申1117号民事裁定，指令上海市第二中级人民法院再审本案。

上海市第二中级人民法院于2022年6月17日作出［2022］沪02民再25号民事裁定：（1）撤销本院［2021］沪02民终2424号民事裁定及上海市普陀区人民法院［2020］沪0107民初22078号民事裁定；（2）指令上海市普陀区人民法院对本案进行审理。

三、裁判理由

生效裁判认为，本案是印某某作为原告起诉的民事纠纷，被告为A公司和B公司，涉及的是双方当事人之间的民间借贷法律关系。而573号刑事判决的被告人为江某某，该案处理的是江某某个人违反国家金融管理法规而应承担的刑事责任。故本案与573号刑事案件性质不同、责任主体不同，只是法律事实有牵连，573号刑事案件的处理不影响本案的立案和审理，法院仍应当就A公司和B公司与印某某订立合同的效力及民事责任的承担作出评判。一、二审裁定以涉嫌犯罪为由驳回印某某起诉，存有不当。

四、法官感悟

2015年3月24日，习近平总书记在十八届中央政治局第二十一次集体学习时的讲话中指出，“公正司法事关人民切身利益，事关社会公平正义，事关全面推进依法治国。要坚持司法体制改革的正确政治方向，坚持以提高司法公信力为根本尺度，坚持符合国情和遵循司法规律相结合，坚持问题导向、勇于攻坚克难，坚定信心，凝聚共识，锐意进取，破解难题，坚定不移深化司法体制改革，不断促进社会公平正义。”〔1〕涉众型经济犯罪与民商事案件事关多人的切身利益，正确处理好涉众型经济犯罪与民商事纠纷之间的界限，妥善处理社会矛盾，需要人民法院公正司法裁量。本案的争议焦点是刑事判决认定法定代表人构成非法吸收公众存款罪（涉众型经济犯罪），并判令对被告人的违法所得予以追缴。他人因与公司签订的相关借款合同产生民商事纠纷，能否另行通过提起民事诉讼进行权利救济。实践中，存在两种不同的观点。

第一种观点认为：贯彻先刑后民原则，裁定不予受理或驳回起诉。该种观点认为，对于刑民交叉案件，在法律事实同一或者存在牵连的情形下，应贯彻先刑后民原则，由刑事案件吸收民事案件，人民法院不应受理相关民商事案件，这也是目前司法实践中通常、普遍的观点。就本案而言，其依据是最高人民法院《全国法院民商事审判工作会议纪要》(以下简称《九民纪要》）第129条第1款：“……涉嫌集资诈骗、非法吸收公众存款等涉众型经济犯罪，所涉人数众多、当事人分布地域广、标的额特别巨大、影响范围广，严重影响社会稳定，对于受害人就同一事实提起的以犯罪嫌疑人或者刑事被告人为被告的民事诉讼，人民法院应当裁定不予受理，并将有关材料移送侦查机关、检察机关或者正在审理该刑事案件的人民法院……”本案中，一、二审法院持该种观点，认为江某某作为A公司、B公司的法定代表人已因非法吸收公众存款罪被刑事处理，而本案借款事实与江某某的犯罪情节存在牵连，该民事纠纷被吸收于江某某的犯罪基本事实中。在程序上，印某某另行提起的民事诉讼不应再被受理；在实体上，573号刑事判决已判令对江某某的违法所得予以追缴，印某某作为受害人的民事权利应通过刑事追赃、退赔或者申请刑事执行等方式予以解决。故一、二审认为应驳回印某某的起诉。

第二种观点认为：应分别受理、分别审理。对于刑民交叉案件，民事诉讼与刑事诉讼在价值取向、诉讼目的、诉讼原则、证据认定标准、责任构成要件等方面均存在较大差异。刑事案件的关注点在于行为是否具有严重社会危害性，民商事案件则注重民商事法律关系的存在与否，此外，民事责任与刑事责任也属于两种不同性质的责任范畴，两者不能替代或吸收。因此，只

〔1〕《习近平：以提高司法公信力为根本尺度　坚定不移深化司法体制改革》，载https://www.gov.cn/xinwen/2015-03/25/content_2838324.htm，2024年7月22日访问。

要民商纠纷中当事人客观存在民商事法律关系，民刑案件就应分别受理、分别审理。其依据是《九民纪要》第 128 条第 1 款规定：“同一当事人因不同事实分别发生民商事纠纷和涉嫌刑事犯罪，民商事案件与刑事案件应当分别审理，主要有下列情形……（3）法人或者非法人组织的法定代表人、负责人或者其他工作人员的职务行为涉嫌刑事犯罪或者刑事裁判认定其构成犯罪，受害人请求该法人或者非法人组织承担民事责任的……”本案中，再审持该种观点，认为 A 公司、B 公司均不是刑事案件的当事人，印某某与公司之间签订合同的事实与江某某的犯罪事实并不是同一事实，印某某诉请 A 公司、B 公司的合同利益也并非包含于刑事判决对于江某某的刑事追责中，该民事纠纷不能被相关刑事案件涵盖。程序上，法院应当对该民事纠纷予以受理；实体上，法院应就合同效力及 A 公司、B 公司是否应当承担民事责任等问题进行实体审理并作出判决。

笔者赞同第二种观点。一直以来，刑民交叉问题是理论与实务界关注的热点、难点问题，涉众型经济犯罪与民商事纠纷处理既具有民刑交叉的共性问题，又具有其独特性。总体上，笔者认为在刑民交叉案件中，应在法秩序统一的指引下，综合考量刑法与民商事法律之间的关系，进行程序的选择及确定规则适用的基本思路，并尽量调和部门法之间因价值取向、保护目的等方面可能产生的矛盾、冲突。一般认为，刑民交叉案件，又称为民刑交织、民刑互涉案件，是指既涉及刑事法律关系，又涉及民事法律关系，且相互之间存在交叉、牵连、影响的案件。近年来，在民间借贷、P2P 等融资活动中，与涉嫌诈骗、合同诈骗、集资诈骗、非法吸收公众存款等犯罪相关联的民事纠纷日渐增多，如何审理刑民交叉案件，既保障当事人的合法民事权益又有效打击违法犯罪成为司法者必须进行平衡的一个问题。从审判实践来看，刑民交叉案件涉及程序和实体两个维度。从诉讼程序角度来说，刑民交叉案件的处理主要是指案件的司法管辖问题。笔者认为不能将先刑后民原则绝对化。只有刑事犯罪事实与民事事实存在事实同一，或者民事事实包含于刑事犯罪事实时，才能适用先刑后民原则。如果刑事犯罪事实与民事事实仅存在牵连关系，而非“同一事实”，则不能适用先刑后民原则，而应实施民刑并列，即民事案件与刑事案件分别受理、分别审理。对此，最高人民法院《关于在审理经济纠纷案件中涉及经济犯罪嫌疑若干问题的规定》第 10 条规定：“人民法院在审理经济纠纷案件中，发现与本案有牵连，但与本案不是同一法律关系的经济犯罪嫌疑线索、材料，应将犯罪嫌疑线索、材料移送有关公安机关或检察机关查处，经济纠纷案件继续审理。”如前所述，《九民纪要》第128条第1款列举了五种应分别审理的情形。因此，除民商事案件必须以相关刑事案件的审理结果为依据，而刑事案件尚未审结的，根据《民事诉讼法》(2017年修正）第150条第1款第5项的规定裁定中止诉讼的情形外，人民法院审理刑民交叉案件时，应审慎适用先刑后民原则，充分保护当事人的民事诉权和实体权益。在某种意义上，民刑并列的司法运用是对先刑后民原则的重要补充。

涉众型经济犯罪中，法定代表人被认定构成刑事犯罪，他人对公司提起民事诉讼，非基于“同一事实”，法院应依法受理。《民法典》第61条规定，依照法律或者法人章程的规定，代表法人从事民事活动的负责人，为法人的法定代表人。法定代表人以法人名义从事民事活动，其法律后果由法人承受。本案中，江某某作为A公司及关联公司B公司的法定代表人，明知A公司、B公司未经批准从事相关金融业务，仍伙同他人，组织公司业务人员，通过随机拨打电话、召开推介会、组织参观公司项目等方式，向社会公开宣传，承诺定期还本付息，非法吸收社会公众资金。其中，江某某参与吸收资金为人民币1700余万元。江某某的行为已构成非法吸收公众存款罪。最高人民法院《关于审理民间借贷案件适用法律若干问题的规定》第6条规定：“人民法院立案后，发现与民间借贷纠纷案件虽有关联但不是同一事实的涉嫌非法集资等犯罪线索、材料的，人民法院应当继续审理民间借贷纠纷案件，并将涉嫌非法集资等犯罪的线索、材料移送公安或者检察机关。”以及《九民纪要》第128条第1款规定：“同一当事人因不同事实分别发生民商事纠纷和涉嫌刑事犯罪，民商事案件与刑事案件应当分别审理，主要有下列情形……（3）法人或者非法人组织的法定代表人、负责人或者其他工作人员的职务行为涉嫌刑事犯罪或者刑事裁判认定其构成犯罪，受害人请求该法人或者非法人组织承担民事责任的……”本案的关键在于“同一事实”的司法认定，首先从行为主体的角度来判断，民事案件的被告为A公司、B公司，而刑事案件中的被告为江某某，两者行为主体不同，不属于“同一事实”；其次，从法律关系的角度来判断，印某某诉请的是其与两公司的民间借贷纠纷，形成的是民间借贷法律关系，并不包含于刑事案件中江某某对不特定公众非法吸收公众存款的犯罪事实中，不属于“同一事实”；最后，从要件事实的角度进行判断，刑事案件中的构成要件事实系江某某非法吸收社会不特定公众的资金，而民事案件基础事实是与公司签订的《企业借款合同》及《上海婺丰农业借款合同补充协议》，不属于“同一事实”。

综上，公司不成立单位犯罪的情形下，A公司、B公司作为独立的民事主体具备与印某某签订相关借款合同民事行为能力，因合同履行产生纠纷等事实与法定代表人江某某事实非法吸收公众存款的犯罪事实并非“同一事实”。本案中，A公司、B公司应具备民事诉讼主体资格，印某某对公司提起的民事诉讼，一、二审法院以不属于经济案件而有经济犯罪嫌疑或本案借款事实可能包含于江某某犯罪事实而驳回印某某的起诉有所不当，再审予以纠正。

专家点评

刑民交叉案件是近年来的热点问题，本案作为金融领域同时涉及借款合同和非法吸收公众存款罪的案件，准确识别所涉民事事实和刑事犯罪事实的关系，充分保障当事人的合法程序和实体权益，对今后此类案件的审理具有重要的示范和引导作用。

在民事和刑事法律事实存在交叉时，理论和实践中存在先刑后民原则和民刑并进原则两种思路，前者主要基于法秩序整体化思维和裁判一致性追求，后者则强调不同法律评价重心存在差异及对当事人诉讼和实体权利的及时保障要求。具体到规范和实践中，两种思路可体现为对“同一事实”这一标准的扩大解释与限缩解释。

本案生效裁判采取了民刑并进思路，指出法定代表人虽被认定构成刑事犯罪，但他人对公司提起民事诉讼，法院应当审理。其典型意义在于：一是强调涉众型经济犯罪中先刑后民原则适用的审慎性。本案生效裁判准确认识到先刑后民和民刑并进原则适用的不同范围，只有在民事事实和刑事犯罪事实构成同一而不仅仅是牵连关系时，或者民事诉讼必须以刑事案件审理结果作为依据时，才能适用先刑后民原则。二是为同一事实的判断提供了有益探索。法院从法律关系、责任主体等角度分析，指出原告基于借贷合同关系向公司提起民事诉讼与公司法定代表人因非法吸收公众存款被认定构成刑事犯罪，系基于不同法律关系，由不同主体承担责任，故而并不属于同一事实。前述分析角度全面，说理论证有力，亦符合长期以来总结的司法经验，有力贯彻了《九民纪要》第128条的基本思路。事实上，本案法院受理并审理受害人和公司民事合同关系，既不会与法定代表人的生效刑事判决产生矛盾，又能够依法保障原告合法民事权益。因为原告诉请公司的借贷合同利益实际上并不完全包含于刑事诉讼上对法定代表人的追缴中，且原告与公司借贷合同的效力也需要经过代理、代表等规则的检验。

习近平总书记指出，“政法机关是老百姓平常打交道比较多的部门，是群众看党风政风的一面镜子。如果不努力让人民群众在每一个司法案件中都感受到公平正义，人民群众就不会相信政法机关，从而也不会相信党和政府”。[1]正是通过如本案这样一个个公正司法的案例，才塑造了社会主义国家的司法公信力，保障着社会公平正义在现实生活中的具体落实。

（丁晓东，中国人民大学法学院教授，博士生导师）

---

〔1〕《习近平论全面依法治国》，载 http://www.legaldaily.com.cn/xjpfzsx/content/content_9001303.html，2024 年 7 月 19 日访问。

张某某诉上海市某律师事务所法律服务合同纠纷案

——请求权竞合下律师事务所就律师私自执业造成委托人损失应否承担赔偿责任的裁判思路

汤佳岭[*]　牟玺蓉[**]

一、基本案情

张某某诉称：2015年8月，其委托上海市某律师事务所（以下简称“上海某律所”）执业律师兼合伙人严某为其与案外人强某娇离婚纠纷一案的代理人。2015年9月11日、23日，严某虚构法院要求交纳“诚意款”，要求张某某分别转款100万元、50万元至其指定账户，以上钱款共计150万元均已转至严某指定账户，严某谎称上述款项已全部转至法院账户用于支付离婚赔偿款。2015年9月29日，普陀区法院出具调解书，张某某才得知严某未将150万元交给法院，后严某一直未归还该款项。后张某某报案，严某因诈骗罪被判刑，但被骗款项至今未予追回。严某有律师执业资质，在上海某律所执业，亦是上海某律所合伙人之一，其与上海某律所之间形成法律服务合同关系。严某违反律师执业规定，在代理案件过程中，编造谎言向张某某收取150万元，给张某某造成了严重经济损失，上海某律所应承担相应的责任。现诉请：（1）上海某律所赔偿其经济损失150万元；（2）上海某律所向其支付资金占用损失，以150万元为基数，自2015年9月23日起至2019年8月19日期间按照中国人民银行同期贷款利率计算，自2019年8月20日起按照LPR计算。

[*] 汤佳岭：上海市第二中级人民法院民事审判庭审判员、三级高级法官。

[**] 牟玺蓉：上海市第二中级人民法院民事审判庭原法官助理，现上海市浦东新区人民法院入额法官。

上海某律所辩称：其与张某某之间并未签订法律服务合同，张某某提供的律师事务所函、委托书经公安机关鉴定均系伪造，上面的盖章不是上海某律所公章，地址也不是上海某律所的，张某某从未向其支付过律师费用，张某某未至上海某律所咨询法律服务事项，张某某与其前妻离婚案件系严某个人私自代理诉讼的行为，上海某律所对此完全不知情，故不同意承担任何责任。

法院经审理查明：严某系上海某律所执业律师。2015 年 8 月，张某某前妻强某娇向普陀区法院起诉张某某离婚纠纷，严某私自接受张某某的委托，代理上述张某某与其前妻的离婚诉讼案件。

2015 年 9 月 2 日，张某某通过银行转款两笔共计 100 万元至严某账户，作为严某代理案件的费用，但之后严某并未开具发票给张某某。2015 年 9 月 11 日，张某某签署《委托书》一份，载明：委托上海某律所严某律师为普陀区法院受理的强某娇与张某某离婚案件中张某某的代理人，代理权限为一般代理。张某某在委托人一栏签字确认，受托人一栏中有上海某律所盖章，地址为新会路 468 号。同日，严某虚构法院要求交纳一定费用以表示诚意的事实，以所谓“诚意款”由其转交为由，要求张某某转账人民币 100 万元至其指定账户，当日张某某银行转款 100 万元至案外人姜某。2015 年 9 月 15 日，严某出具律师函，该律师函上盖有上海某律所章，注明地址为新会路 468 号 5 楼。2015 年 9 月 23 日，严某又以“诚意款”不够为由，要求张某某再次转账 50 万元至其指定账户，当日张某某银行转款 50 万元至案外人余某瑾，以上转款共计 150 万元。严某均向张某某谎称上述款项已全部转至法院账户用于支付离婚赔偿款，实则被严某个人使用。

2015 年 9 月 29 日，普陀区法院作出［2015］普少民初字第 181 号民事调解书：“……八、被告张某某应支付原告强某娇房屋及车辆折价款人民币 250 万元……”2015 年 11 月，普陀区法院执行庭法官通知张某某尽快支付上述钱款，此时张某某才得知严某并未将系争 150 万元交给法院，张某某遂与严某进行交涉，严某承认其之前收取的钱款并未转交法院并写下借据及还款承诺，但以各种理由拖延归还款项。后在［2015］普少民初字第 181 号案件执行阶段，张某某另外向其前妻强某娇支付 250 万元。

2016 年年底，张某某报案。2018 年 3 月 16 日，一审法院作出［2017］沪 0106 刑初 1468 号刑事判决书（以下简称“1468 号刑事判决”），判决严某犯诈骗罪，判处有期徒刑 11 年，并处罚金人民币 10 万元，违法所得责令退赔，发还被害人。该刑事判决书第六页载明："……证人傅某业（上海某律所的实际负责人）的证言及辨认笔录、上海某律所出具的情况说明、上海市公安局物证鉴定中心出具的鉴定书，证实被告人严某私自接受被害人张某某民事诉讼案件的委托，并出具加盖伪造公章的委托书和律师事务所函……"该案庭审笔录中，严某自述其和张某某系代理关系，经朋友介绍接受委托，出席过庭审，签署过委托书，但未签订合同。张某某汇至严某的款项，严某认为是借款，后来补写了借条。关于律师事务所函及委托书上"新会路 468 号 5 楼"的地址，严某确认系上海某 2 律师事务所（以下简称"某 2 律所"）的地址。后严某不服，依法提起上诉，上海市第二中级人民法院裁定驳回上诉，维持原判。后张某某申请就 1468 号刑事判决进行执行，时至本案起诉前，张某某被骗款项未予追回。

一审中，上海某律所确认其住所地、办公地均在上海市静安区天目西路 547 号 A 楼 2502 室，新会路 468 号 5 楼为某 2 律所地址。张某某当庭调整本案法律关系，向法院申请变更本案基础法律关系由法律服务合同调整为财产损害赔偿。

二审中，张某某陈述其与严某初次见面接触是在新会路 468 号 5 楼，之后见面是在其他公共场所，未曾约在上海某律所见面，并坚持本案请求权基础为合同关系。另查明，根据一审调查笔录，一审法官向张某某询问"本案涉及的是合同关系，但是双方提供的证据是侵权法律关系，原告（张某某）如何考虑"，张某某表示"我们认为法律关系应该由法院进行调整，本案我们还是坚持本案诉讼"。

二、裁判结果

上海市静安区人民法院经审理作出［2020］沪 0106 民初 11165 号民事判决：驳回张某某全部诉讼请求。张某某不服，依法提起上诉。

上海市第二中级人民法院经审理作出［2021］沪 02 民终 1783 号民事判决：驳回上诉，维持原判。

三、裁判理由

法院生效裁判认为，本案争议焦点为：（1）本案案由为财产损害赔偿纠纷还是法律服务合同纠纷；（2）上海某律所是否应就张某某的损失承担赔偿责任。

关于争议焦点一，鉴于本案存在侵权责任与违约责任竞合，故法院应以当事人的诉请主张确定本案案由。二审法院注意到上诉人提起诉讼及在一审法院前期审理时，均选择以双方成立法律服务合同关系主张权利，鉴于张某某现仍坚持选择以法律服务合同关系作为本案请求权基础，故本案二审案由定为法律服务合同纠纷为妥。

关于争议焦点二，鉴于本案请求权基础为法律服务合同关系，故上海某律所应否就张某某的损失承担赔偿责任的前提在于上海某律所与张某某之间是否成立法律服务合同关系。张某某认为严某担任张某某离婚案件委托诉讼代理人的行为系其作为上海某律所律师的执业行为，即使律师函、委托书的盖章系伪造，但张某某作为普通人难以识别盖章真伪，且严某长期以上海某律所律师身份执业，故张某某有理由相信严某接受其委托的行为构成表见代理，而上海某律所辩称双方之间从未签订法律服务合同，其未向张某某收取案件代理费用，亦未收取系争 150 万元，律师函上的地址非其注册、办公地址，且张某某与严某未曾在上海某律所处洽谈代理案件事宜，本案系因严某私自接案、收取报酬，故双方不成立法律服务合同关系。对此，法院认为，根据本案查明的事实，张某某未与上海某律所或严某签订书面合同，律师函、委托书上的盖章经公安机关鉴定系严某伪造的，故严某的行为是否构成表见代理，应综合判断。严某虽为上海某律所的合伙人兼执业律师，然张某某从未至上海某律所办公地址咨询法律服务事宜，律师函上的地址亦非上海某律所的注册、办公地址，且张某某也未向上海某律所支付离婚案件的代理费用，故没有相关事实能够反映出张某某与上海某律所存在任何连接点，严某的行为不足以构成表见代理，张某某与上海某律所之间未成立合法有效的法律服务合同关系。

四、法官感悟

习近平总书记强调："推进全面依法治国，根本目的是依法保障人民权益。"[1]要切实尊重和保障人权，依法保障全体公民享有广泛的权利，保障公

〔1〕 周佑勇：《习近平法治思想是全面依法治国的根本遵循和行动指南》，载 https://www.12371.cn/2021/01/11/ARTI1610327451225204.shtml，2024 年 7 月 19 日访问。

民的人身权、财产权、基本政治权利等各项权利不受侵犯，保证公民的经济、文化、社会等各方面权利得到落实，努力维护最广大人民根本利益。审理中贯彻落实民事诉讼中的诉讼权利平等原则即为依法保障人民权益路径的应有之义。

本案涉及法官如何在请求权竞合案件中依法确定案由、行使释明权以平等保障各方当事人的诉讼权利。本案原告可选择要求律所作为用人单位承担侵权责任，或要求律所作为法律服务合同主体承担违约责任，构成请求权竞合。实务难点在于当事人难以明确其请求权基础时，法院如何在确定请求权基础、案由并行使释明权的过程中依法保障当事人诉讼权益。

请求权竞合下案由的确定与法官释明权的行使。关于案由的确定，首先应贯彻处分原则，请求权基础确定权归于当事人。此乃民法“意思自治原则”在民诉法领域的体现和延伸，要求诉讼请求范围由当事人自行决定，由其决定审判对象，约束法院审判权的行使范围。〔1〕违约之诉与侵权之诉在案件管辖、当事人主体资格、诉讼时效、举证责任分配、责任范围等方面均有不同，提起何种之诉对案件审理结果会产生重大影响，故当事人对请求权基础应享有确定权，该确定权不得由法院代为行使。

其次，明确案由确定、变更权归于法官。当事人虽以提出诉请及请求权基础的方式对案由确定产生决定性作用，但立案法官仍有案由确定权。法官在审理中发现立案案由所反映的法律关系性质与法庭查明的不符，或因当事人诉请变更导致讼争法律关系变换，应依职权变更案由。案由确定属于法律适用活动，法官应为案由确定主体。

最后，以法官释明权的妥善行使作为处分原则的必要补充。释明权，指法院在诉讼过程中促使当事人就不充分、不适当的声明和陈述予以补充、排除或变更，促使当事人提出新的诉讼资料的诉讼活动或权力（或义务）。〔2〕2001年《最高人民法院关于民事诉讼证据的若干规定》（以下简称《证据规定》）对法官释明权的行使作出规定，然而审判实践中的争议主要在于释明权行使方式的妥当性问题，2001年《证据规定》以“告知变更诉讼请求”为

〔1〕 王泽鉴：《民法思维：请求权基础理论体系》，北京大学出版社2009年版，第131页。

〔2〕 王亚新、陈杭平、刘君博：《中国民事诉讼法重点讲义》，高等教育出版社2017年版，第23页；张卫平：《民事诉讼“释明”概念的展开》，载《中外法学》2006年第2期，第131页。

行使方式，2019年修正的《证据规定》第53条对此予以调整，当事人主张的法律关系性质与人民法院作出的认定不一致时，要求法官将该问题作为焦点问题进行审理，即通过审理焦点问题的方式，使当事人对法律关系性质或者民事行为效力问题充分发表意见、充分行使辩论权，以此方式实现释明目的，除非法律关系性质对裁判理由及结果没有影响，或者有关问题已经当事人充分辩论。

本案张某某起诉要求上海某律所承担赔偿责任，系基于法律服务合同关系，第一次庭审法庭亦基于法律服务合同组织双方进行举证、质证、辩论，之后原告虽在单方调查中表示可由法院调整法律关系，但之后一审并未将侵权法律关系、侵权行为的构成作为焦点问题组织双方进行充分辩论，故一审法院的释明权行使方式有违2019年《证据规定》第53条之规定，未经当事人充分辩论径自将案由调整为财产损害赔偿纠纷欠妥。二审中，经法庭释明，张某某明确其请求权基础为法律服务合同，故二审法院依其诉请确定本案案由应定为法律服务合同纠纷，并围绕法律服务合同关系组织当事人进行举证、质证、辩论等，充分保障当事人的诉讼权利。

民事案件同人民群众权益联系最直接最密切。实施好《民法典》是坚持以人民为中心、保障人民权益实现和发展的必然要求。《民法典》实施水平和效果，是衡量各级国家机关履行为人民服务宗旨的重要尺度。《民法总则》(已失效）在总结理论研究成果和实务经验的基础上，对职务代理及其法律后果作出规定，《民法典》第170条对其予以沿用，本案即涉及该条款的规范适用。根据《律师法》的规定，本案中严某虽为上海某律所执业律师，且系律所合伙人，但仍无权私自接受委托、收取费用，故本案的另一分析难点即律师私自执业的行为效果能否归于律所。《民法典》第170条第2款确立了对执行工作任务人员的职权范围限制，不得对抗善意相对人的越权职务代理规则，该条款属于超越代理权的畛域；《民法典》第172条规定了表见代理制度，其构成要件之一即相对人善意且无过失。无论适用上述哪一条款，均涉及委托是否善意的认定，此判断的合法性、合理性关涉组织内部管理与交易安全、稳定之间的平衡。

（1）越权职务代理条款路径。职务代理的具体授权范围应依法律规定、交易习惯及当事人之间的基础法律关系等加以确定。实践中对代理人权限的限制主要有两类：一是法定限制，法律在组织机构分权基础上对业务执行权的一种特别限制。不同领域有其特有的法律限制。《律师法》对律师义务予以规定，明确律师不得私自接受委托、不得私自收取费用，此乃对律师职权范围的法定限制。二是约定或议定限制，系法人或非法人组织通过内部章程、内部决议对员工代理权的限制。实践中律所基本制定了内部规章，且较法律规定更严格，本案上海某律所亦如是。对职权的约定限制相较法定限制，更像是“黑箱”，外部人员更难获知，委托人证明其善意的标准相对较低，若职务代理行为违反法定限制，委托人对此应当明知，难以认定其善意。

（2）表见代理条款路径。《民法典》第172条要求相对人有理由相信行为人有代理权，然实务中对“有理由相信”的认识并不统一，《民法典》征求意见稿曾列举了几种不适用表见代理的情形，后因争议性较大最终未予采纳。“有理由”往往是法官在实务中对个案当事人主张的表见代理是否成立的结论用语，故对该用词的理解需转向表见代理的构成要件，即“权利外观要件（客观上形成行为人具有代理权的表象）+主观因素要件（相对人善意且无过失）”，行为人有代理权的表象特征越明显，相对人就代理权存否的审查义务越轻，反之则应对相对人课以较重的审查义务。关于有无代理权的客观表象，应结合合同磋商、缔结、履行过程中的要素综合判断。

专家点评

请求权竞合时当事人的选择与法院的释明是实践中的重要争议问题。本案法院充分保障当事人对请求权基础的选择权，并厘清此种情形下法官释明权的边界，在实体上准确适用表见代理的法律规范，有利于弘扬平等、公正的社会主义核心价值观，具有典型意义。习近平总书记指出，“核心价值观，承载着一个民族、一个国家的精神追求，体现着一个社会评判是非曲直的价值标准”。[1]在司法实践中融入社会主义核心价值观，既是践行习近平法治思想的必然要求，也是守护社会公平正义的司法使命。

当存在违约与侵权请求权竞合时，当事人究竟在何时应当对请求权作出选择存在多种观点，理论上包括起诉时、审理时、裁判时等。尽管有观点主张通过客观预备合并之诉等方式保障当事人权益，但目前仍未被我国民事诉

〔1〕《青年要自觉践行社会主义核心价值观——习近平在北京大学师生座谈会上的讲话》，载https://news.12371.cn/2014/05/05/ARTI1399236440433514.shtml，2024年7月22日访问。

讼法所确认。本案中法院在现有法律框架内发挥司法智慧，告知当事人采取用人单位侵权和表见代理请求权基础的差异，最大限度地尊重了当事人的选择权。

当请求权发生竞合时，法院是否应当释明以及如何进行释明存在较大争议。本案中法院考虑当事人可能未能对请求权及其后果等有充分了解，因此进行释明，并根据2019年修正的《证据规定》第53条将其作为争议焦点由当事人辩论，有效平衡了当事人处分原则和法官中立原则，有利于促进纠纷解决，展现了裁判智慧。

本案第三项典型意义在于，准确适用越权职务代理、表见代理规则，为实践中规范订立法律服务合同起到了指引作用。本案中法院准确区分了越权职务代理中的法定限制与意定限制，并正确指出是否构成表见代理应综合判断。对于严某伪造律所公章与相对人签订法律服务合同，相对人的确难以审查，但法院关注到相对人与严某从未在律所进行洽谈，后续更是未向律所支付任何委托费，因此不构成表见代理。本案生效裁判准确把握案件争议焦点，既考虑到律师不得私自接受委托并收取费用系典型的法定限制，应由相对人证明善意，又结合表见代理中代理权外观和相对人主观善意等要件进行综合衡量，最终未将律师私自执业的法律行为效果归于律所，裁判思路清晰，结论合法合理。此外，律所因其高度自主性特征，对律师的无权代理行为很难通过组织管理控制，且其并未获益，这些亦是实践中常见的考虑因素。

（丁晓东，中国人民大学法学院教授，博士生导师）

黄某诉上海市浦东新区某镇人民政府撤销不予处罚决定案

——行政自纠行为的合法性审查路径探析

沈　丹*　王全泽**

一、基本案情

黄某诉称：其实施的改建行为不构成擅自填堵河道，覆土填平区域原系观赏性人工水景，十余年来由于污水引入已变成低洼荒草地，不属于法律规定的河道；主观上亦不存在“擅自”，黄某在改建前已向物业及城管中队进行了报备，上海市浦东新区某镇人民政府对黄某的行为已经默认；从行为后果来看亦没有造成危害后果，而是美化了环境。上海市浦东新区某镇人民政府要求黄某限期整改后，黄某已在其监督下完成整改并经验收合格，上海市浦东新区某镇人民政府作出不予处罚决定正确，但上海市浦东新区某镇人民政府在调查终结后又未经重新调查作出被诉撤销决定，既缺乏法律依据和事实根据，亦违反正当程序要求，并侵害了黄某的信赖保护利益。故请求法院判决撤销上海市浦东新区某镇人民政府于2020年11月23日作出的（沪浦）城管撤字［2020］第×××××号撤销不予处罚决定。

上海市浦东新区某镇人民政府辩称，根据相关法律规定及上海市浦东新区某镇人民政府调查取证，涉案区域属于河道，黄某填堵行为违法；市、区县河道管理部门系本市河道主管部门，物业及城管均非法定审批主体，黄某所称报备并不能免除其违法性。上海市浦东新区某镇人民政府在作出不予处罚决定后发现认定事实存在错误，尚未完全整改，有权主动撤销错误的不予

* 沈丹：上海市第二中级人民法院行政审判庭审判员、三级高级法官。

** 王全泽：上海市第二中级人民法院行政审判庭法官助理。

处罚决定，并要求黄某继续整改。综上，请求法院驳回黄某的诉讼请求。

一审法院认定事实：2020 年 7 月 7 日，上海市浦东新区某镇人民政府下属城管执法中队至黄某居所处现场检查，发现黄某在住宅西侧使用渣土填堵河道，经委托第三方武汉南北极测绘地理信息有限公司上海分公司测绘，填堵河道面积为 231. 25 平方米。上海市浦东新区某镇人民政府于同月 7 日立案后，经调查询问，于同月 9 日对黄某作出（沪浦）城管改字［2020］第×××××号《责令改正通知书》，告知其擅自填堵河道的行为违反《上海市河道管理条例》第 26 条的规定，依据该条例第 42 条，要求其在同月 23 日前恢复原状。后黄某委托案外人进行施工整改，上海市浦东新区某镇人民政府下属城管执法中队派员在场。同年 8 月 31 日，上海市浦东新区某镇人民政府经现场复查认为黄某已整改完毕，遂于同年 9 月 1 日出具（沪浦）城管不罚决字［2020］第×××××号不予处罚决定，告知黄某其于 2020 年 7 月 7 日实施擅自填堵河道的行为鉴于违法行为轻微，且已自行整改，根据《行政处罚法》第 27 条第 2 款、第 38 条第 1 款第 2 项的规定，决定不予行政处罚。2020 年 9 月 18 日，上海市浦东新区某镇人民政府下属城管执法中队至现场进行第二次复查测绘，测绘公司于 11 月出具第二次测绘报告，报告中列明原河道面积 270. 71 平方米，已整改面积 195. 77 平方米，未整改面积 74. 94 平方米。同年 11 月 23 日，上海市浦东新区某镇人民政府出具（沪浦）城管撤字［2020］第×××××号撤销不予处罚决定，内容如前所述。

二审法院经审理查明，一审判决认定事实清楚，予以确认。

二、裁判结果

上海市静安区人民法院于 2021 年 3 月 3 日作出［2021］沪 0106 行初 9 号行政判决：驳回黄某的诉讼请求。

上海市第二中级人民法院于 2021 年 7 月 28 日作出［2021］沪 02 行终 154 号行政判决：（1）撤销上海市静安区人民法院于 2021 年 3 月 30 日作出的［2021］沪 0106 行初 9 号行政判决；（2）撤销上海市浦东新区某镇人民政府于 2020 年 11 月 23 日作出的（沪浦）城管撤字［2020］第×××××号《关于撤销〈不予行政处罚决定书〉（沪浦）城管不罚决字［2020］第×××××号的决定》。

三、裁判理由

生效判决认为：上海市浦东新区某镇人民政府具有作出被诉撤销不予行政处罚决定的行政职权。根据查明事实，上海市浦东新区某镇人民政府针对黄某填堵河道的行为调查后，认定黄某填堵河道的面积为231.25平方米并责令黄某改正。黄某按责令改正的要求予以整改并经该镇政府现场检查确认整改完毕，因此认定黄某违法行为轻微且已自行整改而对其作出不予行政处罚决定。之后，该镇政府再次对该区域进行现场检查并重新测绘，原河道面积270.71平方米，已开挖河道面积195.77平方米，未整改河道面积74.94平方米。上海市浦东新区某镇人民政府仅据此测绘结果认定黄某整改不到位，但两次测绘结果不同并非黄某过错所致，该认定事实与前述查明黄某按责令改正要求予以整改并经镇政府现场检查确认整改完毕的客观情况不符，且现有证据不足以证明上海市浦东新区某镇人民政府将其认定黄某整改不到位的相关事实情况告知黄某，黄某对此亦不认可。因此，上海市浦东新区某镇人民政府以黄某对填堵河道整改不到位为由，作出被诉撤销不予行政处罚决定并责令黄某限期改正，认定事实不清，主要证据不足，且未在作出撤销不予行政处罚决定前告知黄某其认定整改不到位的相关事实情况以及限期改正的具体内容，亦违反正当程序。遂判决撤销上海市浦东新区某镇人民政府作出的撤销不予行政处罚决定和原审判决。

四、法官感悟

本案系行政自纠行为合法性纠纷。行政自纠行为并不是一个严格的法律定义，从字面意义来看，行政行为自纠就是行政机关对自身作出的行政行为的纠正。而这一概念其实并不缺乏法理依据，事实上，从《全面推进依法治国若干重大问题的决定》到党的十九大，均要求全面推进依法治国、依法行政，并要求行政机关勇于负责、敢于担当。但在实践中，囿于行政行为公定力的性质，行政机关启动自纠与否实质上仍是不同法律价值之间的博弈，行政行为之所以具有公定力，乃是为了保障公法所保护的社会关系处于一种比较安定的状态，保障公权力行为所确定的权利义务关系的安定性。因此，何等国家利益或者公共利益或者其他法定事由可作为行政机关作出行政自纠行为启动之钥，需要法院结合过错责任、信赖利益保护原则、比例原则等加以审查。本案中，行政机关对相对人作出不予处罚决定后，相对人获得了来自行政机关的肯定性评价，因这种肯定性评价并非对相对人合法权利的授益，故只能称之为一种准信赖保护利益，即相对人在改正自身违法行为并得到行政机关认可后，基于对行政机关的信赖，相信自己可避免某种不利益。行政机关撤销这种肯定性的评价，使得法律关系重新处于不确定状态，会直接或间接增加相对人应对这种不确定性的各种成本。因此行政机关启动自纠需进行价值衡量。本案中，相对人填堵河道的违法行为具有较大的社会危害性，涉及重大公共利益，尽管并非相对人错误，行政机关发现之前查明事实错误后作出自纠的行为并不缺乏合理性。不过，因行政自纠行为的启动源自前一行政行为的错误，从过错责任分配的角度，纠错所产生的成本，则需要在行政机关和相对人之间合理分配。

针对此问题，一方面，由于我国没有成文的行政程序法，关于行政自纠行为的作出程序亦鲜有规定，故本案需结合行政法上正当程序原则，并参照原行政行为的作出程序对行政自纠行为的程序予以审查。正当程序原则的核心应当为当事人的有效参与，这意味着行政行为的作出需已经过充分考量相对人利益诉求这一过程，并使各种价值衡量在该过程中得到一个合法化的结果。

习近平总书记在中央全面依法治国工作会议中明确提出："要把体现人民利益、反映人民愿望、维护人民权益、增进人民福祉落实到全面依法治国各领域全过程。"〔1〕本案的审理明确了行政机关必须遵照程序正当原则保障行政相对人的参与权和知情权，并应着重审查行政机关作出该撤销行为所依据的证据和事实是否充分清楚，在相关法律规定存在空白的情况下，为人民法院审理此类案件提供了可借鉴的审查思路。另外，"以人为本"理念下的行政审判要求通过及时审理解决好行政相对人诉行政机关的行政案件使相对人被侵犯的权益得到恢复或补救，对于违法的行政行为判决予以撤销，监督、促进行政机关遵守法律规定，纠正越权和滥用职权行为，并针对案件审理中发现的行政管理和行政执法方面的问题，做到依法审判，不强权，不越权，使行政争议得到实质化解，实现保护相对人合法权益的立法目标。以人民为中心

---

〔1〕《习近平：坚定不移走中国特色社会主义法治道路　为全面建设社会主义现代化国家提供有力法治保障》，载 https://www.12371.cn/2021/02/28/ARTI1614497131844532.shtml，2024 年 7 月 22 日访问。

作为习近平法治思想的根本立场，贯穿于社会主义法治建设的每个环节，习近平总书记对此明确指示：“全面依法治国最广泛、最深厚的基础是人民，必须坚持为了人民、依靠人民。”[1]对此，本案的审理对相对人在行政自纠行为中的责任大小进行了充分考量，判定其不应该承担行政自纠行为带来的不利后果，较好地契合了“以人为本”的行政审判理念，对行政机关依法行政起到了应有的监督和教育之作用。同时切实维护和保障了相对人的合法权益，对引导相对人通过合法途径维护自身合法权益也起到了有效的示范作用。本案最终的判决得到了双方当事人的认同。对于树立人民法院良好形象，提升法律权威也起到了促进作用。我们要意识到，只有更加深入践行习近平法治思想，不断保障和改善民生、增进人民福祉，才能让公平与公正真正融入国家治理体系和治理能力现代化的发展进程中去，为国家的长治久安提供坚强有力的法治保障。

专家点评

习近平总书记指出，“要用法治给行政权力定规矩、划界限，规范行政决策程序，健全政府守信践诺机制，提高依法行政水平”。[2]行政法上的依法行政原则既要求行政机关坚持实事求是，在查清事实的基础上有错就改，也要求行政机关严格依照法律规定自行纠错，避免出尔反尔侵犯行政相对人的合法权益。行政机关自我纠错行为是对原作出行政行为的改正，更需要相应事实的全面查清，并遵守正当法律程序的基本要求。在我国行政法学原理上，这是作为行政行为效力重要内容之一的行政行为不可改变力的核心要义。我国目前虽然还没有制定统一的行政程序法，对行政机关根据新的事实和依据自行作出的行政纠错行为尚缺乏统一明确的规定，但一些省市制定的行政程序地方性法规和规章以及最高人民法院公布的相关典型行政案例，都对行政撤销权、行政纠错权的行使提出了明确要求，避免行政相对人陷入困境。本

〔1〕《习近平：坚定不移走中国特色社会主义法治道路　为全面建设社会主义现代化国家提供有力法治保障》，载 https://www.12371.cn/2021/02/28/ARTI1614497131844532.shtml，2024 年 7 月 22 日访问。

〔2〕《习近平：坚定不移走中国特色社会主义法治道路　为全面建设社会主义现代化国家提供有力法治保障》，载 https://www.12371.cn/2021/02/28/ARTI1614497131844532.shtml，2024 年 7 月 22 日访问。

案二审法院通过撤销一审判决、撤销被诉行政纠错行为判决的作出，为行政机关自我纠错行为确立了明确的规则指引，是对中国特色新兴司法话语的行政争议实质解决和诉源治理的最好诠释。

本案所具有的典型规则意义包括：一是行政自我纠错行为应具备充分的事实基础。当行政机关通过法定程序作出相应行政行为之后，除非经过更为缜密的调查取证获得新的可靠证据，否则行政机关不能随意对原行政行为作出任何改变。本案中行政机关自我纠错行为的事实依据，并非行政相对人自身原因造成。法律不能强人所难，行政相对人不能受到法外侵害。二是行政自我纠错行为应遵守正当法律程序的基本要求。行政程序的价值在于遏制行政权行使的冲动，确保行政相对人的合法权益不至受到不法侵害。本案中行政机关在作出自我纠错行为之前，既没有告知行政相对人相应的事实和依据，更没有充分听取行政相对人的陈述和申诉，违反正当法律程序的基本要求。本案终审判决的作出，从实体和程序两个方面为行政自我纠错行为划定了界限、制定了规矩，对法治政府建设起到了重要推动作用。

（章志远，华东政法大学纪检监察学院常务副院长、教授，博士生导师）

甲公司诉乙公司股东知情权纠纷案

——股东查阅会计账簿当然可以摘抄，无需在判决主文明确

张献之 *

一、基本案情

甲公司诉称：（1）乙公司提供2007年1月起至2021年10月11日的章程、股东会会议记录、执行董事决议决定、监事会会议决议、财务会计报告[包括会计报表（资产负债表、利润表、现金流量表及相关附表）、会计报表附注、财务情况说明书]供甲公司及甲公司委托的律师及会计师查阅、摘录、复制，时间为20个工作日；（2）乙公司提供2007年1月起至2021年10月11日的会计账簿（包括总账、明细账、日记账及其他辅助性账簿）和原始凭证及其他会计资料（包含记账凭证、相关原始凭证及作为原始凭证附件入账备查的有关资料、银行对账单、每月税务申报表、汇算清缴报表）供甲公司及甲公司委托的律师及会计师查阅、摘录、复制，时间为20个工作日；（3）本案的诉讼费用由乙公司承担。事实和理由如下：乙公司成立于1997年8月14日。2007年11月1日，甲公司成为乙公司股东。自甲公司成为乙公司股东以来，乙公司未向甲公司披露任何公司的经营状况或财务状况，也未向股东提供过财务会计报告。甲公司曾书面申请要求查阅乙公司会计账簿、凭证等资料，但未在期限内给予任何回复，乙公司的上述行为，已剥夺了甲公司作为股东的知情权，故甲公司诉至法院。

乙公司辩称：不同意甲公司诉请。对甲公司诉讼主体资格有异议，甲公司起诉状上的公章系假公章；本案系甲公司内部争议而起，甲公司通过实际控制人已充分行使知情权。甲公司法定代表人是名义股东，并非实际股东，

---

* 张献之：上海市第二中级人民法院民事审判庭原法官助理，现上海市黄浦区人民法院入额法官。

不应行使股东知情权；甲公司要求查阅的范围，无法律依据，应按照法律列举的范围行使知情权，不应扩展。

一审法院查明事实：乙公司设立于1997年8月14日，注册资本3000万元，登记股东为甲公司与案外人韩某，持股比例各50%。韩某担任公司执行董事，案外人吴某担任公司监事；甲公司设立于2007年9月30日，注册资本1500万元，法定代表人为廖某某。

2021年3月，甲公司向乙公司发送《要求依法查阅乙公司有关资料的申请》，要求乙公司于收到申请之日起15日内书面答复，通知甲公司查阅、复制、摘录2007年1月起至今的章程、股东会会议记录、决议、执行董事决议决定、监事会会议决议、财务会计报告，查阅同期间会计账簿、原始凭证及其他会计资料等。

乙公司、甲公司一致确认，乙公司目前实际经营地为上海市长宁区法华镇路555号法华门大厦B座10楼。

二、裁判结果

上海市青浦区人民法院于2021年11月30日作出［2021］沪0118民初16055号判决：(1) 被告乙公司应于判决生效之日起10日内提供自2007年1月1日起至2021年10月11日止的公司章程、股东会记录、财务会计报告供原告甲公司查阅、复制；在甲公司在场的情况下，可以由其委托的会计师、律师辅助查阅上述文件；查阅、复制地点在上海市长宁区法华镇路555号法华门大厦B座10楼；甲公司应于20个工作日查阅、复制完毕；(2) 被告乙公司应于判决生效之日起10日内提供自2007年1月1日起至2021年10月11日止的会计账簿供原告甲公司查阅；在甲公司在场的情况下，可以由其委托的会计师、律师辅助查阅上述文件；查阅地点在上海市长宁区法华镇路555号法华门大厦B座10楼；甲公司应于20个工作日查阅完毕；(3) 驳回原告甲公司的其余诉讼请求。

上海市第二中级人民法院于2022年6月24日作出二审判决：驳回上诉，维持原判。

三、裁判理由

二审法院认为：本案争议焦点在于甲公司享有的股东知情权的范围与行

权方式问题。

首先，查阅公司会计账簿的会计凭证涉及股东知情权与公司独立人格之间的平衡。《公司法》仅规定了股东可以查阅、复制公司的财务会计报告，不包含会计凭证，故会计凭证并不当然属于股东知情权的行权范围，甲公司主张股东知情权须通过对会计凭证的查阅方能保障，缺乏法律依据。甲公司应当对其要求查阅会计凭证的主张进行初步举证，具体说明查阅会计凭证的必要性。一审法院提出的运营现状、财务报表等角度，只是告知甲公司就其查阅会计凭证的必要性可以从上述角度予以论证，没有不当加重甲公司的举证责任。本案中，为说明查阅会计凭证的必要性，甲公司提出了两项证据，一是上海汇安公司的《明细分类账》《汇安公司收支、可分配利润情况表》，但该证据上既没有上海汇安公司的公章，也没有得到乙公司的确认，证据的真实性、关联性均无法确认；二是甲公司向上海市青浦区税务局查询的信息，认为乙公司开发的新虹桥雅苑 D 地块项目（项目编号：310229×××××625）已完成销售额高达 1 274 515 543 元，但乙公司从未向甲公司披露或分红。对此，一则上述信息并没有税务局的书面认可，真实性尚无法确认；二则即使为真，公司亦无义务就经营的某一项目向股东进行充分披露，是否分红也应由公司内部决定，该信息的存在无法表明乙公司的会计账簿可能失真。因此，甲公司的上述两项举证均不能说明会计凭证查阅的必要性，在此情况下，一审法院驳回甲公司的诉请并无不当。

其次，关于会计账簿的查阅、复制和摘抄问题。《公司法》第 33 条第 1 款、第 2 款明确区分了股东知情权的不同行权方式，即针对股东会决议等文件可以查阅、复制，针对会计账簿则仅能查阅，并不包括复制。故甲公司要求对会计账簿进行复制，突破了股东知情权的行权方式，法院难以支持。甲公司主张，摘抄是辅助股东查阅公司文件材料，完整、准确了解公司信息的方法。不管是聘请专业人员，还是进行摘抄、复印，都是辅助股东实现其知情权的必要手段。对甲公司的诉请应当全面客观地予以审慎分析。一方面，“摘抄”指选取一部分内容抄录下来，而需要抄录的范围、内容都有待在浏览会计账簿后方能确定，甲公司亦未在诉请中明确其抄录范围。故其在诉请中提出的“摘抄”实际上不是一项明确的诉请，其指向是模糊的。于此情形下，若法院在判决主文里径行允许，将可能在实际执行中产生股东能否以大范围的摘抄的方式变相复制材料的争议。另一方面，对会计账簿的查阅，可在执行层面落实到摘抄。无需讳言的是，自然人的生物属性决定了其具有局限性，要求股东、股东聘请的协助人员仅凭浏览、记忆的方式行权，缺乏基本的合理性，如股东在查阅过程中，不能抄录部分数字、日期等难以记忆的信息，势必导致其行权目的的落空，甚至导致股东反复行权，给公司、股东带来无益之负担。至于在实际查阅过程中，相关材料是否需要摘抄、摘抄的内容和范围都是在辅助股东查阅公司文件材料的专业人员查看后才能作出的判断，故不宜在问题尚未产生时即由法院预判，只能在具体执行中个案判断。因此，摘抄固然是查阅公司会计账簿的应有之义，但应在执行层面根据具体情况予以落实，法院无需也不宜在判决中简单宽泛地许可摘抄。至于甲公司提供的他案判决，一则他案中股东的摘抄申请相对明确，二则他案中的股东向法院书面承诺，不会以全文摘抄的方式复制会计账簿，故基于个案平衡的考量予以维持。总而言之，对公司会计账簿的查阅，语义中即应包括允许股东对有疑义之处进行必要的摘抄，在疑义未实际产生前，原则上法院不宜在判决主文中径行允许股东对会计账簿进行摘抄。

最后，甲公司主张原审判决仅确定甲公司可查阅、复制财务会计报告、可查阅会计账簿，却未列明可供查阅的各项材料明细。对此，《会计法》第15条、第20条已对财务会计报告和会计账簿作出了明确的定义，即使一审法院在判决主文中没有对财务会计报告和会计账簿的组成部分逐项列明，在实际执行中亦不会产生疑义。因此，甲公司的主张难予支持。

四、法官感悟

习近平总书记在中央全面依法治国委员会第二次会议上指出，做好改革发展稳定各项工作离不开法治，改革开放越深入越要强调法治，法治是最好的营商环境。〔1〕在考察上海期间，习近平总书记再次强调，要瞄准最高标准、最高水平，打造国际一流营商环境。〔2〕优化营商环境，已成为推动高质量发展的关键一招，作为当前经济工作的明确任务，以优化营商环境、强化制度供给、做好各项工作的确定性，有效对冲外部的不确定性，为经济逆势飞扬

〔1〕《习近平主持召开中央全面依法治国委员会第二次会议》，载 https://www.12371.cn/2019/02/25/ARTI1551102567855578.shtml，2024年7月19日访问。

〔2〕《习近平在上海考察》，载 https://www.gov.cn/xinwen/2018-11/07/content_5338215.htm，2024年7月22日访问。

创造更好条件。对于司法机关而言，人民法院民商事审判工作要进一步营造稳定公平透明、可预期的法治化营商环境，为经济高质量发展提供高水平司法服务和保障。

近年来，股东知情权纠纷逐年增加，一方面反映了公司治理水平有待提升，一方面也反映了营商环境的优化让股东更有动力维护自己的权利。

对于股东在查阅时能否进行摘抄的问题，一方面，“摘抄”指选取一部分内容抄录下来，而需要抄录的范围、内容都有待在浏览会计账簿后方能确定，故诉请中提出的“摘抄”实际上不是一项明确的诉请，其指向是模糊的。于此情形下，若法院在判决主文里径行允许，将可能在实际执行中产生股东能否以大范围的摘抄的方式变相复制材料的争议。另一方面，对会计账簿的查阅，可在执行层面落实到摘抄。无需讳言的是，自然人的生物属性决定了其具有局限性，要求股东、股东聘请的协助人员仅凭浏览、记忆的方式行权，缺乏基本的合理性，如股东在查阅过程中，不能抄录部分数字、日期等难以记忆的信息，势必导致其行权目的的落空，甚至导致股东反复行权，给公司、股东带来无益之负担。至于在实际查阅过程中，相关材料是否需要摘抄、摘抄的内容和范围都是在辅助股东查阅公司文件材料的专业人员查看后才能作出的判断，故不宜在问题尚未产生时即由法院预判，只能在具体执行中个案判断。因此，摘抄固然是查阅公司会计账簿的应有之义，但应在执行层面根据具体情况予以落实，法院无需也不宜在判决中简单宽泛地许可摘抄。

专家点评

知情权是中小股东参与公司治理的基础和重要权利，本案作为股东知情权范围与行权方式的典型案例，有助于推动平衡股东权利和公司经营权益，优化营商环境。在这一问题上，习近平总书记在中央全面依法治国委员会第二次会议上指出：“法治是最好的营商环境。各类市场主体最期盼的是平等法律保护。一次不公正的执法司法活动，对当事人而言，轻则权益受损，重则倾家荡产。”“要把平等保护贯彻到立法、执法、司法、守法等各个环节，依法平等保护各类市场主体产权和合法权益。”[1]本案有关知情权保护的裁判，

〔1〕《习近平主持召开中央全面依法治国委员会第二次会议》，载 https://www.12371.cn/2019/02/25/ARTI1551102567855578.shtml，2024 年 7 月 22 日访问。

就是守护司法公正、平等保护当事人合法利益的生动写照。

关于股东知情权范围，会计凭证作为最原始和基础的财务资料，股东能否查阅是理论和实践中频发的争议问题。支持观点认为，只有允许股东查阅会计凭证才能保证得知真实可靠的公司经营信息，因其很难造假，且大多数情形下股东利益不会与公司冲突。反对观点认为，会计凭证涉及公司核心商业秘密，一旦股东滥用权力将严重影响公司经营，且其种类繁多，查阅成本极高。本案中，法院巧妙运用裁判智慧，借助对公司账簿查阅要求的体系解释，指出股东应当初步举证说明查阅会计凭证的必要性，通过异质利益衡量分析较好地平衡了股东和公司权益，可谓是合法合理。通常而言，必要性需考虑现有财务材料是否能够满足查阅目的或存在造假风险、公司负担成本等。本案中法院从证据法和公司法角度否定了查阅会计凭证的必要性，法律适用准确，说理论证清晰，值得肯定!

关于股东知情权行权方式，本案关于查阅是否包括摘抄、判决中是否应当明确摘抄权利的判断可谓精到，为实践中指引股东行使知情权发挥示范作用。能否允许股东摘抄相应资料实践中存在颇多争议。肯定观点认为摘抄是保障股东查阅权利的必要手段，否定观点则从法条文义和体系角度进行严格限制。本案肯定了适当摘抄的必要性，并将其限制为不得构成实质性复制，此种裁判观点再一次体现了股东和公司利益衡量的精细之处，既能将股东查阅权落至实处，又不至于不合理地损害公司利益，弘扬了公平正义的法治观念。此外，本案明确由执行机构在执行时裁量处理摘抄问题，而不由法院在判决主文明确规定，既符合最高人民法院《关于适用〈中华人民共和国公司法〉若干问题的规定（四）》第10条的规定，又能够在审执分离体系下最大限度保障执行效率，还能避免不必要的判决模糊之处，促进纠纷的实质解决，践行了法治、公正等社会主义核心价值观。

（丁晓东，中国人民大学法学院教授，博士生导师）

顾某、曹甲、曹乙诉曹丙、张某共有纠纷案

——征收补偿利益分割案件中居住权益的保障与家庭利益的平衡

姚倩芸 [*] 徐 琛 [**]

一、基本案情

系争房屋系公有租赁房屋，原承租人为林某（于 2011 年 8 月 25 日报死亡），林某育有二子女曹丙、曹丁（案外人）。顾某系曹丁的妻子，曹甲系二人之子，曹乙系曹甲之子。张某系曹丙之子。

A 区人民政府于 2021 年 11 月 5 日作出《房屋征收决定》，将系争房屋纳入征收范围。2022 年 1 月，顾某作为代理人与 A 区住房保障和房屋管理局签订了国有土地上房屋征收补偿协议，约定系争房屋全部征收补偿款总计 430 万元（含产权调换房屋本市××路××弄×××号×××室，总价 170 万元及货币补偿款 260 万元）。

征收时系争房屋共 5 人户籍在册，即本案当事人。其中，顾某、曹甲的户籍均系于 1986 年 11 月迁入；曹乙的户籍系于 2014 年 12 月报出生；曹丙的户籍系于 1995 年 12 月迁入；张某的户籍系于 1992 年 10 月迁入。

对系争房屋的居住情况，各方当事人一致确认：顾某在户籍迁入系争房屋后连续居住至被征收；曹甲长期居住至 2013 年结婚时；曹乙、曹丙在户籍迁入系争房屋后未实际居住。

对张某的居住情况，当事人存有争议：曹丙家庭主张张某于 1992 年将户籍迁入系争房屋后实际居住至 1993 年 7 月，顾某家庭对此予以否认。

1993 年 4 月，曹丙享受了福利分房。

---

* 姚倩芸：上海市第二中级人民法院行政审判庭副庭长、三级高级法官。

** 徐琛：上海市第二中级人民法院未成年人与家事案件综合审判庭法官助理。

1993年5月7日，林某作为房屋受配人，在系争房屋的基础上增配获得B处房屋，调配原因为“特困户增配”，原住房和新配房租赁户名均为林某，原住房家庭主要成员包括曹丁、顾某、曹甲、张某。

1999年，林某将曹丁、顾某、曹丙、张某起诉至法院，该法院作出判决：B处房屋二层亭子间及系争房屋由林某和曹丁、顾某一家共同居住使用；B处房屋二层后楼、三层阁由曹丙、张某居住使用。

B处房屋的承租人原为林某，后变更为曹丁，目前该房屋也已被纳入征收范围，根据相关征收材料记载，B处房屋的全部征收补偿款为420万余元。

顾某家庭与曹丙家庭因征收补偿利益分割发生争执，故涉讼。顾某家庭起诉认为张某与系争房屋、B处房屋的来源均无关，张某在户籍迁入系争房屋后从未实际居住，也不居住B处房屋，属于空挂户口，而且张某的母亲曹丙享受过福利分房，张某父亲还购买有商品房，张某对系争房屋及B处房屋均无居住需求，故曹丙、张某均不符合共同居住人条件，无权获得征收补偿利益，系争房屋全部征收补偿利益应由顾某家庭获得。

而曹丙家庭认为张某一直居住在系争房屋，因系争房屋面积小，林某的单位才会增配B处房屋，增配时，张某为原住房人员，张某应享有征收补偿利益。

二、裁判结果

一审法院认为，本案中，顾某、曹甲在系争房屋中连续稳定居住一年以上，亦无证据显示其在本市他处享受过福利分房，符合共同居住人认定条件。征收时曹乙尚未成年，其居住问题应由其父母解决，不符合共同居住人认定条件。现有证据显示曹丙属于享受过福利分房的情形，不符合共同居住人认定条件。关于张某的居住情况，结合系争房屋和B处房屋来源、原承租人情况、另案已生效判决确认的系争房屋和B处房屋居住情况等因素，可以认定张某符合本案共同居住人认定条件。综上，本案共同居住人为顾某、曹甲和张某，系争房屋全部征收补偿利益应由该三人共同分得。综合考虑系争房屋来源、实际居住情况、B处房屋情况等因素，依照公平合理的原则酌情确认本市××路××弄×××号×××室由顾某申购；系争房屋剩余征收补偿款260万元，由顾某、曹甲共同分得80万元，由张某分得180万元。

一审判决后，顾某家庭不服上诉，坚持认为其应取得系争房屋全部征收补偿利益。

二审法院经审理后判决驳回上诉，维持原判。

三、裁判理由

征收居住房屋的，公有房屋承租人所得货币补偿款归公有房屋承租人及其共同居住人共有。共同居住人是指在作出房屋征收决定时，在被征收居住房屋处有本市常住户口，已实际居住一年以上，且本市无其他住房或者虽有其他住房但居住困难的人。他处房屋的性质，仅限于福利性质取得的房屋。

顾某、曹甲是系争房屋的共同居住人，有权分得系争房屋的征收补偿利益，曹乙、曹丙不是系争房屋的共同居住人，无权分得系争房屋的征收补偿利益，是本案无争议的事实。

本案的争议焦点为张某是否属于系争房屋的共同居住人。张某的户籍于1992年迁入系争房屋后至征收，其间从未发生迁移，1993年在系争房屋的基础上增配了B处房屋，增配实际系原房屋居住人员共同享有的利益，而当时的家庭主要成员就包括张某。此后，虽然在林某与张某等就系争房屋与B处房屋居住使用纠纷案件中，法院判决确认张某对于B处房屋享有居住权，但张某并未实际居住B处，其户口亦在系争房屋内未发生变动，且之后B处房屋的承租人变更为曹丁，该房屋同时也被纳入征收范围，并经签订征收补偿协议，而获得了征收补偿利益。因张某的户籍不在B处房屋内，其不具备获得B处房屋征收补偿利益的基本条件，故张某的居住权益应在本案所涉的系争房屋中予以保障，张某可认定为系争房屋的共同居住人。综上，系争房屋的征收补偿利益应当在顾某、曹甲、张某之间分配。顾某居住系争房屋至征收，产权调换房屋由顾某申购，可保障其居住利益。结合系争房屋的来源、实际居住情况以及B处房屋征收补偿情况等因素，故法院最终酌情确定系争房屋剩余征收补偿款260万元，由顾某、曹甲共同分得80万元，由张某分得180万元具有合理性。

四、法官感悟

习近平法治思想指出，坚持以人民为中心是关于全面依法治国的根本立场，坚持法治为了人民、依靠人民。[1]我国社会主义制度保证了人民当家作主的主体地位，也保证了人民在全面推进依法治国中的主体地位。人民是历史的创造者，是决定党和国家前途命运的根本力量。法治的根基在人民，要把以人民为中心的发展思想贯穿立法、执法、司法、守法各个环节。要坚持人民主体地位，把体现人民利益、反映人民愿望、维护人民权益、增进人民福祉落实到依法治国全过程，使法律及其实施充分体现人民意志。依法治国各项工作都要贯彻党的群众路线，密切同人民群众联系，倾听人民呼声，回应人民期待，不断解决好人民最关心最直接最现实的利益问题。

人民对美好生活的向往，就是我们党的奋斗目标，要积极回应人民群众新要求新期待。习近平总书记指出，“坚持问题导向、目标导向，树立辩证思维和全局观念，系统研究谋划和解决法治领域人民群众反映强烈的突出问题，不断增强人民群众获得感、幸福感、安全感，用法治保障人民安居乐业”。[2]政法机关在保障人民安居乐业、服务经济社会发展、维护国家安全和社会稳定中具有十分重要的作用，要顺应人民群众对公共安全、司法公正、权益保障的新期待，全力推进平安中国、法治中国建设，进一步提高司法执法能力，进一步增强人民群众安全感和满意度，进一步提高政法工作亲和力和公信力，保证中国特色社会主义事业在和谐稳定的社会环境中顺利推进。

住房是维系家庭生活的纽带，是人民过上幸福生活的基本保障，涉旧房屋征收是城市建设和改善民生的重要工程，房屋征收补偿利益分割已成为纠纷最为集中的环节。房屋征收民事纠纷法律性、政策性、伦理性强，具有明显的时代特征和地域特征。为此，法院在处理房屋征收补偿利益分割纠纷案件时，应以法律为依据，以人民为中心，审慎行使司法裁量权，保障人民居住权益，回应人民期待，增进人民福祉。

本案审理过程中，最初阅看顾某家庭的诉请及理由时，会给人产生一种张某不符合共同居住人条件的错觉，因为若严格按照公房共同居住人的认定标准，共同居住人需具备在被征收房屋实际居住一年以上的条件，而张某成

---

〔1〕《习近平：坚持走中国特色社会主义法治道路　更好推进中国特色社会主义法治体系建设》，载 https://www.12371.cn/2022/02/15/ARTI1644910478701578.shtml，2024 年 7 月 22 日访问。

〔2〕《习近平：坚定不移走中国特色社会主义法治道路　为全面建设社会主义现代化国家提供有力法治保障》，载 https://www.12371.cn/2021/02/28/ARTI1614497131844532.shtml，2024 年 7 月 22 日访问。

年后未在系争房屋内居住一年以上，其本应不属于系争房屋共同居住人，但审判人员经过审理，深入了解案情后，查明该家庭曾受配过两套房屋，分别是系争房屋和B处房屋，张某的户籍于1992年迁入系争房屋后至征收前从未迁出，1993年在系争房屋的基础上增配了B处房屋，增配时，家庭主要成员包括张某。所谓增配房屋，指的是由于原始受配房屋内引进新的户口（子女报出生、因结婚而将户口迁入等），房屋原有居住面积不足人均最低法定标准，而陷入居住困难的，并根据申请职工的工龄、职称、家庭人数等情况，单位根据居民的申请，在保留居民享有原始公房的情况下，另行增配一套公房，以解决该户家庭居住困难问题。在增配过程中，如果增配房屋面积过大，申请人需要向公房管理部门缴纳相应的款项。由此可见，增配房屋属于对初始房屋的面积补充，也是初始房屋的延续。B处房屋的增配是用于改善原住房家庭的全体人员的居住，张某是原始受配人之一，对于房屋增配有贡献，若没有张某，可能不满足增配的条件，系争房屋和B处房屋的居住权益对该家庭而言应是一体的，此后，虽然在林某与张某等就系争房屋与B处房屋居住使用纠纷案件中，法院判决确认张某对于B处房屋享有居住权，但之后B处房屋的承租人变更为曹丁，而张某的户籍不在B处房屋内，目前该房屋亦已被纳入征收范围并签订了征收补偿协议，获得了征收补偿利益，张某却不可能具备获得B处房屋征收补偿利益的法定条件，因此根据当时的分房情况和两套房屋目前的情况，张某的居住权益应在本案所涉的系争房屋中予以保障。依法保障人民群众的居住权益，是维护民生最直接的体现。而在具体分配征收补偿利益份额时，法院考虑到顾某实际居住在系争房屋内，居住高度依赖于系争房屋，故将产权调换房屋判决由其申购，征收补偿利益的分配也向顾某一方倾斜，又一次体现了坚持以人民为中心的思想，把促进社会公平正义、增进人民福祉作为各项工作的出发点和落脚点，不断实现好维护好发展好最广大人民的根本利益，用法治保障人民安居乐业，解决人民最关心的突出问题。

在本案中，若将系争房屋和B处房屋割裂考虑，张某未在系争房屋实际居住，无权分得征收补偿利益，系争房屋的征收补偿利益将全部归顾某家庭，而B处房屋目前也已经征收，取得了420余万元征收补偿款，B处房屋的承租人为顾某的丈夫，这样一来，将会出现顾某家庭获得两套房屋的征收补偿利益，而张某未能获得任何利益的结果，明显失衡。因此，系争房屋与B处房屋应当整体考虑。该案审理过程中，审判人员并非僵化地适用法律，而是综合考虑系争房屋和B处房屋来源、原承租人情况、另案已生效判决确认的系争房屋和B处房屋居住情况、B处房屋的征收补偿情况等因素，尽可能实现利益平衡。这体现了习近平法治思想对于社会公平正义的价值追求。理国要道，在于公平正直。公平正义是中国特色社会主义的内在要求，是我们党追求的崇高价值。公正是法治的生命线，法治不仅要求完备的法律体系、完善的执法机制、普遍的法律遵守，更要求公平正义得到维护和实现。全面依法治国，必须紧紧围绕保障和促进社会公平正义来进行。习近平总书记指出："必须牢牢把握社会公平正义这一法治价值追求，努力让人民群众在每一项法律制度、每一个执法决定、每一宗司法案件中都感受到公平正义。"〔1〕习近平法治思想还提出立法、执法、司法都要把社会主义核心价值观贯穿其中，将社会主义核心价值观融入法治建设和社会治理，使社会主义法治成为良法善治，本案体现了社会主义核心价值观中对公正、法治的要求。

本案是用习近平法治思想指导解决实际问题，运用法治思维、法治方式推进全面依法治国、建设法治中国的生动实践，体现了习近平法治思想中以人民为中心，以法治保障人民安居乐业，促进社会公平正义、维护社会和谐稳定，满足人民对美好生活的向往的精神。人民权益要靠法律保障，法律权威要靠人民维护，全面依法治国最广泛、最深厚的基础是人民。民事案件同人民群众权益联系最直接最密切，法院工作人员应当秉持公正司法、依法维护人民权益，通过一个个案件、一次次庭审、一份份文书，充分调动人民群众投身依法治国实践的积极性和主动性，使全体人民都成为社会主义法治的忠实崇尚者、自觉遵守者、坚定捍卫者，使尊法、信法、守法、用法、护法成为全体人民的共同追求和自觉行动。

专家点评

习近平总书记强调，"要始终把人民安危冷暖放在心上，帮助群众解决就业、收入、就学、社保、医保、住房等方面的实际困难，扎扎实实做好保障和改善民生各项工作"。〔2〕住房问题是中国家庭的民生大事，是人民安居乐业

〔1〕《习近平：加强党对全面依法治国的领导》，载 https：www.12371.cn/2019/02/15/ARTI1550217630844378.shtml，2024年7月22日访问。

〔2〕《〈习近平谈治国理政〉第四卷｜使伟大抗疫精神转化为实现中华民族伟大复兴的强大力量》，载 https://www.12371.cn/2022/09/03/ARTI1662190980751526.shtml，2024年7月22日访问。

的基础和保障，在房屋征收补偿利益分割环节，民事纠纷的社会性特征尤为显著。公房计划分配时期，家庭是国家统一分配住房的条件和对象，在此基础上形成了家庭的共同居住权益。在住房市场化转型的特殊年代，公房的原住家庭为国家承担了城市居民居住保障的责任。然而，因城市建设进行的房屋征收中，公房家庭成员针对补偿利益的分割纠纷被置于民事调解和诉讼过程中予以解决，加剧了公房家庭共同居住权益的私法化。以本案为例，征收补偿利益分割纠纷案件处理应当以被安置人的实体权利，同时考量家庭成员之间的利益平衡，在公平正义的基础上做出价值衡量，减少当事人的讼累。因地制宜、因时制宜，切实解决人民群众的急、难、愁、盼问题，对司法裁量权的审慎程度提出了更高要求。

本案争议的焦点问题，与我国公房制度变迁有着不解之缘。该案审理过程中，审判人员并非僵化地适用法律，而是综合考虑系争房屋和他处房屋来源、原承租人情况、另案已生效判决确认的系争房屋和他处房屋居住情况、他处房屋的征收补偿情况等因素，尽可能实现利益平衡。其一，关于居住权益的保障问题。居住权益保障的核心问题也即案中共同居住人的认定问题。从户籍、实际居住情况、实际房产情况等因素进行综合考量，若严格按照公房共同居住人的认定标准，共同居住人需具备在被征收房屋实际居住一年以上的条件，对于案件部分当事人难以实现实质的公平，也不符合民法基本原则的要义。其二，关于家庭利益的平衡问题。回归住房的本质，即家庭成员共同居住生活的场所，关注共同居住人中“在本市无其他住房或者虽有其他住房但居住困难的人”，也回归了住房的保障群众基本生活需要的本质属性。当涉案民事主体在民事法律关系中明显处于弱势地位或不利处境，且系家庭成员的条件下，考量具体案件事实及法律根据的前提下，结合公序良俗和公平原则的内涵要求应当对家庭成员间的和谐和家庭利益的平衡进行司法裁量，切实用司法资源有效化解群众的民事纠纷，维护社会的和谐稳定。

（高志宏，南京航空航天大学法学院院长、教授，博士生导师）

张某某、袁某某等人制作、传播淫秽物品牟利案

——淫秽物品性质的司法认定

袁 婷[*] 夏 菁[**]

一、基本案情

上海市黄浦区人民检察院起诉指控：被告人张某某系北京骁嫣科技有限公司（以下简称“骁嫣公司”）法定代表人，通过他人于2019年年初在境外注册A网站，组织多名女模特在上海的大学校园等国内多处公共场所拍摄全裸照片及视频，并雇佣被告人冯某和被告人袁某某负责摄影、摄像，被告人南某负责上传照片、视频及行政管理，被告人夏某某负责网站维护及上传照片、视频。被告人将上述照片及视频上传后，通过公司运营的B网站出售礼品卡等方式收取会员费进行牟利，共计人民币80余万元。公安机关经侦查将5名被告人抓获，并当场扣押电脑、相机等作案工具。到案后，袁某某、冯某、夏某某、南某如实供述了上述事实。经上海市公安局淫秽物品审查鉴定中心（以下简称“市局鉴定中心”）鉴定：涉案的1027张照片文件、55份视频文件系淫秽物品。

冯某、夏某某、南某对公诉机关起诉指控的事实、罪名均无异议，张某某、袁某某以及袁某某的辩护人认为，张某某等人出于个人艺术追求而拍摄人体艺术，涉案照片和视频是人体艺术而非淫秽物品，本案不构成制作、传播淫秽物品牟利罪。张某某的辩护人认为一审鉴定机构不具有鉴定资质，鉴定人与本案有利害关系应当回避，且鉴定标准混乱；一审判决前后涉案照片均获得了不同摄影大赛奖项，高校摄影教授从专业角度证明照片诠释了年轻

---

* 袁婷：上海市第二中级人民法院刑事审判庭副庭长、三级高级法官。

** 夏菁：上海市第二中级人民法院刑事审判庭法官助理。

人在喧嚣的城市中的压抑与孤独，以“超现实主义样式”“用哲学思想思考现实社会”，具有艺术价值。因此涉案照片不属于淫秽物品，本案不应认定为制作、传播淫秽物品牟利罪。

法院经审理查明：被告人张某某设立骁嫣公司并担任法定代表人，组织多名女模特在京、沪、穗、深、厦等城市包括大学校园、商场在内的多处公共场所拍摄标题如“在公共场所公交站牌前突然脱掉衣服”“民宅里有男性维修工时脱掉全部衣服”等全裸照片、视频，并先后雇佣被告人冯某、被告人袁某某负责摄影、摄像并对视频、照片进行编辑，被告人夏某某负责网站维护及上传照片、视频，被告人南某负责行政管理及上传照片、视频等。相关照片、视频经编辑后上传至境外注册的 A 网站，在网站浏览、下载照片、视频需成为会员并以有偿订阅的形式支付费用（每月 15.99 美元或每年 159.99 美元），订阅时网站可跳转至骁嫣公司运营的 B 网站，B 网站以微信或支付宝收款的方式出售 20 美元和 100 美元面值的礼品卡，可用于支付 A 网站的订阅费用，礼品卡销售收入进入骁嫣公司账户，张某某等人以此方式进行牟利。公安机关经侦查后将 5 名被告人抓获，当场扣押相关作案工具，后委托司法鉴定机构对境外的 A 网站进行远程勘验，提取相关视频及图片。经市局鉴定中心鉴定，送检的照片和视频中，1027 张照片和 55 份视频文件系淫秽物品。袁某某、冯某、夏某某、南某如实供述了前述事实。

一审法院审理期间，经一审法院委托，由市局鉴定中心会同上海市新闻出版局组成的鉴定组鉴定：去除重复及不清晰文件后，送检的文件中 47 份文件系淫秽视频，632 份文件系淫秽照片。

二、裁判结果

上海市黄浦区人民法院于 2021 年 8 月 31 日作出［2021］沪 0101 刑初 96 号刑事判决，以制作、传播淫秽物品牟利罪分别判处被告人张某某有期徒刑 2 年 10 个月，并处罚金人民币 20 万元；判处被告人袁某某有期徒刑 1 年 5 个月，并处罚金人民币 10 万元；判处被告人冯某、被告人夏某某、被告人南某有期徒刑 1 年 5 个月至 8 个月不等，罚金人民币 10 万元至 2 万元不等；违法所得及涉案作案工具应予没收。宣判后张某某、袁某某不服，提出上诉。上海市第二中级人民法院于 2022 年 10 月 31 日作出［2021］沪 02 刑终 1152 号刑事裁定，驳回上诉，维持原判。

三、裁判理由

法院生效裁判认为：（1）淫秽物品性质的认定是淫秽物品犯罪案件中刑事违法性认定的关键问题，应由法官作为认定主体。（2）淫秽犯罪法律规范蕴含的理论基础决定，淫秽物品的判断应遵循整体性原则和社会一般人的标准。（3）市局鉴定中心会同上海市新闻出版局组成的鉴定组作为法定鉴定机构具有鉴定资质，鉴定程序合法、鉴定内容和形式等均符合法定要求，该鉴定意见可以作为法官判断淫秽物品性质的证据资料；文化艺术界专业人士以及艺术奖项中对于涉案物品性质的见解、评语，不能代表社会一般公众对涉案物品是否具有诲淫性及科学艺术价值的感受，亦只能作为法官对涉案物品性质进行认定的参考。（4）根据上述原则和标准，张某某等人在校园、商场等公共场所拍摄的模特全裸视频及照片具有诲淫性，张某某等人还将拍摄的视频、照片在境外网站上对公众无差别有偿提供，并且提供包月、包年礼品卡等销售方式，难以认为是在艺术层面的交流和展示，难以认定具有艺术价值，因此本案各名被告人的行为构成制作、传播淫秽物品牟利罪。依照《刑事诉讼法》第236条第1款第1项之规定，裁定驳回上诉，维持原判。

四、法官感悟

本案中关于涉案物品性质是艺术品还是淫秽物品的争论，实际上体现了进入新时代后，人民群众在物质生活丰富之后对于精神文化生活的不同需求，尤其体现了互联网渗透日常生活之后，人民群众面对泥沙俱下的网络文化产品的彷徨，需要社会主义法治对文化生活划出红线、作出指引。以人民为中心是新时代坚持和发展中国特色社会主义的根本立场，坚持以人民为中心、坚持法治为人民服务是习近平法治思想的根本立足点，法治建设要积极回应人民群众的新要求、新期待，研究和解决法治领域的突出问题。本案中对于涉案物品性质的争论，一方面反映了人民群众的精神文化需求日益增长，我国幅员辽阔，发展不平衡不充分，不同人群对于同一物品有不同的看法；另一方面反映了在社会发展过程中，法律的滞后性导致对于新生文化事物的应对存在空窗期，关于淫秽物品性质认定的主体、标准等问题，需要以正确、权威的人民法院判决予以确立，给文化产品的产出树立金线，为人民群众的文化生活保驾护航。

审判实务中，对于淫秽物品的认定，通常由公安机关或者公安机关会同新闻出版部门作出认定，检法机关对于符合程序要求的认定一般也采取认可态度。本案中，被告人及辩护人认为公安机关作为办案机关在本案中出具淫秽物品性质的“鉴定”有违程序正义，并提出涉案照片获得了人体艺术摄影大赛奖项，应根据美术、摄影教授等专业人士的观点感受，认定被告人拍摄的视频、照片为艺术作品。由此本案引出了涉淫秽物品犯罪中的两个重要问题，即淫秽物品的司法认定主体是谁？淫秽物品认定应采用何种标准？

一是主体之辨：法秩序统一视域下淫秽物品的司法认定主体。在类似淫秽物品犯罪等行政犯认定的场合，由于构成要件的认定上具有一定的专业性，因而相关主管的行政部门一般会发布相关行政规范。当前行政规范与刑事规范中都存在“淫秽物品”的概念，淫秽物品的认定主体各有不同，出于法秩序统一的目的，法律规范之间不能有内在矛盾，笔者认为在刑事审判中淫秽物品性质的认定直接关系刑事违法性的判断，理应由法官作为认定主体。虽然国家新闻出版署、公安部等部门关于淫秽物品认定的相关规定中，使用了“鉴定”的用语，但究其本质仍然属于对违法性进行判断的行政认定，在刑事审判中并不具备强制性和优越性，法官对于淫秽物品性质的判断，并不被该行政认定所决定。

二是标准之辨：法律规范价值指引下淫秽物品的判断原则与标准。《刑法》中规定的淫秽物品具有诲淫性、没有科学艺术性的正反两向特征，意味着诲淫性与科学艺术性并非不能同时存在。对于包含色情内容的著作和文学、艺术作品，如果能够认定其科学性和艺术价值，则可将其排除在淫秽物品范围之外，这要求对于淫秽物品的性质应当进行整体性评价，即遵循整体性原则，否则古今中外文学艺术领域的众多扛鼎之作都将被打上“淫秽物品”的烙印。

不同主体在不同价值观念、文化修养、时代背景下，对于淫秽物品性质会得出不同的判断，这要求淫秽物品的判断标准要考虑时代和个体差异。我国有关淫秽物品的刑事立法兼顾了道德主义、家长主义、功利主义的立场，不管是“追求最大多数人的最大幸福”的功利主义，还是认为“社会是一个观念共同体，若不共享关于政治、道德、伦理的观念，社会就不能存在”的道德主义，还是其他补充性的解释，都体现了法律对于淫秽物品性质进行评价时，都不得不考虑最大多数人、普通人的观念和感受。因此淫秽物品性质的认定，宜采用社会一般人的标准。文化艺术界专业人士对于艺术价值的见解可能有别于社会一般通念，其艺术主张往往就是对时代束缚的批判，只能作为法官认定淫秽物品性质的参考资料。此外，行为时的特定文化语境应当作为考虑因素，本案中张某某将其拍摄的视频、照片在境外网站上对公众无差别有偿提供，并且提供包月、包年礼品卡等销售方式，难以认为是在对具有“哲学思想”“诠释压抑孤独”的艺术作品进行交易，以及在主张“严肃的艺术价值”。

专家点评

本案例在淫秽物品的认定上，坚持了刑法惩罚淫秽物品的多元主义立场，对于化解司法层面对于淫秽物品认定应采取什么标准上存在的张力起到了指导作用。

我国有关淫秽物品的刑事立法兼顾了道德主义、家长主义、功利主义的立场，既融入规范违反说，又采纳法益侵害说。同时，采取多元主义立场并不意味着这些主义的单纯拼凑，而是有所侧重，在其中找到平衡。我国有关淫秽物品的刑事立法主要考虑的是冒犯原则，淫秽物品无端挑动他人性欲，这是对他人的冒犯。因此，对于淫秽物品的认定也应当是以冒犯原则为主导的。本案中，法官采取社会一般人的标准认定案涉视频、照片属于淫秽物品符合冒犯原则判断标准，因为对“他人”的冒犯需要采取社会一般人视角作为是否有诲淫性、科学艺术性的判断标准，而不只是根据视频、照片是否获奖或者专家认为是否具有艺术价值即可进行判断。同时，法官强调行为人行为时的特定境况，即有偿对外提供，也为认定淫秽物品提供了良好思路，不仅应当考虑物品是否满足淫秽的判断标准，也要考虑该物品在什么时空下使用。本案的裁判思路能够有效指引后续同案审判实践。

习近平总书记指出，要“健全司法权力运行机制，完善主审法官、合议庭办案责任制，让审判者裁判、由裁判者负责”。[1]以审判为中心的诉讼制度改革，即意味着通过法院审判职能的发挥和强化，确保证据裁判原则在刑事诉讼全过程中的贯彻落实，使侦查、审查起诉的案件事实、证据都经得起审

---

〔1〕《习近平：关于〈中共中央关于全面深化改革若干重大问题的决定〉的说明》，载 https://news.12371.cn/2013/11/15/ART1384513621204530.shtml，2024 年 7 月 22 日访问。

判的检验。因此，法官作为淫秽物品的司法认定主体，符合以审判为中心诉讼制度改革的要求。淫秽物品的认定作为判断是否构成犯罪的重要条件，只依靠国家新闻出版署、公安部等部门作出的行政认定，无法替代法官在刑事审判中进行的刑事违法性判断，因此，仍然需要依靠法官根据证据规则并结合案件事实形成心证，就淫秽物品的认定作出最终的判断。本案将法官作为淫秽物品认定主体有利于审判职能发挥的同时，也确保了法秩序的统一。

（虞浔，华东政法大学社会协同合作处处长、教授，硕士生导师）

原告甲公司诉被告乙公司、第三人丙公司房屋租赁合同纠纷案

——对优先承租权行使“合理期限”的探索与思考

王　伟[*]　张文如[**]

一、基本案情

甲公司诉称：乙公司为虹口区×路×号底层房屋管理人，甲公司承租该房屋多年，租期至2021年9月30日。2021年7月始，甲公司与乙公司之间曾多次就续租涨价问题进行口头协商，双方未达成一致。2021年9月13日，乙公司函告甲公司，合同到期后不再与甲公司续租，要求甲公司到期后搬离。2021年12月1日，丙公司法定代表人通过微信方式告知甲公司，丙公司已经与乙公司签订房屋租赁合同并取得了系争房屋的承租权。甲公司认为，合同到期后，甲公司享有优先承租权，且丙公司的股东原系甲公司的员工，此前一直在租赁房屋内长期工作，丙公司并非善意第三人，不能合法取得系争房屋承租权。故甲公司诉至法院，要求由甲公司按同等条件承租系争房屋。

乙公司辩称，甲公司不应享有优先承租权，原因如下：（1）系争房屋一直由丙公司承包使用，甲公司并非实际占有、使用人，不属于优先承租权的适格保护对象；（2）根据租赁合同约定，甲公司需继续承租系争房屋的，应于租赁期限届满前一个月向乙公司提出续租书面要求，甲公司并未依约提出续约申请；（3）甲公司不符合优先承租权中“同等条件”的构成要件。租赁合同到期终止前双方多次口头协商续租事宜，但甲公司未同意乙公司涨价要求，未表示要续租；（4）甲公司行使权利超过合理期间。即使甲公司具有优

* 王伟：上海市第二中级人民法院民事审判庭审判团队负责人、三级高级法官。

** 张文如：上海市第二中级人民法院民事审判庭法官助理。

先承租权，其行使期限也不应超过承租人优先购买权的行使期间 15 天。2021 年 10 月 26 日，乙公司工作人员通过微信将乙公司与丙公司的签约情况告知甲公司，甲公司亦自述 2021 年 12 月 1 日通过丙公司知悉新的租赁关系，但其 2022 年 1 月 20 日才发函给乙公司并提起诉讼，主张权利已超过合理期间。

丙公司述称：不同意甲公司诉讼请求。甲乙之间的租赁合同到期前，双方曾就续租进行协商，但就租金及期限至合同终止时仍未达成一致。甲公司未按约定书面提出续租，不享有优先承租权。即使认定乙公司侵害了甲公司的优先承租权，甲公司也只能主张赔偿，而不是否认丙公司与乙公司之间的租赁合同。

一审法院认定事实：甲公司承租系争房屋多年，根据 2014 年 4 月 17 日甲公司（乙方）与房屋原管理人（甲方）签订的《房屋租赁合同》，双方约定：房屋建筑面积为 1329 平方米，用途为商用，交房日期 2014 年 4 月 1 日前，租赁日期自 2014 年 4 月 1 日起至 2021 年 9 月 30 日止。2014 年 4 月 1 日起至 2015 年 12 月 31 日每年租金为 380 000 元，自 2016 年 1 月 1 日起至 2021 年 9 月 30 日每年租金为 400 000 元。租金每 3 个月支付一次。协议还约定：租赁期满，乙方应如期返还该房屋。乙方需继续承租该房屋的，则应于租赁期届满前 1 个月，向甲方提出续租书面要求，经甲方同意后，双方应重新签订租赁合同。2019 年年底，原管理人将系争房屋委托给乙公司经营管理，期限自 2020 年 1 月 1 日至 2022 年 12 月 31 日，为此三方共同签订《房屋租赁合同补充协议》：自 2020 年 1 月 1 日（本协议生效之日）起，原合同中的出租方变更为乙公司，原管理人作为出租方的权利义务由乙公司承担。合同其他条款维持不变，补充协议未涉及内容按照原合同约定执行。甲公司一直正常支付租金。2021 年 7 月始，甲乙之间曾多次就续租涨价问题进行口头协商，双方未达成一致，2021 年 9 月 13 日乙公司致函甲公司：贵司承租的×路×号底层房屋租赁合同将于 2021 年 9 月 30 日到期，现我司决定不再与贵司续租，特此告知如下，请贵司于 2021 年 10 月 1 日前搬离该租赁房屋，并结清剩余房租、水、电、燃气、电信宽带等相关费用，做好清场工作将该房屋移交至我司，若逾期未搬离该房屋产生的一切后果由贵司承担。

另查明，2019 年 3 月 28 日，甲公司与丙公司签订《承包经营合同》，丙公司就甲公司所营运管理的×路×号汽车快修站予以承包经营，双方的合作形式无固定结束期限。系争房屋另有一部分面积由案外人用于洗车经营。

又查明，乙公司（甲方）与丙公司（乙方）签订《房屋租赁合同（非居住类）》将系争房屋出租给丙公司，租赁期限自2021年10月1日起至2024年9月30日止。租金起算日为2021年10月1日，甲方于起租日当天即2021年10月1日向乙方交付该房屋。月租金合计为80 850元，租金每三个月支付一次，乙方应在每个支付期首月10日前将本支付期的租金支付至甲乙指定账户。

还查明，2021年10月26日，乙公司工作人员告知甲公司法定代表人已和丙公司签订租赁合同，并表示："上周五（2021年10月22日）集团批示和丙公司签合同。"2021年12月1日，丙公司法定代表人通过微信方式将丙公司与乙公司签订的房屋租赁合同发送给甲公司。2022年1月20日，甲公司向乙公司发函主张优先承租权。

二审法院经审理查明，一审法院查明的事实属实，二审法院予以确认。

二、裁判结果

上海市虹口区人民法院于2022年9月15日作出［2022］沪0109民初2179号民事判决：驳回甲公司的诉讼请求。

上海市第二中级人民法院于2023年1月29日作出［2022］沪02民终10996号民事判决：驳回上诉，维持原判。

三、裁判理由

生效判决认为，本案争议焦点为：第一，乙公司与丙公司是否恶意侵犯甲公司的优先承租权。甲公司上诉认为，乙公司与丙公司恶意隐瞒订立租赁合同的事实。对此，二审法院认为，甲公司与乙公司租赁合同中约定：甲公司需继续承租该房屋的，应于租赁期届满前一个月向乙公司提出续租书面要求，经同意后，双方应重新签订租赁合同。根据该约定，甲公司应于2021年9月1日之前书面向乙公司提出续租申请，但甲公司并未书面申请续租。甲公司与乙公司一审中均确认，双方曾在租期届满前多次就租金上涨以及续租问题进行口头协商，但未能达成一致。从上述协商洽谈的过程可以看出，乙公司是在无法就续租问题与甲公司达成一致后与丙公司洽谈租赁事宜，并无恶意规避优先承租权的行为。

第二，关于承租人行使优先承租权合理期限的起算时间问题。甲公司上诉认为，由于乙公司未履行通知义务，甲公司提起诉讼时不应视为已超过合理期限。二审法院认为，在优先承租权法律关系中，出租人负有通知义务，即出租人应将其与第三人谈妥的缔结租赁合同的条件告知承租人。乙公司与丙公司缔约前仅告知甲公司“集团批示签合同”，并未告知合同的主要条款，故乙公司在履行通知义务中有瑕疵。出租人虽然有通知义务，但承租人自知晓缔结合同的同等条件之日即可以决策是否按照同等条件行使优先承租权，故优先承租权行使的合理期限应从承租人知晓缔结合同的同等条件之日起计算。甲公司要求从出租人履行了告知义务之日起计算，将导致出租人、承租人与第三人之间不确定的法律关系无限拖延，不利于降低交易的时间成本。故本案中甲公司行使优先承租权的合理期限应从取得合同文本之日，即 2021 年 12 月 1 日开始计算。

第三，关于优先承租权行使的合理期限问题。甲公司上诉认为，一审判决参考了优先购买权行使的合理期限，将行使优先承租权的合理期限界定为 15 日缺乏法律依据。二审法院认为，优先承租权与优先购买权都是对房屋出租人处分权能进行必要、合理的限制，以保障承租人长期占有、使用房屋的预期及其对房屋的其他持续性利益。但优先购买权与优先承租权还是存在一定的区别。首先，买卖合同是典型的一时性合同，在优先购买权法律关系中出租人将房屋出售过户后，对房屋的收益、处分权能等相应转移给买受方，故无论是承租人，还是第三人购买房屋，对于出租人影响较小；但对于承租人而言，其愿意接受出租人与第三方商榷的“同等条件”购买房屋，改变租房的现状，说明其与房屋的粘合度较高。或者换言之，待出售的房屋对其生活、生产较为重要，相较于出租人的通知义务，承租人需要承担巨额的金钱给付义务，故在优先购买权关系中应更加侧重对承租人利益的保护。而在优先承租权法律关系中，基于租赁合同为典型的继续性合同，房屋由何方租赁、房屋的使用状况、与邻里的关系或者经营的业态都与出租人息息相关，出租人在选择承租人时有一定的主观信赖因素。而对于承租人，其对房屋的成本投入应基于对约定租期的合理预期，其对租期届满而无法续租应有预见，故在保护承租人优先承租权时，更应尊重出租人的缔约选择权。

其次，在优先承租权法律关系中，出租人与承租人通常在租期届满之前的较长时间内就开始围绕续租进行商谈，当双方就租金、租期无法谈拢之后，出租人对外发布招租的广告，并与有意向的第三人洽谈。出租人与第三人就租赁合同的基本条款达成一致并将该“同等条件”通知优先承租权人时，优先承租权人已经有足够的时间考虑清楚其能够接受的租赁条件；这与优先购买权中出租人决定出售房屋的时间具有不确定性、无法预期的状况完全不同。优先承租权人完全可以在租期届满前考虑清楚其愿意以何种条款承租房屋。

基于上述区别，法院认为优先承租权行使的合理期限应当短于或等于行使优先购买权的 15 日，以尽快结束不确定的法律状态，降低交易的时间成本，实现社会整体利益的最大化。甲公司于 2021 年 12 月 1 日取得了丙公司承租的合同文本，其却于 2022 年 1 月中旬才向法院提起诉讼要求行使优先承租权，时间长达近 50 日，远远超过了优先承租权行使的合理期限。

综上，甲公司的上诉理由，二审法院均不予采纳。

四、法官感悟

公平和正义是司法的灵魂和生命。习近平总书记强调指出：“必须牢牢把握社会公平正义这一法治价值追求，努力让人民群众在每一项法律制度、每一个执法决定、每一宗司法案件中都感受到公平正义。”[1]这是习近平法治思想在审判领域的具体体现，也是人民法院的奋斗方向和工作目标。

如何在新时代司法审判中实现公平正义，特别是面对法律规定存在留白而带来的挑战时，执法者的能力显得尤为重要。结合本案的办理感悟，笔者认为要实现公平正义的目标，人民法官在司法实践中应努力做到以下两点：

第一，坚持能动司法理念。简单说就是要积极、主动、自觉地去思考法律适用问题，以民为本，循法而行。办理具体案件时，必须卸掉教条主义、机械司法的理念枷锁，真正做到讲政治、顾大局，切实贯彻“公正与效率”的工作主题。

这起当事人主张行使优先承租权的案件，最棘手的部分在于法律仅对这项制度作了原则性规定，具体适用时需要突破表面文字的限制，在法的本义、精神、原则下去感受和实现立法者的意图，凭借法官的智慧、经验作出更体现法的本质、更符合人民群众要求的判决，使司法裁判“文本法”的适用充分契合人民群众感受的“内心法”。

---

〔1〕《习近平：加强党对全面依法治国的领导》，载 https://www.12371.cn/2019/02/15/ARTI1550217630844378.shtml，2024 年 7 月 22 日访问。

任何权利的行使均应有相应的义务加以限制。法律规定承租人享有优先承租权，目的在于保护承租人的基本生存权或经营权，减少交易成本。但承租人行使该权利时，亦应遵守一定的规则。否则，涉及租赁物的新的租赁法律关系将无法及时产生及确立，法律关系长期悬而未决会导致更多的法律纠纷，进而侵害出租人和第三人的合法权益。在本案中，体现为承租人应在合同到期前明确向出租人提出续租主张，以及在得知出租人另行与第三人签订新租赁合同时，应在合理期限内提出异议。本案中，乙公司与甲公司之间就续租租金问题多次进行协商，这体现了乙公司一方愿意与甲公司续约的意愿。但直至租赁合同到期终止，双方未能就此达成一致，甲公司始终未明确向乙公司表示续租。甲公司在得知乙公司已将房屋另行出租给第三人的事实后，乃至获知新租赁合同文本时，均未能在合理期限内向乙公司提出行使优先承租权的主张。这时如果一味强调甲公司应享有无限制的优先承租权，必然会对乙公司与丙公司已经形成的新租赁关系造成不利影响，也是对甲公司怠于行使权利的纵容。故甲公司的诉请未能获得支持。

第二，把人民感受放心上。这是学思践悟习近平法治思想、传承司法为民宗旨的必然要求。“法律面前人人平等”“坚持法治为了人民、依靠人民、造福人民、保护人民”等，绝不是几句简单的口号。这是人民群众切实的司法需求，也是人民群众对当下法治生活的美好期待。人民至上，需要人民法官深刻理解“情、理、法”所蕴含的价值追求，增强人民群众对司法的认同感、获得感。

本案的难点之一在于优先承租权行使的“合理期限”的认定。如何确定“合理期限”，直接关系如何平等地保护和平衡甲公司、乙公司、丙公司三方权益，使三方均能感受到司法的权威，亦能感受到司法的温度。甲公司要求行使的是法定优先承租权，在法律没有规定或当事人没有约定的情况下，应由法官在法律的赋权下，行使有限的司法选择权，进行自由裁量。具体而言，就是法官应根据合同性质、交易目的、交易习惯等，结合诚实信用原则对合理期限予以综合考量。在本案中，与承租人优先承租权最为接近的权利为承租人的优先购买权，二者在立法目的、保护对象等方面具有较强的类似性。鉴于各方均能理解和接受法律关于优先购买权行使期限的规定，一审、二审法院均参考了法律关于行使优先购买权的15天期限作为本案甲公司行使优先承租权的期限，最终作出了符合甲、乙、丙公司三方合法权益的判决。

理念是行动的先导，理念一新天地宽。学习贯彻习近平法治思想，即是要运用其中蕴含的立场、观点与方法指导实践、解决问题，真正做到将习近平法治思想内化于心、外化于行，这是人民法官在司法审判中实现公平正义的不二法宝。

专家点评

《民法典》增设了房屋承租人的优先承租权，即租赁期限届满，房屋承租人享有以同等条件优先承租的权利。但《民法典》对于优先承租权的规定为高度概括的原则性规定，缺乏具体的认定标准。优先承租权案件的处理，需要综合考虑权利行使条件，包括"同等条件"的认定以及权利行使合理期限的问题。本案中的关键问题在于对"合理期限"的认定，《民法典》虽对该项权利有原则性规定，但对于其期间的界定并不明确，故此时司法的自由裁量和认定至关重要。承租人行使优先承租权时，应当遵循有约定从约定的原则，即如果双方租赁合同对于优先承租权有明确约定的，则应当按照约定的方式行使。如果没有约定就按照法定承租权的规定处理，

从实践的角度来看：首先，对于优先承租权"合理期限"的界定会影响交易的效率，尤其是商用房屋，转瞬即逝的商机和交易机会，过度拉长交易期限不利于物的经济价值的发挥。

其次，该"合理期限"的界定问题，"合理期限"的性质为除斥期间，不适用中止、中断及延长的规定。理论界虽然普遍认为承租人应当在"合理期限"内行使，但对于"合理期限"的起算点及期限存在争议。一是关于"合理期限"的起算点，有学者认为应当从出租人履行了通知义务后开始计算。笔者认为，应在承租人知晓同等条件的基础上，只要出租人履行了通知义务，也即承租人的实际知晓日期即开始起算。反之将导致出租人、承租人以及第三人之间法律关系不确定的状态无限期延长，有违优先承租权制度设置的立法本意。二是关于"合理期限"的界定，有学者认为可以参照《民法典》第 726 条第 2 款优先购买权的规定，即"出租人履行通知义务后，承租人在十五日内未明确表示购买的，视为承租人放弃优先购买权"，将优先承租权行使的合理期限也规定为 15 日，本案中亦按此计算。

诚然，本部分可以合理参考优先购买权的规定，实现承租人与出租人共同的利益最大化，特别是在商业房屋的租赁中，在固定的商业场所建立商誉，

拓展商业资源，吸引潜在顾客群体，保障并推动营业资产的可持续获得。在承租人优先承租权的法律规定尚不具体明确时，原则上可以参照《民法典》关于优先购买权的规定，但也要考量二者在优先购买权关系中其实更侧重对于承租人利益的保护，二者在利益衡量上还是有参差的，需司法人员结合案件事实进行符合立法宗旨的裁量认定。

最后，从理论角度分析：房屋租赁中优先承租权的法理基础在于合同自由，其无法作为住房租赁中社会平衡的制度依托。借鉴德国立法，我国现行法制中的优先承租权实际上以预租权为常态，与德式的优先承租权同名不同质。优先承租权制度应以贯彻意思自治、回归制度本质为导向，法定优先承租权的行使应当具有时间限制，否则涉及租赁物的新的租赁法律关系将无法产生及确定。法律关系长期悬而未决会导致更多的法律纠纷，也侵害了出租人和第三人的合法权益，不符合法定优先承租权设立的前提。正如习近平总书记所指出的那样，“司法是维护社会公平正义的最后一道防线。公正是司法的灵魂和生命”〔1〕。这里的“公正”不仅是形式上的公正，也应该是实质意义上的公正。面对法律规定存在留白而带来的挑战和法律仅存原则性规定的具体适用时，司法人员要突破表面文字的限制，在法的精神、宗旨、原则下作出更符合人民群众要求的判决，使司法裁判充分契合人民群众和市场经济高效发展的要求。

（高志宏，南京航空航天大学法学院院长、教授，博士生导师）

〔1〕《习近平：以提高司法公信力为根本尺度　坚定不移深化司法体制改革》，载 https://news.12371.cn/2015/03/25/ARTI1427284104091685.shtml，2024 年 7 月 19 日访问。

上海某针织制衣有限公司诉詹某、周某、詹某梅股东损害公司债权人利益责任纠纷案

——公司登记机关因非股东本人签名撤销股东登记后对于当事人是否具有股东资格的司法认定

庄龙平[*]　贾佳秀[**]

一、基本案情

原告上海某针织制衣有限公司（以下简称“上海某针织公司”）诉称：2013年8月29日，上海市原闸北区人民法院（以下简称“原闸北法院”）作出［2013］闸民二（商）初字第263号民事判决（以下简称“263号判决”），判令上海某实业有限公司（以下简称“上海某实业公司”）支付原告价款并承担案件受理费。后因上海某实业公司未履行前述生效判决所确定的义务，原告申请强制执行，该公司并无财产可供执行，原闸北法院遂裁定终结本次执行。原告认为，上海某实业公司三名股东被告詹某、被告周某、被告詹某梅在增资过程中存在抽逃出资的行为，请求三被告在抽逃出资本息范围内对上海某实业公司不能清偿的债务承担补充赔偿责任，并互负连带责任。

被告詹某梅辩称：不同意原告的诉讼请求。被告詹某梅并非上海某实业公司股东，不应承担相应责任。其一，根据公司登记信息，詹某梅的股东资格已被撤销。被告詹某梅自行委托鉴定机构对上海某实业公司工商内档中相应《章程修正案》《股东会决议》等文件中的被告詹某梅签名进行鉴定，鉴定结果为均非本人签名，被告詹某梅据此向上海市静安区市场监督管理局（以下简称“静安市场监管局”）举报，反映其身份证被上海某实业公司冒用，

* 庄龙平：上海市第二中级人民法院商事审判庭审判员、三级高级法官。

** 贾佳秀：上海市第二中级人民法院商事审判庭法官助理。

静安市场监管局立案调查后出具《撤销行政许可决定书》，决定撤销被告詹某梅的股东登记信息。其二，被告詹某梅从未向公司登记部门提交过身份证原件，其从未出资、从未参与公司经营、也从未取得分红。其三，被告詹某梅从未生活在上海，其身份证从未丢失也未交给被告詹某。其四，被告詹某梅与被告詹某、被告周某虽然存在亲属关系，但关系不好，也不具有法定代理情形，被告詹某梅与其已多年未联系。其五，公司登记资料显示上海某实业公司出资均已实缴到位，不存在抽逃出资情况。

第三人上海某经济发展有限公司（以下简称“上海某经济发展公司”）述称：第三人上海某经济发展公司作为代办公司对于原告的诉请和被告的答辩意见均不发表意见。

被告詹某、被告周某、第三人上海某实业公司未应诉答辩。

经审理查明：原告曾为追讨欠款起诉第三人上海某实业公司，2013 年 8 月 29 日，原闸北法院作出 263 号判决，判令上海某实业公司向原告支付价款并承担案件受理费。后因上海某实业公司未履行前述生效判决所确定的义务，原告申请强制执行，因上海某实业公司并无财产可供执行，原闸北法院遂作出裁定终结本次执行。

第三人上海某实业公司系成立于 2000 年 6 月 10 日的有限责任公司，注册资本 500 000 元，成立时的股东为被告詹某与被告周某。该公司目前处于吊销未注销状态。

2004 年 11 月 25 日，上海某实业公司作出股东会决议：公司注册资本变更为 1 000 000 元；被告詹某追加出资 200 000 元；被告周某追加出资 200 000 元；新股东詹某梅出资 100 000 元。2004 年 12 月 16 日，三被告将各自的新增出资解入上海某实业公司验资专用账户。当月 20 日，会计师事务所出具验资报告。之后，上海某实业公司办理公司变更登记。2005 年 1 月 6 日，上海某实业公司将 500 000 元解入第三人上海某经济发展公司账户，款项用途为“往来”。

之后，第三人上海某实业公司进行多轮增资，并办理公司变更登记。

2010 年 11 月 29 日，上海某实业公司作出股东会决议：公司注册资本增至 10 000 000 元；被告詹某增加注册资本 1 250 000 元，被告周某增加注册资本 1 125 000 元，被告詹某梅增加注册资本 125 000 元。2010 年 11 月 30 日，三被告将新增出资解入上海某实业公司的银行账户中。2010 年 12 月 9 日，会计师事务所出具验资报告。此后，上海某实业公司办理公司变更登记。2010

年 12 月 22 日，上海某实业公司将 2 500 000 元转入上海某服饰有限公司（以下简称“上海某服饰公司”）账户，用途备注为“货款”。

被告詹某梅于 2019 年自行委托司法鉴定科学研究院对上海某实业公司工商内档中 2004 年 11 月 25 日的《章程修正案》《股东会决议》《企业登记申请人承诺书》、2009 年 4 月 24 日的《股东会决议》、2009 年 11 月 18 日的《股东会决议》、2010 年 6 月 8 日的《股东会决议》、2010 年 11 月 29 日的《股东会决议》落款处的“詹某梅”签名是否为其本人所签进行鉴定。经鉴定，上述材料中的“詹某梅”签名均非詹某梅所写。詹某梅据此委托其妹向静安市场监管局举报，反映其身份证被上海某实业公司冒用并担任公司的股东。静安市场监管局立案调查后于 2019 年 12 月 9 日出具了静市监撤字［2019］第 06201900××××号《撤销行政许可决定书》，作出处理决定如下：撤销 2004 年 12 月 28 日对当事人的变更登记决定。

另查明，案外人沧州市某配销有限公司（以下简称“沧州某配销公司”）成立于 2001 年 4 月 27 日，注册资本 500 000 元，股东为詹某梅（持股比例 80%）与詹某（持股比例 20%），法定代表人及监事均为被告詹某梅。该公司目前处于吊销未注销状态。

上海某服饰公司系成立于 2005 年 8 月 10 日的有限责任公司，注册资本 10 000 000 元，股东为詹某与周某，监事为詹某梅，该公司目前处于吊销未注销状态。

二、裁判结果

上海市静安区人民法院于 2020 年 12 月 30 日作出［2020］沪 0106 民初 24416 号民事判决：詹某梅在其抽逃出资 225 000 元以及利息范围内对上海某实业公司在 263 号判决中未能清偿的债务承担补充赔偿责任等。

宣判后，詹某梅、上海某针织公司均不服一审判决，向法院提起上诉。

法院于 2021 年 10 月 8 日作出［2020］沪 02 民终 10692 号民事判决：“一、撤销［2020］沪 0106 民初 24416 号民事判决……四、詹某梅在其抽逃出资 225 000 元以及利息范围内对上海某实业公司在 263 号判决未能清偿的债务承担补充赔偿责任……”（二审改判事项不涉及本文法律分析）

三、裁判理由

法院生效裁判认为：詹某梅是上海某实业公司股东。

第一，静安市场监管局出具的《撤销行政许可决定书》不能否定詹某梅的股东资格。首先，公司登记机关对于上海某实业公司的变更登记申请仅作形式审查，而非实质审查。在上海某实业公司办理涉案变更登记时，上海某经济发展公司作为代办公司承办了全部手续，公司登记机关并未实质审查委托书及其他材料中签字的真实性，也未要求股东本人到场。其次，股东姓名未经登记或变更登记的，不得对抗第三人。因此，股东姓名的登记仅具有对外公示的效力，不具有设权性效力；相应地，撤销股东登记只是撤销了该登记对外公示的效力，并不具有消灭股东资格的效力。静安市场监管局出具《撤销行政许可决定书》的主要依据为“詹某梅身份证复印件以及个人签字的真实性、合法性均无证据支持”，但对于当事人是否有成为公司股东的真实意思表示并未实质审查。《撤销行政许可决定书》仅对变更登记作出了撤销，并未实质否定詹某梅的股东资格。最后，公司登记信息作为公司对外公示的权利外观的一部分，构成了善意债权人判断公司综合商业能力的信赖外观。本案中，上海某针织公司作为善意债权人无从知晓上海某实业公司的实际股东情况，公司登记信息系其与上海某实业公司交易时赖以信赖的判断基础。在公司登记机关系对股东信息进行形式审查后，以股东身份证及签名真实性、合法性无证据支持为由，撤销 15 年前的公司登记信息的情况下，即据此认定股东资格不存在，不利于保护善意债权人的交易安全，也不利于维护法律关系及经济秩序的稳定。综上，静安市场监管局出具的《撤销行政许可决定书》不能直接否定詹某梅的股东资格，而应在司法程序中，就詹某梅是否被冒名登记为上海某实业公司的股东进行实质审查与判断。

第二，詹某梅并非被冒名登记为上海某实业公司的股东。当事人以冒名为由撤销股东登记，实为否定自身股东资格，涉及公司内外诸多法律、经济关系，需由当事人充分举证，并经综合判断方可认定。其一，根据《公司登记管理条例》(1994 年) 的规定，有限责任公司增加自然人新股东的，应当提交该股东的身份证明申请变更登记。根据上海某实业公司工商内档中 2004 年《企业法人变更登记申请表》的填写须知，申请人提交的文件、证件应当是原件，确有特殊情况不能提交原件的，应当提交加盖公章的文件、证件复印件。

可知在2004年办理公司新股东的登记时，应当提供股东的身份证原件或复印件。本案中，詹某梅自认其身份证件从未遗失，而上海某实业公司工商内档中存有詹某梅的身份证复印件，《企业登记申请人承诺书》亦印有詹某梅的身份证复印件，詹某梅对此并未作出合理解释。詹某梅辩称詹某和周某作为其亲属，可以方便取得其身份证复印件，同时又表示詹某梅常年生活在河北沧州，而詹某和周某常年生活在上海，且与其多年未联络，詹某梅的抗辩存在自相矛盾。结合代办人谭某华关于验资必须出具身份证原件的陈述，对詹某梅的此辩称不予采信。其二，詹某梅于2004年12月16日作为上海某实业公司新股东第一次出资时，系以银行本票方式出资。综合银行本票开具的程序，可知在2004年申请银行本票必须由本人或代理人持申请人身份证原件进行办理，在詹某梅自认身份证从未遗失的前提下，其关于涉案出资系被冒名操作的主张不能成立。并且，詹某梅在上海某实业公司共有四次增资行为，冒用行为人多次冒用詹某梅身份进行出资的行为亦与常理不符。其三，詹某梅与詹某、周某不仅有亲属关系，且另有商业上的合作。詹某梅与詹某曾于2001年4月共同设立案外人沧州某配销公司分别持股80%与20%，该公司法定代表人与监事均为詹某梅。同时，在詹某和周某作为股东的上海某服饰公司，詹某梅系该公司监事，上海某服饰公司与上海某实业公司系关联公司。詹某梅表示由于家庭矛盾较深，与詹某和周某已多年未联络，该项主张尚不能对抗十几年前三方共同设立公司担任股东或高管的事实。其四，詹某梅自认从事多年财务工作，还创办了沧州某配销公司，具有从事商事活动的常识。并且，詹某梅自2004年被登记为上海某实业公司股东后，至上海某针织公司于2018年提起本案诉讼已有十余年时间，但其在此期间从未因冒名登记事宜提出过异议。直至上海某针织公司向詹某梅主张权利后，詹某梅才对于其在上海某实业公司的股东资格提出异议，不合常理。詹某梅现否定其在上海某实业公司股东资格系为免除其基于股东身份所产生的债务可能性更高。

综合本案事实，虽然司法鉴定科学研究院出具了《司法鉴定意见书》认定涉案公司登记文件中载明的“詹某梅”签名均非本人所签，静安市场监管局亦以此为据出具了《撤销行政许可决定书》撤销公司变更登记，但根据前文论述的詹某梅身份证从未遗失、出资验资需要出具身份证原件、上海某实业公司三名股东关系密切等相关事实，詹某梅对于成为上海某实业公司股东的事宜应为知情且同意具有高度可能性，故认定其具有成为上海某实业公司股东的意思表示。詹某梅关于其在上海某实业公司的股东资格系被冒名登记的抗辩尚缺乏充分证据证明，不能成立，不予支持。

四、法官感悟

习近平总书记强调，“法治是最好的营商环境”“法治化环境最能聚人聚财、最有利于发展”[1]“更好发挥法治固根本、稳预期、利长远的重要作用”“在法治轨道上推进国家治理体系和治理能力现代化”。[2]习近平总书记关于优化营商环境的重要论述，着眼谋长远之策、行固本之举，体现了鲜明的时代价值，蕴含着深厚的实践伟力，是习近平法治思想的重要组成部分，为人民法院充分发挥审判职能作用，优化法治化营商环境建设指明了努力方向，提供了根本遵循。本案是一起典型的债权人要求抽逃出资的股东对于债务人公司不能清偿的债务承担责任的商事案件，但审判的难点在于詹某梅向公司登记机关主张本人被冒名登记，工商内档中的签名均非本人所写，公司登记机关立案调查后撤销了詹某梅的股东登记信息，由此引出本案的争议焦点之一即公司登记机关出具的《撤销行政许可决定书》能否否定詹某梅的股东资格，詹某梅是否被冒名登记为债务人公司的股东。在本案审理过程中，合议庭坚持贯彻习近平法治思想，紧紧围绕“努力让人民群众在每一个司法案件中感受到公平正义”的目标，牢固树立“人人都是营商环境、案案都是试金石”的理念，充分发挥商事审判职能作用，有效保护了债权人合法权益，增强了市场主体安全感，为打造稳定、公平、透明、可预期的法治化营商环境提供了有力司法服务和保障，取得了良好的法律效果与社会效果。

公正是法治的生命线，司法是维护社会公平正义的最后一道防线。合议庭认为，公司登记机关在对股东信息进行形式审查的前提下，以股东身份证及签名真实性、合法性无证据支持为由，撤销了15年前的公司登记信息，若法院据此否定詹某梅的股东资格，显然不利于保护善意第三人的交易安全与信赖利益，也不利于维护法律关系及经济秩序的稳定。民事诉讼中公司登记机关作出的撤销股东登记决定经行政复议或行政诉讼撤销前应视为自始有效，

---

〔1〕《良法善治开新篇——以习近平同志为核心的党中央引领建设中国特色社会主义法治体系纪实》，载 https://www.12371cn/2023/03/15/ARTI1678835284145612.shtml，2024年7月22日访问。

〔2〕栗战书:《习近平法治思想是全面依法治国的根本遵循和行动指南》，载 https://www.12371.cn/2021/01/16/ARTI1610765128973888.shtml，2024年7月19日访问。

但不具有直接否定当事人股东资格的效力。以变更登记材料虚假为由申请撤销股东登记时，可能涉及民事基础法律关系的查明，应当由司法机关通过民事诉讼程序就当事人是否具有股东资格作实质审查。合议庭综合公司登记程序、出资验资程序以及詹某梅自认身份证从未遗失，其与另两名股东系亲属关系且另有商业上的合作，其作为公司财务与商事主体具有从事商事活动的常识等事实，认定詹某梅对于成为公司股东的事宜应为知情且同意具有高度可能性，其具有成为公司股东的意思表示。一方面，本案判决明确了公司登记对于股东资格仅具有确认性质，而非创设性质，厘清了行政权与司法权的界限，对于人民法院审理涉及行政决定与司法审判存在冲突时的类案提供了指引，体现了合议庭坚持把能动司法贯穿于商事审判过程，主动担当，为大局服务、为人民司法，努力实现公正与效率的统一；另一方面，习近平总书记指出："市场主体是经济的力量载体，保市场主体就是保社会生产力。"〔1〕受疫情防控和经济增速放缓的双重影响，许多市场主体面临前所未有的生产经营压力，特别是中小微企业因规模较小、抗风险能力较弱，更容易受到冲击。新时代商事审判工作，事关经济行稳致远，事关社会安定和谐，事关人民对美好生活的向往，对发展社会主义市场经济、促进国家治理体系和治理能力现代化，具有十分重要的意义。本案判决有效保护了债权人的合法权益，维护了市场主体的交易安全，体现了合议庭牢牢坚持以人民为中心的发展思想，始终以公正高效的司法服务回应市场主体的发展需求，自觉把营造一流法治化营商环境作为捍卫"两个确立"、践行"两个维护"的政治检验。

专家点评

债权人要求抽逃出资的股东对于债务人公司不能清偿的债务承担责任的商事案件，难点在于公司登记机关出具的《撤销行政许可决定书》能否否定当事人的股东资格，当事人是否被冒名登记为债务人公司的股东。

从实践来看：首先，从股东资格取得的方式来看公司登记的性质。股东资格的取得分为原始取得与继受取得。原始取得股东资格系基于股东名册的记载和签发股份凭证直接从公司获得，继受取得股东资格系继受人自股东处

〔1〕《习近平：激发市场主体活力弘扬企业家精神　推动企业发挥更大作用实现更大发展》，载 https://www.12371.cn/2020/07/21/ARTI1595335799754640.shtml，2024 年 7 月 22 日访问。

继受公司股份，依法取得股份凭证并记载于股东名册。股东资格的取得在本质上源于公司，而非源于公司登记的记载。公司登记对于股东资格仅具有确认性质，而非创设性质。实践中，股东即使未在公司登记机关作登记或变更登记，也并不影响其实际股东的地位，不具有对抗第三人的效力。实践中，股权代持关系中的隐名股东（实际出资人）就是典型。

其次，从公司的登记形式来看，公司登记分为形式审查与实质审查。形式审查，是指登记机关仅对申请材料的形式要件进行审查并不审查申请材料的真实性与合法性，故对于材料瑕疵和不真实所引起的后果不承担责任。实质审查，是指登记机关应当对申请材料的真实性进行核查，因未尽到实质审查的责任违法颁发行政许可的，应承担责任。股东（股权）登记属典型的商事登记，商事登记之私法功能在于保证交易安全和便捷。

最后，本案中公司登记机关显然对股东信息进行形式审查，如果据此否定可能抽逃出资当事人的股东资格，显然不利于保护善意第三人的交易安全与信赖利益，更不利于维护市场经济秩序。以变更登记材料虚假为由申请撤销股东登记时，可能涉及民事基础法律关系的查明，由案件情况的事实可以科学推理出当事人属实存在虚假的意思表示且言行不合逻辑，恶意抽逃出资，故司法机关通过民事诉讼程序就当事人是否具有股东资格作实质审查在实务中至关重要。公司的行政机关登记相当于给善意第三人和交易相对人的权利外观，但是并不能根据进行形式审查的登记情况判定权利的归属，这也是司法裁量在个案公正中不可或缺的价值所在。

习近平总书记强调指出，“公正司法事关人民切身利益，事关社会公平正义，事关全面推进依法治国”。〔1〕对公正司法的理解，不仅需要在形式上做到“以事实为根据，以法律为准绳”，还需要在特定的个案中，寻求更高层次也更有意义的实质公正。本案的裁判，就是这样一个顾及实质公正追求的典型案例。

（高志宏，南京航空航天大学法学院院长、教授，博士生导师）

〔1〕《习近平：以提高司法公信力为根本尺度　坚定不移深化司法体制改革》，载 https://www.gov.cn/xinuen/2015-03/25/content_2838324.htm，2024 年 7 月 22 日访问。

徐某某诉张某某婚姻家庭纠纷案

——婚姻关系存续期间夫妻共同财产的分割

熊　燕*　石俏伟**

一、基本案情

原告张某某诉称，原告张某某与被告徐某某于1984年9月15日登记结婚。1996年，两人购买上海市方浜中路公房使用权，房屋承租人为张某某。1998年，该房屋承租人由张某某变更为徐某某，并以徐某某名义申请了五金经营部。2018年6月，该房屋被征收，房屋补偿款6 017 734.51元。2018年12月，徐某某已先行领取补偿款近2 000 000元。但是，徐某某领取该笔补偿款后，多用于归还赌债，几乎挥霍一空。而此时张某某身患癌症，正在医院接受治疗，至今已花费治疗费用300 000余元。为筹集治疗费用，张某某多次向亲友借款，至今尚未归还。张某某经济状况已捉襟见肘，严重缺乏进一步治疗的相关费用。长期以来，徐某某严格把控家庭收入，但去向不明，家庭经济状况堪忧。徐某某长期赌博，屡教不改，债主多次登门讨要，甚至直接找到房屋征收部门要求取得房屋征收补偿款。另，两人夫妻感情已经破裂，曾向法院起诉离婚。鉴于徐某某长期赌博、挥霍隐藏夫妻共同财产，严重侵害张某某财产利益，且张某某目前重病在身，徐某某领取上百万补偿款后，却挥霍一空，不对张某某进行积极治疗，而张某某未来尚需巨额的治疗费用。请求：依法分割上海市方浜中路房屋征收补偿款6 017 734.51元，判令原告取得其中的4 000 000元。

被告徐某某辩称，婚后张某某身患多种疾病，但徐某某始终不离不弃，

* 熊燕：上海市第二中级人民法院未成年人与家事案件综合审判庭副庭长、三级高级法官。

** 石俏伟：上海市第二中级人民法院未成年人与家事案件综合审判庭原法官助理，现上海市普陀区人民法院入额法官。

尽力帮张某某积极治疗。上海市方浜中路房屋被征收后，张某某由于受到其家人和儿子徐某甲指使离家出走，提出与徐某某离婚，法院判决不予离婚。徐某甲起诉要求分割上海市方浜中路房屋征收补偿款，后撤诉。徐某某未参与过赌博，更谈不上归还赌债及挥霍一空的问题。关于张某某就诊之事，自张某某离家后徐某某一直无法与张某某取得联系，用短信规劝张某某回家由徐某某陪同看病，哪怕倾家荡产都愿意，但张某某始终不与徐某某见面。2019 年春节前，张某某与徐某某见面，张某某明确表示离婚不是其本意，徐某某当即给其 10 000 元购买营养品。综上，徐某某认为，双方夫妻感情一直很好，张某某身患疾病，可以住回家，由徐某某陪同张某某就诊。但不同意张某某的诉请。

黄浦法院经审理查明事实如下：张某某、徐某某于 1984 年 9 月 15 日登记结婚。婚后生育一子徐某甲。2018 年 6 月底起，双方因故分居生活至今。当年 7 月，张某某起诉离婚，因徐某某不同意离婚，法院判决驳回张某某要求离婚的诉请。

张某某身患癌症，享有大病医保，在治疗中。上海市方浜中路房屋系张某某、徐某某婚姻关系存续期间于 1997 年取得，承租人为张某某，后变更为徐某某。徐某某在该处设立五金经营部，该房屋于 2017 年被征收。2017 年 9 月 3 日，徐某某与上海市黄浦区住房保障和房屋管理局及房屋征收实施单位上海市黄浦第一房屋征收服务事务所有限公司签订《上海市国有土地上房屋征收补偿协议》，约定徐某某可获得动迁补偿款 6 017 734. 51 元。2018 年，徐某某两次领取房屋被征收补偿款共计 1 900 000 余元。2019 年春节前，徐某某给予张某某 10 000 元。

二、裁判结果

上海市黄浦区人民法院于 2019 年 8 月 7 日作出［2019］沪 0101 民初 6154 号民事判决：徐某某名下的上海市方浜中路房屋被征收补偿款 6 017 734. 51 元，其中 3 008 867. 21 元归徐某某个人所有，3 008 867. 30 元（包含徐某某已支付张某某 10 000 元）归张某某个人所有。上海市第二中级人民法院于 2019 年 10 月 29 日作出［2019］沪 02 民终 9765 号判决：驳回上诉，维持原判。

三、裁判理由

法院生效判决认为，关于本案中张某某要求分割的系争房屋动迁款是否属于夫妻共同财产的问题，可结合系争房屋来源、取得时间、动迁发生时间等因素予以判断。本案中，系争房屋系张某某与徐某某夫妻关系存续期间取得，且徐某某所称的系争房屋非居因素所对应的营业执照也产生于夫妻关系存续期间，因此，一审法院将系争房屋所有动迁款均作为夫妻共同财产予以分割，并无不妥。原则上，夫妻关系存续期间，夫妻对共同财产应享有平等的处理权。然而，张某某身患癌症多年，徐某某对张某某需要化疗治疗、营养支持的情况非常清楚，但徐某某在已经领取部分动拆迁款的情况下，经张某某多次讨要，仅交给张某某 1 万元，远不足以支撑张某某的日常生活特别是疾病治疗所需，严重影响张某某对动迁款的处理权。徐某某辩称，若张某某回到其居处，双方共同生活，其完全可以负责照料张某某并支付治疗费。然而，双方夫妻感情出现危机，此前张某某曾起诉要求离婚，背后的原因可能不限于本案所涉及的分歧、纠纷，但无论为何，既然徐某某已经明确表达了不愿意离婚的意思，也有继续共同生活的意愿，就更应尊重张某某对夫妻共同财产的处理意愿，特别是在张某某需要钱款支撑重大疾病治疗的情况下，还将动迁款完全把控以作为双方恢复夫妻感情的砝码，将对夫妻感情造成更深的伤害。

本案中，张某某本人身患疾病，并非严格属于最高人民法院《关于适用〈中华人民共和国婚姻法〉若干问题的解释（三）》规定的“一方负有法定扶养义务的人患有重大疾病需要医治，另一方不同意支付相关医疗费用”的情形，但按照举重以明轻的一般法理，张某某本人身患重大疾病，而其与徐某某夫妻恰恰取得一笔方便分割的巨额款项，在徐某某的行为已严重剥夺了张某某对动迁款平等处理权的情况下，本案理应赋予其要求分割该笔夫妻共同财产的权利。更何况，徐某某对于其已经领取的 190 余万元动迁款项的去向，前后陈述不一，且存在诸多不合常理之处，其行为亦符合“一方有隐藏、转移、变卖、毁损、挥霍夫妻共同财产”等严重损害夫妻共同财产利益的情形。因此，一审法院对系争房屋动迁款予以分割，并无不当。

四、法官感悟

该案系一起主张婚内分割夫妻共同财产的婚姻家庭纠纷案。夫妻分割共同财产，一般需以解除婚姻关系或达成分割共同财产的合意为前提，但婚姻存续期间，在一方严重损害夫妻共同财产利益或者阻碍对方履行法定扶养义务的情形下，另一方有权请求分割夫妻共同财产。在此基础上，对于夫妻一方本人身患重大疾病的情形，结合举重以明轻的一般法理和救济患病弱势者的制度初衷，提出应当准予婚内分割夫妻共同财产的突破性意见，充分体现了以人民为中心的法治理念。

（一）从依法到释法：婚内分割共同财产的立法精神

《民法典》是习近平法治思想的新成果，是全面依法治国的新篇章，是新时代我国社会主义法治建设的里程碑。它始终以增强人民的福祉为立足点，以充分保障民事权利为目标。《民法典》第 1066 条即体现了“弱有所扶”的原则，明确了“婚姻关系存续期间，有下列情形之一的，夫妻一方可以向人民法院请求分割共同财产：（一）一方有隐藏、转移、变卖、毁损、挥霍夫妻共同财产或者伪造夫妻共同债务等严重损害夫妻共同财产利益的行为；（二）一方负有法定扶养义务的人患重大疾病需要医治，另一方不同意支付相关医疗费用”。该规定吸收了最高人民法院《关于适用〈中华人民共和国婚姻法〉若干问题的解释（三）》第 4 条的规定，并删除了原有的“婚姻关系存续期间，夫妻一方请求分割共同财产的，人民法院不予支持”这一原则性规定以及“不损害债权人利益”的外部条件性规定，进一步强调夫妻合法权益的保护，特别是对相对弱势一方的利益保护。根据该条款，不必等到漫长的离婚拉锯战，弱势一方即可启动诉讼程序，保障自己的财产利益，避免“人财两空”。

《民法典》关于婚内分割夫妻共同财产的制度初衷，在于维护夫妻双方对共同财产的平等处理权。在该案中，张某某本人身患重大疾病，严格而言不属于《民法典》第 1066 条“一方负有法定扶养义务的人患重大疾病需要医治，另一方不同意支付相关医疗费用”的情形。那么该规定可否扩大解释为包含“夫妻一方本人患有重大疾病”？对此，合议庭认为，严格依法裁判并非简单机械地遵照法条裁判，而是要自觉站稳人民立场，准确把握立法原意，审慎平衡法益保护，以司法能动填补法律未及正义之空白。因此，该案按照举重以明轻的一般法理，提出了突破性的意见。“负有法定扶养义务的人患重病需要医治、另一方不同意支付相关医疗费用”时，另一方尚有权主张婚内析产，何况是其本人患重病，更应保护其对夫妻共同财产的平等处理权。当然，本案中除此情形外，徐某某亦存在“隐藏、转移、变卖、毁损、挥霍夫妻共同财产”等严重损害夫妻共同财产利益的情形。因此，本案中符合婚内分割共同财产的两种法定情形，应当对涉案的征收补偿款予以分割。

（二）从小案件到大道理：案件中的社会主义核心价值观

家事无小事。习近平总书记强调：“重视家风……推动形成爱国爱家、相亲相爱、向上向善、共建共享的社会主义家庭文明新风尚。”〔1〕《民法典》第1043条同样明确规定“家庭应当树立优良家风，弘扬家庭美德，重视家庭文明建设”。婚姻家庭的意义不仅在于“有福同享”，更在于“有难同当”。夫妻之间相互扶养、和衷共济既是重要的法律义务，也是中华民族传统美德和社会主义核心价值观的要义。

在夫妻一方身患重大疾病时，另一方于情于理于法都应当给予经济上的扶养、生活上的照料和精神上的慰藉。该案的判决，将司法裁判与弘扬社会主义核心价值观相结合，充分发挥了婚内分割夫妻共同财产这一制度在维护夫妻财产权益和保障家庭赡老育幼扶弱的救济功能。对丈夫徐某某对患病妻子张某某物质上不予帮助、精神上不予慰藉的行为作出了否定性评价，既彰显了维护婚姻家庭中的弱势者合法权益的司法温情，也弘扬了中华民族守望相助的善良风俗，倡导全民树立互亲互爱、相互尊重、相互帮扶的婚姻观、家庭观，弘扬全社会崇尚和谐、友善、诚信的社会主义核心价值观。

（三）从案件公正到社会公正：让人民群众在每一个案件中感受到公平正义

法政之要在于安民。习近平总书记强调：“推进全面依法治国，根本目的是依法保障人民权益。”〔2〕践行习近平法治思想，就要切实回应人民群众对美好生活的向往，不断增强人民群众获得感、幸福感、安全感，用法治保障人民安居乐业。司法是维护社会公平正义的最后一道防线，新时代的司法机关就是要手持法治利剑，肩扛正义天平，在每一个案件中用公正司法捍卫社会

〔1〕《习近平：在会见第一届全国文明家庭代表时的讲话》，载 https://news.12371.cn/2016/12/15/ARTI1481810971564960.shtml，2024年7月22日访问。

〔2〕《习近平：坚定不移走中国特色社会主义法治道路　为全面建设社会主义现代化国家提供有力法治保障》，载 https://www.12371.cn/2021/02/28/ARTI1614497131844532.shtml，2024年7月22日访问。

的公平正义，不断增强人民群众对法治的信仰，以司法公正引领社会公正。

小案件蕴含着大民生。该案的法律事实并不复杂，但背后牵涉的却是千万个弱势者的权利、千万个小家庭的和谐。如果张某某在重病需要医治时，虽有可分割的大额夫妻共同财产却只能“望洋兴叹”，在第一次离婚诉讼未准予离婚后即使日后再度起诉离婚后得到支持并分割夫妻共同财产，对其而言这份正义也是迟到的。当事人到法院是为了解决问题的，绝不是来走程序的。该案充分考虑了当事人的诉讼目的不在于解除婚姻关系而在于急需“救命钱”，审慎平衡双方利益，切实保护当事人的合法权益，提升当事人对司法工作的满意度，避免增加当事人讼累、浪费司法资源。在这样一个又一个既有专业深度又有司法温度的案件中，司法公正与社会公正得以良性互动，法律效果、政治效果、社会效果相统一，天理、国法、人情有机融合，不断提升人民群众对司法和法律的拥护与信仰，以法治的光芒照亮社会的高质量发展道路。

专家点评

习近平总书记深刻指出：“要树立正确法治理念，把打击犯罪同保障人权、追求效率同实现公正、执法目的同执法形式有机统一起来，坚持以法为据、以理服人、以情感人，努力实现最佳的法律效果、政治效果、社会效果。”〔1〕习近平总书记的重要论述，深刻阐释了司法裁判兼顾法理情的重要性。面对千变万化、纷繁复杂的现实生活，要把相对抽象、原则的成文法律公正地适用到每一个案件中，既要关注法律的逻辑推理与形式正义，更要关注法条背后的价值观念与实质正义，因应形势变化解释法律和适用法律，不能简单“对号入座”，套法条办案，罔顾常情常理。

就本案而言，夫妻共同所有区别于一般共同共有。依共同共有关系之法则，共同共有人在共同关系存续期间，不得请求分割共有财产，亦不得划分内部份额，否则，会撼动共有的财产基础，基于夫妻法定财产制的要求，在婚姻关系存续期间，以禁止分割共同财产为原则，允许分割为例外。否则，“同居共财”的基础将会丧失，进而导致家庭职能落空。立法并不鼓励和提倡婚内分割夫妻共同财产，仅将其作为一方权益严重受损情形下的救济方式。

---

〔1〕《习近平同志〈论坚持全面依法治国〉主要篇目介绍》，载 https://www.12371.cn/2020/12/16/ARTI1608120172178269.shtml，2024 年 7 月 22 日访问。

《民法典》第1066条作为现行法规范明晰了“婚内析产”的具体法定情形，在条文表述上做了适度修改，从先前“不可请求分割共同财产”修改为“可以请求分割”，请求权规范特征越趋明显，且删除了“不得损害债权人利益”的限制性条件。该条款立法本意在于：其一，当交易安全与家庭伦理相遇，进行分量权衡和价值取舍应当充分考虑家庭伦理属性；其二，在债务清偿有相关制度使得债权人利益获得保障时，限制婚内分割财产请求权尤为必要。

依《民法典》第1066条第2项规定的立法本意，当夫妻一方有利用夫妻共同财产尽法定扶养义务，以保护其他具有急迫需要的被扶养人的合法权益之必要时，不因夫妻共同财产制的限制而受到严重影响。针对该条款的适用条件，实务中有着不同的理解。针对配偶本人患病是否属于分割事由认识不一，反对者认为，依文义解释不包括配偶一方自身医治的情况，配偶可以通过夫妻扶养请求权制度而获得救济，法定共同财产制不会成为解决治疗需求的障碍。特别是最高人民法院《关于适用〈中华人民共和国民法典〉婚姻家庭编的解释（一）》第38条的规定，强调该规范为闭合条款，不宜扩大解释。

本案在现有争议之下，依据举重以明轻的法理，通过目的解释方法认定配偶本人患病应当属于该条款规定的分割事由，亲属关系较远的被扶养人患病尚可以行使分割请求权，作为至亲的配偶本人患病反而受到限制有悖于法理、情理。原、被告处于多年分居的状态，原告失去了对补偿款的控制，难以支配救急。本案坚持“办案就是治理”的司法理念，体现了天理、国法和人情的融合。

（丁慧，辽宁师范大学法学院教授，硕士生导师）

甲诉A公司劳动合同纠纷案

——用人单位年终奖发放自主权的界限范围及离职劳动者获得年终奖的认定标准

郭征海[*]　胡丽萍[**]

一、基本案情

甲诉称：甲于2011年1月入职A公司处，签订了三年期劳动合同；2014年再签三年期劳动合同，至2017年1月12日止，此后未续约。2017年12月12日，A公司称欲与甲解除无固定期限劳动合同，甲否认双方签署过无固定期限劳动合同，并要求A公司提供合同原件，A公司未能提供。2017年12月18日，A公司假意提出协商变更劳动合同，甲则要求签署无固定期限劳动合同并支付相应津贴。12月27日，A公司明确予以拒绝，并要求甲在12月29日下班前答复是否接受换岗，12月29日下午，A公司向甲发送了解约通知。故甲诉至法院要求判令：甲与A公司自2017年12月30日起恢复劳动关系，并要求A公司支付：（1）按月51 475元的标准支付2017年12月30日起的工资；（2）2017年2月13日至2018年12月期间未签劳动合同双倍工资差额423 500元；（3）2017年年终奖138 600元；（4）2017年7月至12月住房津贴36 000元；（5）2015年7月至2017年12月期间派遣津贴147 195元。

A公司辩称，2017年10月，因市场和领导团队变化等原因，公司决定撤销“战略部”，自2017年10月起，公司陆续与员工商谈变更劳动合同事宜，除甲外，所有员工的去留事宜均安排妥当。公司与甲多次就换岗事宜进行沟通，但双方始终未能达成一致意见，故公司选择解除与甲的劳动合同，其不

* 郭征海：上海市第二中级人民法院民事审判庭审判员、三级高级法官。

** 胡丽萍：上海市第二中级人民法院民事审判庭法官助理。

同意甲的诉请，亦不同意仲裁双倍工资差额的裁决。关于年终奖，年终奖系企业根据当年度的经济效益并结合员工的工作情况对员工进行额外奖励的福利制度及调动员工工作积极性的激励机制，企业对此具有自主权。A 公司有权根据公司经营特点在员工手册中制定年终奖发放规则。该公司员工手册明确规定公司根据经营情况和员工考核情况决定是否发放奖金和发放金额，如果员工于奖金发放月或以前从公司离职，则不能享有该奖金。而且，甲提供的《绩效年终总薪酬计划报表》已表明奖金不属于甲的固定薪酬部分，其属于浮动款项。劳动合同及《员工变动确认信》亦规定公司可以自行决定发放奖金等款项的权利。因此，A 公司有权单方决定是否向甲发放年终奖及发放金额。

一审法院认定事实：甲于 2011 年 1 月入职 A 公司，2014 年 1 月再次签署了为期三年的劳动合同，期限至 2017 年 1 月 12 日，初始岗位为事业部人力资源经理，2016 年 7 月，甲任战略规划部高级经理，月薪调整为 35 000 元，2017 年 4 月起，甲月薪调整为 38 500 元。2011 年 6 月 8 日，甲签字确认已阅读、知悉员工手册。

2015 年 5 月初，A 公司向甲发出《派遣协议》，约定：自 2015 年 7 月 1 日起派甲至上海工作，期限至 2017 年 6 月 30 日止；同时约定原岗位不变，月薪调整为 26 000 元。公司提供住房津贴每月 6 000 元（税前），一次性搬迁津贴 4 000 元（税前）。双方在该协议上签字（盖章）。2017 年 6 月 28 日，A 公司以邮件形式告知甲上述调岗协议于 2017 年 6 月 30 日终止。

2017 年 12 月 18 日，A 公司向甲发出《员工变动确认信》，内容为自 2017 年 12 月 1 日起，甲从总公司战略部调至上海分公司人力资源部，职位（高级经理）、职级（12M）、薪资（38 500 元）、津贴（1 200 元）、奖金、工作地点（上海）均不变。甲对此未签字确认。12 月 26 日，甲回复邮件，要求 A 公司支付：未签合同工资差额 423 500 元、派遣津贴 117 000 元、住房津贴 36 000 元、转岗提升工资每月 56 666 元、2017 年度奖金 138 600 元、无故解约赔偿金。

2017 年 12 月 27 日，A 公司向甲发送邮件称由于战略部不再作为独立部门存在，10 月 19 日，其已向战略部同事包括甲了解各自工作内容和重点，并向甲推荐了北京分公司相应岗位，但当时甲表示考虑上海。11 月 22 日，其又一次与甲面谈，甲依然拒绝北京的职位，希望继续留在上海。12 月 18 日，再次进行面谈，向甲提供上海分公司的转岗机会，并将《员工变动确认信》给甲阅读，明确告知希望甲于12月19日给出答复。12月26日，甲向公司提出了一系列补偿要求，公司仍然告知甲希望其考虑上海分公司的人力资源高级经理的职务，承诺薪资福利不变，但若12月29日甲没有回复确认接受该工作，A公司将认为甲不同意双方合同的变更。

2017年12月29日，A公司向甲发出《解除劳动合同通知书》，载明：因公司不再设立战略部门，甲的战略部高级经理岗位因此被取消。在保留甲原待遇情况下，公司先后为甲安排北京、上海人力资源高级经理，经多次沟通，甲都未接受。双方无法就劳动合同的变更达成一致，公司决定自2017年12月30日起解除与甲的劳动合同。甲对此予以签收，并注明“不同意解除”。

一审法院另查：A公司员工手册中“年度奖金”章节规定：奖金根据公司政策，按公司业绩、员工表现计发，前提是该员工在当年度10月1日前入职，若员工在奖金发放月或之前离职，则不能享有。甲于2017年3月获得2016年度年终奖。

二审法院经审理查明：对一审法院认定的“12月26日，甲回复邮件，要求A公司支付：未签合同工资差额423 500元、派遣津贴117 000元、住房津贴36 000元、转岗提升工资每月56 666元、2017年度奖金138 600元、无故解约赔偿金”的该部分事实，甲不予认可。甲称上述内容在2017年12月27日17时34分人事经理龙某发送的邮件附件中，该附件系打印件，没有甲的签名，事实是“12月26日甲没有回复过A公司邮件”。A公司则称，甲于2017年12月26日休假回公司后，与人力资源部T某面谈时给了有上述诉求的一页纸，目前这页纸保留在A公司。因该页纸的内容已附在2017年12月27日邮件上，故未作为证据另行提交。

二、裁判结果

上海市黄浦区人民法院于2018年10月29日作出上海市黄浦区人民法院［2018］沪0101民初10726号民事判决：（1）A公司于判决生效之日起7日内向原告甲支付2017年8月至12月期间未签劳动合同双倍工资差额人民币192 500元；（2）甲的其他诉讼请求均不予支持。

上海市第二中级人民法院于2019年3月4日作出［2018］沪02民终11292号民事判决：（1）维持上海市黄浦区人民法院［2018］沪0101民初

10726 号民事判决第一项；（2）撤销上海市黄浦区人民法院［2018］沪 0101 民初 10726 号民事判决第二项；（3）A 公司于判决生效之日起 7 日内支付上诉人甲 2017 年度年终奖税前人民币 138 600 元；（4）甲的其他请求不予支持。

三、裁判理由

关于 A 公司单方解除劳动合同的行为是否合法，法院在审理的过程中并无争议，认为 A 公司系按照劳动法的相关规定解除劳动合同，该行为不属于违法解除劳动合同的行为，对甲要求恢复劳动关系的诉请不予支持。

本案的争议焦点系用人单位以客观情况发生重大变化为依据解除劳动合同，致使劳动者不符合员工手册规定的年终奖发放条件，那么劳动者是否仍可以获得相应的年终奖？

对此，一审法院认为，A 公司的员工手册明确规定了奖金发放情形，甲在 A 公司发放 2017 年度奖金之前已经离职，不符合奖金发放情形，故对甲要求 2017 年度奖金之请求不予支持。甲不服，诉至二审法院。二审法院经审理后认为，现行法律法规并没有强制规定年终奖应如何发放，用人单位有权根据本单位的经营状况、员工的业绩表现等，自主确定奖金发放与否、发放条件及发放标准，然而用人单位制定的发放规则仍应遵循公平合理原则，对于在年终奖发放之前已经离职的劳动者可否获得年终奖，应当结合劳动者离职的原因、时间、工作表现和对单位的贡献程度等多方面因素综合考量。A 公司与甲在 12 月 29 日才解除劳动关系，且此后的两日系双休日，该情况表明甲在 2017 年度已在 A 公司工作满一年；2017 年甲在 A 公司担任高级经理一职，在 A 公司未能举证 2017 年度甲的工作业绩、表现等方面不符合规定的情况下，足以认定甲在该年度为 A 公司付出了一整年的劳动且正常履行了职责，为 A 公司作出了相应的贡献。基于上述理由，A 公司主张甲在年终奖发放月之前已离职而不能享有该笔奖金的主张缺乏合理性。故对甲要求 A 公司支付 2017 年度年终奖的诉请，应予支持。

四、法官感悟

理念是行动的先导，明代思想家冯梦龙曾言，“一时之强弱在力，千古之胜负在理”，可见思想理论于个人、民族、国家均有重大意义。习近平法治思想是新时代司法工作的行动指南和根本遵循，司法的人民性与党的初心使命一致，与党的根本宗旨契合，是习近平法治思想的核心要义。党的十八大以来，习近平总书记反复强调“努力让人民群众在……每一宗司法案件中都感受到公平正义”〔1〕，公平正义既是司法工作的根本目标与任务，亦是法治事业的灵魂与生命。司法的人民性要求司法工作者始终坚持以人民为中心的司法立场，充分展现司法裁判的公正性、能动性和创新性，以实际行动回应人民群众对高效率、高质量、高标准司法服务的需求。

坚持司法裁判的公正性。“法，平之如水，触不直者去之”，法律乃公平正义的象征，公平正义是法治的生命线。人民群众评价司法工作合不合格、效果好与不好的标准很多时候就是公正与否。英国哲学家培根亦指出“一次不公正的裁判，其恶果甚至超过十次犯罪。犯罪行为虽是违反法律，但好比污染水流，而不公正的裁判则是破坏法律，好比污染了水源”。

如何保障司法裁判的公正性，通过办理上述案件，主要有如下两点体会。公正裁决需要依托法官的专业理性。司法裁判是法官在甄别、判断案件事实的基础上，运用一定的思维模式将案件事实涵射于特定法律规则并得出结论的过程，因此法官的专业理性必然体现为对案件事实的查明能力，对一般情况到个案情况的思辨能力。本案符合用人单位已在规章制度中对年终奖取得作出明确规定的情形，而甲在该公司的年终奖发放月到来前已经离职，故法院似乎对甲要求A公司支付年终奖的诉请应不予支持。但是在案件的审理过程中笔者很快关注到一个细节性事实，甲的离职时间是12月29日，而此后两日系休息日，这意味着甲2017年度在A公司工作了一整年。此外，经过审理笔者又确认在年终奖发放前劳动关系终止，甲和A公司对此均不具有可归责性。基于对上述事实的把握，笔者觉察到如果依然对本案作一般化处理，对甲而言可能是有失公允的。

公正裁决亦离不开法官的人文关怀。裁判案件时法官的目光除了要游走于案件事实和法律规范之间，还应当关注司法裁判的常情常理，对社会公众的法感情、是非感、正义观等予以充分尊重。法官的人文关怀很大程度上展现了司法裁判的温度与力量，裁判文书不应当是冰冷的流水线产品，而应当是情、理、法的有机融合。面对个案裁判，尤其是类似工资待遇、奖金福利

---

〔1〕《习近平：加强党对全面依法治国的领导》，载 https://www.12371.cn/2019/02/15/ARTI1550217630844378.shtml，2024年7月22日访问。

等关乎劳动者自身和家庭生存与发展的争议，法官更应当有“如己在诉”的自觉意识，充分展现作为司法工作者的善良情怀。

坚持司法裁判的能动性。能动司法源于中国共产党百年奋斗的红色法治传统，现如今能动司法又被赋予了新的时代内涵，即充分发挥习近平法治思想的引领作用，紧密围绕全面依法治国的实践，以回应型、服务型、主动型司法响应司法的社会需求和人民关切。

司法能动性在法官个案裁判中主要体现为两大方面，一方面是如何把握司法能动与司法克制二者之间的关系，另一方面则是如何避免机械裁判的问题。于前者而言，司法克制体现为司法权的被动性、受限制性，法官在裁判案件的过程中应当保持被动、守成和谦抑。而司法能动则意味着法官可以不循先例，可以不拘泥于法律条文的文义，顺应社会形势的新变化、新发展，创造性地解释法律、适用法律。司法能动和司法克制二者相辅相成，当前面对人民群众更加个性化、更加精细化的司法需求，法官如何在个案裁判中衡平好二者之间的关系显得尤为重要。在上述案件的处理中，司法能动和司法克制的关系表现为司法审查权对用人单位自主经营权的适当介入。关于年终奖的发放，法律没有作出强制性规定，通常认为如何发放年终奖属于用人单位经营自主权的管理范围。但笔者认为用人单位在年终奖制度方面的自主性必然受公平合理原则的限制，不符合上述原则的年终奖制度司法审查应当介入并给予其否定性评价。

追求司法裁判政治效果、法律效果和社会效果的有机统一是防止司法裁判机械化的有力武器。虽然就裁判标准而言，如马克思所言“法官除了法律就没有别的上司”。但对于裁判效果，法官应当坚持多角度审视，尤其是对个案裁判可能引发的政治效果和社会效果的预判。年终奖属于劳动者合法劳动报酬的范畴，能否获取年终奖关乎劳动者的基本生活质量和劳动者劳动价值的实现。实践中，因离职引发的关于年终奖的劳动争议颇多，司法裁判还应当着眼于体现其尊重、认可劳动者的劳动，发挥年终奖制度激励功能以及维持用工关系稳定的社会效果。

坚持司法裁判的创新性。对法律安定性的追求一定程度上使得制定法难以做到完全与复杂多变的社会生活同频共振，立法供给有时候不能与司法需求完美契合。如此意味着法官要有较好地运用法律解释、法律续造等法学方法的能力，在个案裁判中注重裁判思路的创新、裁判规则的提炼与表达。总之，司法裁判的创新要求法官的目光不应仅投向过去，更应该着眼于当前，并尽可能地面向未来。

创新裁判的动力在于推动良法善治的作为意识。一个案例胜过一沓文件，充分重视并发挥典型案例的价值是学思践悟习近平法治思想的应有之义。通过对典型个案的细致分析和深入挖掘，可以发现司法裁判和社会治理中的共性问题，借助典型案例裁判规则的创设与打磨，可以更好地发挥法律的指引、评价、教育功能，助力社会主体行为规范化，社会治理水平提升。创新裁判的方法在于慎明思辨，求索规则。法官应当以实践中遇到的典型案例为抓手，尝试个案视角到一般视角的转换，探索类案的裁判规则。只不过劳动争议案件与普通民事案件相比，在裁判理念、审理程序、管辖、时效、举证责任分配等方面均具有特殊性，因此在劳动争议案件裁判规则创设时，法官应当力求在倾斜保护劳动者和维护企业正常经营发展之间寻得平衡。

习近平法治思想的人民性品质有其深厚的理论、历史和实践逻辑，作为新时代的人民法官，应以典型案例的裁判为契机，以彰显司法工作的公平正义为己任，努力走好司法服务大局、服务人民的实践之路。

专家点评

习近平总书记指出，要“不断提高劳动者收入水平，构建多层次社会保障体系，改善劳动安全卫生条件，使广大劳动者共建共享改革发展成果，以更有效的举措不断推进共同富裕”。〔1〕劳动者是社会发展的基石和推动力，保护劳动者的合法权益，明晰新时代劳动者的法律地位和权益保护是生产力发展和经济社会稳定的重要抓手，也是发展新质生产力的重要基础和保障。本案符合用人单位在规章制度中对年终奖取得作出明确规定的情形，而甲在该公司的年终奖发放月到来前已经离职，但在案件的审理过程中由甲的离职时间是12月29日且此后两日系休息日，合理推理出甲2017年度在A公司完成了整年工作。故如果严格按照法律处理对甲有失公允，相对应地也即提高了该公司的合理范围的义务要求，契合了劳动法倾斜保护劳动者的宗旨。

第一，关于用人单位年终奖发放自主权的界限范围。首先，年终奖的性

〔1〕《习近平：在全国劳动模范和先进工作者表彰大会上的讲话》，载 https://www.12371.cn/2020/11/25/ARTI1606264637122567.shtml，2024年7月22日访问。

质界定，一般被认为是奖金的一种，属于工资总额组成部分。但是我国劳动法并没有强制用人单位设定年终奖，也没有直接就是否发放年终奖、发放多少年终奖作出规定。其次，实务中年终奖是否发放很大程度上属于用人单位用工自主权的范畴。从《劳动法》《劳动合同法》《工资支付暂行规定》等规定可以看出，我国现行有效的劳动法律、法规、部门规章对最低工资标准、计时工资、计件工资、加班工资等有强制性规定，而对用人单位是否设定年终奖、如何设定等，并没有强制性要求。因此，年终奖发放与否以及发放标准，在法律层面上应当属于单位的分配自主权范畴。最后，用人单位年终奖具有自主权并不等于用人单位可以随意决定年终奖的分配对象以及不同对象的分配标准，在年终奖的发放上，用人单位仍然要遵守公平与按劳分配原则。同一单位，劳动者在同等条件下享有相同的年终奖分配权利。

第二，关于离职员工年终奖发放规则问题。最高人民法院发布的183号指导案例指出：首先，针对离职奖金发放规则是否存在违反公平合理原则的可能，应排除员工主动辞职或自身过失导致离职的情况。其次，企业应当确保该等规章制度符合《劳动合同法》第4条所规定的民主程序和公示程序，程序是否合法。再次，在案件审理中司法机关须对员工是否有权获得奖金的认定作实质要件的判断。最后，对于相关证据能否达到证明标准作出实质性判定。

第三，从《劳动法》的社会属性来看，用人单位处于优势地位，在自由的市场经济中其有动力给予劳动者更好的待遇以获取人才竞争的优势。公正裁决需要依托法官的专业理性，法官在判断案件事实的基础上，特殊情况下对离职人员年终奖的认定，有助于更好、更公平保护劳动者权益，体现劳动法对劳动者弱势地位的保护和立法宗旨。

（高志宏，南京航空航天大学法学院院长、教授，博士生导师）

A 公司诉 B 公司、第三人 C 律所其他合同纠纷案

——诉讼投资协议效力的司法认定

李非易* 刘子娴**

一、基本案情

A 公司诉称：其与 B 公司、C 律所订有《诉讼投资合作协议》，约定由 A 公司向 B 公司提供诉讼投资服务。该协议系各方真实意思表示，亦于法无悖，当属有效。A 公司已经按约在 B 公司诉 T 公司等服务合同纠纷一案（以下简称“标的案件”）中为 B 公司垫付诉讼费用。C 律所亦按约在标的案件中为 B 公司提供法律服务。B 公司应履行支付义务。然而 B 公司不但拒付，还单方解约。故请求 B 公司向 A 公司支付投资收益、法律服务费和违约金。

B 公司辩称：A 公司超越经营权限从事金融业务，且由专职律师担任法定代表人，故该协议违背法律、行政法规强制性规定，当属无效。即使协议有效，A 公司和 C 律所违约，B 公司无需支付投资收益和法律服务费。

法院经审理查明：2017 年 7 月 20 日，上海市崇明区人民法院（以下简称“崇明法院”）对标的案件作出 T 公司支付 B 公司顾问服务费 7 684 950 元及违约金的判决。同年 11 月 2 日，上海市第二中级人民法院裁定发回重审。

2017 年 12 月，B 公司、A 公司、C 律所签订《诉讼投资合作协议》，主要约定：A 公司是中国首家法律金融公司，为法律服务提供金融解决方案，以诉讼投资、不良资产处置为主要业务范围。A 公司投资 B 公司在标的案件中的全部诉讼费用，包括案件受理费、律师费等。B 公司根据生效法律文书，以其最终实际收到的 T 公司支付款项的 27%作为 A 公司的投资收益。若 B 公

* 李非易：上海市第二中级人民法院商事审判庭审判团队负责人、一级高级法官。

** 刘子娴：上海市第二中级人民法院商事审判庭法官助理。

司败诉或最终无法收到款项，A 公司自担损失，B 公司无需支付任何费用。A 公司关联方 C 律所的律师担任 B 公司在标的案件中的代理人。如果发生 C 律所及其代理律师的主体变更，由 C 律所指派律师，并征得 B 公司同意。B 公司有权跟进标的案件进展状况，并对案件的调解、和解与诉讼行为，有权最终参与决策制定。A 公司可以参与商讨标的案件的诉讼策略、诉讼节点等问题。鉴于此项业务涉及不可预测的政策风险，缔约三方应尽最大努力做好保密与风控工作。

同日，B 公司和 C 律所签订《委托代理合同》，主要约定：A 公司向 C 律所支付律师费。律师费包括基础律师费 100 000 元和 T 公司支付款项金额的 15%（含基础律师费）。

2018 年 1 月 3 日，A 公司分别向 B 公司和 C 律所转账诉讼费垫资款 65 595 元和律师费 100 000 元。

2018 年 2 月 5 日，标的案件重审，崇明法院判决 T 公司支付 B 公司顾问服务费 3 045 000 元和违约金。后上海市第二中级人民法院二审判决驳回上诉，维持原判。

2019 年 7 月 24 日，T 公司向崇明法院交付标的案件执行款 5 482 835. 34 元。

2019 年 12 月 30 日，上海市高级人民法院裁定驳回 B 公司就标的案件提出的再审申请。

二、裁判结果

上海市静安区人民法院于 2021 年 8 月 6 日作出［2020］沪 0106 民初 2583 号民事判决：（1）A 公司与 B 公司、C 律所订立的《诉讼投资合作协议》无效；（2）B 公司应于判决生效之日起 10 日内返还 A 公司 131 190 元；（3）A 公司的诉讼请求不予支持。

宣判后，A 公司提出上诉。上海市第二中级人民法院于 2022 年 5 月 31 日作出［2021］沪 02 民终 10224 号民事判决，驳回上诉，维持原判。

三、裁判理由

法院生效判决认为，本案的争议焦点为《诉讼投资合作协议》的效力认定问题。

（一）案涉协议的交易模式具有指向非实体经济领域的金融属性，应当谨慎认定其效力

首先，案涉协议并非有名合同，且涉及投资、委托等多重法律关系。因存在资金融通，具有金融属性。投资对象和融资指向是标的案件和司法行为。此交易将资本投向非实体经济的诉讼领域，有违国家引导金融脱虚向实的价值导向，司法不应当持倡导和鼓励的立场。其次，合同效力评价体现国家对私法行为的干预。因政治、经济、文化、价值观念不同，判定标准在国家间存在差异。当前我国的诉讼投资领域规范和监管均为空白。司法应考量交易特征和行业现状，针对合同目的和条款内容从事实和价值等角度谨慎认定个案合同效力，从而引导新兴行业有序发展，防止资本无序扩张。

（二）案涉协议内容有损公共秩序

（1）投资方 A 公司与代理人 C 律所高度关联，缺乏利益隔离设置，妨害诉讼代理基本原则的实现。C 律所不再是独立的法律服务提供者，难以在 A 公司同 B 公司出现利益冲突时保障 B 公司实现权益最大化。通过高度捆绑的利益共同体，A 公司可借 C 律所进入须特许经营的诉讼代理领域，C 律所亦可借 A 公司之名获取法定代理费标准之外的收益，从而规避诉讼代理相关强制性规范，并产生税务合规等衍生问题。

（2）A 公司过度控制 B 公司的诉讼行为，侵害其诉讼自由。案涉协议剥夺了 B 公司在标的案件中的以下诉讼自由：首先，自行委托律师的自由。B 公司欲更换律师时只能接受 C 律所重新指派的新律师，故 B 公司代理人实质上被 C 律所垄断。其次，行使诉讼处分权的自由。针对标的案件，B 公司旨在保障自身权益，A 公司目的在于最大化投资回报，故两者存在利益冲突的可能。案涉协议将 B 公司依法当然享有的诉讼决策权以赋予的形式限缩至诉讼决策参与权的同时，还赋予 A 公司参与商讨诉讼策略、节点的权利，将其纳入诉讼决策者范围之中。该些约定赋予了 A 公司干预和控制诉讼进程的权利，实质性地限制了 B 公司的诉讼自由。

（3）设置保密条款，投资信息不披露，危害诉讼秩序。首先，当标的案件审判组织存在因 A 公司而需回避的情形时，保密条款妨碍了回避制度的功能实现。其次，标的案件相对方或因知晓诉讼投资的存在而改变诉讼策略的选择或诉讼权利的处分，保密条款打破了两造对抗结构的平衡。再次，保密条款剥夺了 B 公司通过法院介入避免 A 公司过度干预诉讼的机会。最后，保

密条款为投资方同时投资标的案件双方当事人等危害诉讼秩序的行为提供了空间。

（三）案涉协议项下的交易模式有违善良风俗

首先，有违司法活动服务社会公众利益的公共属性。投资标的包含司法活动。同代理人高度关联和过度控制诉讼的权利令A公司成为司法活动密切利益方，其私利目的或影响司法。其次，有违和谐、友善的核心价值。案涉协议助推或吸引当事人以较低的成本发起诉讼，可能引发随意起诉、滥诉，不利于息诉止争，有架空多元化解纠纷机制的风险，与善良风俗相悖。

综上，《诉讼投资合作协议》核心条款违背公序良俗，故协议整体归于无效。

四、法官感悟

诉讼投资是投资方以被投资方为一方当事人的诉讼案件为标的，为被投资方垫付诉讼费用，案件胜诉则投资方从被投资方所得案款中收取一定投资收益，败诉则投资方分文不取且无权要求返还已垫付费用的一种投资方式。此种新兴的投资方式由域外引入我国，历经几年的发展已经初具一定市场规模。然而，诉讼投资特别法规、行业规范尚为空白。面对新领域纠纷，本案的审理以习近平法治思想为指引，探索适应我国国情和实际的裁判规则，为诉讼投资的制度化树立标准。

（一）建立中国特色的诉讼投资协议效力评价规则

本案A公司主张《诉讼投资合作协议》有效的论据之一是诉讼投资模式在域外已发展多年且司法认可协议效力，故本案的协议亦应认定有效。该论理不仅存在以偏概全地归纳域外诉讼投资司法的逻辑缺陷，更重要的是与习近平法治思想强调的“必须坚定不移走中国特色社会主义法治道路”相悖。

习近平总书记强调，“我们有我们的历史文化，有我们的体制机制，有我们的国情，我们的国家治理有其他国家不可比拟的特殊性和复杂性，也有我们自己长期积累的经验和优势”。[1]全面依法治国，要坚持从国情出发、从实

〔1〕《习近平在中国政法大学考察时强调　立德树人德法兼修抓好法治人才培养　励志勤学刻苦磨炼促进青年成长进步》，载 https://news.12371.cn/2017/05/03/ARTI1493813533526614.shtml，2024年7月22日访问。

际出发，从我国革命、建设、改革的实践中探索适合自己的法治道路。

合同效力评价体现的是国家对私法行为的干预，评价标准会因为国家间政治、经济、文化、价值观念等方面的差异而不同。诉讼投资最早于 20 世纪 90 年代在英美法系国家出现。历经几十年的发展，诉讼投资于英美法系国家已经形成了包括成文法、判例法、行政监管、行业规范等在内的较为完备的规范体系，建立了投资主体资格、市场准入标准、资金来源、禁止过度控制诉讼、投资信息披露、律师中立等专门规则。诉讼投资协议在域外并非全然有效，英国成文法明确规定违背公共秩序的诉讼投资协议无效。我国市场中诉讼投资的交易架构和协议内容，是在专门规制空白的背景下由当事人自由意思表示合意达成。司法对协议效力进行评价应当立足于我国国情和社会制度，对域外经验在此基础上予以辨识和扬弃，坚持以我为主、为我所用，认真鉴别，合理吸收，而非全盘移植，应充分考量诉讼投资有别于普通商业交易的金融属性、投资对象是基于国家公权力解决个案纠纷的司法行为、诉讼投资在我国尚属新兴投资活动等因素，秉持审慎态度，对个案交易内容、合同条款进行事实和价值层面的双重考量，从而认定合同效力。

（二）个案裁判推动新兴领域法治化建设

习近平法治思想强调，实践是法律的基础，法律要随着实践发展而发展，必须加强新兴领域立法，聚焦法律制度的空白点，健全法规制度、标准体系，打造市场化、法治化、国际化营商环境。

诉讼投资在我国发展尚且起步，司法处理个案纠纷中提炼的规则，不仅可有效指引诉讼投资交易的日后发展，还可以为相关领域立法提供有益参考。本案以案涉协议内容为基础，提炼出诉讼投资交易的“救济+投资”双向需求和“金融+法律”双重属性，结合民事诉讼基本秩序规则，认为评判诉讼投资协议效力，应依据公序良俗原则，综合考量交易模式的金融属性和投资对象为司法案件等因素，结合诉讼投资行业尚且起步、配套规范和监管缺失的现状，对合同订立目的、具体条款内容进行事实和价值层面的判断，审慎认定合同效力。诉讼投资协议约定投资方同诉讼代理人高度捆绑、投资方过度控制诉讼、禁止投资信息披露的，有损诉讼秩序，异化司法的公共属性，背离息讼止争的核心价值，违背公序良俗原则，依法应认定为无效。

本案的处理着眼于诉讼投资于我国发展和规制现状，以尊重当事人意思自治为基础，充分保障第三人和社会公共利益，维护金融市场的交易安全和诉讼制度的公平正义，为配套规则的制定提供司法经验。

专家点评

诉讼投资协议效力的认定，应依据公序良俗原则，综合考量交易模式的金融属性和投资对象为司法案件的因素，结合诉讼投资行业尚且起步、配套规范和监管缺失的现状，对合同订立目的、具体条款内容进行事实和价值层面的判断。诉讼投资协议约定投资方同诉讼代理人高度捆绑、投资方过度控制诉讼、禁止投资信息披露的，有损诉讼秩序，异化司法的公共属性，背离息讼止争的核心价值，违背公序良俗原则，依法应认定为无效。

一方面，从本案来看，关于诉讼投资协议效力的认定问题。原则上我们对于合同成立并生效的一般标准就是不违反法律的强制性规定和公序良俗，符合合同生效的要件（合同的主体、意思表示、合同的内容是否违法等），双方就该合同意思表示真实等。从要件标准上来看，该诉讼投资协议“表层”完全符合合同的一般要件，但显然其将诉讼活动作为一种金融投资，虽然在国外有类似的实践先例，但考量我国的国情和司法特色，将诉讼活动作为一种金融投资无疑会对诉讼活动产生不利影响，侵占司法资源，对公共秩序造成潜在威胁，不符合民法公序良俗原则的精神所指。同时该投资标的并非实体产业项目，此交易模式将资本投向非实体经济的诉讼领域，有违国家引导金融脱虚向实的价值导向。

另一方面，部分学者认为仅以“资本脱实向虚”来审查协议效力的做法，其背后的法律依据并不充分；诉讼当事方因接受投资方的投资而让渡部分诉讼决策权并不违反法律精神和现代社会的价值取向；投资方以及投资协议的存在客观上并没有增加案件当事方原本就已经存在的权益，当然也就不可能影响司法。并且通过投资协议能够减轻当事方在诉讼方面遇到的资金压力，该交易模式是否违背和谐、友善的价值观也值得商榷。

综上，在目前国内诉讼成本高同时又缺乏诉讼风险防控机制的情况下，诉讼投资模式也具有其存在的合理性和价值。在正式提出诉讼投资概念之前，部分从事不良资产行业的律师已先行尝试在代理关系中对于特定案件全风险代理甚至垫付诉讼费，后期收取较高比例的回款奖励，这是市场自身的需求。可将其加以规范有序发展，建立中国特色诉讼投资协议的评价机制体制，规范该运营环境，找到适合我国国情的审判实务之路。

习近平总书记指出，“司法制度是上层建筑的重要组成部分，我们推进司法体制改革，是社会主义司法制度自我完善和发展，走的是中国特色社会主义法治道路”。[1]这就要求我们在具体的司法审判实践中，要根据具体国情创新审判方法，以实践效果检验裁判是否合情、合理，从而完善中国特色的诉讼制度。

（高志宏，南京航空航天大学法学院院长、教授，博士生导师）

〔1〕《习近平：以提高司法公信力为根本尺度　坚定不移深化司法体制改革》，载 https://www.gov.cn/xinwen/2015—03125/content_ 2838324.htm，2024 年 7 月 22 日访问。

伊利娜诉灭迪恩申请承认与执行我国法院判决纠纷案

——依法承认与执行外国法院判决 切实履行司法协助条约义务

熊 燕[*] 乔 艺[**]

一、基本案情

伊利娜与灭迪恩原系夫妻。双方于2017年4月29日生育女儿安娜。孩子满三岁之前，伊利娜在休假育婴，灭迪恩未提供物资支持。伊利娜向白俄罗斯明斯克市十月区法院诉请要求灭迪恩支付赡养费。灭迪恩委托律师参加诉讼。2018年12月12日，白俄罗斯明斯克市十月区法院作出判决：为伊利娜的利益向灭迪恩索取赡养费，金额为每个月15笔基本款项，自2018年5月3日起至2017年4月29日出生的女儿安娜满三岁为止。该判决作出后，于2018年12月29日起发生法律效力。因为灭迪恩在我国境内居住和工作，故该判决在白俄罗斯境内并未执行。2019年4月2日，伊利娜向白俄罗斯明斯克市十月区法院提出承认与执行该判决的请求，该法院按照我国和白俄罗斯签订的《关于民事和刑事司法协助的条约》的途径，向上海市第二中级人民法院转交了上述请求。

被申请人灭迪恩陈述意见称，其系在被欺骗情况下参加诉讼；判决作出前的2018年4月至10月期间，其已经实际通过微信支付了赡养费，但白俄罗斯法院没有认可微信支付；关于支付标准，其也并不清楚一笔基本款项是多少钱，故不同意履行上述判决。

* 熊燕：上海市第二中级人民法院未成年人与家事案件综合审判庭副庭长、三级高级法官。

** 乔艺：上海市第二中级人民法院未成年人与家事案件综合审判庭法官助理。

二、裁判结果

上海市第二中级人民法院于2020年8月17日作出民事裁定，裁定如下：承认并执行白俄罗斯明斯克市十月区法院就伊利娜与灭迪恩婚姻家庭纠纷案于2018年12月12日所作的判决。

三、裁判理由

上海市第二中级人民法院经向白俄罗斯驻上海总领事馆发函询问，查明了本案所涉白俄罗斯判决主文中“基本款项”的含义。

上海市第二中级人民法院审理认为，伊利娜向白俄罗斯明斯克市十月区法院提出承认与执行法院裁决的请求，该请求经白俄罗斯司法部与我司法部之间的联系途径转交与上海市第二中级人民法院。申请所需各项文件亦一并予以转交。伊利娜的申请符合白俄罗斯与我国缔结的国际条约规定的形式要件。同时，白俄罗斯明斯克市十月区法院所作的判决已经生效，且具有给付内容，具有执行力；我国法院就伊利娜与灭迪恩婚姻家庭纠纷案件并不具有专属管辖权；灭迪恩在该案诉讼中已经得到合法传唤，且承认其委托律师参加了诉讼；就伊利娜与灭迪恩婚姻家庭纠纷案，我国法院也没有正在进行之诉讼，亦不存在已生效的裁决，更未承认他国就该案件所作之生效裁决；上述判决系对申请人与被申请人婚姻家庭关系作出，承认该民事判决并不违反我国法律的基本原则或国家主权、安全、社会公共利益。至于灭迪恩主张其2018年4月至10月期间，即判决前已实际履行赡养费，白俄罗斯法院并未认可，因本案属于司法协助案件，并不涉及双方当事人实体权利义务的审查，在白俄罗斯法院已就此作出判决的情况下，对灭迪恩的该项主张不予支持。

综上，依据我国和白俄罗斯《关于民事和刑事司法协助的条约》第21条的规定，对申请人伊利娜提出承认与执行白俄罗斯明斯克市十月区法院判决的请求，上海市第二中级人民法院认为应予以支持，但赡养费的具体金额以执行时白俄罗斯卢布与人民币的实际汇率为准。裁定生效后，上海市第二中级人民法院执行法官前往被申请人灭迪恩工作单位展开执行，被申请人同意按期履行法律义务。

四、法官感悟

（一）贯彻落实习近平法治思想，提高涉外司法服务水平

法律的生命力在于实践，正确的法治理论引领正确的法治实践。习近平法治思想是引领法治中国建设的纲领性思想理论，为我国涉外法治发展指出了明确的方向，作为国家审判机关，必须牢牢坚持以习近平法治思想引领法院工作的高质量发展。习近平法治思想中的核心要义之一就是坚持统筹推进国内法治和涉外法治。

2020 年 2 月 5 日，习近平总书记在中央全面依法治国委员会第三次会议上强调："要加强国际法治领域合作，加快我国法域外适用的法律体系建设，加强国际法研究和运用，提高涉外工作法治化水平。"〔1〕

在上述案例中，我国法院通过准确分析、适用相关国际条约，推动"一带一路"国家公民有关民事裁判在我国的承认与执行，特别是关涉一般人日常生活的家事纠纷领域裁判的承认与执行，进一步促进了双边国际条约在更宽广、更深入的领域落实，切实维护和保障了涉外司法纠纷中相关当事人的合法权益，同时也在服务"一带一路"国家重大战略过程中，进一步彰显了我国法院涉外司法服务的能力和水平，提高了我国法院的涉外法治能力，是贯彻落实习近平法治思想的具体体现。

（二）推进司法协助互惠合作，增强涉外司法国际话语权

习近平总书记曾强调，"全球治理体系正处于调整变革的关键时期，我们要积极参与国际规则制定，做全球治理变革进程的参与者、推动者、引领者"。〔2〕

提升审查办理国际司法协助案件的专业化水平，促进提高我国法院参与全球治理能力、规则制定能力，尤其是要深度参与有关司法协助的国际条约公约谈判和规则制定，不断扩大国际司法协助覆盖范围。进一步健全涉外司法协助规范体系，合理简化并不断完善审查流程，完善"中国标准"，形成"中国方案"。人民法院聚焦"一带一路"建设，服务国家高水平对外开放，

---

〔1〕《习近平：全面提高依法防控依法治理能力　为疫情防控提供有力法治保障》，载 https://www.12371.cn/2020/02/05/ARTI1580898910552995.shtml，2024 年 7 月 22 日访问。

〔2〕《习近平：加强党对全面依法治国的领导》，载 https://www.12371.cn/2019/02/15/ARTI1550217630844378.shtml，2024 年 7 月 22 日访问。

营造更好的法治环境，有利于促进我国对外友好合作，为国家重大战略的实施保驾护航。上述家事领域的司法协助案件在我国法院得到承认和执行，不仅仅是我国法院及时有效化解各类涉外司法纠纷的具体体现，也是我国法院不断深度参与国际治理体系的重要体现。目前，婚姻家庭继承等传统法律领域，国际的司法合作尚不深入，司法协助方面的多边条约尚不普遍，与国际人员交往的实际情况并不匹配，多多进行该方面涉外裁判承认与执行的探索和实践，有助于我们在涉外司法活动中进一步增加我国在国际规则适用中的国际话语权，有效增强我国在国际法律事务中的影响力。

（三）尊重国际法原则和规则，坚守公平正义底线

习近平总书记指出："法律的生命在于付诸实施，各国有责任维护国际法治权威，依法行使权利，善意履行义务。法律的生命也在于公平正义，各国和国际司法机构应该确保国际法平等统一适用，不能搞双重标准，不能'合则用、不合则弃'，真正做到'无偏无党，王道荡荡'。"〔1〕

我国有句古话叫"不患寡而患不均"，讲的就是公平正义问题。从上述法院关于涉外司法协助的处理来看，我国法院的司法认定是一致和稳定的，不存在双重标准问题。在涉外司法裁判执行中，即便如本案这样涉及他国婚姻家庭领域中存在而我国法律制度中不存在的赡养制度，涉及他国裁判主文中"陌生"标准的解释与执行，我国法院也在充分尊重和运用国际法原则和规则的基础上，力求平等保护各国当事人的权利，在传统家事领域以一种开放的态度尊重国与国之间的司法条约，保持对申请承认之他国裁判合理的形式审查原则，强化司法协助互惠合作，坚守法律的公平正义底线，始终注重维护涉外司法的统一性、稳定性和可预见性，真正践行了习近平总书记的法治理念。

（四）持续提升涉外法治能力，为中国式现代化贡献法治力量

新时代，推进高水平对外开放对涉外法治建设提出了新的更高要求，涉外法治发展在推进中国式现代化和社会主义法治建设中的分量更加突出、作用更加重要。当前，全世界正处于"百年未有之大变局"，中国式现代化的巨潮正奋勇前进。在涉外司法领域中，人民法院通过精准理解适用国际法规则，具体处理好每一件典型涉外案件，不断凝练国际规则意旨，总结涉外司法经

〔1〕《习近平：共同构建人类命运共同体》，载 https://www.12371.cn/2021/01/01/ARTI1609488249187102.shtml，2024 年 7 月 22 日访问。

验，相信能够在国际法治中充分增强各种纠纷解决能力，维护好我国国家主权、安全和发展权益。家庭是社会最小的细胞，家事无小事。而在涉外家事领域，本应具有最为普遍和基础的国际交往，却长期缺乏涉及家事权利义务履行的判决承认与执行实践。家事领域的外国判决承认与执行在更深、更广范围的具体尝试，无疑是全面提升涉外法治能力必不可少的环节。

人民法院涉外司法是我国涉外法治建设过程中十分重要的内容，有着丰富的涉外案例资源，有着深厚的涉外审判功底，更有着广阔的国际法理论适用场景，本应有所作为，也定能有所作为。本案既是一次有益的实践，也是涉外法治能力提升的一次重要契机。

专家点评

本案是一起在家事领域探索国际司法协助的典型案例，值得法学研究者特别是涉外民商事领域研究者重点关注。

改革开放四十余年来，随着我国对外开放水平的不断提高，国内外民间交流日益频繁，产生的民商事领域纠纷问题也日趋繁复。在涉外司法案件争议解决过程中，坚持运用公平正义原则做好涉外司法服务是我国司法机关必须面对的挑战。仅就家事领域的涉外判决承认与执行，司法机关既需要遵循我国签订的司法协助国际条约规定，更需要在贯彻习近平总书记关于国际法治领域合作的指示下不断探索实现路径。本案中，法院根据我国与白俄罗斯之间的条约，对于涉外司法协助的形式要件予以审查，对外国法院的判决效力予以认可，同时就不对实体权利义务审查进行了解释，最终前往被申请人单位进行了执行，不管在程序问题还是实体问题层面都树立了堪称示范的操作标准。由于涉外司法协助案件尤其是涉外家事协助案件目前较少，法律规定中缺乏更为细致具体的操作流程，相关研究也属冷门，因此司法机关在案件协助过程中往往不易把握，在实体问题层面，也可能产生基于我国婚姻家庭法律规范主动审查案件的倾向。法院在此案中很好地诠释了 2017 年《民事诉讼法》第 282 条关于涉外司法协助的审查原则，即以我国缔结或参与的国际条约为基本要件、将违反我国法律的基本原则或者国家主权、安全、社会公共利益的情形作为排除要件，本案中，法院并未就赡养费履行情况、基本款项设置合理性等实体问题进行审查，彰显了我国司法机关参与国际司法合作所秉持的互惠与公平精神，也体现了我国处理涉外司法协助案件过程中对外国法律规范的开放与尊重态度。

习近平总书记指出，“要加快形成系统完备的涉外法律法规体系，提升涉外执法司法效能”。[1]在推动我国涉外法治建设不断发展的过程中，从典型的民商事纠纷到本案的家事纠纷，涉外司法案件的类型在不断扩展，人民法院也必须紧跟时代发展，尤其在涉外司法协助案件的探索过程中，必然需要敢于尝试、谨慎实践，进而丰富涉外法治案例，提升涉外法治建设水平。

（虞浔，华东政法大学社会协同合作处处长、教授，博士生导师）

---

〔1〕《习近平：坚定不移走中国特色社会主义法治道路　为全面建设社会主义现代化国家提供有力法治保障》，载 https://www.gov.cn/xinwen/2021-02/28/content_5589323.htm，2024 年 7 月 22 日访问。

拉扎斯网络科技（上海）有限公司诉刘某某竞业限制纠纷案

——互联网行业劳动者应当按约遵守竞业限制义务

姜　翌*

一、基本案情

原告拉扎斯网络科技（上海）有限公司（以下简称“拉扎斯公司”）向上海市普陀区人民法院提起诉讼：（1）刘某某返还竞业限制补偿金人民币（以下币种均为人民币）141 810.2 元；（2）刘某某支付竞业限制违约金 2 611 997.7元。事实和理由：被告刘某某原系拉扎斯公司开发总监，双方签有为期 6 个月的《竞业限制协议》，但刘某某离职后多次进入上海壹佰米网络科技有限公司（以下简称“壹佰米公司”）运营的“叮咚买菜”办公区域，其行为已违反竞业限制义务，故诉至法院。

被告刘某某辩称：刘某某自原告处离职后，进入案外人上海安毕胜管理咨询有限公司（以下简称“安毕胜公司”）处工作，该公司以及“叮咚买菜”与原告均非竞争关系。此外，《竞业限制协议》对刘某某择业权过度局限，违背了公平原则，应属无效格式条款。刘某某同时亦向一审法院起诉请求：（1）刘某某无须返还拉扎斯公司竞业限制补偿金 141 810.2 元；（2）刘某某无须支付拉扎斯公司竞业限制违约金 425 431 元。

法院经审理认定如下事实：2016 年 9 月 28 日，刘某某进入拉扎斯公司工作，担任开发总监一职。刘某某、拉扎斯公司签订期限自 2016 年 9 月 28 日起至 2019 年 10 月 31 日劳动合同一份。2019 年 11 月 1 日，刘某某、拉扎斯公司双方签订《劳动合同续签协议》，续签的劳动合同期限自 2019 年 11 月 1 日起至 2022

* 姜翌：上海市第二中级人民法院民事审判庭法官助理。

年10月31日。2020年8月31日，刘某某、拉扎斯公司解除劳动合同。2020年9月14日，刘某某、拉扎斯公司签订《竞业限制协议》，载明："……第一条总则及定义……6. 本协议中的'竞争性单位'，指与甲方公司（即本案拉扎斯公司）提供同类服务的或对甲方公司业务构成现实或潜在竞争的任何个人、公司、企业、合伙、机关、协会、事业单位、社会团体或其他组织。这些竞争性单位包括但不限于：经营与甲方公司有相同或相近似业务的公司或企业，尤其是下列单位：美团（及其关联公司）、京东（及其关联公司）、顺丰（及其关联公司）……7. 本协议中的'竞业限制义务'，指本协议第二条第3、4、6款所列的义务。第二条不竞争的约定……3. 未经甲方事先书面同意，乙方（即本案刘某某）不论因何种原因从甲方离职，离职后在竞业限制期内都不得到甲方的竞争性单位就职。4. 未经甲方事先书面同意，乙方不论因何种原因从甲方离职，离职后在竞业限制期内都不得直接或间接服务于自办或与甲方有竞争关系的企业。包括但不限于：（1）服务于开办或经营与其在甲方公司所从事的主要工作一致或类似的其他类型的公司或企业；（2）服务于开办或经营与甲方公司有相同业务或相近似业务的公司或企业；（3）服务于开办或经营为上述公司或企业提供专业咨询或顾问服务的公司或企业或其他机构。第三条竞业限制期限、地域及补偿费的支付 1. 甲乙双方经协商一致，确定乙方的竞业限制期限为6个月……5. 竞业限制补偿费标准为离职前12个月平均月薪的25%，该补偿费对应甲方决定的竞业期限，补偿费按月发放。第四条违约责任……2. 若乙方不履行竞业限制义务，则每一次乙方应按如下方式向甲方承担违约责任：甲方有权停止向乙方支付尚未支付的竞业限制补偿金，直至其重新履行竞业限制义务。同时乙方除需返还甲方已支付的竞业限制补偿费外，还应向甲方支付相当于乙方离职前一年的年收入的3倍作为违约金。"2020年9月17日，刘某某于《竞业限制义务履行通知书》上签字，该通知书载明："……您（即刘某某）于2020年8月31日与公司（拉扎斯公司）解除/终止了劳动关系。经公司商议后决定，通知您需要遵守公司与您之间签署的《劳动合同》《竞业限制协议》及其他相关文件中的竞业限制相关条款和义务。现将竞业限制义务履行相关事项通知如下：一、您的竞业限制义务自2020年9月1日（离职后第二日）开始生效。二、公司将按照《竞业限制协议》的约定，每月支付给您竞业限制补偿费24 086元……"此后，拉扎斯公司于竞业限制期间内共计支付刘某某竞业限制补偿金141 810.2元。

2021年7月7日，拉扎斯公司向上海市劳动人事争议仲裁委员会申请劳动仲裁，要求刘某某返还2020年11月10日至2021年4月20日期间发放的竞业限制补偿金，并支付拉扎斯公司违反竞业限制协议的违约金。2021年9月9日，上海市劳动人事争议仲裁委员会出具沪劳人仲［2021］办字第712号裁决书，裁决：（1）被申请人（即本案刘某某）返还申请人（即本案拉扎斯公司）2020年11月10日至2021年4月20日期间发放的竞业限制补偿金141 810.2元；（2）被申请人（即本案刘某某）支付申请人（即本案拉扎斯公司）违反竞业限制协议的违约金425 431元；（3）对申请人（即本案拉扎斯公司）其他请求不予支持。刘某某、拉扎斯公司均不服该仲裁裁决，分别提起诉讼，请求判如所请。

拉扎斯公司经营执照中“经营范围”载明：“许可项目：食品经营……一般项目：计算机软件的开发、设计、制作，网络技术的开发、设计，销售自产产品，并提供相关的技术咨询和技术服务；办公用品、食用农副产品（不含生猪、牛羊肉等家禽产品）、日用品、工艺品（文物除外）……物流服务，仓储服务……”案外人壹佰米公司工商信息中“经营范围”载明：“许可项目：食品销售；道路货物运输（不含危险货物）；第二类增值电信业务；餐饮服务……一般项目：保健食品（预包装）销售；技术服务、技术开发、技术咨询、技术交流、技术转让、技术推广；软件开发……农副产品销售……食用农产品批发；食用农产品零售……”

本案审理过程中，刘某某向一审法院提供其与案外人安毕胜公司的《劳动合同书》及案外人安毕胜公司与案外人壹佰米公司签订的《咨询服务协议》，称其2020年9月29日入职案外人安毕胜公司，该公司为案外人壹佰米公司设计人力资源管理系统和管理架构。拉扎斯公司对此不予认可。

二、裁判结果

上海市普陀区人民法院于2022年7月25日作出［2021］沪0107民初29088号民事判决：（1）刘某某应于本判决生效之日起10日内返还拉扎斯公司竞业限制补偿金141 810.2元；（2）刘某某应于本判决生效之日起10日内支付拉扎斯公司竞业限制违约金425 431元。刘某某不服，认为壹佰米公司与拉扎斯公司不具有竞争关系，“饿了么”平台与“叮咚买菜”平台亦具有本质区别，故提出上诉。

上海市第二中级人民法院于2023年2月21日作出［2023］沪02民终380号民事判决：驳回上诉，维持原判。

三、裁判理由

用人单位与劳动者可以在劳动合同中约定保守用人单位的商业秘密和与知识产权相关的保密事项。对负有保密义务的劳动者，用人单位可以在劳动合同或者保密协议中与劳动者约定竞业限制条款，并约定在解除或者终止劳动合同后，在竞业限制期限内按月给予劳动者经济补偿。劳动者违反竞业限制约定的，应当按照约定向用人单位支付违约金。法院认为，本案的争议焦点在于：其一，拉扎斯公司与刘某某签订的《竞业限制协议》是否有效；其二，拉扎斯公司运营的“饿了么”平台与壹佰米公司运营的“叮咚买菜”平台是否构成竞争关系；其三，刘某某是否存在违反竞业限制约定的行为。

第一，关于案涉《竞业限制协议》的效力。竞业限制协议系为保护企业的商业秘密和竞争优势而由双方协商确定的内容，依法签订的竞业限制协议对双方当事人均具有约束力。本案中，刘某某主张，涉案《竞业限制协议》将竞业限制范围任意扩大至有竞争关系的企业及所有的相关服务方，损害了其择业权与就业权，应属于无效条款。然该协议系双方协商后签署，体现的是双方的真实意思表示，且与法无悖，而刘某某作为完全民事行为能力人，理应知晓签署前述协议的法律后果。离职后，拉扎斯公司按月向刘某某支付竞业限制补偿金，实际履行了竞业限制义务，对刘某某而言，其亦享受了相应权利，因而，其对离职后负有的竞业限制义务是知晓的，法院对案涉竞业限制协议的整体效力予以确认。

第二，拉扎斯公司运营的“饿了么”平台与壹佰米公司运营的“叮咚买菜”平台是否构成竞争关系。首先，拉扎斯公司与壹佰米公司在工商登记的经营范围内都包含物流服务及食品类经营销售、计算机软件的开发等，经营范围确有重合，均属依托互联网平台服务于同城本地生活的电商企业，消费者群体以周边居民为主。其次，“饿了么”及“叮咚买菜”系本地生活类应用软件，虽“叮咚买菜”的前置仓模式与“饿了么”提供的平台服务有所不同，但“饿了么”客户群体除入驻的商户、餐厅外，亦包括终端消费者，两平台均销售生鲜、蔬菜、水果、酒水饮料等并承诺提供高效配送，其经营范围及种类高度相似。而消费者在购买所需的生活类商品或服务时，会综合考虑该平台的服务质量、物流配送速度、商品品质及价格等因素，进而作出选择，故两者在地域范围、经营种类、客户群体之间存在争夺市场流量的情形，存在直接竞争关系。综上，法院认为，“叮咚买菜”与“饿了么”的经营本质，均系为消费者提供线上下单和线下配送服务的本地生活网络交易和配送服务平台，虽双方主营内容并非一致，但在经营范围和服务内容上存在相同之处，均借助于互联网平台进行交易信息撮合，为消费者提供商品和服务。因此，拉扎斯公司与壹佰米公司在经营本质上相同，是具有竞争关系的企业。

第三，关于刘某某是否存在违反竞业限制协议的行为。通常而言，违反竞业限制协议的行为发生在竞争对手企业内，故劳动者的违约行为往往有一定的隐蔽性，对用人单位来说，举证有一定的难度。现拉扎斯公司为证明刘某某存在违约行为，提供其刷卡进入“叮咚买菜”的照片，刘某某则以其系安毕胜公司的员工、该公司为壹佰米公司设计人力资源系统来解释其多次出入“叮咚买菜”的原因。法院认为，拉扎斯公司提供的视频、照片等证据经公证认证，法院对其真实性予以确认。从刘某某刷卡进入“叮咚买菜”的方式、出入的时间及频率来看，其提交的劳动合同无法否认其为“叮咚买菜”服务的事实。刘某某自 2016 年 9 月加入“饿了么”，此后负责履约中台开发团队，作为拉扎斯公司物流配送的高级管理人员，掌握着拉扎斯公司物流配送运营的详细、具体、重要的数据，属于公司核心机密，并对核心机密负有保密义务，在此情况下，无论其直接或间接服务“叮咚买菜”平台，均可能泄露原用人单位的商业秘密、导致原用人单位利益受到实际或潜在的损害，违反了《竞业限制协议》的约定。

根据双方约定，刘某某违反竞业限制协议应返还竞业限制补偿金并支付拉扎斯公司相应的违约金，现其不同意按约定返还，缺乏依据。关于违约金的确定，一审法院根据刘某某的工作年限、职务、违约过错程度、竞业限制期限等因素并考虑刘某某的违约行为可能对拉扎斯公司造成的损害等，从公平与合理的角度出发，酌情调整刘某某应付竞业限制违约金为 425 431 元，并无不当，法院认同。

四、法官感悟

竞业限制是通过对劳动者离职后的择业自由进行一定程度的限制，来保障用人单位的商业秘密和竞争优势的一项法律制度。根据《劳动合同法》第

23条至第25条以及最高人民法院《关于审理劳动争议案件适用法律问题的解释（一）》第36条至第40条之规定，竞业限制是劳动法中唯二可以和劳动者约定违约金的情形之一，适用人员限于用人单位负有保密义务的员工；具体的限制范围、地域、期限由单位与劳动者约定，但最长不得超过两年；单位应向履行竞业限制义务的劳动者给付经济补偿金，三个月未支付的，劳动者可请求解除竞业限制约定；单位有权在限制期内单方请求解除竞业限制协议，此时劳动者可主张单位额外支付三个月的经济补偿。可见，竞业限制协议系劳资双方协商达成的双务合同，兼具劳动法与合同法属性，劳动者负有不作为义务，用人单位则负有给付竞业限制补偿金的义务。

习近平法治思想强调坚持以人民为中心，法治应当积极回应人民群众的新要求、新期待。新时代下，人民群众对美好生活的向往更多向法治、公平、正义、安全、环境等方面延展。由于历史和现实的多方面原因，目前立法、执法、司法、普法方面还有不少薄弱环节，这要成为厉行法治的聚焦点和发力点。要解决制约高质量发展的种种问题，就要着力维护市场秩序、保护知识产权、维护社会主义法治权威和尊严、克服执法不严和司法不公，解决人民最关心的教育、就业、收入分配、社会保障等方面的突出问题，解决促进社会公平正义、完善互联网管理、加强安全生产、维护社会和谐稳定等方面的难题。其中，政法机关在保障人民安居乐业、服务经济社会发展、维护国家安全和社会稳定中具有十分重要的作用。竞业限制纠纷涉及劳资双方利益平衡，公正的裁判无疑将促进劳资双方强化契约精神，维护企业商业秘密，营造良好营商环境。尊重劳资双方合意签署的竞业限制协议，在协议有效的情况下判令违约方按约承担责任，此举与劳动法倾向性保护常处于弱势地位的劳动者之立场并不相悖，因为企业同样是社会主义法治下的重要市场主体，而各类市场主体最期盼的是平等法律保护，正所谓法治就是最好的营商环境。要打造市场化、法治化、国际化的营商环境，就要尊重市场经济规律，通过市场化手段，在法治框架内调整各类市场主体的利益关系，加强社会信用体系建设，依法保护企业家合法权益，加强产权和知识产权保护，形成长期稳定发展预期，营造激励企业家干事创业的浓厚氛围。因此，在劳动纠纷案件中，法院要把平等保护贯彻到各个环节，依法平等保护各类市场主体产权和合法权益，依法平等保护国有、民营、外资等各种所有制企业产权和自主经营权，完善各类市场主体公平竞争的法治环境，增强包括互联网新兴势力在内的各类企业对于社会主义法治的信心，在法治的保驾护航下公平有序开展良性竞争，最大化发挥人才资源，稳步加快技术创新。

当前社会人才流动加速、劳资纠纷时有发生，尤其是劳动者抱团跳槽的情况下可能出现竞业限制集团诉讼，司法裁判结果对于用人单位和劳动者而言意义重大，具有引领社会价值、指导社会行为的作用。法院通过个案裁判实现“以案普法”，在查明事实的前提下尽力平衡用人单位商业秘密利益和劳动者择业自由，向全社会弘扬诚实守信理念，维护公平竞争市场秩序，彰显司法服务社会经济长远发展的延伸作用。具体而言，法治意识、契约精神、守约观念是现代经济活动的重要意识规范，也是信用经济、法治经济的重要要求。习近平法治思想强调推进全民守法，要求在全社会弘扬社会主义法治精神，传播法律知识，培育法律意识，使尊法、学法、守法、用法成为全体人民的共同追求，让法治成为全民思维方式和行为习惯。本案在正确认定劳动者违反竞业限制义务的基础上判令其在合理范围内承担违约金，有助于提升公民法治意识和法治素养，培养契约精神，严格守法守约。另外，守法经营是任何企业都必须遵守的一项大原则。公有制企业也好，非公有制企业也好，各类企业都要把守法诚信作为安身立命之本，依法经营、依法治企、依法维权。企业家要做诚信守法的表率，带动全社会道德素质和文明程度提升。企业从本案裁判中亦能充分体会到竞业限制制度的有限性，秉持依法经营的理念合理维权，立足长远营造和谐劳动关系，推动可持续发展。

专家点评

互联网企业员工对于企业发展非常重要，掌握企业重点业务核心的技术员工尤其是企业极为重要的人力资源。竞业限制是通过对劳动者离职后的择业自由进行一定程度的限制，来保障用人单位的商业秘密和竞争优势的一项法律制度，因此较为成熟的互联网企业对于其员工的保密义务和竞业限制都有着较高的要求，互联网企业与其离职员工的竞业限制关系产生的纠纷在新业态下也需要加以探讨。

面对庞大而复杂的竞业限制体系，《劳动合同法》仅有两个条文规定，在审判实践面临的一个关键问题——竞业限制协议效力的认定规则。首先，关于竞业禁止的概念，是指对与权利人有特定关系之人的特定竞争行为的禁止，即权利人有权要求与其具有特定民事法律关系的特定人不为针对自己的竞争性行为。关于竞业禁止协议的效力，多数观点认为限制合理的竞业禁止协议应属有效。竞业禁止协议限制了雇员的劳动权和择业自由权等基本权利，因此法律对竞业禁止协议的合法性和合理性应加以严格规制以体现雇主与雇员的利益衡平。其次，关于判断竞业限制协议效力，如果简单套用民法与合同法的一般规定，用合同法规定的合同效力判断规则来认定竞业限制协议的效力，不仅忽视了劳动法与民法的本质区别，也无法体现劳动法倾斜保护劳动者和最有利于原则。这也要求审判实务界以劳动法思维与方法来处理该类纠纷案件，综合考量竞业禁止协议中的经济补偿、双方的过错、事实的认定、劳动合同的存续、违约金问题等。同时，关于违约金的问题。在世界各地立法中，包括德国、奥地利、瑞士民法都允许在竞业限制协议中约定违约金。违约金和劳动者签署竞业禁止协议的经济补偿体现了双向的义务保证，劳动者违约需要支付违约金，用人单位也向劳动者就业限制提供经济补偿。用人单位与劳动者可以在劳动合同中约定保守用人单位的商业秘密和与知识产权相关的保密事项。对负有保密义务的劳动者，劳动者违反竞业限制约定的，应当按照约定向用人单位支付违约金。最后，关于竞业禁止中竞争关系的审查，企业营业执照记载的经营范围系行政部门按照既定分类就企业具体经营事项的概括框定，同时碍于实践中存在企业登记经营事项与实际不相一致或变更登记滞后等情形，劳动者所入职单位与原用人单位间是否存在竞争关系，是评判劳动者是否违反竞业限制义务的核心问题。在审查竞业限制纠纷中劳动者自营或入职公司与原用人单位是否形成竞争关系时，不应拘泥于登记的营业范围，而应从企业实际经营内容、服务对象或产品受众、对应市场是否重合等多角度进行审查。

习近平总书记强调指出，“深入推进实施公平竞争政策，全面落实公平竞争审查制度，消除各种市场壁垒，使各类资本机会平等、公平进入、有序竞争”。[1]本案以竞业禁止为切入点，对于公平竞争在司法上的认识提供了有价值的案例参照。

（高志宏，南京航空航天大学法学院院长、教授，博士生导师）

---

〔1〕《习近平在中共中央政治局第三十八次集体学习时强调　依法规范和引导我国资本健康发展　发挥资本作为重要生产要素的积极作用》，载 https://www.12371.cn/2022/04/30/ARTI1651305189572808.shtml，2024 年 7 月 19 日访问。

某银行诉杨某等清算责任纠纷案

——清算组成员责任的区分认定

王　曦*　蔡　璇**

一、基本案情

原告某银行诉称：原告对A公司仍有未能清偿的债权事实清楚，三被告作为公司注销时的清算组成员，存在违反法定清算义务、出具虚假清算报告以骗取公司登记机关核准注销以及注销时作了保结承诺等行为，该行为造成原告丧失向A公司主张债权的途径和可能，给原告造成损失，故三被告依法应对原告在［2014］浦民六（商）初字第4219号民事判决书中未能清偿的债权承担连带清偿责任。

被告李某、郑某共同辩称：原告主张的债权从未通知过两被告，两被告并不知道涉案债权的存在，原告并未向A公司及两被告告知或主张过债权；原告主张的借款利息、罚息、复利过高，超过了原告的损失，罚息过高且不应对罚息计算复利；［2014］浦民六（商）初字第4219号民事判决书生效后，原告对债权执行不积极作为，导致损失扩大，两被告不应对损失扩大部分承担责任。

被告杨某辩称：其只是帮被告郑某开车的，不在A公司工作，其只是去工商局帮助被告郑某办理了公司注销的手续，公司有无清算并不清楚。之所以是清算组成员，因为工商部门要求清算组成员要有一个组长和两个成员，因此就应股东的要求在材料上面签了字，成了清算组成员，不应要求其对A公司欠原告的债务承担责任。

* 王曦：上海市第二中级人民法院商事审判庭审判团队负责人、三级高级法官。

** 蔡璇：上海市第二中级人民法院商事审判庭法官助理。

法院经审理查明：（1）A 公司成立于 2006 年 8 月 29 日，公司注销前的股东为被告李某（持股 99%）、郑某（持股 1%），法定代表人为李某。（2）原告与案外人 B 公司、A 公司、伟某等因金融借款合同纠纷发生诉讼，浦东法院作出［2014］浦民六（商）初字第 4219 号民事判决，判令 B 公司归还借款本金及利息，A 公司承担连带清偿责任。后在执行过程中，未发现登记在 A 公司等被执行人名下可供执行的财产，浦东法院终结了执行程序。2015 年 5 月 15 日，浦东法院作出执行裁定书，将另一被执行人伟某所有的位于上海市松江区佘山镇林叶路的房屋作价 2007 万元，抵偿了部分债务。（3）2018 年 12 月 11 日，A 公司向税务机关申请注销税务登记事项。申报的《资产处置损益明细表》总计账面价值为 3 521 526. 83 元；申报的《剩余财产计算和分配明细表》中，资产可变现价值或交易价格为 3 521 526. 83 元。（4）2019 年 2 月 27 日，A 公司召开股东会，被告李某、郑某参加会议，会议形成决议如下：①同意公司解散；②成立清算组，李某为清算组负责人，郑某、杨某为清算组成员；该股东会决议并无杨某的签名。2019 年 3 月 5 日，A 公司将清算组的组成人员向上海市宝山区市场监督管理局备案。（5）2019 年 3 月 8 日，A 公司在《上海法治报》上发布公告，称公司经股东会决议即日注销。2019 年 5 月 10 日，清算组出具《注销清算报告》，清算组成员李某、郑某、杨某在注销清算报告上签字确认。另，A 公司股东李某、郑某在注销清算报告上签字确认以下内容：股东会确认上述清算报告，股东承诺公司债务已清偿完毕，若有未了事宜，股东愿意承担责任。同日，A 公司召开股东会，被告李某、郑某参加会议，会议形成决议同意注销 A 公司。（6）2019 年 7 月 22 日，被告李某、郑某向上海市宝山区市场监督管理局申请公司注销。2019 年 8 月 7 日，该局对此予以准许。

2021 年 2 月，原告提起诉讼，请求判令三被告对［2014］浦民六（商）初字第 4219 号民事判决书中 A 公司对原告未能清偿的债务承担赔偿责任。

二、裁判结果

上海市宝山区人民法院于 2021 年 12 月 1 日作出［2021］沪 0113 民初 4525 号民事判决：（1）被告李某、郑某对［2014］浦民六（商）初字第 4219 号民事判决书中 A 公司对原告某银行未能清偿的债务承担清偿责任，于本判决生效之日起 10 日内偿付；（2）驳回原告某银行要求被告杨某承担责任的诉讼请求。宣判后，某银行提起上诉。上海市第二中级人民法院于 2023 年 2 月 13 日作出［2022］沪 02 民终 3822 号民事判决：驳回上诉，维持原判。

三、裁判理由

法院生效裁判认为：本案二审争议焦点为杨某作为清算组成员是否应就［2014］浦民六（商）初字第 4219 号民事判决书中 A 公司对某银行未能清偿的债务承担赔偿责任。

某银行的请求权基础为最高人民法院《关于适用〈中华人民共和国公司法〉若干问题的规定（二）》（以下简称《公司法司法解释（二）》）第 11 条的规定，清算组未按照《公司法》第 185 条的规定，将公司解散清算事宜书面通知全体已知债权人，导致债权人未及时申报债权而未获清偿，清算组成员应当对因此造成的损失承担赔偿责任。

依照《公司法》第 184 条的规定，清算组在清算期间履行清理公司财产，编制资产负债表、财产清单，通知、公告债权人，处理与清算有关的公司未了结的业务等职责。《公司法》第 189 条进一步规定，清算组成员应当忠于职守，依法履行清算义务。清算组成员因故意或重大过失给债权人造成损失的，应当承担赔偿责任。故此，清算组成员未依法履行清算义务、怠于履行清算职责的，例如案涉未履行通知和公告义务的，应承担的责任性质系过错侵权赔偿责任。具体而言，清算组未依法履行清算职责的，视为全体清算组成员具有故意或重大过失，构成共同侵权，进而由全体成员共同承担赔偿责任，但当清算未能依法正当开展时，清算组成员若能举证证明自己对清算组未履行清算职责的行为不存在重大过错的，则应当免于承担该侵权赔偿责任。

本案中，A 公司清算组由股东李某、郑某决议成立，杨某系两股东指定人员。清算组成立后，除未对包括某银行在内的债权人予以通知外，亦未实质开展包括清理公司财产、编制资产负债表和财产清单、清理债权债务等在内的任何清算活动，系通过虚构清算结果形成《注销清算报告》，得以办理公司注销登记。总之，案涉清算系受股东控制的不当清算，并非依法正常进行。故于此情形，清算组成员的侵权赔偿责任是否成立，应综合成员身份、能力、履职可能性等客观情况以及是否有意拖延、拒绝履职等主观因素予以区分认定。

首先，对于清算组成员李某、郑某而言，前者系 A 公司股东、法定代表人，并担任清算组负责人，后者系 A 公司股东，依据本案查明事实，二人均知悉并掌握公司债权债务及财产状况，应当并且能够积极、勤勉地组织进行清算，但二人消极不进行清算并放任虚构清算结果，对造成债权人损失具有重大过错，理应承担清算组成员的清算赔偿责任。

其次，对于清算组成员杨某而言，其既非 A 公司股东、董事或监事，又未曾参与公司经营管理，亦非从事公司清算事务相关的专业人员，其作为郑某私人司机而被指定为清算组成员系出于符合法人注销登记机关对清算组成员人数要求的需要。在另两名清算组成员即李某、郑某控制、主导清算，但消极不进行清算甚至虚假清算的情形下，一是其不具备独立履行清算职责的能力和权力；二是因清算组受控于两股东成员，其有“名”无“实”，客观上无法履行清算职责；三是没有证据证明其存在能够履行职责而拖延或拒绝履行的行为，也没有证据能认定其具有逃避或怠于履行清算职责给债权人造成损失的主观动机。故此，难以认定杨某对于清算组未予通知债权人某银行导致债权人未及时申报债权而未获清偿具有故意或重大过失，其因而不应承担清算赔偿责任。

最后，《公司法司法解释（二）》第 18 条第 2 款涉及的是股东作为清算义务人的相关清算侵权赔偿责任，对于该款中规定的“怠于履行义务”，2019 年《全国法院民商事审判工作会议纪要》第 14 条明确，“是指有限责任公司的股东在法定清算事由出现后，在能够履行清算义务的情况下，故意拖延、拒绝履行清算义务，或者因过失导致无法进行清算的消极行为”。故若小股东举证证明其既不是公司董事会或者监事会成员，也没有选派人员担任该机关成员，且从未参与公司经营管理的，则应认定其不构成“怠于履行义务”，从而无需对公司债务承担连带清偿责任。类同此理，公司清算过程中，股东尚可以通过举证证明其没有故意或过失、不构成“怠于履行义务”而免除相应清算清偿责任，本案中，倘若忽视杨某成为清算组非股东成员的原因、目的等背景事实，以及清算组在两股东成员控制下不当清算的实际状况，仅因杨某系清算组成员，即简单苛求其应当在清算期间对某银行等 A 公司债权人尽到注意、知晓及通知义务，否则即构成故意或重大过失，应当就他人控制下的清算组怠于履行职责给债权人造成损失承担侵权赔偿责任，显然有悖权利义务相统一的要求，也有违公平原则。

四、法官感悟

习近平法治思想是中国特色社会主义法治理论的重大创新发展，也是人民法院工作高质量发展的根本遵循和行动指南。习近平总书记指出，“必须牢牢把握社会公平正义这一法治价值追求，努力让人民群众在每一项法律制度、每一个执法决定、每一宗司法案件中都感受到公平正义”。[1]社会公平正义是习近平法治思想的核心价值追求。公正司法是社会公平正义的保障，是司法审判工作的生命线。商事审判工作要适应社会矛盾的结构性变化，实现高质量发展，必须以习近平法治思想为根本遵循，坚持把公正司法贯穿到商事审判工作各方面全过程。

（一）坚持党的绝对领导这一首要原则，以能动司法服务审判全局

在2020年11月召开的中央全面依法治国工作会议上，习近平总书记明确提出了“十一个坚持”的工作要求，首要的就是坚持党对全面依法治国的领导。

人民法院首先是政治机关，坚持公正司法首先要强化政治机关意识。在商事审判中，要以党的领导为首要原则，坚持能动司法，主动作为，找准司法服务保障的结合点和切入点，在准确适用法律的前提下，妥善审理金融重点领域和关键环节，深化改革过程中发生的重点商事纠纷，服务党和国家工作大局。本案系清算组的清算责任纠纷，在审理过程中，本案始终以服务保障大局为鲜明导向，牢牢把握市场主体的关切和诉求，根据本案认定事实，综合成员身份、能力、履职可能性等客观情况以及是否有意拖延、拒绝履职等主观因素审查本案清算组成员对于公司清算是否存在故意或重大过失，分别认定各清算组成员对于因公司清算造成债权人损失中应承担的责任，避免了对清算组成员责任承担的“一刀切”做法，该审判思路顺应了公司法清算程序中对于债权人利益保护的立法初衷，亦切合现今经济结构战略性调整下市场主体退出机制完善的需求，有利于完善市场主体退出机制、降低市场主体退出成本，护航企业健康有序发展、推进优化法治化营商环境建设。

（二）坚守维护公平正义这一核心追求，以注重实质公正衡量裁判效果

司法活动具有特殊的性质和规律，司法权是对案件事实和法律的判断权

---

〔1〕《习近平：加强党对全面依法治国的领导》，载 https://www.12371.cn/2019/02/15/ARTI1550217630844378.shtml，2024年7月22日访问。

和裁决权。判断权和裁决权是司法权的本质属性，法官应主动查明事实真相，正确适用法律，使裁判的结果符合真正的公平正义。在适用法律方面，司法审判机关不能僵化地执行法律条文，而应以注重实质公平为导向，树立穿透式思维，探明法律条文背后的精神和目的，明确适法标准，才能作出正确的裁判。

具体到本案《公司法司法解释（二）》第 11 条的规定，清算组未按照《公司法》第 185 条的规定，将公司解散清算事宜书面通知全体已知债权人，导致债权人未及时申报债权而未获清偿，清算组成员应当对因此造成的损失承担赔偿责任。而《公司法》第 189 条同时规定，清算组成员应当忠于职守，依法履行清算义务。清算组成员因故意或重大过失给债权人造成损失的，应当承担赔偿责任。可见，综合来看，清算组成员未依法履行清算义务，怠于履行清算职责的，例如案涉未履行通知和公告义务的，应承担的责任性质系过错侵权赔偿责任。而对过错的认定应当区分认定，具体而言，清算组未依法履行清算职责的，视为全体清算组成员具有故意或重大过失，构成共同侵权，进而由全体成员共同承担赔偿责任；但当清算未能依法正当开展时，清算组成员的侵权赔偿责任是否成立，应综合成员身份、能力、履职可能性等客观情况以及是否有意拖延、拒绝履职等主观因素予以认定。本案裁判的亮点在于对清算组成员清算责任的认定从整体概括认定进阶到具体区分认定，具体而言，法院经对案件事实的查明，考虑到其中一名清算组成员杨某，其系股东之一的私人司机，与公司经营无任何关联，就帮该股东办理清算事宜未收取任何报酬，在清算过程中，杨某客观上没有履行清算职责的能力，主观上没有逃避或怠于履行清算职责给债权人造成损失的动机，故而认为对杨某的责任认定应与清算组其他股东成员的责任认定相区分，杨某无需承担与其身份、能力及权利不相符合的责任，该基于案件事实充分查明基础之上的精准法律适用，对实现实质公正、维护社会公平正义具有重要作用。

（三）站稳以人民为中心这一根本立场，以利益平衡把握裁判尺度

公正司法的核心要义是坚持人民至上，站稳人民立场。商事审判应当坚持以人民为中心，避免一方当事人得到微小收益却承担极大风险等利益严重失衡情形出现，防止裁判效果严重背离社会公众的普遍价值评判。

故此，在审理清算组清算责任纠纷时，必须注重平衡好、协调好各方利益，以衡平原则全面评估案件裁判效果、把握裁判尺度，避免不适当扩大清

算组成员对公司债权人的清算赔偿责任，导致出现利益明显失衡的现象。本案明确了股东清算组成员与非股东清算组成员责任承担的审判思路：清算组成员李某、郑某作为公司股东，知悉并掌握公司债权债务及财产状况，其有能力进行清算而消极不进行清算并放任虚构清算结果，应当承担清算组成员的清算赔偿责任；而清算组成员杨某并非公司股东，其实际受制于其他清算组成员致使客观上无法履行清算职责，不具备独立履行清算职责的能力和权力，且不具有逃避或怠于履行清算职责给债权人造成损失的主观动机，应免于承担侵权赔偿责任。该审判思路避免了清算组成员责任的不当扩张，对于清算赔偿责任纠纷如何平衡保护公司债权人和清算组成员利益、平衡保护股东清算组成员与非股东清算组成员具有重要指导意义。

坚持以习近平法治思想引领司法审判工作，能够更好地满足人民群众对公平正义的新要求新期待，更高效地促进社会主义法治国家建设，更有力地为经济持续健康发展和社会和谐稳定提供司法保障。要坚定不移地把习近平法治思想贯彻落实到司法审判的全过程各方面，在全面建设社会主义现代化国家新征程上，不断开创人民法院工作新局面。

专家点评

本案涉及公司进入破产清算程序后，清算组成员未履行2018年《公司法》第185、189条和2008年《公司法司法解释（二）》第11条所规定的法定义务时，如何对债权人承担损害赔偿责任的问题。

作为清算组成员的杨某虽然在清算组出具的《注销清算报告》上进行了签字确认，但其本质上只是清算组的名义成员或挂名成员，作为A公司法定代表人郑某的司机，其既未参与公司的实际经营，无独立履行实际清算的能力和专业知识，又不存在逃避或怠于履行清算职责给债权人造成损失的主观动机和能够履行清算职责而拖延或拒绝履行的行为。

本案裁判并没有拘泥于杨某系清算组成员的表象，而是综合考察其作为清算组非股东成员的身份、原因、目的和实际履职能力等背景事实，运用“穿透式”审判思维，充分发掘清算组在李某、郑某两名股东成员的实际主导和控制下，进行不当清算和虚假清算的本质事实，从而对两类清算组成员的责任进行科学对待和有效区分，并以此为基础及时免除了杨某就A公司对某银行未能清偿债务所应承担的赔偿责任。

本案裁判的重要启示意义在于，法院并没有僵化地适用《公司法》及其相关司法解释，而是以穿透式审判思维为指引，以实现法律的实质公平为价值导向，通过穿透案件的表面证据，准确认定当事人之间的真实法律关系，在探明相关法律真谛的情况下，结合案件的真实情况，作出了体现实质公正的裁判结论，从而实现了裁判政治效果、法律效果和社会效果有机统一。为公司清算程序中如何合理区分股东清算组成员与非股东清算组成员并对他们的利益进行差别化保护，对他们的责任进行合理的区分配置，提供了重要的方法论指引、价值指引和裁判指引。

习近平总书记明确指出，公正司法是维护社会公平正义的最后一道防线。〔1〕所谓公正司法，就是受到侵害的权利一定会得到保护和救济，违法犯罪活动一定要受到制裁和惩罚。依此而论，在法院的审判实践中，不能以满足形式公正为己任，还必须在个案的裁判中秉持实质公正的理念，使法律上的权利、义务关系得到真正意义上的“第二次分配”。

（黄汇，西南政法大学教授，博士生导师）

〔1〕 习近平法治思想研究中心:《坚定不移走中国特色社会主义法治道路》，载 https://www.12371.cn/2023/04/03/ARTI1680515021804197.shtml，2024 年 7 月 19 日访问。

上海某房产经纪有限公司第一分公司诉王某某中介合同纠纷案

——中介公司违反如实报告义务“吃差价”的行为审查与责任认定

王晓梅 [*]　叶戈 [**]

一、基本案情

上海某房产经纪有限公司第一分公司（以下简称“某中介公司”）诉称：某中介公司已履行完毕《房地产买卖居间协议》项下义务，促成案涉房屋交易，王某某应按约定支付中介佣金。故请求判令王某某向某中介公司支付佣金 31 600 元。

王某某辩称：不同意某中介公司的诉讼请求。王某某购买案涉房屋支付购房款 158 万元，但售房人实际收到 151 万元，某中介公司从中恶意赚取 7 万元差价，违背诚信原则，损害委托人利益，与中介公司应如实报告交易信息的法定义务相悖，无权要求王某某支付佣金。

王某某反诉称：某中介公司先行与售房人签订《动迁房预售预购定金协议》（以下简称《预售预购协议》），在获知房源伊始就为赚取差价做准备，损害购房人利益，违反诚信原则。某中介公司违反如实报告的义务，并构成欺诈。根据《民法典》第 962 条及《消费者权益保护法》第 55 条的规定，不得请求支付报酬，并应当向王某某赔偿差价损失，及按中介佣金的三倍支付惩罚性赔偿。故反诉请求：（1）判令某中介公司赔偿房屋差价损失 70 000 元及利息 539 元；（2）判令某中介公司支付相当于佣金三倍的惩罚性赔偿款 84 000 元。

某中介公司辩称：不同意王某某的反诉请求。《预售预购协议》与本案中

* 王晓梅：上海市第二中级人民法院民事审判庭副庭长、三级高级法官。

** 叶戈：上海市第二中级人民法院民事审判庭法官助理。

介合同关系无关，王某某所主张的差价款系由售房人自愿给付某中介公司，与王某某无关。

法院经审理查明：某中介公司负责人杨某（乙方）与案外人汤某某（甲方）签订《预售预购协议》，约定杨某以 1 505 000 元的价格向汤某某购买案涉房屋。该协议第 7 条还约定："自本协议签订之日起，本协议中约定的乙方，可以为乙方本人也可以为乙方指定的任意第三方，直至房屋过户，乙方有权转让或出租该房屋，所得利益由乙方收取并支配，房价溢出部分归乙方所得，同样不足部分也由乙方补足，甲方需无条件配合并履行本协议。"杨某在法院审理中自述，《预售预购协议》签订后，其仅向汤某某支付定金 50 000 元。某中介公司即在其中介系统内以 1 650 000 元价格挂牌出售案涉房屋。

此后，某中介公司员工曾某某向前来咨询购房的王某某告知，案涉房屋以 1 580 000 元价格出售。王某某在某中介公司媒介居间下与售房人汤某某签订《房地产买卖居间协议》，约定案涉房屋转让价 1 580 000 元，中介佣金 28 000 元由王某某支付。王某某按约定向汤某某支付了全额购房款，双方就案涉房屋交易完成合同网签及产权过户，案涉房屋现已交付王某某使用。汤某某得款后向杨某返还 50 000 元，并另行支付了 70 000 元。

嗣后，王某某因故获悉售房人得款差异，并因该 70 000 元与某中介公司员工丁某某交涉，丁某某曾有提及，案涉房屋的 1 580 000 元购房款中，售房人汤某某实际得款 1 510 000 元，某中介公司赚取 70 000 元，丁某某等业务员亦从该 70 000 元中分取提成。

二、裁判结果

上海市嘉定区人民法院经审理作出［2021］沪 0114 民初 21923 号民事判决：（1）王某某应于判决生效之日起 10 日内支付上海某房产经纪有限公司第一分公司佣金 28 000 元；（2）王某某的全部反诉请求，不予支持。宣判后，王某某提起上诉，并于二审中申请撤回部分上诉请求，不再主张以差价损失 70 000 元为基数计算的利息以及相当于中介佣金三倍的惩罚性赔偿。

上海市第二中级人民法院经审理作出［2022］沪 02 民终 1217 号民事判决：（1）撤销上海市嘉定区人民法院［2021］沪 0114 民初 21923 号民事判决；（2）某中介公司应于判决生效之起 10 日内赔偿王某某损失人民币 7 万元；（3）对某中介公司的诉讼请求不予支持；（4）对王某某其余反诉请求不予支持。

三、裁判理由

法院生效裁判认为，本案争议焦点为：其一，某中介公司在中介过程中是否尽到如实报告的义务，其收取的案涉 70 000 元的性质；其二，如何认定某中介公司的行为应承担的法律责任。

关于争议焦点一：（1）某中介公司负有向王某某如实报告房屋售价的义务。《房地产买卖居间协议》约定某中介公司系接受买卖双方委托，中介费由购房人全额支付，故王某某系中介合同中的委托人。如实报告的义务系中介人对委托人的基本义务。交易价格等是房屋交易方最为关注的基本交易信息之一，为其利益所系，也是中介人必须向委托人如实报告的基本事实。（2）某中介公司故意隐瞒房屋真实售价，违反如实报告义务。该公司负责人杨某知晓案涉房屋真实售价，但某中介公司人员却从未向王某某主动披露真实售价，而是以更高价格向买受人介绍房屋、撮合交易，显然违反如实报告义务。（3）某中介公司违反如实报告义务的目的是便利其收取除中介佣金之外的钱款，其收取的案涉 70 000 元在性质上应属于房款差价。对该 70 000 元款项的性质，某中介公司在法院审理期间多次陈述均不一致。就此，首先，《预售预购协议》不具备购买房屋的真实意思表示。该协议条文粗疏，与通常的房屋买卖合同明显有别。杨某本人亦陈述，签订该协议时，其不具备本市住房限购资格，其签订该协议系为投资之用。结合其第 7 条，《预售预购协议》真实目的在于锁定房源以便加价出售，并非真实购买，故该 70 000 元款项不属于杨某可合法取得的转售溢价。其次，《房地产买卖居间协议》对中介报酬的金额及支付有明确约定，某中介公司当次居间报酬由王某某全额支付，故该款显非中介报酬。最后，某中介公司复主张该款系汤某某因违反《预售预购协议》支付的违约金，系其单方陈述，且与其此前陈述相悖，没有事实依据。

综上，某中介公司以其从事房地产中介业务所获房源信息，以利益关联方的名义与售房人签订《预售预购协议》，仅以 50 000 元成本锁定案涉房源，再以高于售房人要求的售价挂牌出售，复以中介人身份居间案涉交易，除可得中介佣金外，还收取房款差价 70 000 元。作为中介人，其向买受人故意隐瞒真实售价，违反如实报告义务，收取房款差价 70 000 元无合法依据，其性质为某中介公司赚取的差价。

关于争议焦点二：《民法典》第 962 条第 2 款规定了中介人违反如实报告

义务损害委托人利益时应承担的责任。《房地产经纪管理办法》第25条也规定，房地产经纪机构及其人员不得对交易当事人隐瞒真实的房屋交易信息，低价收进高价卖（租）出房屋赚取差价，不得承购、承租自己提供经纪服务的房屋。本案中，某中介公司故意隐瞒房屋真实售价，从中赚取差价，使王某某以高于真实售价的价格购买案涉房屋。王某某系使用多年积蓄支付首付款并贷款购房用于自住，从一般理性人的视角看，如某中介公司如实报告售价，王某某没有理由超额付款。某中介公司的行为损害了王某某的利益。王某某主张某中介公司不得取得中介报酬，并应参照70 000元差价金额赔偿损失，具有依据，予以支持。

四、法官感悟

坚持以人民为中心是全面依法治国的根本立场。习近平总书记指出："要积极回应人民群众新要求新期待，坚持问题导向、目标导向，树立辩证思维和全局观念，系统研究谋划和解决法治领域人民群众反映强烈的突出问题，不断增强人民群众获得感、幸福感、安全感，用法治保障人民安居乐业。"〔1〕

中介公司"吃差价"是老难题，〔2〕相关行为隐蔽性强，损害群众利益与市场秩序，受到社会广泛关注。本案即是由房产中介公司"吃差价"引发的中介合同纠纷典型案例。本案裁判对争议焦点的审查表现为对于"吃差价"的行为模式与责任后果的审查与认定。笔者认为，对于房产中介公司"吃差价"案件，宜秉持事实查明基础上的穿透式审查理念，综合在案证据查明案件事实，甄别手段行为，维护市场秩序，助力保障群众安居。具体而言，在案件审理中宜综合评价案涉书证、视听资料、证人证言、当事人的陈述等各类证据的证明力，以此为依据查明"吃差价"的相关事实，审查《预售预购协议》等"吃差价"的手段行为的性质与目的。在事实查明的基础上，适用《民法典》第962条审查中介公司违反如实报告义务的责任构成要件是否成

〔1〕《习近平：坚定不移走中国特色社会主义法治道路　为全面建设社会主义现代化国家提供有力法治保障》，载https://www.12371.cn/2021/02/28/ARTI1614497131844532.shtml，2024年7月22日访问。

〔2〕 十余年前便曾有司法工作者撰文提及，房产中介公司"吃差价"现象当时较为常见，已成为部分业者的主要利润来源，出现多种"吃差价"的模式。参见章纯刚、汤流、柳建安：《论房产中介不规范行为的矫治论》，载《人民司法》2005年第2期。

立，以此为基础认定其应承担的法律责任。

坚持以人民为中心，要求依法保障人民权益。就此，实施好《民法典》是坚持以人民为中心、保障人民权益实现和发展的必然要求。就本案而言，具体表现为准确适用《民法典》第 962 条的规定审查中介公司行为、认定义务违反责任，具体包括：

第一，界定中介合同的内在属性要求。从法经济学视角看，中介服务的主要功能在于降低市场交易的信息成本，消减交易主体之间的信息不对称状态。〔1〕因此，无论是报告居间抑或媒介居间，其实质均为交易信息的传递与匹配，中介人促成合同成立并据此取酬。于此，中介合同内含信息性与媒介性两重特征。前者反映中介服务的信息价值，内在要求如实报告，而后者则反映中介机构的媒介地位，内在要求交易无涉。

第二，审查中介公司的义务违反行为。对于“吃差价”案件，适用《民法典》第 962 条认定中介公司的行为是否符合责任构成要件，呈现为三个阶段：(1) 何种事实属于中介人应向委托人如实报告的“重要事实”；(2) 何种模式的义务违反行为属于“吃差价”；(3)“损害委托人利益”系以结果意义论抑或以行为意义论，委托人的损失如何认定。就此，向委托人如实报告交易信息的义务是中介公司在中介合同项下的主要义务，其性质属于法定义务。对于如实报告义务的范围，《民法典》第 962 条第 1 款规定为“有关订立合同的事项”，有观点认为，其报告应当具有关联性、充分性与真实性。〔2〕《民法典》第 962 条第 2 款前段将构成中介人责任的故意隐瞒行为限定于对与订立合同有关的“重要事实”。本案裁判认为，“重要事实”应包括直接制约合同订立、履行等的事实，案涉出自售房人真实意思表示的售价信息可以认定为属于“重要事实”。某中介公司知悉该售价信息，但却假手公司负责人名义，通过《预售预购协议》预先锁定房源，在居间促成案涉房屋交易过程中向王某某故意隐瞒该真实售价，以便赚取房款差价，该行为应认定为“吃差价”。结合房地产交易媒介居间通常约定中介公司系由买卖双方共同委托的合同特点，认定《民法典》第 962 条第 2 款“损害委托人利益”要件宜兼顾买

〔1〕 参见于立、冯博：《最高人民法院首个指导性案例的法律经济学分析——“跳单案”案例研究》，载《财经问题研究》2012 年第 9 期。

〔2〕 参见陈甦编著：《委托合同 行纪合同 居间合同》，法律出版社 1999 年版，第 198~199 页。

卖双方的利益，不宜因“吃差价”行为仅损害其中一方利益而否定委托人利益损害要件的成立。并且，对于中介公司承担的丧失报酬请求权与赔偿损失两种具体的责任方式，宜对委托人利益受损要件的含义作类型区分，对于丧失报酬请求权，宜认定委托人利益受损要件兼具行为意义与结果意义，而对于赔偿损失，则宜认定委托人利益受损要件限于结果意义。

第三，认定中介公司的义务违反责任。本案中，王某某反诉曾主张某中介公司应根据《民法典》第962条与《消费者权益保护法》第55条的规定不得请求支付报酬、参照差价金额赔偿损失及按照中介报酬的三倍支付惩罚性赔偿。就此，不得请求支付报酬系中介公司违反如实报告义务的基础责任。而赔偿损失的责任系属结果责任，购房人因房产中介公司“吃差价”而受有损失，即具备成立中介人责任的损害结果要件。只要购房人实际付出差价，即便中介公司因出卖人反悔等外部原因而实际未收得差价，亦不影响损害结果要件成立。对于损失的金额，宜参照差价金额予以认定。其理由在于，从一般理性人的视角分析，若中介公司如实报告出于售房人真实意思表示的房屋售价，购房人没有动机超额付款。承担惩罚性赔偿涉及对《民法典》第962条与《消费者权益保护法》第55条两个条文所涉请求权关系的认识，鉴于目前尚存一定争议，仍有待进一步研究，如确需适用，宜根据案件事实查明情况谨慎适用。

住有所居、住有宜居关涉民生。在二手房买卖由中介公司居间交易已成为市场常态的情况下，中介公司如规范经营，可以助力提高交易效率，而在信息真实的基础上由买卖双方缔约自主共同促成的交易，更能同时保障买卖双方的合法权益。相反，若中介公司违反如实报告义务赚取差价，将有损买卖双方利益，且不利于市场健康发展。因此，对于“吃差价”案件，宜秉持事实查明基础上的穿透式审查理念，准确适用《民法典》的规定，倡导社会主义核心价值观，保护群众合法权益，维护市场交易秩序。

专家点评

司法实践中，中介合同纠纷常见于房屋中介合同领域，其中因中介公司在二手房交易中“吃差价”行为导致的中介合同纠纷并不鲜见。中介公司“吃差价”通常采取以下几种模式：一是中介公司先以公司名义或相关人员个人名义将出卖方的房屋买下，往往只需要支付定金或首付款即可将房屋锁定，同时约定出卖方需配合与中介公司方指定的人员网签合同并办理过户，而后中介公司方再将房屋加价出售给买受方；二是中介公司与出卖方约定出卖方获得保底价，而经中介公司运作加价出售所得超出保底价的部分则归中介公司所有或由中介公司与出卖方按约定比例进行分成；三是中介公司与出卖方签订固定价格的售房委托代理，而后中介公司直接与买受方完成加价交易，其间尽力阻却买卖双方见面。本案例情形基本符合上述第一种模式，非常具有典型性。

中介公司“吃差价”，究其实质，确属于故意隐瞒房屋价格这一“与订立合同有关的重要事实”且损害委托人利益的行为，违反了我国《民法典》第962条规定的中介人应当承担的如实报告义务。本案例准确理解、适用了《民法典》第962条的规定，一方面，在审查中介公司的行为是否违反如实报告义务时，细分何种事实为应当如实报告的“重要事实”、何种模式的行为属于“吃差价”、如何从行为意义和结果意义认定“损害委托人利益”要件这三个审查阶段，逻辑清晰，有利于同类案件审查规则的统一。另一方面，本案例对于中介公司违反如实报告义务情形下的责任后果的认定，提出诸多观点，如只要买受方实际付出差价，即便中介公司因出卖方反悔而未实际取得差价，也不影响损害结果要件成立；损失金额参照差价金额予以认定；《消费者权益保护法》规定的惩罚性赔偿能否适用于本案情形有待商榷等，体现出了法官智慧，可圈可点。

习近平总书记指出，“对突出的诚信缺失问题，既要抓紧建立覆盖全社会的征信系统，又要完善守法诚信褒奖机制和违法失信惩戒机制，使人不敢失信、不能失信。对见利忘义、制假售假的违法行为，要加大执法力度，让败德违法者受到惩治、付出代价”。〔1〕本案例的裁判结果，有助于弘扬社会主义核心价值观，引导中介公司依照诚信原则履行如实报告义务，合法合规开展中介业务，进而体现“房子是用来住的不是用来炒的”定位，助力解决百姓住房民生问题。

（彭诚信，上海交通大学凯原法学院院长、教授，博士生导师）

---

〔1〕《习近平在中共中央政治局第三十七次集体学习时强调　坚持依法治国和以德治国相结合　推进国家治理体系和治理能力现代化》，载 https://news 12371. cn/2016/12/10/ARTI1481363342066992. shtml，2024年7月22日访问。

赵某某诉曹某人格权纠纷案

——非典型信息处理者侵犯个人信息时责任的承担

李迎昌 *　潘　喆 **

一、基本案情

赵某诉称：曹某非法获取赵某的隐私，在其共同所在的业主群里，进行大肆的诽谤、侮辱和诋毁，严重侵犯了赵某的隐私，给赵某的名誉带来极大的损害，因此赵某的精神受到极大的刺激，产生巨大的经济损失。现请求：曹某在小区内对赵某进行赔礼道歉，并赔偿精神及经济损失 10 000 元。

曹某辩称：曹某所转发的刑事判决书系全网公开信息，且并未故意传播，也未对赵某造成任何损失，不存在侵犯赵某名誉权和隐私权的行为。

法院经审理查明：赵某、曹某作为同一小区的业主，系小区业主微信群成员。2020 年 6 月，曹某在上述微信群中转帖了 2019 年 12 月 27 日，赵某因犯非法控制计算机信息系统罪，被法院判处刑罚的刑事判决书部分截图。

赵某认为，本案事发的背景是赵某与曹某在是否应当更换物业公司的问题上存在不同的立场。曹某随后在微信群中转发了赵某的刑事判决书，因此曹某转发判决书的目的并不正当。赵某另主张，刑事判决书虽然已经裁判文书网公开，但小区业主对此并不知情，曹某转发的行为等同于公开了赵某的隐私，导致小区业主对赵某的评价降低，还因此引发了赵某抑郁症发作，给赵某的身心造成了较大的伤害。

二、裁判结果

上海市宝山区人民法院于 2020 年 11 月 23 日作出［2020］沪 0113 民初

* 李迎昌：上海市第二中级人民法院商事审判庭副庭长、三级高级法官。

** 潘喆：上海市第二中级人民法院民事审判庭原法官助理，现上海市静安区人民法院入额法官。

24396 号民事判决：驳回赵某的全部诉讼请求。

上海市第二中级人民法院于 2021 年 4 月 12 日作出［2021］沪 02 民终 574 号民事判决：驳回上诉，维持原判。

三、裁判理由

生效判决认为：根据赵某的上诉请求及双方的庭审诉辩意见，本案争议焦点有二，现分述如下：

第一，曹某的行为是否侵犯了赵某的名誉权？侵犯公民、法人或其他组织的名誉权，是指侵权人通过侮辱、诽谤等方式，对他人名誉进行诋毁，从而导致社会公众对被侵权人的社会评价降低，使被侵权人人格受损。本案中，曹某在微信群中转发的关于赵某的刑事判决书与实际判决书内容一致，且曹某在微信群中的言语尚在客观陈述范围内，因此曹某的行为不应认定为捏造事实、无中生有、对赵某进行恶意中伤，进而侵犯赵某名誉权的行为。一审法院关于曹某并未侵犯赵某名誉权的认定并无不当，法院予以认可。赵某在二审中虽申请胡某明出庭作证，但胡某明的证言只能证明小区业主知晓赵某曾经受过刑事处罚，尚不足以证明赵某的社会评价就此而受到贬损，故而本院对赵某的该项诉讼请求难以支持。

第二，曹某的行为是否侵犯了赵某的隐私权？隐私指的是自然人私人生活安宁和不愿为他人知晓的私密空间、私密活动、私密信息。一方面，私人生活安宁保障的是个人独处的权利。曹某虽然在微信群中转发了关于赵某的刑事判决书，但并未进一步以电话、短信、即时通信工具、电子邮件、传单等方式侵扰赵某，同时现有证据尚难以证明曹某的行为引发了他人采取上述手段侵扰赵某的私人生活，故本案中难以认定曹某存在侵扰赵某私人生活安宁的行为。另一方面，不愿为他人知晓的私密空间、私密活动、私密信息强调私密性。本案中，曹某转发的关于赵某的刑事判决书已经合法渠道公开，相关信息已不具有私密性，故而曹某的行为不构成对赵某私密空间、私密活动、私密信息的侵犯。

四、法官感悟

习近平总书记强调，要保障个人信息安全，维护公民在网络空间的合法权益。[1]在网络空间中，公民的言论自由与他人的名誉、隐私的权利保护一直处于较为紧张的关系。如何为两者划定界限，从而维护当事人合法权益是在网络侵权案件的审理中践行习近平法治思想的重点。具体到本案，有关的争议即转发刑事判决书的行为是否构成侵权行为。

转发刑事判决书的行为可能侵犯当事人的多种法益。当判决内容不为他人所知时，则属于隐私权的保护对象；当其中的部分信息涉及个人名誉，则名誉权亦可将之纳入保护范围。问题在于，本案的情形是否符合侵权的构成要件。

（一）隐私权规范无法适用

《民法典》对隐私权的保护可以分为防止私人生活受到打扰以及避免私密空间、私密活动、私密信息为他人知晓两部分。由于刑事判决书已经为法院依法公开，个人犯罪记录的私密性已不存在。有观点认为，刑事判决书的公开并不等于社会公众已经知晓，所以刑事判决书仍然具有一定的私密性。[2]这种观点是对私密性概念的误读，实际上任何事物的公开都不可能做到每一个人都知晓，只要公开的行为使得每个人都有机会查询到相关信息，则私密性就已不复存在。

转发他人刑事判决书同样不构成对私人生活安宁的侵犯。从影响领域而言，犯罪记录的传播影响的是个人的公共生活而非私人生活。个人既具有社会属性又具有自然属性，在社会交往之外个人应当有享受独处的权利，《民法典》规定私人生活不受打扰就是为了保证个人的这一份宁静与独处。[3]而伴随犯罪记录产生的非规范性评价妨碍的是犯罪人向社群的融入，其影响并不必然会延伸至私人生活领域。从保护目的而言，对私人生活安宁的强调主要是针对当下社会部分人采用非法跟踪、盯梢、尾随、堵门等方式妨碍个人的生活安宁的现象，而犯罪记录的公开所产生的更多是他人对犯罪人的疏远、排斥，犯罪人所感到的是孤独与无助而非私人生活被打扰。

（二）名誉权规范无法适用

侵犯公民、法人或其他组织的名誉权，是指侵权人通过侮辱、诽谤等方

〔1〕《成城众志金汤固——习近平总书记指引我国网络安全工作纪实》，载 https://www.12371.cn/2022/09/28/ARTI1664348334027620.shtml，2024 年 7 月 19 日访问。

〔2〕参见张建文：《从判决书的私人公开看公共记录中的隐私权保护》，载《甘肃政法学院学报》2012 年第 5 期。

〔3〕参见最高人民法院民法典贯彻实施工作领导小组主编：《中华人民共和国民法典人格权编理解与适用》，人民法院出版社 2020 年版，第 339 页。

式，对他人名誉进行诋毁，从而导致社会公众对被侵权人的社会评价降低，使被侵权人人格受损。就本案的行为而言，曹某在微信群中转发的关于赵某的刑事判决书与实际判决书内容一致，且曹某在微信群中的言语尚在客观陈述范围内，因此曹某的行为不应认定为捏造事实、无中生有，对赵某进行恶意中伤，进而侵犯赵某名誉权的行为。

（三）一般人格权规范可以适用

必须指出的是，本案赵某仅以曹某侵犯其隐私权和名誉权向法院提起诉讼，基于审判中立的原则，法院仅能对二者进行审查。但若赵某以一般人格权受到侵犯为由提起诉讼，则该诉请是否应当得到支持仍有讨论的余地。

“对于想要重新回归社会的罪犯而言，除去犯罪的烙印是件很重要的事。”[1]因为这关系犯罪人在社区的自我重塑，是确保个人能够有尊严地重新开始生活的前提和基础。若非典型信息处理者能够不受限制地处理他人刑事判决书，在“标签效应”“株连效应”等非规范性评价的影响下，犯罪人将很难重新回归社会。

对于个人犯罪记录的保护，各个国家都非常重视。在美国，虽然逮捕、提起公诉、判决等通常都会记载在庭审记录之内而成为公开的内容，但是大部分州都对犯罪记录的查询有严格的设置，通常不会向公众提供。[2]法国则认为，罪犯在服刑之后有权要求淡出公众视野，新闻媒体不得再对其过往犯罪或服刑事实进行报道。2013年，最高人民法院《关于人民法院在互联网公布裁判文书的规定》第6条规定，“人民法院在互联网公布裁判文书时，应当保留当事人的姓名或者名称等真实信息，但必须采取符号替代方式对下列当事人及诉讼参与人的姓名进行匿名处理……（三）被判处三年有期徒刑以下刑罚以及免予刑事处罚，且不属于累犯或者惯犯的被告人”。但遗憾的是，2016年，最高人民法院《关于人民法院在互联网公布裁判文书的规定》却删除了该项规定。

有鉴于此，民事法律规范应当对转发刑事判决书的行为予以规制，他人虽然可以自由查询犯罪人的信息，但法律应当对其转发、散播行为加以限制，

---

〔1〕 参见蔡碧玉：《判决书公开与隐私权保护》，载《检察日报》2013年9月5日。

〔2〕 参见张建文：《从判决书的私人公开看公共记录中的隐私权保护》，载《甘肃政法学院学报》2012年第5期。

从而弥补其他制度的缺失。本案中，赵某所受之刑事处罚并非诸如杀人、抢劫等危险犯罪，曹某在没有正当理由的情形下转发赵某的刑事判决书，对于赵某人格权的侵犯显而易见。

专家点评

习近平总书记指出，“要加强涉及财产权保护、人格权保护、知识产权保护、生态环境保护等重点领域的民事审判工作和监督指导工作，及时回应社会关切”。〔1〕随着社会的发展和科技的进步，人格权保护领域出现了不少新情况、新问题，尤其是互联网大数据时代的到来，利用网络实施侵害他人名誉权、隐私权、肖像权、个人信息等人格权益行为的情形层出不穷，也不可避免地给司法实践带来了新的挑战。本案例的新颖性即在于行为人在小区业主微信群中转发他人的刑事判决书是否侵犯了他人的名誉权或隐私权。

判断是否构成名誉权侵权，主要从行为人有无捏造、传播虚假事实以及行为人的行为有无造成受害人社会评价降低两个维度进行考量。本案例中，行为人发布的刑事判决书系经裁判文书网公开的真实文书，行为人在微信群中的言语也属客观陈述范畴，实难言行为人存在捏造、传播虚假事实的行为，故名誉权侵权的基本构成要件尚不符合。而就是否侵犯隐私权而言，行为人仅转发刑事判决书的行为尚不足以证明其侵犯了他人的私人生活安宁，且已经合法公开的裁判文书显然不具有私密性，不属于私密信息的范畴，故隐私权侵权也尚不构成。本案例准确理解和适用了我国《民法典》第1024条、第1032条关于名誉权、隐私权的相关规定，对该两种人格权的内容和边界作出了清晰阐述，对同类案件的处理具有示范指引作用。

当然，本案例并未局限于就案论案，也对行为人是否构成一般人格权侵权作了进一步探讨，十分可贵。行为人无正当理由在小区微信群中转发他人的刑事判决书，而此刑事判决书所涉犯罪情形又与微信群中讨论的更换物业公司事宜毫无关联，可见行为人意欲借此贬损他人人格的目的比较明显。如何保护好受害人的合法人格权益，值得深思。在今后的司法实践中，若能够从防范程序空转、推动纠纷实质化解的角度出发，对受害方做好法律释明工

〔1〕《习近平：依法更好保障人民合法权益》，载 https://www.12371.cn/2020/06/01/ARTI1590988860411115.shtml，2024年7月19日访问。

作，引导其提出一般人格权侵权主张，进而在合法合理范畴内予以支持，有利于充分保障人民群众的人格权益，充分凸显以人民为中心的司法价值取向，从而满足人民群众日益增长的对人格权保护的迫切需要。

（彭诚信，上海交通大学凯原法学院院长、教授，博士生导师）

上海普陀工贸有限公司申请执行蔡某某腾退房屋执行案

——刚柔并济促执行，融情于法暖人心

彭　辰*

上海市普陀区南石一路上有一家小餐馆。表面看它与普通的饭店无异，但是实际上，它的后厨与前厅分属两个房东。因租金纠纷，后厨的产权人要求收回房屋。没有了后厨，餐馆将无法继续经营。依靠餐馆生活的被执行人一家人也陷入困境。恰逢疫情寒冬，执行法官秉承为民理念，积极探索新的执行方法，最大限度缓和当事人矛盾，为小经营者纾困解难。最终，多方合力之下，一场有“温度”的执行，让小餐馆起死回生。

一、基本案情

（一）一个即将失去后厨的小餐馆

上海市普陀区南石一路上有一家餐馆。店主蔡某某经营这个小店面已经多年了。一个小餐馆，不仅为周围居民提供生活饮食的便利，也是蔡某某一家人的生活来源。但是这个店面不属于蔡某某，而且比较特别的是餐馆的前厅与后厨分属两个不同的房东，蔡某某多年前租下来后经营至今。

2021 年 3 月 15 日，餐馆后厨的产权人普陀工贸有限公司（以下简称“普陀工贸”）向上海仲裁委员会提交仲裁申请书，称其将涉案房屋出租给蔡某某，双方签订了租赁合同，但是蔡某某在签订合同后未支付租金，且其多次催讨均无果，遂于 2020 年 12 月 28 日通知蔡某某解除合同。但是合同解除后，蔡某某一直没有返还房屋。经过仲裁，上海仲裁委员会出具如下裁决：蔡某某返还涉案房屋并向普陀工贸支付欠付的租金及后续未及时返还房屋产生的

---

* 彭辰：上海市第二中级人民法院执行局执行团队负责人、三级高级法官。

房屋占用费。

裁决生效后，蔡某某依旧没有履行，普陀工贸遂依据仲裁裁决书向上海市第二中级人民法院（以下简称“二中院”）申请强制执行。

执行法官收到案件后，细细翻阅案件材料，第一时间联系了被执行人蔡某某，询问他迟迟不搬离涉案房屋的原因。

面对执行法官的询问，蔡某某坦言自己已经租赁涉案房屋多年了，其间从未拖欠过房租。后来转行经营餐饮业务，他办理餐饮营业执照及相关设备花了50多万元。当时，他与普陀工贸签署了一份一年一期的房屋租赁合同，截至2019年合同到期。因为营业执照和租赁合同是关联的，不提供有效的合同原件，就无法正常续营业执照。因普陀工贸没有及时出具租赁合同原件，导致蔡某某餐饮店的营业执照、烟草销售证过期，对其造成了不小的损失。2020年10月下旬，普陀工贸给蔡某某送来了租赁合同，蔡某某提出因为普陀工贸没有及时提供租赁合同造成其无法正常经营饭店并出售烟草，希望对方予以补偿。但是普陀工贸一直未有答复。蔡某某最终没有等来普陀工贸的说法，却收到了仲裁通知书。一气之下，蔡某某不再付租金。

经过仲裁，上海仲裁委员会支持了普陀工贸的申请，解除双方的租赁合同，蔡某某除要返还房屋外，还要支付4.2万余元的欠租，并按照双倍租金的标准，支付自合同解除起至其实际搬离之日的房屋占用费、律师费和仲裁费。因为对仲裁的结果不满，蔡某某拒绝履行。

2022年2月底，执行法官到现场勘查，确定强制迁出的初步方案。蔡某某反应激烈，阻抗强迁执行。为规范强制腾退的执行过程，执行法官报执行局同意后，根据最高人民法院相关加强执行监督意见，主动邀请上海市检察院二分院派员全程监督案件执行。

然而，就在强制执行准备过程中，新冠疫情暴发，执行程序中断，蔡某某也困守餐厅，心情越发焦躁。为了安抚蔡某某的情绪，执行法官在居家办公期间持续与其保持电话沟通，前后通话20余次，充分地对其进行释法明理。

（二）一波三折的执行和解

在此期间，上海国资系统房屋租金减免纾困政策出台，租赁国有企业房屋的相关单位和个人，根据受疫情影响情况，可以减免相应租金。与此同时，蔡某某也向执行法官提出，他愿意补缴房租，希望今年能继续租赁该房屋，并请法官出面协调普陀工贸为其减免疫情期间相应租金。

经与合议庭研究之后，执行法官与普陀区国资委积极联系沟通本案相关事宜。普陀工贸的上级公司——上海市普陀区工业总公司表示，愿意配合法院做好执行工作，执行法官立即赴工业总公司开展协调工作。

经协调，普陀工贸公司表示愿意和蔡某某续租，但在减免房租上却犯了难。倒不是他们不肯减免，而是因为根据生效仲裁，他们与蔡某某之间的租赁关系已经解除。既然租赁关系不再存续，也不存在租金及租金的减免问题。此外，根据上海市的相关政策规定，双方之间有租赁合同关系才符合减免条件，而根据生效仲裁裁决，蔡某某和普陀工贸的租赁关系已经解除，自然也不符合租金减免的政策规定。因为涉及对生效裁决主文的实质性变更，他们无法承担这背后的法律风险。

(三) 一张有温度的法律意见书

为了解决普陀工贸公司的后顾之忧以及本案中存在法律风险的问题，本案合议庭再次开展评议工作。经研究，合议庭认为本次执行不能机械地“一执了之”，要最大限度减少摩擦，为小经营者纾困，同时也充分兼顾各方利益。结合案件事实和执行情况，最终决定以出具《法律意见书》这一全新的形式，对本案当事人以及后续案件解决方案给予建议。

在《法律意见书》中，执行法官写道：在执行中，被执行人表达了愿意就涉案房屋重新签订租赁合同并继续使用的意愿。受疫情影响，涉案房屋目前仍由被执行人占有并使用。鉴于前述情况，再行要求被执行人按照裁决书确定的双倍租金标准支付相应期间的占有使用费，不利于纠纷解决，建议按正常租金标准计算房屋使用费。且经本院执行现场勘验，涉案房屋非沿街商铺，再行单独出租给他人可能会影响房屋整体使用效能。为妥善解决双方法律争议，保护当事人合法权益，维护社会稳定，建议普陀工贸或者工业总公司考虑目前疫情防控的需要，以及社会经济发展的需求，继续给予蔡某某租赁的机会。如果双方能继续签订租赁合同，那么即可参照相关的政策规定，给予蔡某某一定的租金减免。

经过充分的沟通，对此方案，双方都表示认可。几天后，蔡某某、工业总公司、普陀工贸的代表都来到二中院，双方最终达成执行和解。普陀工贸同意蔡某某继续租赁该房屋，并减免 6 个月的房租，双倍罚金也无需缴纳，按正常租金支付即可。至此，一个执行难题得到圆满解决。双方当事人都表示满意。

二、法官感悟

（一）公平正义是司法工作的生命线

公平正义是社会主义法治的生命线，也是人民群众感受司法公信力乃至党和国家形象的一把尺子。在社会主义法治建设特别是在司法工作中，司法工作人员应当牢固树立并积极实现公平正义的核心价值理念。在本案执行过程中，执行法官没有机械地就案论案，而是从当事人的实际需求出发，从执行工作的终极目的和当事人权益实现路径两个层面彰显公平正义。

探究司法工作的核心价值理念离不开公平正义。将公平正义作为社会主义法治，特别是司法工作的核心价值理念，首先是由党和国家的人民立场所决定的。习近平总书记指出："公正是法治的生命线。""公平正义是我们党追求的一个非常崇高的价值，全心全意为人民服务的宗旨决定了我们必须追求公平正义，保护人民权益、伸张正义。全面依法治国，必须紧紧围绕保障和促进社会公平正义来进行。"[1]党的十八大明确提出，公平正义是中国特色社会主义的内在要求。没有公平正义，就没有中国特色社会主义；坚持和发展中国特色社会主义，必然要追求公平正义。

公平正义不仅是一种价值理念，更应当得到全面落实，不应是有差别、有选择地适用。公平正义应当体现在每一项法律制度、每一个执法决定、每一宗司法案件中，"每一项""每一个""每一宗"强调的是公平正义无一例外地得到维护和实现，必须从高质效办好每一个案件做起。

对于普通民众来说，公平正义不是纸面的、简单机械的法律运用，而是切实为当事人所感受到的。本案的执行依据是仲裁裁决，裁决内容是被执行人迁出涉案房屋并向申请人赔付租金及房屋使用费。虽然仲裁裁决是依据法律作出的，从法律上说没有问题，但是如果简单、机械地按照仲裁裁决开展执行工作，则被执行人难以接受且抗拒执行。考虑到涉案房屋后续出租也有难度，对于维护申请人的权益也无益处。如何从当事人切身利益出发，将公平正义落实到实际，是本案执行法官着力思考并解决的问题。

（二）坚持以人民为中心的办案宗旨，秉承司法为民理念

全面依法治国最广泛、最深厚的基础是人民，推进全面依法治国根本目

〔1〕《学习习近平总书记关于思维方式的重要论述丨习近平总书记论法治思维》，载 https：//www.12371.cn/2023/08/15/ARTI1692077966933160.shtml，2024 年 7 月 19 日访问。

的是依法保障人民权益。“江山就是人民，人民就是江山，打江山、守江山，守的是人民的心。”[1]要把体现人民利益、反映人民愿望、维护人民权益、增进人民福祉落实到全面依法治国各领域全过程。要积极回应人民群众新要求新期待，坚持问题导向、目标导向，树立辩证思维和全局观念，系统研究谋划和解决法治领域人民群众反映强烈的突出问题，用法治保障人民安居乐业，不断增强人民群众的获得感、幸福感、安全感。

法院在司法实践中要坚持为民用权，尊重群众合法权利，绝不以公权力挤占压缩群众合法利益。坚持人民主体地位，尊重群众意愿，坚持从群众视角把握群众需要，避免以主观臆断作出错误判断和决策。特别是想问题、作决策要深入开展调查研究，从解决人民群众最关心最直接最现实的利益问题入手，把人民群众满意不满意作为评判政法工作成效的根本标准，真正提升人民群众获得感、幸福感、安全感。

本案的执行法官在执行过程中没有单纯依照仲裁裁决机械开展执行工作，而是秉承以人民为中心的办案宗旨，认真听取双方当事人意见并赴现场调查情况，最终了解到被执行人的困境以及申请人的为难之处，最终从当事人的实际需求出发，积极创新运用法律意见书，一方面为被执行人争取到了租赁合同续约以及疫情期间的租金减免，另一方面也为申请人解决了潜在的法律风险。

（三）法官要擅长做群众工作，实现执法办案三个效果的统一

习近平总书记深刻指出：“法律不应该是冷冰冰的，司法工作也是做群众工作。”[2]“要树立正确法治理念，把打击犯罪同保障人权、追求效率同实现公正、执法目的同执法形式有机统一起来，坚持以法为据、以理服人、以情感人，努力实现最佳的法律效果、政治效果、社会效果。”[3]这些重要论述，融合了中华优秀传统法律文化与当代中国法治实践的现实需求，为落实“努力让人民群众在每一个司法案件中感受到公平正义”的目标要求提供了精准指引。在本案的执行过程中，执行法官从情、理、法三个方面着力，努力实

---

〔1〕《习近平：必须坚持人民至上》，载 https://www.12371.cn/2024/21/ARTI1711868864604980.shtml，2024 年 7 月 22 日访问。

〔2〕陈冀平：《谈谈法治中国建设——学习习近平同志关于法治的重要论述》，载 https://news.12371.cn/2014/01/01/ARTI1388537175161254.shtml，2024 年 7 月 19 日访问。

〔3〕《习近平同志〈论坚持全面依法治国〉主要篇目介绍》，载 https://www.12371.cn/2020/12/16/ARTI1608120172178269.shtml，2024 年 7 月 22 日访问。

现三个效果的统一。

第一，在法律框架内开展工作是基本准则。坚持法的基本属性，维护法的机制功能和法律尊严，实现法律的确定性、统一性、秩序性、连贯性。只有做到既精通法律条文具体规定和适用规则，又明了法律规定背后的立法意图、法律原则及价值取向，才能在众声喧哗中保持法治定力。执行工作只能在法律框架内开展，这是法院工作的基础与前提。本案虽然切实考虑了当事人的需求，但是不论是法律意见书还是执行调解，都是在法律范围内遵从当事人意愿组织并开展，同时还引入了检察机关的监督，最大限度保证了合法性。

第二，明理以服众。司法绝不仅是个案法律关系的处理，还发挥着价值宣示乃至重塑作用。任何一个执法决定和执法行为，一定要弘扬社会主义核心价值观，弘扬社会正能量，从社会大众的普遍性认知出发，用社会公理作为裁量标准，真正发挥执法司法正风俗、定人心、明是非、晓善恶的社会功能。法律是刚性的，但是可以在尊重当事人意愿的前提下进行调解，最终实现双方利益的平衡，也让司法工作的开展更贴近社会常理。

第三，通情以舒心结。普通老百姓往往并不关注成文法的具体规定，而更在意裁判结果是否符合天理人情。实践中，部分案件虽然在法律适用上正确无误，但其最终结果却被双方当事人所抵触，乃至在社会上引起广泛争议。其中一个重要原因，就在于裁判者将法律机械、简单地理解为字面、文本意义上的条文，而忽视了对情和理的考量。从一定意义上说，坚持法、理、情有机统一，也是增强司法公信力的重要手段。本案的执行法官秉持人文关怀和同理心，体察案件背后疾苦和特殊情况，认真倾听，释法说理，帮扶救助，使当事人打开心结，感受到法治阳光的温暖和希望。

专家点评

执行工作是维护公正司法的“最后一公里”，事关民事权利的实现与国家法治的权威。开展执行工作，不应止步于当事人胜诉权益的兑现，更应当牢牢守住民生底线，弘扬善意文明执行理念，以“如我在诉”的意识，在确保生效裁判“落地有声”的同时，最大限度降低对被执行人的影响，充分释放执行效果，既让当事人感受到执行的“力度”，也能感受到执行的“温度”。

在本案执行过程中，考虑到案涉房屋前厅与后厨分属不同权利主体的客观现实，若机械地按照仲裁裁决开展执行工作，必然导致承租人无法继续经营、出租人难以后续出租的困境。执行法官从双方当事人的实际利益诉求出发，将情、理、法融入执行全过程，在当事人均自愿继续租赁关系的基础上，促成双方达成续订租赁合同并减免租金的和解方案。在维护法治权威的同时，达成物尽其用的效果，实现了双方当事人及社会利益的最大化。同时，在执行方法上，以最大限度减少摩擦、为中小经营者纾困为出发点，创造性地将法律意见书引入本案执行过程，从法律与政策层面消除了出租人减免房租的后顾之忧，奠定了执行和解的基础。此外，为了保障执行行为的公平公正，本案还积极主动引入外部监督机制，邀请检察机关派员全程监督案件执行，确保执行过程公开、公正、透明。通过法检合力，提升司法公信力。

本案的执行过程充分展现了执行法官的为民情怀，通过前往现场开展实地调查并与双方当事人进行积极沟通，全面掌握被执行人的实际困难与申请执行人的思想顾虑，最终以执行和解的方式化解了潜在的社会风险，实现了三个效果的有机统一。本案通过一场有“温度”的执行，为类似案件树立了善意执行的典型范例，对于弘扬诚信友善的社会主义核心价值观具有积极的意义。

习近平总书记指出：“法律不应该是冷冰冰的，司法工作也是做群众工作。一纸判决，或许能够给当事人正义，却不一定能解开当事人的‘心结’。‘心结’没有解开，案件也就没有真正了结。”[1]在本案中，法官正是通过有温度的执行，既维护了社会公平正义，也解决了当事人的“心结”，真正做到案结事了，这一经验值得推广。

（彭诚信，上海交通大学凯原法学院院长、教授，博士生导师）

[1] 《全力推进法治中国建设——关于全面依法治国》，载《经济日报》2016年4月28日。

再审申请人A公司与被申请人B公司请求变更公司登记纠纷案

——请求变更公司登记纠纷诉讼中股东会决议效力确认的相关处理

王亚勤[*]　周加佳[**]

一、基本案情

2010年1月26日，B公司经市场监管行政职能部门核准设立，注册资本为8600万元，股东为案外人C公司（认缴出资6880万元，持股比例80%）和D公司（认缴出资1720万元，持股比例20%），吴某担任公司执行董事暨法定代表人，王某担任公司监事。2017年1月6日，A公司通过司法拍卖方式获得C公司所持有的B公司80%的股权。

2017年2月14日，由A公司提议，B公司召开临时股东会并经表决形成一份以更换法定代表人、执行董事和监事的临时股东会决议。因吴某等拒不配合办理变更登记事项，A公司于2017年3月15日向法院提起诉讼，请求B公司向公司登记机关办理法定代表人变更登记事项，吴某予以配合。

A公司申请再审称：请求撤销二审民事裁定，维持一审判决。主要理由如下：二审法院适用法律不当，A公司请求B公司变更公司登记于法有据。根据法律规定，“请求变更公司登记纠纷”属于民事诉讼受理范围，《公司法》也规定办理法定代表人变更登记是公司的法定权利和义务，故A公司诉请变更法定代表人登记显然属于民事纠纷。被申请人拒不配合办理变更登记事项，侵害了申请人A公司的股东权利。请求再审查明事实，依法撤销二审裁定，维持一审判决。

[*] 王亚勤：上海市第二中级人民法院申诉审查及审判监督庭审判员、三级高级法官。

[**] 周加佳：上海市第二中级人民法院申诉审查及审判监督庭法官助理。

被申请人 B 公司、吴某、D 公司均未作答辩。

一审法院认定事实：2010 年 1 月 26 日，B 公司经工商行政部门核准设立，注册资本为 8600 万元，股东为案外人 C 公司（认缴出资 6880 万元，持股比例 80%）及 D 公司（认缴出资 1720 万元，持股比例 20%），吴某担任公司执行董事暨法定代表人，王某担任公司监事。B 公司章程规定，股东会会议分为定期会议和临时会议，并应当于会议召开 15 日前通知全体股东。定期会议每半年召开一次。代表 1/10 以上表决权的股东、执行董事、监事提议召开临时会议的，应当召开临时会议。股东会会议由执行董事召集和主持；执行董事不能履行职务或者不履行职务的，由监事召集和主持；监事不召集和主持的，代表 1/10 以上表决权的股东可以自行召集和主持。

2017 年 1 月 6 日，A 公司通过司法拍卖方式获得 C 公司所持有的 B 公司 80%的股权。

2017 年 1 月 19 日，A 公司向 B 公司及吴某邮寄书面通知函一份，告知 A 公司将于近期举行股东大会，并选派其他人员担任公司法定代表人。

2017 年 1 月 24 日，A 公司向 D 公司邮寄《召开 B 公司临时股东会的通知》，通知 D 公司于 2017 年 2 月 14 日上午 10 点参加临时股东会，会议议题为：免去吴某法定代表人及执行董事职务，任命朱某为公司法定代表人及执行董事；免去王某监事职务，任命林某为公司监事。2017 年 2 月 14 日，B 公司召开临时股东会，全体股东出席了该次会议，股东会形成如下决议：“一、免去原法定代表人及执行董事吴某，任命朱某为公司新任法定代表人及执行董事；二、免去原监事王某，变更林某为公司监事；三、由新任法定代表人朱某办理工商变更登记手续，并进行公章、营业执照等印鉴、证照的换新手续。”A 公司对决议投赞成票，D 公司投反对票。

2017 年 3 月 15 日，A 公司向一审法院提起本案诉讼。同年 5 月 4 日，D 公司向一审法院提起诉讼 6807 号案件（以下简称“6807 号”），要求撤销 2017 年 2 月 14 日作出的《临时股东会决议》。该案经审理，一审法院于 2017 年 11 月 10 日作出“撤销 B 公司于 2017 年 2 月 14 日作出的《临时股东会决议》”的判决。现判决已生效。

2017 年 8 月 2 日，A 公司通过公证的方式向吴某邮寄《召集 B 公司临时股东会议的提议》，邮寄地址分别为吴某户籍所在地、B 公司住所地以及本案吴某委托诉讼代理人（转吴某收），主要内容为：“建议：一、希望您立即召集B公司股东召开临时股东会议；二、建议临时股东会议召开时间为2017年8月24日；三、临时股东会议召开地点为深圳市福田区某中心；四、建议前述临时股东会议的审议议题如下：1. 免去吴某执行董事和法定代表人职务；2. 免去王某监事职务；3. 任命朱某为执行董事和法定代表人；4. 任命林某为公司监事；5. 由新任法定代表人朱某办理工商变更手续，公章、营业执照等印鉴及证照的换新手续。同时A公司以公证的方式向B公司监事王某寄送上述提议，邮寄地址为B公司住所地及B公司委托诉讼代理人（转王某收）。”

2017年8月25日，A公司又以公证的方式向B公司监事王某寄送《召集B公司临时股东会议的提议》，邮寄地址为B公司住所地、B公司住所地（吴某转王某收）、B公司委托诉讼代理人（转王某收），主要内容为：“我司已于2017年8月2日致函公司执行董事吴某，要求其召集股东于2017年8月24日前召开临时股东会议，但吴某未召集，因您系B公司监事，在此情况下，我公司向您正式提出如下建议：一、希望您立即召集B公司股东召开临时股东会议；二、建议临时股东会议召开时间为2017年9月18日；三、内容同上述2017年8月2日邮寄的《召集B公司临时股东会议的提议》中内容。”

2017年9月19日，A公司以公证的方式向D公司邮寄《关于召开B公司临时股东会议通知》。通知主要内容为：“一、本次临时股东会议的基本情况及安排：会议时间：2017年10月17日上午9时；会议地点：上海市静安区康定路某大楼；召开方式：现场会议；召集人：A公司；二、临时股东会议的审议议题：1. 免去吴某执行董事和法定代表人职务；2. 免去王某监事职务；3. 任命朱某为执行董事和法定代表人；4. 任命林某为公司监事；5. 由新任法定代表人朱某办理工商变更手续，公章、营业执照等印鉴及证照的换新手续。同时A公司以公证的方式向吴某寄送了上述临时股东会议通知（邮寄地址为B公司住所地）。”

2017年10月17日，A公司召开B公司临时股东会，并委托公证处对会议经过进行公证。D公司未参加会议。临时股东会议经表决形成《临时股东会决议》，内容为：“一、免去原法定代表人及执行董事吴某，任命朱某为新任法定代表人及执行董事；二、免去原监事王某，变更林某为公司监事；三、由新任法定代表人朱某前往工商行政管理部门办理工商变更登记手续，并进行公章、营业执照等印鉴、证照的换新手续。”2017年11月23日，A公司将《临时股东会决议》及公证文书寄送给B公司、吴某及D公司。

二审经审理查明，一审法院查明的事实属实，予以确认

再审审理中查明，一审法院于2017年3月15日受理A公司诉B公司及吴某请求变更公司登记纠纷，同年3月27日一审法院依法追加第三人D公司参加诉讼。一审审理中，因D公司向一审法院提起另案诉讼（即“6807号案”），要求撤销2017年2月14日作出的临时股东会决议。后在“6807号案”中D公司胜诉，A公司庭审前向一审法院补充提交了A公司2017年10月召开临时股东会并形成《临时股东会决议》相关邮寄送达通知、通知内容及会议形成决议的系列证据和公证文件，上述证据在该次庭审中已经质证，B公司、吴某已充分发表质证意见。原审认定其余事实属实，再审予以确认。

二、裁判结果

上海市嘉定区人民法院于2018年6月28日作出［2017］沪0114民初4148号民事判决：B公司应于判决生效之日起10日内就其法定代表人由吴某变更为朱某的事宜至公司登记机构办理变更登记手续，吴某予以配合。

上海市第二中级人民法院于2019年2月21日作出［2018］沪02民终10647号民事裁定：撤销原审判决，驳回A公司的起诉。

上海市高级人民法院于2019年10月23日作出［2019］沪民申939号民事裁定：指令上海市第二中级人民法院再审本案。

上海市第二中级人民法院于2020年1月3日作出［2019］沪02民再92号民事判决：撤销二审裁定，维持一审判决。

三、裁判理由

生效判决认为：本案争议焦点为：（1）本案是否属于行政机关管理范畴，二审驳回起诉是否正确；（2）A公司一审诉讼请求应否支持。

关于争议焦点一。《公司法》第7条规定公司营业执照应当载明公司的法定代表人姓名等事项，公司营业执照记载的事项发生变更的，公司应当依法办理变更登记，由公司登记机关换发营业执照。最高人民法院《民事案件案由规定》第264项为“请求变更公司登记纠纷”，因此，从上述法律和司法解释的规定来看，当事人对于公司登记中记载的事项进行变更而产生纠纷的，有权向人民法院提起诉讼，人民法院应当受理。本案中，A公司作为B公司持股80%的大股东，召开临时股东会并通过了变更法定代表人的决议，后因

法定代表人变更登记事宜与B公司和吴某产生纠纷，导致该事项变更登记未成。现A公司向法院提起诉讼寻求权利救济，依照上述法律和司法解释的规定，该纠纷应属于人民法院的案件受理范围，二审认为A公司的起诉不属于人民法院的民事案件受理范围，系适用法律错误，故二审驳回A公司起诉的裁定应予撤销。

关于争议焦点二。A公司通过拍卖途径合法成为B公司持股80%的大股东，在行使股东权利遇阻情况下寻求诉讼救济系维护自身权利正当举措。根据最高人民法院《关于适用〈中华人民共和国民事诉讼法〉的解释》第232条的规定，案件受理后，法庭辩论结束前，原告增加诉讼请求应当合并审理。A公司在原提起诉讼依据被另案判决撤销的情况下，再次依照《公司法》规定程序，履行了依次向B公司的执行董事、监事邮寄召集股东会的提议，在皆未得到回复的情况下，通过公证的形式于2017年10月17日召开了临时股东会并形成《临时股东会决议》。一审开庭审理前A公司持上述证据作为补充新的起诉依据，并在庭审中变更诉讼请求，符合民事诉讼法律规定。B公司和D公司在二审中提出A公司应另案起诉的理由不能成立。A公司关于2017年10月17日召开了临时股东会并形成《临时股东会决议》相关证据已经一审庭审充分质证，一审法院经审理认定A公司2017年10月17日采用公证形式召集的临时股东会程序合法，临时股东会作出的《临时股东会决议》内容与法无悖，为有效决议的意见，再审予以认同。B公司和D公司在二审中提出上述《临时股东会决议》程序不合法，既未在本案一审审理中予以反诉，也未另案提出撤销之诉，该节理由因未提供确凿的证据佐证，再审亦不予采信。再审审理中经本院合法传唤，B公司、吴某和D公司无正当理由均未到庭应诉，系其自愿放弃自身诉讼权利，相应法律后果由其自负。现A公司依据有效的《临时股东会决议》，要求B公司向公司登记机关办理法定代表人变更登记事项，吴某予以配合，符合《公司法》相关规定，依法应予支持。一审认定事实无误，处理并无不当，其判决应予维持。

综上，再审申请人A公司再审理由成立，对其再审请求应予以支持。

四、法官感悟

习近平法治思想是马克思主义法治理论中国化的最新成果，是全面依法治国的根本遵循和行动指南，具有鲜明的实践品格、磅礴的实践伟力。一个案例胜过一沓文件。以案例来认识、推动、评判法治，是习近平法治思想最直接、最生动的表达。

就本案而言，本案系请求变更公司登记纠纷，当事人关于变更公司登记的诉讼请求能否获得支持的前提，是其依据的股东会、股东大会或董事会决议的效力问题，而在审判实务操作中，对于公司决议的效力认定问题有不同的看法。一种观点认为，请求变更公司登记的一方应当提供经司法确认有效的公司决议，作为请求变更公司登记依据的决议的有效性不应在本诉中解决；另一种观点认为，公司作出变更公司登记的决议如果是按照法律程序与公司章程规定的程序作出的，且决议内容不存在违法的情形，那么该公司决议应认定为有效，无需通过司法程序确认该决议的效力。

对于上述不同观点，从确认公司决议有效之诉可行性、公司治理的司法介入两个方面进行分析，结论为：请求变更公司登记纠纷中所依据的公司决议的有效性并非必须以司法程序确认为前提，但请求变更登记当事人应对其依据的公司决议提供合法性证明。

（一）确认公司决议有效之诉可行性

关于股东可否确认公司决议有效的问题，《公司法》第 25 条规定："公司股东会、董事会的决议内容违反法律、行政法规的无效。"最高人民法院《关于适用〈中华人民共和国公司法〉若干问题的规定（四）》（以下简称《公司法司法解释（四）》）第 1 条规定的"决议确认"，应是"公司决议效力确认纠纷"案由的基础法律条款。从这两条法律规定来看，其内含赋予了对公司决议异议的股东请求法院对股东会决议作出效力否定的诉权，旨在赋予可能受瑕疵决议损害的股东行使法定的股东救济权利，以阻却瑕疵决议效力，而公司法以及其他法律法规未对确认决议有效作出规定，自有其价值考量。

首先，具有诉的利益是当事人行使诉讼权利的要件，也是法院进行民事实体裁判的前提。诉的利益是指当民事权利受到侵害或者与他人发生民事纠纷时，需要运用民事诉讼予以救济的必要性和实效性。而在确认公司决议有效之诉中，原告对于公司决议的有效性不存在争议，因此，原告也就无须要求法院对于该决议的有效性进行确认。其次，法人、非法人组织依照法律或者章程规定的议事方式和表决程序作出决议的，是多方民事法律行为，自成立时生效，存在效力阻却事由方可导致决议效力瑕疵，而该效力阻却事由则是决议无效、可撤销或不成立的调整范围，并无确认决议有效之诉的适用余地。因此，在当事人对决议效力存在争议的前提下，若一方主动提出要求确认有效之诉，由于有效是一种已经客观存在的常态，即使被认定有效，权利义务并没有改变，通过确认有效也不能改变各方当事人的地位，应当认为其没有诉的利益。

值得注意的是，《公司法司法解释（四）》在正式出台之前，最高法院公布的征求意见稿中曾经明确认可相关主体既可以提起请求确认公司决议无效之诉，也可以提起请求确认公司决议有效之诉。而最终出台的《公司法司法解释（四）》又删除了关于确认公司决议有效诉讼的规定，可能还是考虑到公司决议原则上一经作出即推定为有效，除非有相关主体提出异议并经司法判决才可否定公司决议的效力，如允许相关主体随意提起确认公司决议有效诉讼，将可能导致大量的公司决议寻求司法程序对其效力进行背书，浪费司法资源。据此可知，法律关于公司决议效力的规定旨在赋予受瑕疵决议损害的股东自我救济的权利，即在决议存在瑕疵时需对其作出否定性评价，以保护公司股东合法利益。

（二）公司治理的司法介入

公司控制权在企业的内部管理中具有重要的作用。公司控制权的内容既可以通过内部约定的公司章程体现，也可以通过合法有效的决议实现。一项法律关系依法产生后，非经人民法院确认无效，即为有效。公司决议亦然，无论是股东会的决议，还是董事会的决议，在未经提出效力争议，并经司法裁判确认无效之前，其效力是法定的，无须进行确认。如果对一项已经作出的公司决议效力持有异议，法律已赋予相关当事人确认该决议效力的诉权，无须通过确认有效的诉讼来实现。如果有股东既不承认公司决议效力，又不提起效力确认之诉，且不履行该决议，或因不履行该产生决议而产生其他法律责任，那么公司或其他股东应依法提起其他诉讼。

《公司法》规定股东会决议效力的异议之诉，在于赋予可能受瑕疵决议损害的股东行使法定的股东救济权利，以保护其合法利益。公司股东未违反法律、行政法规的强制性规定，按照公司章程召开股东会并形成决议，是公司自治范畴的内部事务。在没有其他股东提起确认股东会决议无效或可撤销之诉请的情况下，法院则不应通过国家公权力直接干预公司自治范畴内的事务。

依法治企是依法治国的微观基础和重要组成部分。习近平总书记指出，

"各类企业都要把守法诚信作为安身立命之本"。[1]对于公司而言，应落实"两个一以贯之"要求，坚持习近平法治思想，依法合规治理企业。同时，对法治国家而言，公司内部程序也应受到应有的尊重和重视。公司法设置程序的目的就是保障各股东的权益，因而出于公司的特殊团体利益和存在目的，出于维护股东会决议安定性的需要，司法的介入应当小心且谨慎。司法介入公司治理不是为了干扰公司自治，而是为了维护公司自治活动的合法性、公平性。司法不介入公司治理活动是常态，司法介入公司治理活动只能是例外。因此，司法对公司治理范围内的事务进行干预，需要有一个准确的定位。那就是，必须以尊重公司自治为原则，避免司法介入不当、司法裁判过度。以"司法谦抑原则"为基础的公司法，对公司事务的干涉应当适度，这也是公司法仅规定决议无效和可撤销情形的原因。

专家点评

公司内部不同主体间的利益冲突是公司治理最核心的问题，冲突化解机制构成了公司治理的主要制度支点，在微观和宏观层面都具有重要的理论和实践意义。公司法的目标之一即在于为冲突的解决提供有效制度路径，从而遏制减损公司价值的机会主义行为，保护投资者的合法权益，推动完善公司内部治理结构。

本案再审判决通过对公司法及相关司法解释的准确阐释，证成了A公司提起本案的诉讼主体资格，纠正了二审法院对于民事案件审理范围的错误理解，为后续的实体审理奠定了前提基础，保障了股东的诉讼权利。针对实践中当事人起诉请求变更公司登记是否以股东会决议效力的司法确认为前提的争议，本案在变更公司登记诉讼中对股东会决议的有效性进行一并审查，在公司股东会决议不存在违反法律或公司章程的前提下，肯认了股东主张变更公司登记的请求。这一裁判思路通过将股东会决议效力作为案件争点进行审理，避免了当事人另案提起司法确认，有助于在同一诉讼程序中推动纠纷的一次性化解，避免当事人诉累，实现对于股东权益的全面保护，对于防止程序空转具有积极意义。本案判决清晰划定了司法介入公司治理的边界，充分

---

〔1〕《习近平：毫不动摇坚持我国基本经济制度　推动各种所有制经济健康发展》，载https://news/12371.cn/2016/03/09/ARTI1457460558145245.shtml，2024年7月22日访问。

贯彻了《公司法》领域的“司法谦抑原则”，展现了司法对于公司内部程序的尊重，维护了公司内部的治理结构。

公司内部利益冲突的化解同时依赖公司章程的内部防范机制以及司法介入的外部救济机制，外部救济不仅以权利的保护与公司稳定运行为目标，更旨在实现救济的便捷与高效，这就要求司法介入被限定在一定的限度范围内，通过对公司自治的尊重，实现对权益的高效保障。本案裁判通过对股东会决议效力的一并审查，维护了公司治理结构的有效性，实现了内部纠纷的一次性解决，对于充分保障投资和交易活动、保护公司参与者的积极性、维护公司内部治理结构均具有积极意义。

习近平总书记指出，“法治是最好的营商环境”。〔1〕法治涵盖立法、执法、司法、守法等多个环节，而通过司法来维护公司治理结构，保障各主体合法的权利、利益，正是法治作为最好营商环境的显现，也是司法维护社会公平正义的效能。

（彭诚信，上海交通大学凯原法学院院长、教授，博士生导师）

〔1〕《习近平在中共中央政治局第十次集体学习时强调　加强涉外法制建设　营造有利法治条件和外部环境》，载 https://www1231.cn/2023/11/28/ARTI1701149406055175.shtml，2024 年 7 月 22 日访问。

曾某某诉宁波某科技有限公司劳动合同纠纷案

——平台多边用工模式劳动关系认定

陈　樱[*]　张　曦[**]

一、基本案情

上诉人曾某某诉称，其于2017年3月10日入职宁波某科技有限公司，在上海市交通路李子园站点担任“饿了么”骑手从事送餐工作。2017年9月7日在送外卖途中摔跤受伤，宁波某科技有限公司只为其报销了部分医疗费，并要求其自行进行伤残鉴定，损害了其合法权益。现请求：确认双方于2017年3月10日至2018年8月28日期间存在劳动关系等。

被上诉人宁波某科技有限公司辩称，双方不存在劳动关系，其从上海某科技有限公司承包外送配餐业务后又整体分包给第三人，曾某某工资由第三人发放。

第三人北京某科技有限公司未到庭陈述。

第三人安徽A劳务服务有限公司述称，其与曾某某、宁波某科技有限公司没有任何关系，只是代发过曾某某工资，因时间久远，记不清代谁发放了。

第三人安徽B劳务服务有限公司述称，其与曾某某没有任何关系，宁波某科技有限公司将外卖配送业务外包给其，但曾某某与其没有劳动关系。其法定代表人与北京某科技有限公司法定代表人是朋友，其曾代北京某科技有限公司发放曾某某工资。

一审查明事实：曾某某招商银行交易明细显示，北京某科技有限公司于2017年4月20日转账3621元、2017年5月18日转账6750.50元、2017年6

* 陈樱：上海市第二中级人民法院民事审判庭审判团队协助负责人、三级高级法官。

** 张曦：上海市第二中级人民法院民事审判庭法官助理。

月 19 日转账 7025.5 元，客户摘要“代发工资 AGPY”。安徽 B 劳务服务有限公司于 2017 年 7 月 19 日转账 6123 元、2017 年 8 月 21 日转账 7649 元，客户摘要“批量支付款项 AGSH”。安徽 A 劳务服务有限公司于 2017 年 9 月 18 日转账 7517.5 元、2017 年 10 月 18 日转账 623.5 元，客户摘要“批量支付款项 AGSH”。

一审中，宁波某科技有限公司询问曾某某是否与北京某科技有限公司签订过劳动合同，曾某某陈述签订过一次，期限自 2017 年 3 月 10 日至 2018 年 3 月 9 日。

2018 年 8 月 28 日，曾某某就本案诉请向上海市普陀区劳动人事争议仲裁委员会申请仲裁，未获支持，遂诉至法院。一审法院驳回曾某某全部诉请，曾某某不服，提起上诉。

二审查明事实：北京某科技有限公司于 2016 年 9 月 22 日成立，2019 年 11 月 12 日被吊销营业执照。2019 年 12 月 24 日，安徽 B 劳务服务有限公司向一审法院提供《业务外包合同》，甲方为宁波某科技有限公司等，乙方为安徽 A 劳务服务有限公司、安徽 B 劳务服务有限公司等，合同期限为 2017 年 1 月 1 日至 2019 年 12 月 31 日终止。服务范围：甲方经营装卸配送服务的区域（全国范围）。第 2 条委托事项 2.1 甲方委托乙方为甲方签约的客户提供装卸配送服务，甲方签约的客户包括但不限于百度、美团、淘点点、锦食送、大众点评、饿了么。第 4 条费用结算……每月 5 日由甲方发起对账，根据第三方平台装卸配送方的配送单量数据确认结算金额，乙方人员工资支付时间参照各地薪酬管理制度……4.2 乙方应当根据本合同甲方定额人工费用标准自行招聘、管理员工，同时根据《劳动合同法》及相关法律法规与所聘员工建立劳动关系，给付劳动福利及待遇，员工与乙方签订合同，薪酬由甲方制定，社保等问题由乙方承担。

二、裁判结果

上海市普陀区人民法院于 2019 年 12 月 30 日作出［2018］沪 0107 民初 29062 号民事判决：驳回曾某某的全部诉讼请求。

上海市第二中级人民法院于 2021 年 2 月 5 日作出［2020］沪 02 民终 7144 号民事判决：撤销上海市普陀区人民法院［2018］沪 0107 民初 29062 号民事判决；确认 2017 年 9 月 1 日至 2018 年 8 月 28 日期间曾某某与宁波某科

技有限公司存在劳动关系；对曾某某的其余诉请均不予以支持（不含不予处理部分）。

三、裁判理由

法院生效判决认为，本案争议焦点在于曾某某已和北京某科技有限公司签订劳动合同的情况下，是否仍与宁波某科技有限公司建立劳动关系。

曾某某作为骑手为李子园站点提供配送劳务，并与北京某科技有限公司于2017年3月签订劳动合同。2017年9月1日宁波某科技有限公司取得李子园站点合作代理权限，安徽A劳务服务有限公司、安徽B劳务服务有限公司与宁波某科技有限公司具有合作关系。曾某某于2017年9月7日受伤。此间，曾某某每月工作时间相对稳定，有规律地收到报酬，金额也相对稳定。然，其工资支付主体轮换，北京某科技有限公司、安徽B劳务服务有限公司、安徽A劳务服务有限公司分别向曾某某发放过工资。

仲裁之初，宁波某科技有限公司尚无法提供原始合同的情况下，曾某某已陈述其与北京某科技有限公司签订劳动合同，并由北京某科技有限公司支付工资3个月，即2017年3月10日至2017年6月19日。此过程中有约定，有履行，曾某某与北京某科技有限公司符合劳动关系的表征。后，由与宁波某科技有限公司有关联合作关系的安徽B劳务服务有限公司、安徽A劳务服务有限公司支付曾某某相应报酬。在劳动者的工作范围、工作内容、工作常态没有发生明显变化的情况下，该支付行为主体的变化具有隐蔽性。自2017年9月1日宁波某科技有限公司取得相关站点代理权限起（该代理权限具有排他性），实际用工主体已发生变化。此时，虽曾某某与北京某科技有限公司尚在劳动合同期限内，然双方已不再具有确立劳动关系所需的人身与财产的依附性，北京某科技有限公司既不对曾某某施以管理之责，也不对曾某某承担支付工资之义务。

劳动者的工作是用人单位业务的组成部分、受用人单位的劳动管理、约束等，该情形体现了劳动关系具有人身依附性。同时，劳动者有按劳取酬的权利，劳动者出卖劳动力使用权的目的是获取劳动报酬，该情形体现了劳动关系的财产从属性。关于宁波某科技有限公司取得站点代理权限后，曾某某劳动关系的归属。首先，宁波某科技有限公司是依法成立、以盈利为目的的法人，能够对外独立承担民事责任，曾某某作为骑手从事外卖派送服务，双方均符合法律、法规规定的劳动法主体资格。其次，宁波某科技有限公司为开展“饿了么”外卖经营，与案外人上海止观信息科技有限公司签订《蜂鸟配送代理合作协议》，约定在指定的范围和区域内开展业务，保证其提供符合要求的员工，曾某某提供的外卖派送服务系宁波某科技有限公司的业务组成部分。再次，根据《蜂鸟配送代理合作协议》之约定及宁波某科技有限公司在案陈述，“饿了么”平台结算费用后，先打入宁波某科技有限公司账户，再由其分配至具有合作关系的劳务公司，最终支付给骑手。对本案劳动报酬支付情况予以考察，在宁波某科技有限公司接手相关站点之前，已由其合作方向曾某某支付数月报酬。最后，应当注意到，根据双方当事人均认可的曾某某基础档案复印件、当日订单配送明细复印件显示，曾某某所属代理商团队名称为宁波某科技有限公司。前述种种均体现了双方存在人身依附性及财产性，符合劳动关系的基本特征。综上，认定当事人之间是否存在劳动关系，劳动合同亦非判定的唯一标准，宁波某科技有限公司从曾某某提供的劳动中获益，其相关合作劳务公司向曾某某支付工资，则宁波某科技有限公司应当承担相应的法律责任及企业之社会责任。若允许其工资支付主体轮换，则无法明确界分权利义务，进而劳动者基本权利之救济难以保障，即诸如本案曾某某请求确定劳动关系从而获得可能的工伤保险待遇之救济。曾某某如实陈述与北京某科技有限公司签订劳动合同一节，不阻却其与宁波某科技有限公司劳动关系的成立，故确认自 2017 年 9 月 1 日起曾某某与宁波某科技有限公司具有劳动关系。现，曾某某主张劳动关系至 2018 年 8 月 28 日，予以准许。

另，曾某某在宁波某科技有限公司工作的时间及完成工作情况具有一定的稳定性，鉴于众多骑手情况各不相同。因此认定曾某某与宁波某科技有限公司之间存有劳动关系，并不代表宁波某科技有限公司相关站点的骑手均与其具有劳动关系，是否建立劳动关系应当以实际用工为准。

四、法官感悟

习近平总书记指出：“社会主义市场经济是信用经济、法治经济。”〔1〕这一论断深刻阐明了发展社会主义市场经济与推进法治经济建设的内在联系。

〔1〕《习近平：在企业家座谈会上的讲话》，载 https://www.12371.cn/21020/07/21/ARTI159535337005604.shtml，2024 年 7 月 22 日访问。

加快建设法治经济，是构建和完善高水平社会主义市场经济体制的内在需要，是破解经济转型发展所面临的种种复杂难题的必然举措。近些年，在经济转型过程中，以平台经济为代表的新经济业态盛行，伴随着“互联网+”的普及，已植根于社会生活各个角落。平台经济充分利用科技进步及劳资双方需求转变趋势，推动劳动力市场数字化，改变了传统劳动力市场样态，催生了新业态用工模式。

随着我国平台经济蓬勃发展，新业态从业人数逐年增长，各种灵活的就业模式吸纳了众多劳动力。特别是受经济下行压力及疫情的影响，传统的固定工作机会减少，而平台经济则提供了多元化工作机会，降低了准入门槛，提高了工作自主性，不仅提升了市场活力，也成了吸纳就业的蓄水池，对“稳经济”“稳就业”意义重大。然而，新业态用工模式日趋复杂，改变了“劳动者、用人单位”双边和“劳动者、用人单位、用工单位”劳务派遣三角形的传统用工形态，并呈现“去劳动关系化”倾向。众多的新业态从业者在我国现行法律框架下缺乏必要劳动保障。

以外卖平台为代表的平台经济，为规避市场变化引发的用工风险，自我调整运营模式，随着区域代理商乃至多层劳务外包的引入，平台、代理商及劳务外包商对骑手分别施以线上或线下不同程度之管理，形成了多边用工模式。用工链条主体数量增加导致了劳动合同主体直接交换关系的割裂，加剧了劳动关系认定与实际用人主体辨识之难度。平台多边用工模式用工形态主要有三类：其一，代理商直接招募骑手，与其签订劳动合同或劳务协议等，双方通常形成劳动关系、劳务关系或承揽关系等，即“平台—代理商—骑手”三角用工模式；其二，代理商将业务外包给劳务外包商，由劳务外包商招募骑手，并与骑手形成劳动关系、劳务关系或承揽关系等，即“平台—代理商—劳务外包商—骑手”四角用工模式；其三，上述类型仍属理想情况，实践中，多层分包、转包的存在还形成了较复杂的“平台—代理商—劳务外包商1—劳务外包商2……骑手”多边用工模式，增加了用工关系链的断裂次数，呈现一个从业者对应多个企业的用工样态，常导致实际用人主体含混、法律关系判断困难及法律责任承担模糊等。

本案中，宁波某科技有限公司与“饿了么”平台签订《蜂鸟配送代理合作协议》成为代理商，取得了特定区域配送业务排他性代理权限。宁波某科技有限公司又作为甲方与安徽A劳务服务有限公司、安徽B劳务服务有限公司等乙方签订《业务外包合同》，委托乙方为其提供配送服务，由乙方根据甲方费用标准自行招聘、管理骑手，与骑手建立劳动关系。可见，上述主体意图建立标准“平台—代理商—劳务外包商—骑手”四角用工关系，使骑手与劳务外包商建立劳动关系，既接受平台的线上算法和线下服务标准约束，又接受代理商薪资标准约束，还接受劳务外包商日常用工管理。

然，实践远比设想复杂。宁波某科技有限公司成为代理商前，北京某科技有限公司与曾某某签订劳动合同并支付工资 3 个月，宁波某科技有限公司合作方安徽 B 劳务服务有限公司又为曾某某支付工资 2 个月。宁波某科技有限公司成为代理商后，其合作方安徽 A 劳务服务有限公司为曾某某支付工资2个月。上述整个过程中，曾某某工作履行情况未发生变化，对代理商变更、工资支付主体变化亦不知情。事故发生后，北京某科技有限公司已处于被吊销营业执照状态，其他涉案公司均否认与曾某某存在劳动关系，其权益难以救济。平台多边用工模式下实际用人主体认定成为本案争议焦点。

判断平台多边用工模式下从业者实际用人单位，应以劳动用工的实际履行为优先原则，需注意到从属性不再适用“全有全无”标准，而是适用“程度”标准，应以各企业对从业者的劳动管理程度比重为核心依据，辅以各企业对劳动持续性影响程度、收益风险分担情况等因素综合判断。即考察从业者与用工链条上哪一企业之间的从属性关系最为紧密，确定对从业者的管理、控制程度上占据主导地位的企业为从业者的实际用人单位。若从业者与用工链条上任一企业的从属性程度均达不到建立劳动关系的紧密程度标准，则无法认定成立劳动关系。

综上，新业态经济的发展，不应以牺牲基层从业者的权益为代价，规范新业态用工，保障以外卖骑手为代表的新业态从业群体的合法权益，是民生之本，是社会稳定的基石；新业态经济是吸纳就业的蓄水池，也为整体经济及就业的稳定作出了突出贡献，保护从业者的合法权益，亦不能阻碍平台经济发展活力，应秉持从业者权益与新业态经济“双重保护”理念，既要保护劳动者合法权益，又要促进新业态经济健康、稳定、有序发展。

专家点评

传统劳动关系常表现为用人单位与劳动者之间双方或用人单位、劳动者、劳务派遣单位三方的模式，在这种模式中，劳动合同的订立起着举足轻重的作用，是劳动关系成立的先决条件。而随着平台经济新业态的发展，这一认知在实践中也逐渐被颠覆：即便在劳动合同没有订立的情况下，用人单位依旧可以通过层层转包、分包的方式来接受劳动者提供的服务，这模糊了实际的用人单位，加之劳动合同缺失，导致劳动关系难以确认。如本案仅以劳动合同作为确认劳动关系唯一标准不具有合理性，难以实现对劳动者的权利保护，因此，本案判决对这种新业态下的劳动模式进行了回应，厘清了劳动关系的确认标准，以维护新时代下劳动者的合法权益。

本案法官综合案件事实发现，尽管实际用人单位与劳动者曾某某之间没有订立劳动合同，发放劳动报酬的单位也另有他家，但外卖业务是由该实际用人单位承包的，并且发放劳动报酬的单位与该单位之间也存在着合作关系，据此判断劳动者与用人单位之间存在着财产从属性和人身依附性。同时本案判决精准解释、适用了《劳动合同法》第2条和《关于确立劳动关系有关事项的通知》第1条，实现了劳动关系成立标准的明确。法官指出了劳动关系确认的四个关键点：其一，用人单位和劳动者均具有劳动法主体资格；其二，劳动者提供的服务属于用人单位业务组成部分；其三，劳动者从事的是用人单位安排的有报酬的活动；其四，用人单位对劳动者进行了劳动管理。在此基础上，法院否认了劳动关系为劳动合同唯一认定标准的思维模式，认为当事人与外包新单位即便不存在劳动合同，只要符合上述四点要求，就存在劳动关系。此外，本判决还点明宁波某公司与曾某某存在劳动关系不代表该公司与其他相关骑手均有劳动关系，考虑到了平台经济劳动关系的新特征，在法律适用上具有新颖性，内在理论参考价值耐人寻味。

同时，本案所涉纠纷关涉平台经济新业态中的劳动关系确认，具有典型性。在囊括外卖行业在内的平台经济高质量发展的当下，案涉纠纷呈频发性。以本判决中曾某某为代表的骑手与外卖平台的矛盾，很大程度起源于平台通过屡次分包、转包形成的多边用工模式。这一现象下的实际用人主体较为模糊，直接导致劳动者在合法权益受损时难以向真正的用人单位主张救济。针对平台经济多边用工模式下存在的劳动关系混乱等问题，法院以事实为依据、以法律为准绳，阐明了劳动关系的认定标准。面对实务中普遍存在的此类疑难，本案具有显著的引领作用。

综上，在平台经济新业态的繁荣发展之下，司法实务需要注意到多边用工模式中“去劳动关系化”现象的影响，尽管这有利于提高用工效率，扩张就业岗位，但同时也对用人单位和劳动者之间法律关系的认定提出了新的要求。平台经济新业态的发展是为了激发我国经济新动能，最终目的还是要落实到对公民个人尤其是对广大劳动群众利益的维护。经济发展需要依靠人民，经济发展更是为了人民。我们需在企业发展与劳动者权益的维护中寻求平衡，既要维护商事主体的安稳营商环境，又要用心用情为民司法，实现劳动者的敬业之道，进而以法治来保障平台经济新业态的平稳和谐发展，惠及更广泛的民生。

（曹薇薇，上海大学法学院教授，博士生导师）

甲、乙、丙、丁诉A小区业主大会、A小区业主委员会业主撤销权纠纷

——业主对小区停车费"阶梯收费"条款行使撤销权的界限分析

张黎明 *　张怡琳 **

一、基本案情

甲、乙、丙、丁诉称，其系A小区业主。A小区业主大会表决通过的《A小区机动车管理办法》（以下简称《办法》）规定了小区包月停车收费标准："业主首辆车按每月300元收取；业主第二辆包月车需在满足业主第一辆车包月以后有空余的情况下，按每月500元的收费标准收费；有地下产权车位和固定使用权车位的业主第二辆车在地面包月按照第二辆标准收取。"甲、乙、丙、丁认为，其所有的地下产权车位为其专有部分，小区公共道路或其他公共部位的停车位属于共有部分，甲、乙、丙、丁与其他业主应对共有部分享有同等的权利。《办法》将拥有地下产权车位的业主在地面包月停放车辆按照第二辆车标准收取费用，侵犯了其享有的对小区公共部位的共有权。故甲、乙、丙、丁向法院提起诉讼，请求判令撤销A小区业主大会、A小区业主委员会发布的《办法》中关于将地下私家车位与小区公共车位一并计入小区统筹安排的车位数量并实行"阶梯收费"的条款。

针对甲、乙、丙、丁的诉请，A小区业主大会、A小区业主委员会辩称，《办法》由业主大会投票通过，程序合法。《办法》将业主停车标准区分为第一辆车、第二辆车系为缓解小区停车矛盾所需，属于合理的供求机制调节手段。《办法》系对全体业主共有权利的分配，收取的停车费最终进入全体业主

---

* 张黎明：上海市第二中级人民法院民事审判庭法官助理。
** 张怡琳：上海市第二中级人民法院研究室法官助理。

的公共收益账户，并未违反法律规定。甲、乙、丙、丁等业主从开发商处购买的车位属于业主的私权，地库收取的管理费为每月 100 元。《办法》并未侵犯甲、乙、丙、丁的私权利，亦未妨碍已有产权车位的车主再次行使租赁车位的权利。第二辆车的存在更多地占用了小区的停车资源，甲、乙、丙、丁的诉请侵犯了其他没有产权车位业主的权利，故不同意其诉讼请求。

一审法院审理后，支持了甲、乙、丙、丁的诉讼请求。

A 小区业主大会、A 小区业主委员会不服一审判决，提起上诉。其主张，《办法》按法律规定程序经业主大会表决通过，对小区全体业主具有约束力，未侵犯甲、乙、丙、丁私有产权车位的物权，也未侵害甲、乙、丙、丁作为业主对小区共有部分所享有的同等权利，并未剥夺甲、乙、丙、丁与其他业主按同等标准安排租赁停车位、执行停车租赁费标准的权利。故请求撤销一审判决，驳回甲、乙、丙、丁的一审诉讼请求。

甲、乙、丙、丁均不同意 A 小区业主大会、A 小区业主委员会的上诉请求，请求驳回上诉，维持原判。

法院认定事实如下：

甲、乙、丙、丁均系 A 小区业主。A 小区共有 721 户业主，配置地下产权车位 84 个，业主通过购买获得长期使用权的车位 76 个，上述车位共计 160 个，车位配比为 0.23；A 小区另在地面道路设置了 106 个非固定停车位。目前，A 小区内与甲、乙、丙、丁情况相同，有产权车位并在地面上停车的业主大约 10 位。

为加强小区停车管理，A 小区拟通过停车管理办法。在表决过程中，因个别业主对管理办法草案的部分条款存在疑问，A 小区业主委员会对此召开会议进行讨论，形成解释意见并出具《机动车管理办法专题工作会纪要》。其中载明：(1)《办法》对小区业主车辆的管理、服务和统计覆盖全小区范围，包含停放在小区地面、地库私有车位及固定使用车位的车辆；(2)“第一辆车”（首车），是指以户（单元）为单位，拥有并在小区物业管理处登记停放的第一辆车（需符合“三证合一”条件）；(3)“第二辆车”，是指以户（单元）为单位，已有第一辆车停放在小区（含地库私有车位和固定使用车位），又申请在地面公共区域包月停放的车辆，按第二辆车排序登记和收费（需符合“三证合一”条件）；(4)《办法》中的规定，仍保证业主依据《民法典》对私有车位本身的全部权利，但涉及在包月登记中的排序及收费标准；

（5）《办法》与业主委员会的上述解释意见，是依据和参考小区《管理规约》、原收费办法、沪精细化办［2021］18号中“《管理规约》示范文本”精神，从缓解小区地面车辆停放矛盾、尽量满足业主首辆车的停放而拟定的，业主委员会作为业主大会的执行机构将遵从业主大会的表决结果，也将遵从国家法律、法规的有关规定，请业主理解。

后A小区业主大会表决通过了《办法》，主要内容为，为规范小区机动车停放，缓解地面车辆停放矛盾，维护小区居住环境，保障业主和居民的合法权益，制定管理办法。小区地面停车位和道路权益为全体业主共有。按照“车辆登记先后”以及“业主优先、每户首辆车优先”原则排序，公平公正、依法依规进行管理。小区地面停车位实行有偿使用，停车位使用人应按规定缴纳停车费。小区地面停车位为非固定停车位，实行车辆先到先停、业主优先的原则，不得无故长期占用停车位。小区地面停车位按照包月与临时停车两大类进行收费管理。包月停车收费标准为：业主首辆车每月300元，租户每月每辆500元。业主第二辆包月车需在满足业主第一辆车包月以后有空余的情况下，按每月500元的收费标准，有地下产权车位和固定使用权车位的业主第二辆车在地面包月按照第二辆标准收取。地下车库收取车位管理费每个车位每月100元。小区地下车库为业主私有车位和固定使用车位，车辆信息应对应录入小区停车管理系统，其他车辆不得停放。有地下车库的业主和使用人如把车位出租，则自己的车辆不能再在地面享受包月停放服务。停车费、车位管理费收入归全体业主所有，进公共收益账户，每季度公布一次。本办法作为《A小区管理规约》的组成部分，并按《物业服务合同》的约定授权物业管理处按照本办法组织实施管理。

二、裁判结果

一审法院判决：撤销A小区业主大会、A小区业主委员会通过的《办法》中关于将地下私家车位与小区公共车位一并计入小区统筹安排的车位数量并实行“阶梯收费”的条款。

二审法院判决：撤销一审判决，对甲、乙、丙、丁的诉讼请求，不予支持。

三、裁判理由

本案的争议焦点为，是否应当撤销《办法》中关于将地下私家车位与小区公共车位一并计入小区统筹安排的车位数量并实行“阶梯收费”的条款。

一审法院认为，该条款应当予以撤销。理由为，业主大会或者业主委员会作出的决定侵害业主合法权益的，受侵害的业主可以请求人民法院予以撤销。本案中，甲、乙、丙、丁四位业主的产权车位系通过购买方式取得，支付了相应对价，系其专有部分。对于占用业主共有道路或者其他场所用于停放汽车的车位属于业主的共有部分，拥有产权车位的业主应享有与其他业主同等的权利。《办法》用阶梯式价格手段调节小区车位的供求关系，虽有利于缓解小区内停车问题，但该规定侵害了甲、乙、丙、丁作为业主对小区共有部分所享有的同等权利。小区现有停车位不足并非甲、乙、丙、丁的过错所致，故仅因其已经取得产权车位而剥夺其作为业主对共有部分享有的共有和共同管理的权利缺乏法律依据。因此，《办法》第5条第1款以业主已有私家产权车位为由，剥夺了甲、乙、丙、丁与其他业主按同等标准安排租赁停车位、执行停车租赁费标准的权利，侵犯了甲、乙、丙、丁的合法权益，《办法》涉及上述条款的内容应当予以撤销。

二审法院则认为，该条款不应当予以撤销。理由为，业主大会或者业主委员会的决定，对业主具有法律约束力。业主大会或者业主委员会作出的决定侵害业主合法权益的，受侵害的业主可以请求人民法院予以撤销。根据查明事实，《办法》经过相应的表决程序，该办法系基于小区整体业主的停车利益考虑而对小区车位事宜作出的规范。对拥有地下产权车位的业主需租赁地面车位按第二辆车对待的管理方案，固然需要地下产权车位业主让渡部分利益，但该管理方案系基于大多数业主行使自治权利所作出，在缓解停车矛盾上确保了每户业主的基本停车需求，具有合理性，且未超出大多数业主的容忍义务范围。在无证据表明该办法决议程序违法的情况下，甲、乙、丙、丁四位业主要求撤销该办法中涉及“阶梯收费”的条款内容，应不予支持。

四、法官感悟

本案系因“停车难”这一重要民生问题而引发的业主撤销权纠纷。近年来，随着我国城市居民机动车保有量的迅速增加，停车位供给难以满足停车需求，小区“停车难”也成为一线城市社区发展的一大痛点。众多老旧小区面临着停车位数量紧张的困境，由此引发的矛盾纠纷屡见不鲜，因停车问题而引发的业主撤销权纠纷案件数量日益增长。“停车难”不仅是小区居民急难愁盼的“心头结”，更是导致民事争端甚至违法犯罪的“导火索”。要想有效处理类似纠纷，通过司法审判服务创新社会治理体系的需求，必须坚持以习近平法治思想为指引，坚持在法治轨道上统筹社会力量、平衡社会利益、调解社会关系、规范社会行为，依靠法治解决各种社会矛盾和问题，确保我国社会在深刻变革中既生机勃勃又井然有序。

就本案而言，购买了地下产权车位的部分业主与业主大会就小区公共车位租金“阶梯收费”的问题发生争议，并诉至法院。然而，是否要对公共车位租金实行“阶梯收费”，是否要将地下私家车位与小区公共车位一并计入小区统筹安排的车位数量，应当交业主大会，由全体业主共同讨论决定。已经拥有地下产权车位的业主另需租用一个公共车位时，将其视为“阶梯收费”标准中的“第一辆车”还是“第二辆车”，属于小区业主自治的范畴。因此，作为公权力机关，人民法院在行使审判权的过程中不宜过多介入业主自治，而是应从业主的程序权利及实体权益是否受到侵害两个方面审查业主大会的决定是否符合法律规定。每个小区的情况各不相同，业主大会可依据实际情况制定最适合本小区的公共停车位租金收费方式。如本案中，正因考虑到小区车位配比低、业主“停车难”的具体困境，A小区才会采取“阶梯收费”的办法加以调控，并在A小区业主大会上表决通过《办法》，从而缓解本小区业主停车需求量大与停车位数量少之间的矛盾。该业主大会决定并未违反法定程序，也未侵害业主合法权益。

A小区以合法合规的业主大会表决形式通过了该小区的机动车管理办法，将地下私家车位与小区公共车位一并计入小区统筹安排的车位数量并实行“阶梯收费”，既是业主自治的结果，也是基层自治和法治精神的体现。居民自治是发展基层民主的重要一环，是贯彻“全过程人民民主”理念的重要体现。不同的人必然存在不同的利益诉求，在社区管理中，总有事项因为利益追求的不同而不可能得到一致同意，在少数服从多数的民主协商和民主决策过程中，总有一部分人的利益诉求不能被完全满足。如本案中，在小区车位配置比偏低的情况下，绝大多数参与表决的业主表示同意该收费方案，甲、乙、丙、丁等拥有产权车位业主的利益就会受到一定程度的影响。应该注意到，民主自治的落脚点在于充分参与，即鼓励小区业主积极参与关系其切身利益的社区事务治理，在业主大会中充分表达意见并有效参与表决。纵使存在“众口难调”的问题，但通过充分的民主协商和民主决策，最终作出的决策依然能保障最广大人民的根本利益。

就本案的最后裁判结果而言，这一管理办法的表决通过，是民主和法治等社会主义核心价值观在社区自治中的鲜活载体，关涉小区业主在基层治理中民主参与的权利保护范围。本案《办法》系经过合法的表决程序而作出，“阶梯收费”条款系基于小区整体业主的停车利益考虑，反映了小区绝大部分业主的意志，保护了绝大部分业主的利益。虽存在让渡 A 小区产权车位业主的部分利益的情形，但并未侵犯该部分业主的核心权益，也未超出大多数业主的容忍义务范围，因此不应当被撤销。

在化解普遍存在的小区“停车难”矛盾中，要坚持以习近平法治思想为指导，推进基层群众自治的现代化、法治化进程。在涉及公共租赁车位收取费用等小区业主自治的问题上，小区业主之间存在不同意见难以避免，在解决上述纠纷的过程中，应保护好小区业主的合法、合理、正当权益，认真听取持不同意见业主的诉求，平衡双方之间的利益，通过现代化法治理念化解小区业主之间对车位收费等的争议。要充分发挥法治的引领、规范和保障作用，坚持在法治轨道上解决争端，推进社会治理体系和治理能力现代化。

专家点评

物业渗透于居民的日常起居，物业管理服务联系千家万户，物业管理服务越来越成为人民群众幸福感和满意度的聚焦点，是基层社会治理的重要内容。习近平总书记高度关心关注物业行业的发展，指出社会治理的重心必须落到城乡社区，社区服务和管理能力强了，社会治理的基础就实了。以习近平法治思想为指引，物业行业加大学法、知法、懂法、守法、用法、普法力度，激活了业主严格自律、尊重平等合同关系、依法履行权利和义务的意识，为行业发展打造了良好和谐的营商环境。

高质量的社区物业服务是新时代做好群众工作的重要抓手，是社区治理现代化的客观需要。习近平总书记指出：“要把更多资源、服务、管理放到社区，为居民提供精准化、精细化服务，切实把群众大大小小的事办好。”[1]在社区治理中社区物业服务和业主是两大主体，业主大会作为物业管理的权利

---

〔1〕《习近平在广东考察时强调　高举新时代改革开放旗帜　将改革开放不断推向深入》，载 https://www.12371.cn/2018/10/25/ARTI1540470034645684.shtml，2024 年 7 月 22 日访问。

主体和住宅小区最高权力机构，在基层社会治理中具有不可或缺的作用。在本案的审理中，法院充分肯定了业主大会可依据每个小区的实际情况制定最适合本小区的公共停车位租金收费方式，为基层治理共同体提供共建共治共享的价值指引。同时，法院基于小区车位配比低、业主“停车难”的现实困境，认为“阶梯收费”的办法具有合理性，未超出大多数业主的容忍义务范围，体现了对小区业主依法自治的尊重，彰显了保障最广大人民根本利益的司法态度。

基层强则国家强，基层安则天下安。习近平总书记深刻指出：“我们党靠群众工作起家，同样要靠群众工作实现长期执政。”〔1〕把社区居民组织起来、动员起来、凝聚起来是做好群众工作的重要阵地，本案的裁判充分体现了司法保障社会主体充分参与社区自治的实践成效，为保障民生、解决群众急难愁盼问题提供了有力司法保障，充分彰显了司法为民的理念。法院作为公权力机关，在行使审判权的过程中没有过多介入业主自治，而是让业主充分地实施自治权利，把全过程人民民主贯穿城市社区物业治理，这样既可以增强社区自治的约束性与秩序性，又可以达成更多的理解和共识，形成良好的互动关系和融洽的合作关系，从而更好地维护小区的正常管理秩序和大多数业主的合法权益。

（蒋莉，同济大学上海国际知识产权学院教授，硕士生导师）

〔1〕《习近平：在中央和国家机关党的建设工作会议上的讲话》，载 https：//www.12371.cn/2019/11/01/ARTI1572570525091358.shtml，2024年7月22日访问。

甲诉A公司租赁合同纠纷案

——集装箱商铺租赁合同效力的审视

丁康威[*]　张　煜[**]

一、基本案情

原告甲诉称：2021年12月2日，甲和A公司签订《商铺租赁合同》，约定由甲承租A公司位于上海市宝山区的系争商铺以经营“夸父炸串”业务，租期自2021年12月2日至2022年12月1日，租金每月15 000元，三月一付。合同签订后，甲除正常支付租金外，还支付了押金45 000元及商场配套设备费30 000元。甲经营不久，即遭遇新冠疫情。2022年3月26日，甲接到新冠疫情防控工作办公室的通知，商场进行封闭管理，暂停营业，上述商铺因此无法正常经营，直至2022年6月1日方才解封。因疫情防控措施导致租赁房屋无法使用，甲亦没有营业收入，应对租金进行减免。鉴于该部分房租甲已全部缴纳，减免部分应抵扣后续房租。甲解封后立即就租金的减免数额和时间等与A公司积极协商，但A公司在协商过程中擅自断电闭店，拒绝甲继续使用租赁物，致使甲物品损毁。A公司的行为已构成根本违约，致使租赁合同无法继续履行，甲无奈，只能搬离房屋，并于2022年6月19日通知A公司接收，A公司予以确认。

故甲向一审法院起诉请求：（1）确认甲与A公司签署的《商铺租赁合同》已于2022年6月20日解除；（2）A公司退还甲租赁押金45 000元；（3）A公司退还甲2022年4月、5月的租金共计30 000元；（4）A公司退还甲商场配套设施费30 000元；（5）A公司赔偿甲因停电致使甲遭受的物料损失4120元、员

* 丁康威：上海市第二中级人民法院民事审判庭审判团队负责人、三级高级法官。

** 张煜：上海市第二中级人民法院民事审判庭法官助理。

工遣散费用 4000 元；(6) A 公司返还甲垃圾处理费 8000 元。

被告 A 公司辩称：双方租赁合同在履行中，尚未解除，甲未归还系争商铺及钥匙，尚欠租金和电费。甲拒付租金违约在先，A 公司根据合同约定有权断电，并扣除违约金。关于押金，双方合同尚在履行中，不具备退还条件。假如法院认定合同解除，因甲单方解除，押金根据合同约定亦不应退还。A 公司不同意退还 2022 年 4 月、5 月的租金，4 月、5 月合同已经履行完毕，不存在退还的问题。关于配套设施费，根据合同第 4.3 条约定配套设施费一律不予退还。关于物料损失，A 公司断电前已告知甲，后果应由甲自行承担。关于人工遣散费，与本案无关。关于垃圾处理费，双方的合同尚在履行中，故不应退还。

一审判决后，A 公司不服一审判决，故向上海市第二中级人民法院提起上诉。

A 公司上诉请求：撤销一审判决，改判确认《商铺租赁合同》有效，对甲要求 A 公司退还押金、租金、商场配套设施费、物料损失的诉讼请求不予支持。事实与理由：(1) 一审法院认定《商铺租赁合同》为无效合同错误。首先，涉案集装箱商铺实际系临时性摊位的表现形式，不具备一般意义上的房屋属性，无法办理产权证，也无须相应的建设规划等行政审批手续；其次，涉案集装箱商铺系镇人民政府和多家职能部门牵头许可的经营场所，并按规定取得了相关政府部门颁发的摊位证，合规运营。(2) 一审法院判令 A 公司退还押金、租金、商场配套设施费、物料损失费系认定错误。①关于押金，《商铺租赁合同》不存在无效情形，是否返还押金应根据合同约定及合同的实际履行情况进行判断。甲拖欠租金违约在先，根据合同约定甲有任何拖欠应付款时，A 公司有权断电闭店，解除合同，扣除违约金（即押金）。且甲单方面提前解除合同，根据合同约定，押金不予退还。②关于租金，2022 年 4 月、5 月的租期已履行完毕，不应退还。A 公司不是涉案场地的产权人，涉案场地非国有性质，不属于政策规定的应当减免租金的范围。甲拖欠租金、提前退租构成违约，也不应给予减租。同时，A 公司系小微企业，受疫情影响，经营受损严重，没有能力减免租金。另外，甲拖欠 2022 年 6 月租金，不应在 4 月、5 月租金中一并处理，A 公司保留向甲追讨 6 月租金的权利。③关于商场配套设施费，商场配套设施费又叫入场费，是商业惯例中正常的收费项目，属于一次性投入的费用，不予退还。本案中，商场配套设施费用于集装箱商铺水、电、灯光、广告等设备设施的搭建、铺设。根据合同约定，商场配套设施费不予退还。不论甲是否提前退租，该商场配套设施费均不予退还。4. 关于物料损失费，A 公司在采取断电措施前已通知甲处理好物料，如有损失由其自行承担。另外，甲的证据不能证明其物料损失。

被上诉人甲辩称：一审法院认定事实清楚，适用法律正确，不同意 A 公司的上诉请求。（1）一审法院认定《商铺租赁合同》无效正确，应予维持。《商铺租赁合同》涉及的系争商铺虽为集装箱改造而成，但从外形及使用功能上均具备了房屋的功能，具备一般意义上的房屋属性，故应参考房屋性质处理。A 公司在一审中未提供系争商铺的产权证和相应建设规划等行政审批手续，故一审法院认定涉案《商铺租赁合同》无效，合法合理。A 公司提供的 2021 年 9 月 6 日镇人民政府《会议纪要》的真实性无法确认。即使该《会议纪要》真实存在，该项目仅为临时性许可经营，房屋管理部门也并未参与到该项目中，故《会议纪要》不能确认系争商铺具有产权属性，涉案《商铺租赁合同》仍应按无效处理。（2）一审法院判决 A 公司返还押金、租金，退还商场配套设施费、垃圾处理费，赔偿物料损失费正确，应予维持。①疫情防控系不可抗力，甲承租非国有房屋用于经营，自 2022 年 3 月 26 日至 6 月 1 日，因疫情及疫情防控措施导致甲没有营业收入，同时导致租赁商铺无法使用，继续按照租赁合同支付租金对甲明显不公平。②当事人双方在协商租金事项的过程中，A 公司存在擅自断电，直至甲搬离系争商铺时仍未恢复供电、擅自堵住出水口、将甲踢出“宝山街市商户”微信群等恶劣行为，导致甲无法使用租赁物，物品损毁。A 公司以上行为属于根本违约行为，致使租赁合同无法继续履行。一审法院判令 A 公司返还甲押金，酌情赔偿甲物料损失符合法律规定。③A 公司自认商场配套设施费系入场费，而收取入场费的行为并无相关法律依据，本就应予以退还，一审法院考虑甲使用系争商铺的期间等实际情况，酌情判令 A 公司退还部分费用，符合法律规定。综上，请求二审法院驳回上诉，维持原判。

法院认定事实如下：

2021 年 12 月 2 日，甲（乙方）与 A 公司（甲方）签订《商铺租赁合同》，约定甲方将系争商铺出租给乙方用于经营“夸父炸串”，月租金 15 000 元，租金每三个月支付一次。合同第 4.2 条约定，乙方在签订合同时交付给甲方三个月房租合计 45 000 元作为承租该合同所确定的房屋违约金，当乙方有任何拖欠应付款时，甲方有权断电闭店，解除合同，扣除违约金。合同正常到期且乙方没有违约时，如乙方决定不再续租，该违约金退还乙方；合同未到期而乙方提前终止合同时，违约金不退还乙方。合同第4.3条约定，在本合同签署当日，乙方向甲方支付商场配套设施费30 000元，商场配套设施费不予退还。合同第4.4条约定，合同期内，政府对租赁物征收的有关税项，由甲方负责缴交，该商铺的卫生费、水电费（含公摊）、物业费、垃圾处理费及经营活动产生的一切费用由乙方负责，乙方应如期足额缴交上述应缴费用，如乙方欠费，甲方有权向乙方追缴。如乙方持续拖欠超过7个工作日，甲方有权断电闭店，解除合同，扣除违约金。补充条款约定，乙方租金每月15 000元（含二楼约5平方米的仓库），乙方免租期10天，租金起算日为2021年12月13日。并且，该系争商铺属于由集装箱改造而成的临时性经营场所。

合同签订后，甲支付A公司押金45 000元，并支付配套设施费30 000元，并支付租金至2022年6月12日。另，甲预付了2021年12月2日至2022年12月1日期间垃圾清运费12 000元。

系争商铺所在区域于2022年3月26日起采取临时封控措施。

自2022年6月13日起A公司对系争商铺进行断电。2022年6月19日，甲向A公司工作人员告知门店和仓库的钥匙放在了“毛肚家”。A公司工作人员回复：“好的。”

同日，甲向A公司发送通知函称，其多次与A公司沟通疫情期间租金减免事宜未果，加之A公司擅自断电多日，致甲无法经营，故双方之间《商铺租赁合同》自A公司收到函件之日解除，A公司需退还其支付的4月、5月房租30 000元，并退还押金45 000元、商场配套设施费30 000元、货品损坏及处理费用4120元；商铺物品设施已搬离，并于2022年6月19日通知A公司接收商铺，若延迟接收，导致的一切后果由A公司承担。

二、裁判结果

一审法院判决：（1）确认甲与A公司签订的《商铺租赁合同》无效；（2）A公司于判决生效之日起10日内，返还甲租赁押金44 200元、租金10 000元，退还甲商场配套设施费20 000元、垃圾处理费7 500元；（3）A公司于判决生效之日起10日内，赔偿甲物料损失800元；（4）驳回甲的其他诉讼请求。

二审法院判决：（1）维持一审判决主文第二、三项；（2）撤销一审判决主文第一、四项；（3）甲与A公司签订的《商铺租赁合同》于2022年6月20日解除；（4）对甲其余诉讼请求不予支持。

三、裁判理由

房屋是长期的、固定存在的、根据规划在一定土地上建造而成的建筑物，且存在不可移动等特征。系争商铺由集装箱改造而成，其本质是一个临时性的、可移动的摊位，并非一般意义上的房屋。而A公司在室外广场上开设“丹霞街市”，以集装箱造型为临时性经营场所，已获得了相关政府职能部门的许可，故涉案《商铺租赁合同》应认定系双方当事人真实表示，并未违反法律、法规强制性规定，应属有效，双方均应恪守履行。一审法院认定《商铺租赁合同》无效不当，应予纠正。

四、法官感悟

2020年新冠疫情不期而至，各行各业都受到了前所未有的冲击，为保障民生，国家开始鼓励发展地摊经济，自此地摊经济又开始重新回到人们的视野中。而以集装箱、餐车、小推车等外形为表现的经营性档口、摊位是常见于城市商场、文化娱乐中心等外摆区域的商业形态，形成了颇具特色的夜市、集市等经营场所。地摊业务种类繁多，形式灵活且能够最大限度地满足消费者多样化的消费需求及精神文化需求。人们穿梭在各种品类繁杂的地摊间，熙熙攘攘，感受着升腾的城市烟火气。此外，地摊还具有成本小、门槛低的特点，这无疑也给社会上的无业人员提供了更多的工作机会，缓解了社会就业压力，刺激个体经济发展，鼓励创新创业，是促进疫情后经济复苏的一大利好措施。

但从法律层面上分析，租赁双方就集装箱类（档口、摊位等）商铺签订的租赁合同之效力如何认定，能否将之等同于房屋并适用或参考房屋租赁相应法律法规、准入机制，是处理此类纠纷必须解决的法律适用问题。从法理的角度对集装箱类商铺的性质及其租赁合同的效力等问题进行探讨与界定，厘清相关概念，有利于促进法律适用标准的统一、保障新时期地摊经济健康发展。

就本案而言，法院经审理后认为房屋是长期的、固定存在的、根据规划在一定土地上建造而成的建筑物，且存在不可移动等特征。系争商铺由集装箱改造而成，其本质是一个临时性的、可移动的摊位，并非一般意义上的房屋。与房屋建筑相比，集装箱商铺并不具备制作颁发产权证书、建设规划许可证书等的现实物质基础，法律上也无法办理产权证，故不能将集装箱商铺认定为房屋从而适用房屋租赁合同无效的规范。而本案中的集装箱商铺，已获得了相关政府职能部门的许可，故涉案《商铺租赁合同》应认定系双方当事人真实表示，并未违反法律、法规强制性规定，应属有效。

本案裁判不仅符合鼓励地摊经营、助力疫情后经济复苏的政策要求，更是习近平法治思想在司法实践中的贯彻落实。面对与人民利益密切相关的案件时，裁判机关应坚持以人民为中心的立场，积极回应人民群众的新要求新期待。人民对美好生活的向往就是我们党的奋斗目标。习近平总书记指出："要积极回应人民群众新要求新期待，坚持问题导向、目标导向，树立辩证思维和全局观念，系统研究谋划和解决法治领域人民群众反映强烈的突出问题，不断增强人民群众获得感、幸福感、安全感，用法治保障人民安居乐业。"〔1〕现在，人民群众对美好生活的向往更多向民主、法治、公平、正义、安全、环境等方面延展。由于历史和现实的多方面原因，目前立法、执法、司法、普法方面还有不少薄弱环节，有一些人民群众不满意甚至意见很大的地方，这要成为厉行法治的聚焦点和发力点。解决制约高质量发展的种种问题，解决人民最关心的就业等方面突出问题。近些年来，就业形势日趋严峻，地摊经济作为一种传统的经济模式，能够提供更多的就业机会以及多样化的就业选择。集装箱商铺租赁合同效力纠纷中，法院认定合同有效，有利于保障地摊经济健康发展，缓解人民就业压力，满足人民多样化的消费需求，是对人民群众新要求新期待的积极回应。

司法机关在保障人民安居乐业、服务经济社会发展、维护国家安全和社会稳定中具有十分重要的作用，要广泛听取人民群众意见、深入了解一线实际情况、了解人民群众到底在期待什么，把解决了多少问题、人民群众对问题解决的满意度作为评判改革成效的标准。要顺应人民群众对公共安全、司法公正、权益保障的新期待，进一步增强人民群众安全感和满意度，进一步提高政法工作的亲和力和公信力，保证中国特色社会主义事业在和谐稳定的

---

〔1〕《〈习近平谈治国理政〉第四卷｜以科学理论为指导，为全面建设社会主义现代化国家提供有力法治保障》，载 https：//www.12371.cn/2022/09/20/ARTI1663654272009329.shtml，2024年7月19日访问。

社会环境中顺利推进。

专家点评

本案例虽然只针对集装箱商铺租赁合同的效力这一个问题，但却在一定程度上折射出司法裁判理念的转变和完善，起到了以点带面的导向作用。司法实践中，对于案涉集装箱商铺，过去确曾有过一些生效判决系以集装箱商铺这类租赁物缺少合法审批建造手续为由认定租赁合同无效，然而，近年来，在稳就业、惠民生的政策指引下，在优化法治营商环境的要求下，裁判者以更高的站位和视野，更加科学合理的评判标准，去认定集装箱商铺租赁合同的效力。

本案例从法理的角度对集装箱商铺的性质及其租赁合同效力进行了较为深入的分析，阐明了裁判的法律依据和逻辑，有助于促进同类案件的适法统一。一者，就租赁物的特征而言。集装箱商铺实际上只是一个将造价成本较低、移动性较强的集装箱改造而成的临时性摊位，与传统意义上的房屋，即具备合法审批建造手续而建造的长期、固定存在的建筑物相比，两者之间存在本质差别。集装箱商铺客观上无需也无法办理审批建造手续，故参照房屋租赁的相关法律规定认定集装箱商铺的属性及其租赁合同的效力显然不妥。二者，就租赁合同所涉项目的性质看。集装箱商铺通常设置在大型商场、文娱中心、商业街市的外摆区域，而该经营场所的设置及经营期限等事项均需获得政府相关职能部门的审批。只要通过审批，集装箱商铺开展经营活动便属合法合规。于此情形，再认定该集装箱商铺租赁合同无效则容易造成不必要的矛盾和冲突。

党的二十大报告指出："就业是最基本的民生。强化就业优先政策，健全就业促进机制，促进高质量充分就业。"本案例的重要价值就在于为集装箱商铺这一现代商业环境中的新经营模式的发展涤除了法律争议，有效服务经济发展大局，同时也为人民群众开展经营活动增强信心和动力，有效助力解决就业这一最基本的民生问题。

（彭诚信，上海交通大学凯原法学院院长、教授，博士生导师）

纱布公司诉史某某股东资格确认纠纷

——公司不得以未出资为由提起消极股东资格确认之诉

张献之 *

一、基本案情

纱布公司诉称：请求确认史某某对原告纱布公司不享有股东资格和股东权利。事实和理由：纱布公司成立于2000年7月5日，注册资本50万元。纱布公司章程并非史某某本人签字，史某某没有共同出资设立公司的意思表示，未履行过出资义务，未参加过股东会议。鉴于史某某被错误登记为公司股东，不应具有股东资格，故诉至法院。

上海市宝山区人民法院一审认为：本案为股东资格确认纠纷，纱布公司作为目标公司，并非本案适格原告。

一审宣判后，纱布公司不服一审判决，向上海市第二中级人民法院（以下简称“上海二中院”）提起上诉。纱布公司上诉称：（1）纱布公司主体资格适格是经过上海二中院确认的，［2020］沪02民终5720号裁定明确指令一审法院审理纱布公司与史某某之间的股东资格确认纠纷一案，并未提出主体不适格的问题；（2）根据2017年《民事诉讼法》第119条第1项之规定，纱布公司是与本案有直接利害关系的法人，一审法院以本条规定认为纱布公司主体不适格属于法律适用错误，史某某已向一审法院提起公司解散之诉，影响公司存续，故纱布公司当然对本案具有利害关系。

史某某二审辩称：不同意纱布公司的上诉请求，史某某是公司的合法股东，请求驳回上诉，维持原审裁定。

二审查明事实如下：

---

* 张献之：上海市第二中级人民法院民事审判庭原法官助理，现上海市黄浦区人民法院入额法官。

纱布公司成立于2000年，注册资本50万元，目前登记在册的股东为王某某（80%）和史某某（20%）二人。

2015年8月6日，史某某作为出让方，王某某作为转让方签署《股权转让协议》，约定史某某将其所持有纱布公司20%的股权作价10万元转让给王某某，附属于股权的其他权利随股权的转让而转让。当日，纱布公司作出股东会决议，同意股东史某某将其所持有的纱布公司20%的股权转让给王某某，股权转让后，王某某认缴出资额50万元，出资比例为100%。

2018年，史某某向上海市宝山区人民法院起诉王某某、纱布公司，以签名不真实为由请求确认2015年8月6日的《股权转让协议》及股东会决议不成立，并要求纱布公司、王某某协助恢复登记其股东身份，案号为［2018］沪0113民初21217号。上海市宝山区人民法院判决支持了史某某的全部诉请，王某某不服提起上诉，上海二中院［2019］沪02民终9585号判决予以维持。

2020年，纱布公司向上海市宝山区人民法院起诉史某某，请求确认史某某对纱布公司不享有股东资格和股东权利，案号为［2020］沪0113民初7952号。上海市宝山区人民法院认为，史某某是否享有20%纱布公司股权这一节事实已经生效判决予以认定，现纱布公司再次提起本案诉讼，该诉讼请求实质上是否定前诉的裁判结果，构成重复起诉，不符合民事案件的受理条件，故裁定驳回了纱布公司的起诉。纱布公司不服提起上诉，上海二中院［2020］沪02民终5720号裁定认为，前案诉讼与该案的当事人不尽一致，诉讼请求以及需要审查的法律关系亦不同。且前案系基于在无生效法律文书对史某某的股东资格作出确认与否的前提下，仅凭工商登记材料的对外公示效力而作出的推定。即前案并未对纱布公司针对史某某提出的股东资格异议进行实体审理，而仅仅是基于登记股东的公示效力认定剥夺其股东权利的《股权转让协议》及股东会决议不成立，并要求配合将股权恢复登记至史某某名下。然而史某某是否真实具备纱布公司的股东身份或者是否存在丧失股东身份的事由等，均应在该案中进行实体审查后方能作出认定。故而纱布公司提起本案诉讼并不构成重复起诉，法院应当进行审理。据此，上海二中院裁定撤销原审裁定，指令上海市宝山区人民法院审理。

2021年，史某某作为公司股东，以纱布公司为被告，向上海市宝山区人民法院提起公司解散之诉，案号为［2021］沪0113民初16276号，该案已中止审理。

2022 年 1 月 19 日，纱布公司形成股东会决议，载明：由于史某某未实际缴纳过（抽逃）出资，经公司催缴出资后，仍不履行出资义务的法律责任，故对其予以除名。股东会决议有股东王某某签字及纱布公司的公章。

二、裁判结果

上海市宝山区人民法院于 2021 年 11 月 10 日作出［2021］沪 0113 民初 28900 号裁定：驳回纱布公司的起诉。

上海二中院于 2022 年 3 月 3 日作出［2022］沪 02 民终 286 号裁定：驳回上诉，维持原裁定。

三、裁判理由

上海二中院认为：本案争议焦点为纱布公司能否以股东未履行出资义务为由，请求确认史某某不具备股东资格？

上海二中院认为，纱布公司不得以未履行出资义务为由，请求确认史某某不具备股东资格，理由如下：其一，股东未履行出资义务，影响公司的资本充实，公司可以起诉，向股东催缴出资。剥夺股东资格是非常严厉的措施，相关司法解释亦有明确规定，公司直接以否定股东资格作为股东未履行出资义务的救济方法，从目的与手段的权衡来看，有失合理。更何况，本案双方对于史某某是否已履行出资义务的事实尚存争议。其二，2022 年 1 月 19 日，纱布公司根据股东除名制度形成了决议，在该份决议尚未被认定无效或不成立时，史某某已经丧失了股东资格，故纱布公司的起诉缺乏诉的利益。在公司通过意思自治能够解决问题的情况下，司法亦应保持克制，避免对公司内部纠纷的介入。其三，纱布公司提起的是股东资格确认之诉，由于没有具体的给付内容，判决不具备强制执行力，故纱布公司即使胜诉亦不能通过申请强制执行变更工商登记，无法实现其诉讼目的，还将导致公司注册资本形成“空洞”。其四，纱布公司认为史某某以股东身份起诉解散公司是对其利益的侵害，故纱布公司对本案具有利害关系，应为适格原告。对此，在股东之间存在矛盾时，不能形成一致意见是公司自治中博弈的正常反映，不能认为这种“异常”是对公司利益的损害。故史某某在尚未被决议剥夺股东身份时提起公司解散之诉，是其作为股东的固有权利，不构成对纱布公司的侵害，纱布公司也不因此而享有诉的利益。

四、法官感悟

习近平总书记指出："法治是最好的营商环境。"[1]民营经济是推进中国式现代化的生力军，是高质量发展的重要基础，是推动我国全面建成社会主义现代化强国、实现第二个百年奋斗目标的重要力量。[2]优化民营企业发展环境，依法保护民营企业产权和企业家权益，促进民营经济发展壮大是党中央作出的重大决策部署，为民营企业发展提供司法保障是人民法院的重要职责使命。

公司股东资格一直是《公司法》司法实践中争论较大的问题。本案中确定了公司不得以未出资为由请求确认股东不具备股东资格的裁判规则，这一裁判规则背后的逻辑在于，公司以未出资为由，依据股东会的除名决议提起消极股东资格确认之诉，存在诉讼利益不明、诉讼主体不当的障碍。具体而言：

首先，当股东之间就除名决议存在争议时，股东资格确认之诉的审查范围必然需要向决议的有效性延伸，而决议是由股东作出并形成，公司不能作为原告对决议的有效性发表意见。

其次，延续决议有效性的问题，股东除名、公司请求确认的逻辑是矛盾的。公司具有起诉资格的前提是决议有效，因此公司对股东资格具有诉的利益，但如果在实体审查下决议无效，则公司不具备诉的利益，诉讼本身就不应存在。

再次，股东资格的确认本质上是股东之间或股东与其他人之间的财产纠纷，而股权不可能是公司所有，因此公司对于股权的归属并无法律上的利害关系。

最后，当公司作为原告起诉否认某一股东的股东资格时，会自行戳破注册资本的漏洞，反而在法律上免除了被除名股东的出资义务，于公司而言有害无益。

---

〔1〕《习近平在中共中央政治局第十次集体学习时强调　加强涉外法制建设　营造有利法治条件和外部环境》，载 https://www.12371.cn/2023/11/28/ARTI1701149406055175.shtml，2024 年 7 月 22 日访问。

〔2〕《促进民营经济做大做优做强——聚焦〈中共中央　国务院关于促进民营经济发展壮大的意见〉》，载 https://www.gov.cn/zhengce/202307/content_6893347.htm，2024 年 7 月 22 日访问。

专家点评

社会主义市场经济本质上是法治经济，高效运转的市场经济离不开法治化营商环境。法治是治国理政的基本方式，完整、准确、全面贯彻新发展理念，实现经济从高速增长转向高质量发展，必须坚持以法治为引领。〔1〕目前，我国已经具备实现法治化营商环境的制度基础，进一步优化法治营商环境需要从全面依法治国的各个环节入手，提升参与经济活动的各方主体的法治意识，以优化法治化营商环境推动经济高质量发展。

依法治企是依法治国的微观基础和重要组成部分。习近平总书记指出："守法经营，这是任何企业都必须遵守的一个大原则……各类企业都要把守法诚信作为安身立命之本，依法经营、依法治企、依法维权。"〔2〕在企业日常经营中，公司股东资格确认一直是争论较大的问题，随着商事活动逐渐活跃和公司结构日趋复杂，案件呈现数量增长且类型日趋复杂态势。本案在事实认定层面涉及时间跨度长、法律关系繁杂、利益纠纷夹杂等问题，而股东资格的认定则会影响公司法律关系、交易安全和社会稳定。在该案的审理中，法院在法律规范的理解适用上明确区分股东资格确认纠纷的形式要件和实质要件，认为出资行为虽然是认定股权归属的重要判断依据，但不得以未履行出资义务为由，请求确认不具备股东资格。本案的裁判思路和要点充分体现了优化营商环境价值目标的实现，彰显了优化营商环境的司法力量，为新时代加快完善社会主义市场经济体制提供司法服务保障。

习近平总书记强调，"法治是最好的营商环境"〔3〕"营商环境只有更好，没有最好"。〔4〕法治化营商环境不仅关系到市场主体活力能否充分释放，更会影响经济发展活力和发展质量。《公司法》为公司设立、退出、股东资格确认提供制度保障，为便利公司融资投资、优化治理机制提供更为丰富的制度性

〔1〕 周佑勇：《以高水平法治助力新质生产力发展》，载《光明日报》2024年5月3日。

〔2〕《习近平：毫不动摇坚持我国基本经济制度　推动各种所有制经济健康发展》，载https://news.12371.cn/2016/03/09/ARTI1457460558145245.shml，2024年7月22日访问。

〔3〕《习近平在中共中央政治局第十次集体学习时强调　加强涉外法制建设　营造有利法治条件和外部环境》，载https://www.12371.cn/2023/11/28/ARTI1701149406055175.shtml，2024年7月22日访问。

〔4〕《习近平在首届中国国际进口博览会开幕式上的主旨演讲》，载https：//www.12371.cn/2018/11/05/ARTI1541394181986723.shtml，2024年7月22日访问。

选择，推动打造市场化、法治化、国际化营商环境。在本案的审理中，法院充分发挥审判职能，确定了公司不得以未出资为由请求确认股东不具备股东资格的裁判规则，依法保护民营企业产权和企业家权益。同时，在公司通过意思自治能够解决问题的情况下，司法亦应保持克制，避免对公司内部纠纷的介入，从而妥善化解纠纷，护航法治化营商环境建设。

（蒋莉，同济大学上海国际知识产权学院教授，硕士生导师）

周某某诉史某某其他婚姻家庭纠纷案

——代孕语境下对否认亲子关系诉权的限制

熊　燕[*]　杨青青[**]

一、基本案情

周某某诉称：周某某与史某某 2011 年 11 月 26 日相识，2013 年 4 月 28 日登记结婚。因史某某患有始基子宫无法生育，双方协商以周某某提供精子，第三方提供卵子并由她人代孕的方式生育孩子。2015 年 12 月 22 日，史某某与中介签订《爱心代孕中心协议》。2016 年 12 月 9 日，两孩子即周甲、周乙出生。2019 年 9 月 6 日，周某某向司法鉴定公司申请亲子鉴定，鉴定结论为，支持周某某为两孩子的生物学父亲。两孩子出生后，周某某与史某某因家庭琐事发生争吵。周某某认为，史某某既不是卵子的提供者，也非孕母，史某某和两个孩子之间未形成母子关系，且周某某与史某某的夫妻关系濒临破裂，有必要明确史某某和两个孩子之间不存在亲子关系，故起诉至法院。

史某某辩称：周某某主体不适格，周某某无权以自己名义起诉要求确认子女与史某某不存在亲子关系。周某某、史某某系夫妻关系，周某某诉请并非因自身的财产权利或人身权益直接遭到史某某的侵害或者直接与史某某发生权利、义务归属的争执而提起，周某某与本案无直接利害关系。即使周某某主体适格，周某某诉请亦无依据。本案涉及儿童隐私，本次诉讼无法对两名孩子带来任何诉益。两名孩子与史某某母子感情深厚。在周某某、史某某婚姻关系存续期间，周某某提起否认亲子关系诉讼，无事实和法律依据。综上，史某某请求依法驳回周某某诉请。

---

* 熊燕：上海市第二中级人民法院未成年人与家事案件综合审判庭副庭长、三级高级法官。

** 杨青青：上海市第二中级人民法院未成年人与家事案件综合审判庭法官助理。

法院经审理查明：周某某、史某某系夫妻关系，双方于2013年4月28日登记结婚。2015年12月22日，史某某作为委托方（甲方）与代理方（乙方）、中介方（丙方）签订《爱心代孕中心协议》（三方托管合同）。史某某作为委托方（甲方）与代理方（乙方）签订《爱心代孕协议》。上述两份协议对代孕事宜进行了相关约定。2016年12月9日，周甲、周乙出生。2019年9月17日，经鉴定，在不考虑同卵多生，近亲和外源干扰的前提下，依据现有资料及DNA分析结果，支持周某某为周甲的生物学父亲；支持周某某为周乙的生物学父亲。审理过程中，史某某向法院表示，自己确实在生育方面存在障碍，史某某曾自体取卵，她人提供孕母母体进行代孕，但以失败告终。后周某某因考虑经济问题，用她人卵子与周某某精子培育胚胎，再通过其他孕母母体进行代孕，最终成功，由孕母生育周甲、周乙。

二、裁判结果

上海市宝山区人民法院于2020年5月13日作出［2019］沪0113民初26776号民事裁定：驳回周某某的起诉。宣判后，周某某不服，提出上诉。上海市第二中级人民法院于2020年7月14日作出［2020］沪02民终5384号民事裁定：驳回上诉，维持原裁定。

三、裁判理由

法院生效裁判认为，对于代孕行为，我国目前尚属禁止。不仅体现在原卫生部《人类辅助生殖技术管理办法》有明文规定，更在于其涉及婚姻家庭关系、女性基本尊严、伦理道德等人类社会之基本问题。然而，正如本案中，代孕作为一种客观情况已经现实存在。法律可以对代孕行为进行制裁，但因代孕而出生的孩子并不因制裁而消失，代孕子女仍然应当得到法律的同等保护。亲子关系的认定是代孕子女法律地位认定的首要问题。它并不仅仅关涉父母双方之间的权利义务关系，更为重要的在于它直接关涉代孕子女包括身份认同等人格利益在内的众多权利。另外，它还是父母主张监护权、抚养子女等的前提。

面对众多权利的冲突，需要明确：血缘真实并不是亲子关系确认的唯一规则，婚姻家庭关系稳定，特别是儿童利益最大化都是应当考量的因素。

（一）夫妻合意代孕后否定亲子关系的权利应受到限制

一般情况下，子女的亲子关系可能因是否亲生而关涉父母的人格尊严等人格利益。然而，代孕语境下，真实血缘联系本身已经不是意愿父母的首要追求，基于儿童利益的考量、社会关系的稳定更应得到有力维护。虽然法律上并未禁止意愿父母行使亲子关系否定的权利，但从诚实信用的普遍正义观来说，意愿父母一旦不可逆地主导、推动了子女出生，子女权利就应当得到优先的考虑。此时，无论父母以何种方式获得亲子关系，其都不得再行撤销。

就本案而言，周某某、史某某共同选择代孕，即意味着对代孕子女是否亲生的事实是完全明知且认同的。基于诚实信用的民法基本原则及禁止反言的一般法理，双方均不得再基于是否亲生的事实主张该种人格权益。更何况，双胞胎均已在史某某抚养下成长至 3 周岁，即便史某某不能基于代孕协议而获得母亲身份，从保持儿童成长环境稳定的角度，也不宜再剥夺史某某的母亲身份。周某某在明知子女非史某某亲生的情况下与之共同选择代孕，明知子女自出生即已受史某某抚养至今，仍提起本案诉讼，有违诚实信用，属于权利滥用。

（二）父母在婚姻关系存续期间就子女抚养、监护等发生纠纷，应审查诉讼干预的必要性和实效性

父母对子女亲子关系的确认间接影响着对子女的抚养、监护等权利。但这些权利系家庭内部纷争，在夫妻未离婚的情形下，缺乏诉讼干预的现实必要。即对本案在婚状态的周某某而言，其并没有不通过本案诉讼就无法保护的利益。周某某认为史某某的行为可能妨害他对亲生子女的抚养，对子女成长造成不良影响。但该种担忧实属因其与史某某婚姻关系产生矛盾而引发，可以通过双方修复婚姻关系或解除婚姻关系来一并解决。因为婚姻关系的解除本身就是复合性的，除了夫妻双方关系的解除，当然包括财产分割和子女抚养。周某某单独提出本案诉讼，除了挑衅婚姻和谐，并无其他任何现实意义，缺乏法院审理并作出判决予以解决的必要性和实效性。

综上，秉承儿童利益最大化的基本原则，出于维护婚姻家庭稳定和谐的考虑，周某某在其与史某某婚姻关系存续期间，以合意委托代孕所生子女欠缺与史某某的血缘或基因联系为由单独提起亲子关系否认之诉的，涉嫌权利滥用且纠纷欠缺诉讼干预的必要性和实效性，故不具有诉的利益，人民法院应当裁定予以驳回。

四、法官感悟

本案是习近平法治思想在家事身份关系案件中的一次具体应用和生动实践，它体现了人民法院在习近平法治思想的指导下，立足于《民法典》探究制度核心价值，依法保障家事案件中的弱势群体，也让家事身份关系案件成为弘扬社会主义核心价值观的重要阵地。

（一）提高政治站位，深刻认识习近平法治思想的重要意义

思想是行动的先导，理论是实践的指南。习近平总书记指出："家庭和睦则社会安定，家庭幸福则社会祥和，家庭文明则社会文明。"〔1〕习近平法治思想为人民法院家事审判工作提供了根本遵循。家事案件与家庭成员的获得感、幸福感、安定感紧密相关，也与国家治理息息相关。尤其是婚姻家庭领域因社会经济发展、科技进步、观念更新而产生的一些新案件，其处理的往往不是单独的人身关系或者财产关系，还牵涉夫妻关系、亲子关系、继承关系、监护关系等一系列衍生问题的处理。同时，案件的处理结果还会对我国家庭伦理观念、文化传统、社会稳定等产生深远影响。因此，家事法官在处理家事案件时应提高政治站位，保持"牵一发而动全身"的审慎心态，确保家事审判在利益保护以及价值追求方面的正确方向。

本案虽是一起亲子关系否认诉讼，但裁判结果不仅关系到亲子关系相关的身份、财产关系的处理，还关系到同类型诉讼的裁判方向，也影响到人民群众的是非判断与伦理选择。本案坚持婚姻家庭和谐稳定原则，坚持以小案件讲述大道理，妥善处理好个人、家庭、国家的关系。

（二）提升专业技能，正确理解适用《民法典》〔2〕的相关规定

坚持以人民为中心是全面依法治国的根本立场，而实施好《民法典》是坚持以人民为中心、保障人民权益实现和发展的必然要求。我国的婚姻家庭制度系以《民法典》为主干，家事法官在处理家事案件时应当立足《民法典》展开情理法的论述，准确把握《民法典》相关制度及有关法律规定的精

---

〔1〕《习近平：在会见第一届全国文明家庭代表时的讲话》，载 https://news.12371.cn/2016/12/15/ARTI1481810971564960.shtml，2024 年 7 月 22 日访问。

〔2〕本案审结于《民法典》施行前，但亲子关系确认和否认制度的根本价值追求在《民法典》施行前后是一致的。为加强对后《民法典》时代同类型案件的示范意义，本文以《民法典》中的相关规定为准对本案进行解读。

神内涵，切实将《民法典》关于“树立优良家风，弘扬家庭美德，重视家庭文明建设”等规定落到实处。

亲子关系确认和否认制度，是《民法典》婚姻家庭编新规定的民事法律制度。该条规定在吸收原《关于适用〈中华人民共和国婚姻法〉若干问题的解释（三）》第2条规定的基础上，删除了以“亲子鉴定”作为亲子关系异议的正当理由的规定。据此，血缘并非亲子关系确认的唯一依据，家庭关系的稳定和谐亦应得到充分考量。在《民法典》并无明确规定的情况下，家事法官观念的不同极易导致认定标准的多元化。此时，家事法官应当提升自身的专业能力，深入探究制度的价值追求，推动家事审判工作的专业化，以在《民法典》范围内寻找到家事审判工作的统一裁判理念和规则标准。

（三）转变审判理念，加强保护弱势群体的正当利益

全面推进依法治国，必须坚持公正司法。家事案件尤其是家事身份关系案件不仅仅涉及争议双方的人身权益，更涉及其他家庭成员的人身权益与财产利益。所以，家事法官在处理该类型案件时不应机械简单地着眼于当事人的诉求，而是应当追求实质正义，对当事人处分权进行适当干预，统筹平衡好家庭成员的利益冲突，避免弱势群体权益保护成为公正审判的“盲区”。

本案考虑到亲子关系认定诉讼，不仅仅关涉父母双方之间的权利义务关系，还直接关涉代孕子女包括身份认同等人格利益在内的众多权利。前民法典时代的传统规则是静态的，只关注于子女出生时的亲子关系确认，却忽略了相关主体的后续行为以及他们对出生后作为独立权利个体的子女可能带来的影响。本案在审理过程中将儿童利益作为重要的考虑因素，把儿童视为独立权利个体，让儿童权利成为成人权利的边界。

（四）坚持德法相辅，着力弘扬社会主义核心价值观

法安天下，德润人心。培育和弘扬核心价值观，是国家治理体系和治理能力的重要方面。社会主义法治需要坚持德法相辅，着力弘扬社会主义核心价值观。具体到司法工作中，家事裁判尤其是身份关系案件裁判应当发挥司法裁判在国家治理和社会治理中的教育、引导功能，应当成为弘扬社会主义核心价值观的重要载体。家事裁判应当深入阐释法律法规所体现的国家价值目标、社会价值取向和公民价值准则，在遇到家事领域的法律和道德难题时，摆出立场，辨明是非，发挥司法裁判在国家治理和社会治理中的教育、引导功能。

本案中，周某某、史某某婚内共同选择代孕，对于代孕的方式都是明知的，且在子女出生后实际抚养了多年，他们任何一方再行否定自身或对方的亲子关系，都将是不诚信、不正义的。更何况，他们的婚姻关系尚未解除，单独提出此类诉讼除了挑衅婚姻和谐，并无其他任何现实意义。本案最终以诉的利益欠缺裁定驳回起诉，无疑是从根本上否定了周某某在婚内提出亲子关系否认之诉的权利，表明了人民法院对儿童利益最大化保护的决心。

专家点评

习近平总书记强调："随着我国改革开放不断深入，随着我国经济社会发展不断推进，随着我国人民生活水平不断提高，城乡家庭的结构和生活方式发生了新变化。但是，无论时代如何变化，无论经济社会如何发展，对一个社会来说，家庭的生活依托都不可替代，家庭的社会功能都不可替代，家庭的文明作用都不可替代。"[1]按照这一要求，人民法院在涉及未成年子女的案件中，坚持最有利于未成年人原则。充分尊重未成年人的人格尊严，适应未成年人身心发展的规律和特点，将特殊、优先、全面保护理念贯穿在案件办理及案后延伸工作的全过程。

基于对配偶的不忠行为而对子女血缘关系生疑，进而对亲子关系客观性和真实性予以求证，是人性的本能之举。《民法典》第1073条规定了亲子关系否认制度，该条款首次将亲子关系异议问题上升到国家法的层面。该条款将亲子关系否认之诉的原告范围严格限制为"父或者母"，而实际上，作为形成之诉的亲子关系否认之诉，主要情形是法律上父亲与子女关系的否认。本案在解释适用该条款时，厘清规范目的与功能，使得裁判结果符合立法本意和制度功能，既坚持了亲子关系法律确认基于真实客观血缘关系的基础性要求，又充分体现了未成年人利益最大化原则，从而维护了亲子关系的稳定性。

裁判者依照法理对原告否认权行使条件进行严格审查，即正当理由，包括必要证据和目的正当。《民法典》尚未规定否认权消灭的原因，例如，除斥期间届满、子女死亡、父或母知情同意等。法官依目的解释和体系解释方法，根据诚实信用、禁止反言原则，依据最高人民法院《关于夫妻离婚后人工授

〔1〕《习近平：在会见第一届全国文明家庭代表时的讲话》，载 https://news.12371.cn/2016/12/15/ARTI148180971564960.shtml，2024年7月22日访问。

精所生子女的法律地位如何确定的复函》（已失效）的规定，认定在婚姻关系存续期间配偶双方一致同意通过人工授精的方式生育子女，无论是否反悔，该子女视为双方婚生子女。在本案中，原告请求确认不是自己与双子的亲子关系，而是在明知的前提下，确认对方与双子之间不具有亲子关系，案争事实并没有直接导致原告不利益，动机明显缺乏正当性。据此，依法理裁判原告否认权因“知情同意”而消灭，其所谓的权利主张有悖于公众朴素的道德共识，对其诉讼请求不予支持，适用法律正确。

随着人工生殖技术的广泛应用，亲子关系纠纷呈现复杂和上升态势。法院对个案的裁判，是否能够通过严谨的事实认定与法律适用过程，做到案结事了，提升司法公信力，面临重大考验。本案达到了这一目的。笔者特别赞许本案的裁判思路，即“夫妻合意代孕后否定亲子关系的权利应受到限制”“父母在婚姻关系存续期间就子女抚养、监护等发生纠纷，应审查诉讼干预的必要性和实效性”，一以贯之坚持了人伦正义、人亲和谐与人本秩序等家事裁判的法理要义。

（丁慧，辽宁师范大学法学院教授，硕士生导师）

张某某非法行医案

——未经许可经营药品适用非法经营罪的限制

宋文健 *

一、基本案情

2018 年 1 月起，被告人王某某、张某某、曹某为获取非法利益，违反《药品管理法》等国家药品管理法律法规，在未取得《药品经营许可证》等相关资质的情况下，被告人王某某从他人处收购各类药品后加价倒卖给魏某某（另案处理）、张某某、曹某等人。本案案发期间，被告人王某某分别收取张某某、曹某、魏某某的购药款人民币 58 万余元（以下币种均为人民币）、63 万余元、19 万余元。被告人王某某将药品通过物流等方式寄送被告人张某某、曹某住处，后张某某、曹某将自王某某处购入的药品加价出售给他人。其中，2015 年 11 月以来，被告人张某某在未取得《医疗机构执业许可证》《医师执业证书》《医师资格证书》的情况下，在上海市奉贤区青村镇开设诊所开展诊疗活动。上海市奉贤区原卫生和计划生育委员会、上海市奉贤区卫生健康委员会分别于 2016 年 4 月 27 日、2019 年 10 月 14 日因非医师行医行为对张某某二次行政处罚，后被告人张某某仍在上述地址行医并向杨某某等人销售药品。案发后，公安机关从被告人王某某的出租屋中查获药品 20 种；从被告人张某某家中查获药品 12 种。

二、裁判结果

上海市青浦区人民法院于 2022 年 2 月 24 日作出［2021］沪 0118 刑初 1351 号刑事判决：（1）对被告人王某某犯非法经营罪，判处有期徒刑 6 年 3

---

* 宋文健：上海市第二中级人民法院刑事审判庭法官助理。

个月，并处罚金30万元；（2）对被告人张某某犯非法经营罪，判处有期徒刑5年3个月，并处罚金14万元；（3）对被告人曹某犯非法经营罪，判处有期徒刑3年，缓刑4年，并处罚金15万元；（4）被告人王某某、张某某、曹某的违法所得予以追缴，扣押在案的药品及作案工具手机2部予以没收；（5）禁止被告人曹某在缓刑考验期内从事药品生产、销售及相关活动。一审宣判后，被告人张某某不服，提出上诉。上海市第二中级人民法院于2022年11月15日作出［2022］沪02刑终437号刑事裁定，撤销原判，发回重审。重审期间，上海市青浦区人民检察院撤回对被告人王某某、曹某犯非法经营罪的起诉，变更起诉张某某构成非法行医罪，上海市青浦区人民法院于2022年12月19日作出［2022］沪0118刑初913号刑事判决：对被告人张某某犯非法行医罪，判处有期徒刑1年5个月，并处罚金2000元。

三、裁判理由

2014年最高人民法院、最高人民检察院施行的《关于办理危害药品安全刑事案件适用法律若干问题的解释》（以下简称《2014年药品解释》）规定，违反国家药品管理法律法规，未取得药品经营许可证，非法经营药品情节严重的，以非法经营罪定罪处罚。最高人民法院、最高人民检察院于2022年3月发布新的司法解释，上述规定予以废止。根据司法解释的适用规则，发生在新解释前的非法经营药品行为，适用新的司法解释对被告人更为有利，应适用新解释，非法经营药品不能再通过适用非法经营罪的兜底条款构成非法经营罪。同时，将普通药品归类为专营、专卖物品或者其他限制买卖的物品亦缺乏理论基础和法律依据。未经许可经营普通药品不构成非法经营罪。被告人张某某曾因非法行医行为被行政处罚两次后再次非法行医，属情节严重，其行为构成非法行医罪。

四、法官感悟

习近平法治思想要求，走中国特色社会主义法治道路要把古代的法制传统与当代的司法实践相结合。慎刑思想是中国传统文化中的法治精髓，新时代刑事审判工作的开展需要汲取传统法治文化中的精华，并立足于当前中国的实际，把握现实的司法需求，因地制宜解决刑事司法实际问题。以人民为中心是习近平法治思想的根本立场，食品药品安全关系国计民生，习近平总书记高度重视人民健康安全，多次强调保障食品药品安全的重要性，要求切实加强食品药品安全监管，对于危害药品安全犯罪应当依法严厉打击。打击犯罪既要重拳出击，也应罪刑法定，努力让人民群众在每一个司法案件中感受到公平正义。非法经营药品历来是非法经营罪中最典型的行为模式之一，《刑法》关于非法经营罪的立法既有空白罪状，又有罪量要素，同时还有兜底条款，极易被扩大适用。《刑法修正案（十一）》以及新的药品司法解释出台后，认定未经许可经营药品是否构成非法经营罪，需立足于药品犯罪的法益保护理论，结合现行刑法及新旧司法解释相关规定，甄别不同类型药品的属性，作出符合立法旨意的判定。

（一）药品犯罪保护法益与犯罪圈的重新厘定

1. 药品犯罪规范层面的新变化

1997 年《刑法》施行以来，药品犯罪体系保持相对稳定，仅在《刑法修正案（八）》中作过局部调整。《刑法修正案（十一）》对药品犯罪进行了可谓“脱胎换骨”式的调整，其中为了与修订后的《药品管理法》关于假药、劣药范围的调整相衔接，修改了生产、销售假药罪和生产、销售劣药罪，同时增设了妨害药品管理罪，将以前针对按假药论处相关对象的涉案行为以及违反药品生产经营管理规范的行为单独规定为犯罪。2022 年 3 月 6 日最高人民法院、最高人民检察院施行的《关于办理危害药品安全刑事案件适用法律若干问题的解释》（以下简称《2022 年药品解释》）对药品犯罪的定罪量刑标准和有关法律适用问题作出了新的解释，使药品犯罪的规范体系更加全面、系统，药品犯罪的保护法益以及犯罪圈的边界得以重新厘定。

2. 药品犯罪的保护法益

关于药品犯罪保护法益的争论历来不断，主要有三种观点：第一种观点认为药品犯罪保护的法益为药品管理秩序和生命健康法益，例如假、劣药犯罪与妨害药品管理罪的犯罪客体均为国家对药品的管理制度，以及消费者的生命、健康的安全。[1]第二种观点认为，药品犯罪保护的法益为单一法益，如妨害药品管理罪（及其他药品犯罪）的保护法益只能是用药公众的生命和健康权益。[2]第三种观点认为不同的犯罪保护的法益有所区别，例如假、劣

---

〔1〕 参见王作富、黄京平主编：《刑法》（第 7 版），中国人民大学出版社 2021 年版，第 309、311 页。

〔2〕 参见敦宁：《妨害药品管理罪的法教义学分析》，载《政治与法律》2021 年第 12 期。

药犯罪的保护法益为公众的生命、健康，而妨害药品管理罪的保护法益为药品管理秩序。〔1〕当前理论研究主要围绕假、劣药犯罪或者妨害药品管理罪的保护法益进行探讨，没有对整个药品犯罪体系的保护法益进行体系研究，由此导致的后果是药品犯罪在司法适用中关键争议问题的解决缺乏全面的理论支撑。

随着《药品管理法》的修改，《刑法修正案（十一）》以及《2022 年药品解释》的出台，有观点提出，药品犯罪的保护法益是公众的生命健康，但表征法益为药品管理秩序，对药品犯罪处罚的实质依据在于其影响公众用药安全，侵犯生命健康法益。〔2〕笔者认同这种观点，药品犯罪的成立以危害公众的生命健康安全为必要前提，仅妨害药品管理秩序，未达到危害生命健康程度的行为，应排除药品犯罪的适用。

3. 药品犯罪圈的重新划定

药品犯罪圈的边界应受药品犯罪保护法益的限制。药品犯罪的成立既要求妨害药品管理秩序，又要求危害生命健康，秩序法益和健康法益之间非主次关系，而是一定意义上的表里关系。〔3〕危害药品安全的案件不得进行超出药品犯罪圈的行刑转换，没有侵害生命健康法益的药品违法行为不应以药品犯罪论处。未经许可经营药品所构成的非法经营罪罪质本身属于药品犯罪，也应以侵害生命健康法益为前提。保护法益和犯罪圈的重新界定体现出国家对于药品犯罪的刑事处罚范围呈收紧的态势，这也是刑法谦抑性的体现。

分析非法经营药品是否构成非法经营罪，需立足于药品犯罪保护法益和药品犯罪圈，从两个方面展开：其一，判断是否属未经许可经营专营、专卖物品或其他限制买卖的物品；其二，判断是否属其他严重扰乱市场秩序的非法经营行为。

（二）药品属性的司法判定与实践检视

1. 药品是否属于专营、专卖物品

（1）专营、专卖物品的内涵。根据立法观点，《刑法》中的专营、专卖物品是指，根据法律、行政法规明确规定由专门的机构经营的专营、专卖物

〔1〕 参见杜宇：《〈刑法修正案（十一）〉中药品犯罪修订之得失》，载《法学》2021 年第 3 期。

〔2〕 参见喻海松：《〈刑法修正案（十一）〉后时代药品犯罪圈的重置》，载《法学》2023 年第 2 期。

〔3〕 参见梅传强：《危害药品安全犯罪的最新修订及其适用研究》，载《当代法学》2021 年第 5 期。

品，如烟草等。[1]有学者作进一步解读，专营是指对某些重要物品由物资部门或者有条件的商业部门统一经销的垄断性经营方式，专卖是指对重要商品的生产、经营以及生产所需原材料、机械设备供应等实施统一管理的生产经营方式。[2]对于《刑法》中相关概念的解读，应紧扣立法旨意，根据罪刑法定原则进行严格解释。专营、专卖的物品需由法律或广义上的行政法规予以明确规定，非直接列入此类目录范围的，即使没有经营许可，亦不应以此为由认定为非法经营罪。[3]除了法律和行政法规之外，其他法律文件中的专营、专卖物品可以适用相应的行政法进行规制，但是不属于刑法中的专营、专卖物品，对相关的非法经营行为只能进行行政处罚。

（2）药品不属于专营、专卖物品。在当前我国法律体系中，有明确法律和法规规定的专营、专卖物品主要有食盐专营、烟草专卖、甘草和麻黄草等。除了上述有明确规定的几类物品外，对于其他物品能否认定为专营、专卖物品一直以来纷争未断，有观点认为专营、专卖物品不限于上述几类物品，像石油、酒、药品等也属于专营、专卖物品。笔者认为，专营、专卖物品属于国家垄断的一种形式，必须有法律或者行政法规的明确规定，有罪类推解释和不当扩大解释都将导致非法经营罪的辐射范围难以预测，损害公平正义。经营药品需经许可，但是药品的经营许可制度有别于法律规定的烟草专卖、食盐专营等，国家没有针对药品的相关专营、专卖法，药品不属于专营、专卖物品已经逐渐成为当前刑法理论界共识。[4]司法实务中再将药品归入《刑法》第 225 条规定的“专营、专卖物品”既无法律依据，也与理论共识相悖，亦不符合朴素的国民认知。

2. 药品是否属于其他限制买卖的物品

当前我国有明确规定的专营、专卖物品范围非常有限，对于不属于专营、专卖物品的，在司法实践中存在着归类为“其他限制买卖的物品”，进而以非

〔1〕 参见王爱立主编：《〈中华人民共和国刑法〉释解与适用》（上），人民法院出版社 2021 年版，第 626 页。

〔2〕 参见周光权：《刑法各论》（第 3 版），中国人民大学出版社 2016 年版，第 321 页。

〔3〕 参见姚翔宇：《无证经营非专卖、限制买卖商品不宜认定为非法经营罪》，载《人民司法》2019 年第 17 期。

〔4〕 参见张明楷：《〈刑法修正案（十一）〉对口袋罪的限缩及其意义》，载《当代法学》2022 年 4 期。

法经营罪论处的现象，“其他限制买卖的物品”成了非法经营罪的小兜底条款，如何合理限制适用成为难点。

（1）限制买卖物品的特性归结。根据立法观点，其他限制买卖的物品是指国家根据经济发展和维护国家、社会和人民群众利益的需要，规定在一定时期实行限制性经营的物品，如化肥、农药等。[1]限制买卖物品与专营、专卖物品在性质上应当具有同一性，只有为国家有关法律、法规所规定限制经营的，才属限制经营物品。[2]笔者认为，限制买卖是法律、行政法规基于国家安全、社会稳定，对特殊物品的流通设置的严格管制，除了对经营者设定行政许可，还需对物品的买和卖均加以限制。

限制买卖物品来源于《投机倒把行政处罚暂行条例》（已失效）第 3 条及《投机倒把行政处罚暂行条例施行细则》（已失效）第 2 条所规定的限制自由买卖的物品，主要有两类，一类是爆破器材、麻醉药品、毒性药品、精神药品或者放射性药品，另一类是重要生产资料或者紧俏耐用消费品。这些限制自由买卖物品的本质特征是，对公共安全或者社会秩序具有显著危险性，如不对这些物品买卖的数量用途进行管控容易造成较大的风险，影响国民生计。有观点就提出，此种划分标准同样可以适用于非法经营罪中的“其他限制买卖的物品”的认定。[3]笔者赞同这种做法，虽然上述两个行政法规已被废止，但其关于禁止或者限制自由买卖物品的分类和界定对当下认定其他限制买卖的物品仍然具有一定的借鉴价值，且限制买卖物品的范围应在此基础上进一步限缩。

（2）药品之限制买卖物品属性分析。药品是否属于限制买卖的物品不能一概而论，应根据药品的性质和类型予以区别。

普通药品不属于限制买卖物品。根据《药品管理法》的规定，从事药品批发和零售活动应取得药品经营许可证，但不能将行政许可中的限制等同于非法经营罪中的“限制买卖”，还需考察买和卖是否有法律、法规上的限制，例如提供处方、实名登记、买卖数量限制等。普通药品在 20 世纪 80 年代、

〔1〕参见全国人大常委会法制工作委员会刑法室编：《中华人民共和国刑法条文说明、立法理由及相关规定》，北京大学出版社 2009 年版，第 458 页。

〔2〕参见张军主编：《刑法（分则）及配套规定新释新解》（第 3 版）（上），人民法院出版社 2013 年版，第 814 页。

〔3〕参见潘志勇、陶李盈：《非法经营罪“限制买卖物品”的边界与认定——涉“成品油”非法经营案的实践反思》，载《法治论坛》2019 年第 2 期。

90 年代尚不属于限制自由买卖的物品，当下更不应认定为限制买卖的物品。此外，2014 年最高人民法院、最高人民检察院发布《2014 年药品解释》将未经许可经营药品列入非法经营罪的规定时，也未将药品归类为专营、专卖物品或其他限制买卖的物品。

根据法律、行政法规的具体规定，实行特殊管理的药品属于限制买卖的物品。行为人未经许可经营特殊管理药品，扰乱市场秩序，情节严重的，应以非法经营罪追究刑事责任。[1]例如，麻醉药品和精神药品即属此类。根据《药品管理法》和《麻醉药品和精神药品管理条例》的规定，国家对麻醉药品和精神药品实行管制，法律、行政法规对这两类药品的买和卖均进行了限制，归入《刑法》中的其他限制买卖的物品于法有据，对相关非法经营行为可以非法经营罪定罪科刑。

(三) 适用非法经营罪兜底条款的可行性分析

1. 适用兜底条款的限制条件

《刑法》第 225 条为了避免列举之遗漏，将“其他严重扰乱市场秩序的非法经营行为”设置为非法经营罪的兜底条款，这种兜底条款的规定方式，在刑法理论上也被称为堵截式构成要件。[2]若堵截不当易造成非法经营罪的过度扩张，限制适用兜底条款是情势所需。

首先，适用兜底条款应当以“违反国家规定”为前提。没有违反国家规定的，即使在某种意义上属于非法经营，也不能构成非法经营罪。根据《刑法》第 96 条的规定，违反国家规定是指违反全国人民代表大会及其常务委员会制定的法律和决定，国务院制定的行政法规、规定的行政措施、发布的决定和命令。对于违反地方性法规、部门规章的行为，不得认定为“违反国家规定”。其次，适用兜底条款需对行为危害程度进行实质审查。最高人民法院公布的 97 号指导案例（“王某军非法经营再审改判无罪案”）明确，对于第 4 项规定的“其他严重扰乱市场秩序的非法经营行为”的适用，应当根据相关行为是否具有与刑法前三项规定的非法经营行为相当的社会危害性、刑事违法性和刑事处罚必要性进行判断，对于虽然违反行政管理有关规定，但尚

---

〔1〕 朱铁军、朱鹏锦：《未经许可经营药品的行为该如何定性》，载《人民法院报》2022 年 8 月 11 日。

〔2〕 王安昇：《非法经营罪适用问题研究》，中国法制出版社 2017 年版，第 94~96 页。

未严重扰乱市场秩序的经营行为，不应当认定为非法经营罪。最后，适用兜底条款需有司法解释明确规定或经请示。《关于准确理解和适用刑法中“国家规定”的有关问题的通知》规定，各级人民法院审理非法经营犯罪案件，对被告人的行为是否属于“其他严重扰乱市场秩序的非法经营行为”，有关司法解释未作明确规定的，应当作为法律适用问题，逐级向最高人民法院请示。

2. 非法经营药品不具备适用兜底条款的条件

首先，未经许可经营合法合规的药品，即使存在非法经营也只侵犯了市场经济秩序，并未侵犯药品犯罪所保护的生命健康法益，不具有与其他药品犯罪相当的社会危害程度。其次，根据最高人民法院、最高人民检察院《关于适用刑事司法解释时间效力问题的规定》，若非法经营药品在新解释之后，应适用新的司法解释，若非法经营药品发生在新司法解释实行之前，适用新的司法解释对被告人有利，判决尚未生效的案件，应适用新司法解释的规定重新认定。由于新的司法解释未对非法经营药品入罪作明确的规定，应作为法律适用问题处理，在未经最高人民法院批复的情况下，不能通过适用兜底条款构成非法经营罪。

德主刑辅、明德慎罚、德法合治的慎刑思想在刑事审判中的具体体现为罪刑法定与刑法谦抑性，能够用其他方法调整的，谨慎选择适用刑罚手段，这是习近平法治思想与中国特色社会主义法治道路的必然要求。非法经营罪中的空白罪状和兜底条款给司法机关留下很大解释空间，司法适用中必须坚持罪刑法定原则，秉承刑法谦抑理念，禁止有罪推定。在惩治药品犯罪新形势下，未经许可经营普通药品难以构成非法经营罪，属于行政违法行为，根据行政法律法规进行行政处罚较为适当。司法机关适用《刑法》时与时俱进，敢于出罪，是深入贯彻落实习近平法治思想的重要体现。

专家点评

在药品犯罪的法益保护方面，本案通过审理明确了药品犯罪所保护的法益是公众的生命健康，这是对《刑法》基本宗旨的贯彻。因此在法益的认定上，本案坚持了健康法益优先原则，体现了对药品犯罪处理的审慎态度。

在药品属性的司法判定上，本案区分了普通药品和特殊管理药品，明确了无需许可经营的普通药品不构成非法经营罪，这是对药品犯罪司法实践的重要指导。在适用非法经营罪兜底条款的限制上，本案强调了适用兜底条款需以违反国家规定为前提，并对行为危害程度进行实质审查，这是对刑法谦抑原则的贯彻。同时提出了基层法院在适用兜底条款的新的解决机制，即有关司法解释未作明确规定的，应当作为法律适用问题，逐级向最高人民法院请示。

本案的审理过程体现了我国刑事司法在药品犯罪问题上的严谨态度和法治精神，对今后类似案件的审理具有重要的参考价值。然而，本案的审理也引发了一些争议和思考。

第一，关于药品犯罪保护法益的界定。在本案中，法院明确了药品犯罪的保护法益是公众的生命健康。然而，有观点认为，药品犯罪保护的法益应是药品管理秩序和生命健康法益的双重保护。这种观点认为，药品犯罪既违反了国家对药品的管理制度，又危害了消费者的生命、健康安全。因此，药品犯罪保护的法益应是药品管理秩序和生命健康法益的双重保护。

第二，关于药品属性的司法判定。在本案中，法院区分了普通药品和特殊管理药品，明确了未经许可经营普通药品不构成非法经营罪。然而，有观点认为，这种区分可能会导致对普通药品的监管不足，从而危害公众的健康安全。因此，该观点认为，应该对所有药品进行严格的监管，未经许可经营任何药品都应构成非法经营罪。但是此种观点，显然是超越了《刑法》应当具有谦抑性这一根本属性的。

第三，关于非法经营罪兜底条款的适用。在本案中，法院强调了适用兜底条款需以违反国家规定为前提，并对行为危害程度进行实质审查。然而，有观点认为，这种限制可能会导致对非法经营药品行为的处罚不足，从而危害公众的健康安全。应该扩大兜底条款的适用范围，但这样明显有滥用《刑法》的趋势，是对于德主刑辅、明德慎罚、德法合治的慎刑思想的违背。因此，对于未经许可经营普通药品的行为，更多应当使用行政法进行调整，这样才更为恰当。对此，司法机关适用《刑法》时与时俱进，敢于出罪，也是深入贯彻落实习近平法治思想的重要体现。

（虞浔，华东政法大学社会协同合作处处长、教授，硕士生导师）

上海某餐饮管理有限公司诉朱某某名誉权纠纷案

——舆论监督侵害营利法人名誉权的司法认定

王晓梅 *　顾嘉旻 **

一、基本案情

上海某餐饮管理有限公司（以下简称“某餐饮公司”）诉称，其经营“某捷肉割烹完全预约制”餐厅。餐厅不接受单点和散客，到餐厅就餐均需预订。套餐有 980 元、1350 元、1850 元、2400 元、3600 元五个价位供顾客选择。2020 年 9 月 23 日，朱某某以“p……”账号在新浪微博发布文章，在文章中配图，图中有某餐饮公司经营店铺的地址。但朱某某从未至某餐饮公司所经营的餐厅用餐，微博文章内容系其个人杜撰并含有侮辱性词汇，其所发布微博中的配图均系其他顾客所拍摄并上传至大众点评平台的照片。某餐饮公司的经营店铺虽确实使用樱花牌油烟机、明装、明插头，厨房帷幔也系淘宝购买，店内所使用的托盘确系 30 多元每个，但很多顾客都表示很喜欢店铺的装修风格。朱某某微博中所称“熟透的牛肉”亦非事实，此系某餐饮公司采用的特殊厨艺，如果将图片中的牛肉翻一面会发现另外一面实际上是生的。微博配图中的紫苏确实没有泡水，因为所搭配的是熟成后的和牛，店内工艺是将紫苏放入烘焙机中使水分蒸发，这样紫苏就会有类似茶叶的干燥、微卷状态，看上去有点像脱水的状态，搭配肉可以解去油腻。关于微博文章中提及的“月桂冠清酒”，系因当时日本清酒相关协会借助某餐饮公司的店铺宣传清酒文化，店内的菜单中并不包含月桂冠清酒。微博配图中的蛋确实是剥蛋时剥成这个样子，但是店铺根据自己的流派所制成的结果。朱某某的微博文

---

* 王晓梅：上海市第二中级人民法院民事审判庭副庭长、三级高级法官。
** 顾嘉旻：上海市第二中级人民法院民事审判庭法官助理。

章公布之后，某餐饮公司的名誉和经营均受损失。故请求：（1）判令朱某某在其名下“p……”的新浪微博主页及大众点评平台某餐饮公司店铺下方的评论中，公开向某餐饮公司赔礼道歉、消除影响，持续一个月。赔礼道歉的内容由法院审核；（2）判令朱某某赔偿某餐饮公司经济损失 93 317.66 元、公证费 3000 元、律师代理费 10 000 元。

朱某某辩称，其自营一家餐饮店，也包含日料，但价格比较实惠，人均仅 30 元。朱某某在“哔哩哔哩”网站有一个账户，会发布视频点评餐饮店铺；新浪微博账号“p……”账号也确系其所有，偶尔会在该微博账号上发布点评餐饮店铺的文章，在发布案涉微博文章时拥有 4 万多粉丝。案涉微博文章所用图片确实来源于大众点评平台上案涉店铺页面内其他消费者评价时的照片。微博内容也确系朱某某所写，具体内容包括对真实图片所呈现的装修、用料、食物的摆拍外观等进行评价，但不涉及食物口味、服务水平态度的内容。所使用的也都是网络语言，而非侮辱性的言语，并且有一部分内容针对的是大众点评平台，而非某餐饮公司，因此朱某某不存在侮辱、诽谤的事实。在微博文章中，朱某某对某餐饮公司店铺的介绍页面做了马赛克处理，并在 2020 年 9 月 24 日将案涉微博设置为仅粉丝可见，在本案诉讼前也删除了该微博。此外，某餐饮公司并未提供证据证明其所经营店铺的经营损失及经营损失与朱某某发布微博行为之间的因果关系，且 6 月至 9 月系全年中餐厅营业额最高的月份，某餐饮公司不应以这 3 个月的月均营业额作为计算经济损失的基准。综上，不同意某餐饮公司的全部诉讼请求。

法院经审理查明：“某捷肉割烹完全预约制”餐厅系由某餐饮公司经营。

2020 年 9 月 23 日，朱某某通过新浪微博账号“p……”发布微博文章，内容为：“#辣眼睛系列#忍不了，TMD 点评居然推这种店给我看，注意人均 1000 的店子，用樱花油烟机，明装，明插头，厨房的帷幔淘宝地摊，这盘刺身是什么意思，这碗带腿味噌汤还不算是重点，重点是用了我家人均 30 的同款托盘，这牛肉海胆卷，熟透了的牛肉不是重点，紫苏一毛钱一张还用这么不新鲜的甚至不泡水，前菜盘这个玉子影响我整顿心情，更别说点缀在金箔正面的那坨什么，清酒杯用这么丑不难，过分的是用这么丑的杯子还要来喝我家烧菜用的月桂冠实在喝不下，人均 1000 的店子用盒马特价 99 元 1.8L 的清酒，还不如喝料酒，白煮蛋剥成这样在我店里只够员工餐，不配我家卖 2 元的卤蛋外观标准，这个 Lv8 的点评不是重点，关注这家店的那些 8 级大佬，他们点评过的店基本可以认定是雷了。”微博中另配有图片。

朱某某从未至某餐饮公司所经营的店铺消费用餐，其所发布微博文章中所配图片均系其他顾客于某餐饮公司经营店铺中拍摄后，上传至大众点评平台中某餐饮公司经营店铺的评价页面。图片内容涉及店铺使用的油烟机、店内插座排布、店内厨房门帘、店铺使用的托盘杯具、月桂冠酒、店内的菜品等。

上述微博经发布后，获 2240 次转发、8270 次点赞、587 条评论，后朱某某于 2021 年春节后将该微博删除。

二、裁判结果

上海市普陀区人民法院于 2021 年 5 月 25 日作出［2021］沪 0107 民初 1827 号民事判决：驳回上海某餐饮管理有限公司的全部诉讼请求。

宣判后，上海某餐饮管理有限公司提出上诉。上海市第二中级人民法院于 2021 年 9 月 28 日作出［2021］沪 02 民终 7550 号民事判决：驳回上诉，维持原判。

三、裁判理由

法院生效判决认为：本案所涉争议在于朱某某通过自媒体对作为营利法人的某餐饮公司进行舆论监督是否造成名誉侵权。《民法典》第 1025 条规定，行为人为公共利益实施舆论监督而影响他人名誉的，不承担民事责任。为维护并强化公民知情权与监督权，通过自媒体对营利法人进行舆论监督却不涉及公共利益时，行为人是否应承担名誉权侵权责任，应根据行为人是否实施侮辱、诽谤等毁损名誉的行为、行为人是否存在过错、受害人的名誉是否受到损害、行为与损害结果之间是否存在因果关系等予以判断。

第一，在是否实施侮辱、诽谤等毁损名誉的行为方面。具体而言，可从言论内容、发布方式等方面分析判断。朱某某作为社会公众之一就某餐饮公司所经营的日料产品发表个人观点，该观点应区分带有个人色彩的偏好的分析评价还是足以达到侮辱、毁谤等程度的评价。朱某某在其发布的微博中使用的“忍不了”“居然推”“什么意思”“辣眼睛”“认定是雷”等词汇，系朱某某通过其个人的从业经验及社会公众等认为某餐饮公司所经营的人均消费金额产品与其提供的服务不相匹配而作出不予推荐的意见表达，其表达的意见中亦未有羞辱性质的词汇，未达到侮辱的程度，此言论内容不构成名誉权侵权。至于某餐饮公司主张的朱某某未实际至其店内消费就发布相关言论一节，因朱某某系使用的其他顾客在某餐饮公司店铺所实地拍摄的照片，就某餐饮公司的装饰装修、餐具、菜品外观、价位等在其微博中作出评价，并无捏造虚构事实等行为。且考量朱某某作为日料行业的经营者同时也是消费者，其对某餐饮公司的相关评价具有一定的信息认知，至于朱某某是否探店、是否实际品尝均不影响其作出前述评价。某餐饮公司认为朱某某主观臆测、虚构事实并已达到诽谤程度，缺乏依据。

第二，在行为人是否存在主观过错方面。舆论监督与法人名誉权内含不同的价值属性，对于朱某某行为的评价亦应考量两种的价值位阶，平衡各方利益。对于朱某某的行为是否存在主观过错方面，可从朱某某在发布案涉言论时是否知道或应当知道其行为会侵害某餐饮公司的合法民事权益仍为之加以考量。某餐饮公司作为经营者从事市场经营，应听取公众意见、接受公众监督，对公众以商业目的对其经营行为予以评价时，具有一定的容忍义务，就此的审查应区别于一般侵权案件。本案中，朱某某虽自营餐饮店，其经营范围包含日料，但其人均消费显著低于某餐饮公司的人均消费标准，可以认定主观上朱某某不具有因竞争关系而发布相关言论的动机，客观上其系通过评价餐饮店铺的经营状况以实现对餐饮企业的监督，且在朱某某发表微博时亦对某餐饮公司经营店铺的介绍图片进行一定马赛克处理，其行为亦未失“一般合理人”或“善良管理人”的标准，因此，难以认定朱某某的行为存在主观过错。

第三，在受害人的名誉是否受到损害、行为与损害结果之间是否存在因果关系方面。某餐饮公司作为营利法人，并不会产生精神痛苦。某餐饮公司为证明其名誉受损及行为与损害结果间的因果关系，向法院提供大众点评截图、营业收入汇总表、店铺订位记录等，其所主张的权益主要在于财产损害。对于营利法人的经营利益范围可从两方面予以界定：一是未来可能享有的利益，在此主要指经营利益；二是其经营利益与其经营行为相匹配。结合本案，就某餐饮公司提供的上述证据，尚不足以证明朱某某的行为存在实害性。且某餐饮公司系从事餐饮行业，不仅营业收入易生变动，亦存在其他消费者对某餐饮公司的评价行为，故其经营利益存在的波动，难以归责于朱某某的行为。综上，朱某某未侵害某餐饮公司的名誉权，故对某餐饮公司的全部诉讼请求不予支持。

四、法官感悟

全面贯彻实施宪法，是建设社会主义法治国家的首要任务和基础工作。习近平总书记指出："宪法的生命在于实施，宪法的权威也在于实施。"〔1〕宪法是我国的根本大法，公民的基本权利和义务是宪法的核心内容，宪法不仅是全体公民必须遵循的行为规范，而且是保障公民权利的法律武器。习近平法治思想中，加强国家机关监督、民主监督、群众监督和舆论监督，发挥整体监督效能，是建设社会主义法治监督体系的内在要求。公民对各类主体的舆论监督既是我国全面贯彻实施宪法的集中体现，也是法治监督的关键部分。

本案系舆论监督侵害营利法人名誉权的纠纷，如何平衡内含言论自由的舆论监督与营利法人名誉权，事关我国宪法对公民言论自由、知情权的保障以及对社会经济秩序的维护。若片面保护法人名誉权，对轻微侮辱诽谤行为也课以法律责任，或彻底坚持客观真实标准，则易引发"寒蝉效应"，公民将因恐于其言论遭到刑罚或高额赔偿而不敢发表言论。如此，不仅公民基本权利会受到限制，而且经营者可能因缺少监督而提供低劣产品或服务，从而扰乱市场秩序。而若片面强化公民的言论自由，对严重不符真实情况的言论不课以相当责任，则因违法成本低，易致诋毁行为频生而阻碍商业经营活动。

舆论监督不仅是公民言论自由的体现，也可激发政府机构、企业等的自律意识。舆论监督所体现的言论自由旨在追求真理，但真理的追求是一个多种见解不断论辩的过程，而意见表达难以判断真伪，且其本质特征是表示个人的立场、确信及见解，较诸事实陈述与个人人格更具密切关系，遂予以最大程度的保护，促进公众对真理的追求。社会公众常就商品或服务发表个人观点，个性化尤为突出，且该观点仅涉个人偏好，若因偏好与经营者不同，而认为侵害名誉权，则将仅存对经营者的褒奖之语，故舆论监督中的意见表达应优于法人名誉权的保护。《民法典》第1025条规定，行为人为公共利益实施舆论监督并影响他人名誉的，不承担民事责任。本案的舆论监督虽未涉及公共利益而不适用《民法典》第1025条之规定，但对舆论监督侵害名誉权的案件，应特别考虑舆论监督对维护社会公平正义，保障公民知情权必不可

〔1〕《习近平署名文章：谱写新时代中国宪法实践新篇章——纪念现行宪法公布施行40周年》，载 https://www.12371.cn/2022/12/19/ARTI1671443098221975.shtml，2024年7月22日访问。

少，故不能按照一般的侵权案件处理。

人的基本权利是近现代权利体系的内核，舆论监督所体现的言论自由系属基本权利，内含人格属性，其重要性不言而喻。经济社会发展使法人名誉权得以诞生，也因此在法人为营利法人时，可将法人名誉权定性为一种间接的财产性质的权利或者间接具有财产内容的权利。《宪法》第35条规定公民有言论的自由，法人名誉权则未规定于《宪法》之中，仅在《民法典》中予以明确。但《宪法》第15条第3款规定，国家依法禁止任何组织或个人扰乱社会经济秩序。对营利法人名誉权的保护内含维护社会经济秩序的客观需求，是否可能扰乱社会经济秩序，应是本案价值权衡的主要因素。若涉社会经济秩序之判断，则与公共利益相似，应以言论影响范围及程度而为考量。本案中，朱某某的微博账号虽拥有4万多粉丝，发布对象系不特定的微博用户，且言论内容涉法人经营行为的论断，影响消费者的选择意愿，但案涉言论主要针对某预约制日料餐厅，尚不至扰乱社会经济秩序的程度。故本案舆论监督的保护应具优先性，且言论内容未至严重失实或者严重贬损的程度，不应认定构成侵权行为。

综上所述，舆论监督侵害营利法人名誉权纠纷的裁判思路，应特别考虑舆论监督对维护社会公平正义的作用，切实保障公民的言论自由和知情权，同时兼顾营利法人名誉权维护及经济社会秩序的稳定，这是全面贯彻实施宪法、保障公民基本权利、保障社会经济秩序稳定、保证党和国家事业顺利发展的应有之义。

专家点评

网络治理是信息时代国家治理的新内容、新领域。随着互联网的发展，公民可通过网络直播、短视频、微博等互联网传播媒介表达自己的言论，其具有表达方式多样化、传播快速和广泛等特点。网络技术新应用的快速发展，使得网络空间乱象时有发生，网络信息鱼龙混杂，网络安全防护形势严峻复杂，侵害个人信息现象十分突出，极易引发侵犯自然人和法人名誉权的纠纷。习近平总书记强调："依法管网、依法办网、依法上网。"[1]网络空间容易出

〔1〕《习近平：自主创新推进网络强国建设》，载 https://news.12371.cn/2018/04/ARTI1524308478404633.shtml，2024年7月22日访问。

现表达情绪化、偏激化等现象。对于网络空间治理，要推进网络文明建设，弘扬新风正气，广泛汇聚向上向善的力量，共建网上美好精神家园。

对于互联网监督，只要不是蓄意的诽谤和攻击，网民监督的意见都应该予以包容。习近平总书记特别强调对互联网监督要持包容和欢迎的态度，指出“网络空间天朗气清、生态良好，符合人民利益。网络空间乌烟瘴气、生态恶化，不符合人民利益”。〔1〕为了保护正当的新闻报道和舆论监督，《民法典》的人格权编，也从立法上确立了为公共利益进行舆论监督而影响他人名誉的免责及除外规则，给公民批评建议权预留了必要的法律空间和容错空间。在本案的审理中，法院根据行为人是否实施侮辱、诽谤等毁损名誉的行为、行为人是否存在过错、受害人的名誉是否受到损害、行为与损害结果之间是否存在因果关系，结合复杂多元的网络语境来综合判断言论是否合理，为维护民事主体的合法权益和营造良好网络生态提供了强有力的司法保障。

应坚持弘扬主旋律、传递正能量，加强网络伦理建设，培育文明自律的网络行为，倡导尊德守法、文明互动、理性表达，用社会主义核心价值观滋润网络空间、涵养网络生态。实践证明，结合自我监督和人民监督，贯通群众监督和舆论监督，能形成保护公益的强大合力。本案在保障公民言论自由权的同时维护营利法人的名誉权，认定舆论监督的保护应具优先性，鉴于言论内容未至严重失实或者严重贬损的程度，不应构成侵权行为。本案对确定舆论监督合理限度的认定标准、实现舆论监督与名誉权保护的利益平衡、维护人民群众合法利益和经济社会秩序的稳定，具有十分重要的指导意义。

（蒋莉，同济大学上海国际知识产权学院教授，硕士生导师）

---

〔1〕《习近平：在网络安全和信息化工作座谈会上的讲话》，载 https://news.12371.cn/2016/04/25/ARTI1461578898308388.shtml，2024 年 7 月 22 日访问。

梁某诉陆甲等共有、法定继承纠纷案

——“坚持以人民为中心”在家事案件中的应用

姚倩芸 *　徐　琛 **

一、基本案情

梁某生于1937年，其父亲陆某在旧社会有过三任妻子，梁某是陆某与第一任妻子帅某生育的女儿。陆某与第二任妻子陈某生育子女陆甲、陆乙、陆丙。陆某的第三任妻子吴某未生育。系争房屋为私房，系陆某、吴某的遗产。2016年，该私房被征收，各方因该房屋征收补偿利益的分配问题涉诉。根据法律规定，系争房屋的征收补偿利益应当由征收发生时各权利人依据所享有之产权份额进行分割，因此谁是陆某、吴某的继承人就成了本案的争议焦点。

梁某诉称，其原名陆某林，梁某系其艺名，生母帅某在其年幼时（1940年）去世，陆某在新中国成立前与帅某、陈某及吴某同时保持夫妻关系。户籍资料显示，在1951年前，陆某、陈某、梁某、陆甲、陆乙、陆丙落户于陆某家庭的他处房屋（A房屋），吴某的户籍于1951年从A房屋迁入系争房屋，即可证明吴某的户籍在1951年前落户于A房屋，陆某与吴某的结婚时间应早于1951年，1951年前陆某、陈某、吴某应共同生活在A房屋。1955年，梁某以吴某女儿的身份将户籍从A房屋迁入系争房屋，此时，陆某和陈某的婚姻状态仍存续，陈某需抚养陆甲、陆乙、陆丙，而系争房屋户内只存在吴某、梁某的户籍，梁某未成年，也未参加工作，没有独立生活能力，陆某于1952年至1957年身陷囹圄，故该时间段内有且只有吴某对梁某进行抚养。因此根据户籍资料及人事档案等可以认定梁某与吴某形成了具有抚养关系的继母女

* 姚倩芸：上海市第二中级人民法院行政审判庭副庭长、三级高级法官。

** 徐琛：上海市第二中级人民法院未成年人与家事案件综合审判庭法官助理。

关系，其有权继承吴某的份额。

陆甲等辩称，现有证据显示陈某与陆某在 1957 年离婚，没有直接证据证明吴某与陆某的结婚时间，因 1950 年《婚姻法》已有关于一夫一妻制度、禁止重婚、禁止纳妾、禁止童养媳的相关规定，故应推定吴某与陆某的合法夫妻关系建立在陆某、陈某 1957 年离婚之后。而 1957 年，梁某 20 岁已成年；梁某干部档案中也提及“1956 年 2 月 7 日参加了革命工作，工资等级：70 元”，因此根据上述时间节点，梁某早已成年，且已有工资收入，并不需要吴某抚养。而梁某于 1958 年户籍就转出上海，也并不与吴某同住，显然梁某与吴某之间并不存在抚养关系，亦没有直接证据可以证明梁某与吴某形成了具有抚养关系的继母女关系，因此梁某无权继承吴某的份额。

二、裁判结果

一审法院认为，吴某与陆某的合法夫妻关系应建立于陆某、陈某于 1957 年离婚之后，结合吴某、陆某婚姻关系成立时间，目前并无证据足以证明梁某与吴某之间形成存在抚养关系之继母女关系，故梁某对吴某的遗产不享有继承权，梁某只能继承其父亲陆某的遗产份额。系争房屋的征收补偿利益在陆某的四个子女（部分已去世子女由其继承人取得）之间按照各自享有产权份额酌情进行分配。

梁某不服一审判决，提起上诉，坚持认为其与吴某形成了具有抚养关系的继母女关系，有权继承吴某的份额，一审判决其分得的征收补偿款过少。

二审以调解结案。

三、裁判理由

关于继父母与继子女之间是否已形成抚养关系，最高人民法院在《中华人民共和国民法典婚姻家庭编继承编理解与适用》一书中明确给出了判断标准，指出司法实践中要结合具体案情进行认定，具体判断标准如下：其一，关于受抚养教育的主体。应当仅限于未成年继子女或者虽成年但不能独立生活的继子女，如果是已经成年且能独立生活的继子女，则不享有要求父母进行抚养的权利，自然也谈不上抚养教育问题。其二，关于受抚养教育的方式。一般要求继子女应当与继父母共同居住生活，继父母对继子女进行了生活上的照料、教育和经济上的供养。虽然没有共同生活，但是继父母对继子女进行了持续的、较大数额的经济供养的，也可以认定为进行了抚养教育。其三，关于受抚养教育的期限。由于继父母与继子女之间的拟制血亲关系成立后，继子女对继父母就负有赡养义务，继父母和继子女相互之间具有继承权，因此继父母对继子女进行抚养教育，应至少具有数年的时间，以实现权利义务的基本对等。其四，尊重继父母和继子女的意愿。如果继父母和继子女之间已经互相明确表达了不成立拟制血亲的意思，那么即使双方共同生活、进行了抚养教育，也不宜轻易认定成立拟制血亲。由此，可以看出证明有抚养关系，核心在于证明持续共同生活事实、经济与精神抚养的客观存在、家庭身份的融合性，可以证明的材料包括户籍登记迁移情况、婚姻情况、姓氏变更、生活教育费用支出、经济关系往来、居民委员会证明、日常沟通交流情况等。

本案二审审理中，审判长和主审法官前往公安机关调取户籍资料信息，查明了在梁某幼年时，吴某已经是陆某的妻子，梁某未成年时以吴某女儿的身份将户籍与吴某一同从他处房屋迁入系争房屋。同时，本案中亦已查明，在新中国实行一夫一妻制之后，陆某与第二任妻子离婚，吴某成了陆某唯一合法妻子。再结合梁某向法院提供的其与吴某的往来书信、汇款凭证等证据，证明了其成年去外地后仍与吴某保持联络，并将工资汇给吴某补贴其生活，尽到了赡养义务。故合议庭认为，梁某与吴某系形成抚养关系的继母女关系应具有高度可能性，梁某也对吴某尽到了一定赡养义务，梁某应有权继承吴某的遗产。

在查明相关事实的情况下，主审法官对本案进行调解，最终案件以调解结案，既保障了梁某的合法权益，又尽量维系了兄弟姐妹之间的亲情纽带。

四、法官感悟

习近平法治思想提出坚持以人民为中心是全面依法治国的根本立场，指出要依法保障人民权益，保障公民的人身权、财产权、基本政治权利等各项权利不受侵犯，保证公民的经济、文化、社会等各方面权利得到落实，努力维护最广大人民根本利益，保障人民群众对美好生活的向往和追求。[1]民事案件同人民群众权益联系最直接最密切。各级司法机关要秉持公正司法，提

〔1〕《习近平：在首都各界纪念现行宪法公布施行30周年大会上的讲话》，载 https://news.12371.cn/2012/12/04/ARTI1354627849124486.shtml，2024年7月22日访问。

高民事案件审判水平和效率。要加强民事司法工作，提高办案质量和司法公信力。

本案主要案件事实发生在新中国成立前后，存在年代久远、户籍资料记载模糊、婚姻登记程序不完善、姓名记载经常存在笔误、当事人还有过艺名、部分子女已经去世等情况，案件事实复杂、难以还原，没有直接的证据可以查明吴某何时与陆某成为夫妻、是否存在一夫多妻的事实、梁某与吴某之间的关系，案件一度陷入了僵局。而本案中，吴某与梁某是否形成具有抚养关系之继母女关系的认定，直接关系梁某分得系争房屋征收补偿利益的多少。主审法官将本案提交合议庭评议后，审判长仔细翻阅案件材料，从户籍资料、当事人的剧团干部档案、政治调查表、简历中精准抓取与案件事实相关的关键内容，结合生活常理研究案情，指出梁某与吴某形成抚养关系具有一定的可能性，但当事人提供的户籍资料不完整，可能存在欠缺。经专业法官会议讨论后，庭长表示，习近平法治思想指出要牢牢把握社会公平正义的法治价值追求，推进公正司法，必须坚持司法为民，回应人民群众对司法公正公开的关注和期待；人民群众每一次求告无门、每一次经历冤假错案，损害的都不仅仅是他们的合法权益，更是法律的尊严和权威，是他们对社会公平正义的信心；一个错案的负面影响足以摧毁九十九个公正裁判积累起来的良好形象，执法司法中万分之一的失误，对当事人就是百分之百的伤害。为此庭长提议，为进一步查明案件事实，保障人民合法权益，应穷尽所有调查手段和方式，建议合议庭前往户籍管理部门深入调取证据。随后，审判长和主审法官一同前往公安机关调取户籍资料信息，通过对新中国成立初期登记的户籍资料进行检索，终于在两百多页泛黄的档案中发现了当事人遗漏的关键户籍页，该证据进一步补强了法官的内心确认，使案件思路逐渐理顺，案件事实拨云见日。

习近平法治思想还指出要改进司法工作作风，通过热情服务，切实解决好老百姓打官司难问题。司法工作者要密切联系群众，如果不懂群众语言、不了解群众疾苦、不熟知群众诉求，就难以掌握正确的工作方法，难以发挥应有的作用。法律不应该是冷冰冰的，司法工作也是群众工作。一纸判决，或许能够给当事人正义，却不一定能解开当事人的“心结”，“心结”没有解开，案件也就没有真正了结。

现代社会，没有法律是万万不能的，但是法律也不是万能的。考虑到本案是家事纠纷，一个符合技术要求的裁判不一定能够让当事人认可和接受，还可能导致双方的矛盾无法化解。因此，在查明相关事实的情况下，主审法官对本案进行了调解。起初，各子女都有各自的想法，情绪激烈，内部协商差距很大。主审法官先通过电话做当事人的思想工作，为调解做了充分铺垫。

我国实行调解、仲裁、行政裁决、行政复议、诉讼有机结合的多元化的纠纷解决机制，为解决纠纷、建设和谐社会，要加大调解力度，这是正确的。但是，调解也不能违法，如果一味纵容违法行为，那么法律的权威将丧失殆尽。因此调解也必须守法，必须维护公民的合法权利。调解过程中，主审法官耐心倾听各方的意见和情绪宣泄，围绕争议焦点，以事实为基础，把握当事人的心理特点，抓准各方预期和诉讼需求，从情、理、法的角度向当事人分析案件情况，使调解更具合理性和说服力，促使当事人对证据及诉讼风险进行正确评估，最终达成了调解方案，使梁某取得了相应的征收补偿款，既保障了梁某的合法权益，又尽量修复了家庭成员之间的关系，解开当事人的“心结”。

“民生案件虽小，却关系大政治”，司法是维护社会公平正义的最后一道防线，司法公正对社会公正具有重要引领作用，司法不公对社会公正具有致命破坏作用，纠纷处理的结果直接影响当事人对司法的期待、对公平正义的感受。本案涉及三代人、跨越数十年，在查明案件事实的基础上，以依法实质性化解纠纷为目标，通过调解及时有效维护了人民群众的合法权益，做到了案结事了人和、事心双解，是“努力让人民群众在每一个司法案件中感受到公平正义”的生动实践案例，实现了公平正义的裁判与社会公众朴素认知的同向而行，助力提升社会治理效能。

专家点评

习近平总书记指出：“法律并不是冷冰冰的条文，背后有情有义。要坚持以法为据、以理服人、以情感人，既要义正词严讲清‘法理’，又要循循善诱讲明‘事理’，感同身受讲透‘情理’，让当事人胜败皆明、心服口服。”〔1〕应该说，在司法审判工作中，摆正法理、事理、情理三者关系，乃是时代所

〔1〕 赵春晓：《注重以案例功能为导向 加强法理裁判思维研究》，载《人民法院报》2023年12月22日。

需、民众之盼，是现代司法的应有之义。司法裁判应当首在法理，重在事理，不悖情理，最终让每一个案件都充分体现出法的尺度、理的适度和情的温度。

继承纠纷审的是遗产，理的是家事。本案所涉及的家庭关系基于特定历史的原因复杂且微妙，是具有不完全血缘关系的继承人引发的争夺遗产大战。依照我国《民法典》第1127条的规定，形成事实上抚养关系的继父母和继子女视为拟制血亲关系，双方适用父母子女关系的规定。对于双方当事人来说，无疑是身份关系上的重大变化，故在司法认定成立要件时要从严把握。本案的特色体现在实体和程序两个方面。在案件的实体方面，合议庭坚持“继父母对未成年继子女的抚养教育是一种事实关系应当综合各种因素加以认定”的审理思路，综合案情并结合生活常理进行研判，在已经确认梁某与吴某形成抚养关系这一待证事实具有高度盖然性的基础上，依然穷尽所有调查手段和方式，通过调取户籍档案补强证据，形成完整的证据链条，证明了梁某与吴某的继母子身份关系，认定双方成立了拟制血亲关系。同时，梳理现行规范依据，认定梁某对吴某财产享有继承权。合议庭准确理解法律和司法解释规定，为本案后续的调解工作，实现当事人利益平衡，打下了坚实的基础。

本案最大的亮点在于程序的处理，法官没有局限在旧有的“司法是裁判权”教条之中，追求一判了之，而是从机械遵循辩论主义和处分原则的财产纠纷审判思路，转变为强化法官的职权探知自由裁量和对当事人处分权的适当干预。办案法官不仅加大依职权探知力度，同时，以案件事实为基础，贯彻调解前置、调解优先、全面解决纠纷的原则，以法为据，以理服人，以情感人，实现“人和与事心双解”，巩固家事审判纠纷化解功能，强化家事审判权益保障功能，实现家事审判新作为。司法审判实践中，深刻学习和领悟习近平法治思想关键在于贯彻能动司法、能动履职的司法理念，在审判过程中积极主动、创造性地实践。面对全面依法治国这场国家治理的深刻革命，面对人民群众日益增长的内涵更丰富、要求更高的法治需求、司法需求和权利需求，本案的审理者交出了一份完美的答卷。

（丁慧，辽宁师范大学法学院教授，硕士生导师）

甲与A公司及B公司买卖合同纠纷案

——《保障中小企业款项支付条例》第15条溯及适用论考

王蓓蓓[*]　郑新月[**]

一、基本案情

甲诉称：A公司向B公司采购货物，B公司供应货物总价款为13 675 358.85元。但A公司仅支付货款10 100 000元，且在供货期间多次逾期付款，违约严重，给B公司造成巨大损失。B公司因其自身另欠付甲货款，遂将其对A公司的上述债权全部转让给甲。为此，甲向A公司多次催要未果，遂诉至一审法院，请求判令：（1）A公司向甲支付欠付货款3 575 358.85元；（2）A公司承担逾期利息（逾期利息计算方式：以840 287.08元为基数，自2020年9月8日起至实际支付之日止，按照日万分之五的利率标准计算；以2 051 303.82元为基数，自2021年5月25日起至实际支付之日止，按照日万分之五的利率标准计算；以683 767.95元为基数，自2022年3月25日起至实际支付之日止，按照日万分之五的利率标准计算）；（3）A公司承担律师费300 000元。

A公司辩称：一审法院对逾期利息存在事实认定和法律适用错误。其一，A公司与B公司订立合同时，《保障中小企业款项支付条例》尚未颁布。按照该条例判决A公司承担日万分之五的逾期利息，超过民间借贷利息上限，也超出A公司订立合同时可以预见到或者应当预见到的因违约可能造成的损失，明显违反了《民法典》第584条规定。其二，按照上位法优于下位法原则，应适用《民法典》，并结合最高人民法院《关于审理买卖合同纠纷案件适用法

* 王蓓蓓：上海市第二中级人民法院商事审判庭审判团队负责人、三级高级法官。

** 郑新月：上海市第二中级人民法院商事审判庭法官助理。

律问题的解释》第18条关于逾期付款损失的规定，按违约行为发生时中国人民银行授权全国银行间同业拆借中心公布的一年期贷款市场报价利率（LPR）计付逾期利息。其三，B公司不属于中小企业。一审据以判定B公司为中小企业的依据为《统计上大中小微型企业划分办法（2017）》，但一审未查明该文件是否经过国务院批准，无法认定是否属于《保障中小企业款项支付条例》第三条所规定的划分标准。

第三人B公司述称：同意甲的诉请意见。

法院经审理查明：2019年10月22日，A公司与B公司签订《购销合同》，约定：B公司负责供货，A公司代表在发货单上签字，作为结算依据。结算付款方式为，主体±0.00混凝土浇筑完成后，A公司应在7日内付款至已供双方核对商砼金额的40%；主体18层混凝土浇筑完成后，A公司应在7日内付款至已供双方核对商砼金额的65%；主体结构封顶验收后，A公司应在7日内付款至已供双方核对商砼金额的80%；工程完工后6个月内支付至工程款的95%，预留所需商品混凝土总价的5%作为质量保证金；剩余5%的质保金在工程款付至95%并且工程完工验收合格无任何质量问题后10个月内付清等内容。该合同未约定A公司的违约责任。

合同订立后，B公司已依约完成供货，A公司于2019年11月13日至2020年6月19日支付了部分货款，合计为10 100 000元。

本案当事人均确认工程主体封顶时间为2020年10月、完工时间为2020年12月30日、验收时间为2021年7月。

2022年6月8日，B公司与甲签订《债权转让协议》，将其与A公司就《购销合同》项下债权（包括但不限于货款本金3 575 358.85元、违约金或利息等）转让给甲。同日，B公司向A公司作出《债权转让通知书》。

二、裁判结果

上海市崇明区人民法院于2023年2月28日作出［2022］沪0151民初8565号民事判决：（1）A公司于判决生效之日起10日内支付甲3 575 358.85元；（2）A公司于判决生效之日起10日内支付甲利息（计算方式：以840 287.08元为基数，自2020年11月8日起至实际支付之日止，按照日万分之五的利率标准计算；以2 051 303.82元为基数，自2021年7月1日起至实际支付之日止，按照日万分之五的利率标准计算；以683 767.95元为基数，自2022年6月1日起至实际支付之日止，按照日万分之五的利率标准计算）；（3）驳回甲的其余诉讼请求。

A 公司向上海市第二中级人民法院提出上诉。上海市第二中级人民法院于 2023 年 6 月 14 日作出［2023］沪 02 民终 5539 号民事判决：驳回上诉，维持原判。

三、裁判理由

法院生效裁判（二审判决）认为：根据当事人的诉辩意见，二审阶段，各方当事人均确认 A 公司欠付 B 公司货款事实，但就应否适用《保障中小企业款项支付条例》计付逾期利息，在适用主体、时间效力两个方面存有争议，此即本案争议焦点所在。

第一，关于适用主体的问题。在案涉合同订立至合同纠纷发生的时间节点上，国内企业类型划分标准系按照《统计上大中小微型企业划分办法（2017）》等规定执行。一方面，B 公司 2019 年、2020 年、2021 年《企业所得税年度纳税申报表（A）类》《资产负债表》以及企业公示信息可证实该公司符合《统计上大中小微型企业划分办法（2017）》对中型企业的认定标准。对此，A 公司虽有异议，但未就企业划分标准或者 B 公司经营规模提供相反证据。故应当认定 B 公司属于中型企业。另一方面，一审法院系依 A 公司企业公示信息等认定其系大型企业，各方当事人对此均无异议。据此，对大型企业 A 公司拖欠中型企业 B 公司货款这一事实，二审法院予以确认。

第二，关于时间效力的问题。2020 年 7 月 5 日颁布的《保障中小企业款项支付条例》，系根据《中小企业促进法》等法律，为促进机关、事业单位和大型企业及时支付中小企业款项，维护中小企业合法权益，优化营商环境而出台实施，是我国首次针对拖欠中小企业款项问题制定的专门法规。上述行政法规出台背景，结合 2018 年 1 月 1 日起施行的《中小企业促进法》第 53 条有关“国家机关、事业单位和大型企业不得违约拖欠中小企业的货物、工程、服务款项。中小企业有权要求拖欠方支付拖欠款并要求对拖欠造成的损失进行赔偿”的规定，可见，在案涉合同订立之前，A 公司可以也应当知悉国家对中小企业市场经济主体合法权益的法律保障，由此，《保障中小企业款项支付条例》在《中小企业促进法》的基础上就款项支付保障规定作进一步具体化，事实上未超出 A 公司在案涉合同订立时对逾期付款之违约责任的合理预见范围。

加之，A公司的逾期付款行为发生于《保障中小企业款项支付条例》施行之后，且该违约行为持续至今。故基于已查明的签约履约事实，适用《保障中小企业款项支付条例》第15条关于“机关、事业单位和大型企业迟延支付中小企业款项的，应当支付逾期利息。双方对逾期利息的利率……未作约定的，按照每日利率万分之五支付逾期利息”的规定，一审判令A公司就其逾期付款违约行为按日万分之五利率标准计付利息，理据充分，二审法院予以认同。

据此，二审法院判决：驳回上诉，维持原判。

四、法官感悟

优化法治化营商环境是学习贯彻习近平法治思想的必然要求，是推动新时代法治建设的重要任务，亦是落实全面依法治国部署的重要举措。《保障中小企业款项支付条例》（以下简称《条例》）是我国首次针对拖欠中小企业款项问题制定的专门法规。审判实务中，就《条例》有关逾期利息等责任规定的时间效力问题，应在交易双方达成合意订立合同这一法律事实发生时间的基准点之外，进一步考量迟延付款发生及延续情形，作溯及既往的例外且有限的适用。本案针对《条例》逾期利息等责任规定的溯及适用方面作了全面厘清，深入贯彻落实了习近平法治思想，助力形成防范化解拖欠中小企业款项的长效机制，以法治方式规范市场主体行为，切实保护中小企业合法权益，优化法治化营商环境。

（一）《条例》概述

（1）立法目的：解决拖欠中小企业款项问题。中小企业对建设现代化经济体系、实现经济高质量发展具有重要作用，但其企业规模和特点使其在商事交易中处于劣势地位。大型企业往往利用其优势地位，迫使中小企业接受不合理的条款，规避逾期付款的违约责任。审视近年商事交易情况，拖欠中小企业款项现象频发，损害营商环境，影响民营经济健康发展，引起国家高度重视。因此，为解决民营经济发展中的困难，党中央、国务院作出清理拖欠中小企业账款工作的重大决策部署。《条例》正是我国为解决拖欠中小企业款项问题制定的首部专门行政法规。

（2）规范内容：保障主体与落实责任。《条例》通过源头治理、适度监管引导、强化责任义务等措施，建立起市场主体自律、政府依法监管、社会协同监督的预防化解拖欠中小企业款项制度。其中，以对合同当事人责任产生主要影响的第 15 条规定为例。以往司法实务中，对款项拖欠行为，或依据免责或限责的约定来减免违约责任，或因违约责任约定不明，实际损失又难以明确，依照社会经济发展情态，比照资金占用损失，确定相对不高的逾期利息。但《条例》第 15 条在一定程度上强化了逾期付款违约责任的赔偿性和惩罚性双重属性，明确了机关、事业单位和大型企业等债务人在约定情形下的逾期利率最低标准，又针对未约定情形设置了较过去买卖合同等有偿合同法律规定的更重违约责任。

（二）《条例》溯及既往正当性检验

在实践中，存在大量合同订立在《条例》生效前，但逾期付款行为发生或持续至《条例》施行后的情形，本案即是如此。本案争议焦点主要在于，《条例》第 15 条是否具备溯及适用的正当性，如果可以溯及适用，又应以何时间为基准点。按照法不溯及既往原则，合同成立是发生合同关系的法律事实，合同纠纷案件的审理原则上应当适用合同成立时的法律。但在法不溯及既往原则之外，我国《立法法》和最高人民法院《关于适用〈中华人民共和国民法典〉时间效力的若干规定》等明晰了民商事审判领域中有利溯及、有序溯及的正当溯及既往规则。

（1）有利溯及与有序溯及检视之选择。有利溯及原则与有序溯及原则的重要区别在于二者的适用前提不同，即新法施行前是否存在既有法律规定，使当事人在行为时已产生利益预期。《条例》施行前，最高人民法院《关于审理买卖合同纠纷案件适用法律问题的解释》（以下简称《买卖合同司法解释》）对逾期利息作了相关规定。根据法律规定，其他有偿合同没有规定的，可以参照买卖合同相关规定处理。虽《条例》与《买卖合同司法解释》并不同属一个机关制定，无法进行位阶比较，但仍可选择适用有利溯及检验体系进行正当性评判。一方面，最高人民法院在官方释义文献中，明确表示旧法规范除了狭义法律与司法解释外，还包括行政法规、指导性案例等。在《条例》施行前，当事人确已对既有《买卖合同司法解释》中关于逾期付款违约金利率的规定产生信赖，并在订立合同时就其迟延履行支付义务的法律后果形成相应利益预期，不同于有序溯及中无旧法规定的空白溯及场景。另一方面，《条例》虽为行政法规，但其中第 15 条系调整平等主体之间为采购货物、工程、服务订立合同而产生的民事法律关系，与《买卖合同司法解释》同为民商事审判中可以直接引用的法律规范。故在判断《条例》第 15 条能否溯及适用时，依据《买卖合同司法解释》关于逾期付款违约金的规定衡量是否有利于当事人合法权利，以此作有利溯及正当性检验，具有一定合理性。

（2）溯及既往正当性检验。首先，从民事主体合法权益角度来说，分段适用不同违约责任标准，可对等实现双方权益合理妥当的保护。相较于之前的法律规定，《条例》第 15 条提升了中小企业作为债权人所受到的保护程度，加重了债务人机关、事业单位和大型企业所承担的违约责任。因此，溯及适用考量时，对于《条例》施行以前的逾期行为，债务人基于当时的规范秩序，对第 15 条逾期责任的预见有限，但自《条例》施行之日起，债务人足以形成相应不利预期。故对合同订立在前，但发生在或持续到 2020 年 9 月 1 日之后的拖欠行为，溯及适用《条例》第 15 条，有利于保护债权人应有权益的同时，并不会导致债务人超出合理限度的损失。其次，从社会和经济秩序角度来说，在《条例》溯及适用的检验层面，“社会和经济秩序”主要指向市场交易秩序。《条例》第 15 条通过加重违约责任，建立解决拖欠中小企业款项问题的长效机制，有利于优化营商环境，有效维护市场交易秩序。最后，从弘扬社会主义核心价值观角度来说，大型企业诚信履约意识得以强化，中小企业合法权益得到保障，充分彰显了社会主义核心价值观。

基于上述三点，对逾期付款的违约行为发生或持续至《条例》施行以后的部分，溯及适用《条例》第 15 条计算逾期利息，具有合理正当性。本案中，A 公司的逾期付款行为发生于《条例》施行之后，且该违约行为持续至今。根据已查明的签约履约事实，适用《条例》第 15 条判令 A 公司就其逾期付款违约行为按日万分之五利率标准计付利息，理据充分。

综上所述，《条例》是国务院关于建立长效机制、依法预防和化解拖欠中小企业款项问题的重要法制保障。本案深刻体现了人民法院在处理有关中小企业民商事纠纷时，依法平等保护各类市场主体的坚定立场，以及通过审判工作现代化促进民营经济发展壮大的强烈决心。下一步，人民法院将继续全面深入贯彻习近平法治思想和党中央决策部署，积极推动企业依法诚信履约，为民营经济高质量发展提供高水平司法服务保障，奋力打造一流法治化营商环境。

专家点评

中小企业是中国经济的“毛细血管”，在稳增长、促改革、调结构、惠民生、防风险中发挥着重要作用。习近平总书记一直高度重视中小企业发展，指出："中小企业联系千家万户，是推动创新、促进就业、改善民生的重要力量……各级党委和政府要坚决贯彻落实党中央决策部署，为中小企业发展营造良好环境，加大对中小企业支持力度，坚定企业发展信心。"〔1〕

创新创造创业离不开中小企业。习近平总书记强调，要千方百计把市场主体保护好，为经济发展积蓄基本力量。〔2〕面对错综复杂形势以及多种因素影响，中小企业发展的确面临不少困难和问题。拥有市场优势地位的大企业在对中小企业的资金支付时点上具有极大的话语权，经常出现中小企业的货物、工程、服务款项被拖欠等情形，严重影响中小企业资金周转，甚至导致濒临破产等不良连锁反应的发生。《条例》的出台正是为了缓解现金流脆弱的中小企业面临的款项拖欠问题，保护弱势中小企业的合法权益。在本案的审理中，法院从《条例》的立法目的出发，对《条例》溯及既往进行正当性检验，通过分段适用不同违约责任标准，实现双方合理妥当的保护。同时，法院从社会和经济秩序的角度，强化诚信履约意识、加重违约责任，有效维护了市场交易秩序，弘扬了社会主义核心价值观。

良好的外部环境是中小企业健康成长必不可少的阳光雨露。习近平总书记始终高度重视中小企业，充分肯定中小企业在中国经济发展中的重要地位，千方百计促进中小企业发展。《条例》的出台，正是进一步贯彻落实习近平总书记要求的体现。本案为订立在《条例》生效前，但逾期付款行为发生或持续至《条例》施行后的买卖合同争议的解决提供了清晰的裁判思路和指引，通过审判实践将《条例》落实到具体个案，实现了"每一个案件都是一个营商环境"。同时，本案的意义还在于为中小企业解决欠款问题提供了法律保障，促进保障中小企业健康发展的法治体系建设，有利于推动中小企业高质量发展。

（蒋莉，同济大学上海国际知识产权学院教授，硕士生导师）

---

〔1〕《习近平致2022全国专精特新中小企业发展大会的贺信》，载 https://www.12371.cn/2022/08/ARTI1662625563930940.shtml，2024年7月22日访问。

〔2〕《习近平总书记引领高效统筹疫情防控和经济社会发展述评》，载 https://www.12371.cn/2022/08/08/ARTI1659945056381189.shtml，2024年7月22日访问。

牛某某强奸案

——遭受性侵害未成年人可以主张精神损害赔偿

张　华*　陆琳玲**

一、基本案情

牛某某于2020年7月租住于宝山区宝山城市工业园区五星村。张某甲（女，2002年12月出生）与父母也租住于该村内，因其智力残疾无法上学及就业，在父母上班后独自在家，有时一人在村里闲逛。2020年8月底两人相识后，牛某某于2020年8月29日下午、2020年9月2日和9月3日上午，趁张某甲到牛某某暂住处玩耍之机，采用锁门、脱衣、按压双手等方式，多次对张某甲实施奸淫。2020年9月3日20时许，牛某某的房东到张某甲住处劝说其父亲张某乙不要让张某甲独自一人在村里闲逛，引起张某乙警觉。当晚，张某乙与妻子一起询问张某甲相关情况，得知张某甲被牛某某强奸，当晚即向公安机关报警。牛某某于次日上午在暂住处被抓获，到案后承认与张某甲多次发生性关系，但认为其与张某甲系男女朋友关系。

被害人张某甲现与母亲回原籍共同生活，目前精神状态较差，性格突变，不愿意与陌生人接触。案发后，其父向公安机关表示，张某甲不愿意再次接触与案件有关的事宜，不愿意再次对牛某某进行辨认。

另查，牛某某曾于2002年犯抢劫罪和强奸罪被判处有期徒刑20年，剥夺政治权利3年，罚金3万元。2017年4月16日刑满释放。

二、裁判结果

上海市静安区人民法院于2021年3月10日作出［2021］沪0106刑初33

* 张华：上海市第二中级人民法院未成年人与家事案件综合审判庭审判员、三级高级法官。

** 陆琳玲：上海市第二中级人民法院未成年人与家事案件综合审判庭法官助理。

号刑事附带民事判决：（1）被告人牛某某犯强奸罪，判处有期徒刑 10 年，剥夺政治权利 1 年；（2）被告人牛某某自判决生效之日起 30 日内一次性赔偿附带民事诉讼原告人张某甲精神抚慰金 3 万元（该款项由法定代理人张某乙、邢某具领）。宣判后，牛某某不服，提起上诉。

上海市第二中级人民法院于 2021 年 5 月 28 日作出［2021］沪 02 刑终 484 号刑事附带民事裁定：驳回上诉，维持原判。

三、裁判理由

上海市静安区人民法院认为，被告人牛某某在明知被害人张某甲系智力残疾的情况下，采用暴力胁迫手段对其实施奸淫，其行为已构成强奸罪，依法应予惩处。牛某某系累犯，依法应从重处罚。关于牛某某提出主观上无强奸故意、未实施暴力、双方自愿、待张某甲怀孕后欲结婚等辩解，法院认为，强奸行为侵害的是妇女性的自主权。对于智力低下的被害人张某甲而言，在陌生场所、男女力量悬殊的情况下，奸淫行为本身就是一种暴力行为。张某甲陈述中明确表示非自愿与其发生性关系的态度和不愿意再见牛某某的意愿，并陈述牛某某在与其发生性关系时有按住其手脚禁止反抗、插上房门插销等行为。鉴定意见亦证明，被害人虽智力水平较低，但并非完全丧失辨别能力。被害人及其家庭与牛某某事先无任何矛盾，被害人受到性侵犯后在其父亲陪同下当即报案，经综合判断被害人的陈述真实、可信。牛某某的相关辩解，明显是为自己开脱，企图减轻罪责，不予采信。

关于附带民事诉讼原告人提出要求赔偿精神损失的诉讼请求，一审法院认为，根据 2021 年 1 月最高人民法院颁布的《关于适用〈中华人民共和国刑事诉讼法〉的解释》第 175 条第 2 款的规定，“因受到犯罪侵犯，提起附带民事诉讼或者单独提起民事诉讼要求赔偿精神损失的，人民法院一般不予受理”。上述规定并未排除个别有特殊情况的刑事案件要求被告人承担精神损害的赔偿责任。《民法典》第 1183 条规定，“侵害自然人人身权益造成严重精神损害的，被侵权人有权请求精神损害赔偿”。法院认为，遭受性侵害会使未成年人对自我性别的认同、两性关系的认识乃至三观的形成产生很大的影响，可能直接影响未成年人的健康成长。除了给予受性侵害未成年人人身损害和心理康复治疗等直接物质损失的赔偿外，给予一定的精神损害赔偿，更能体现对未成年人优先、特殊保护的原则。该案中，被害人系轻度精神发育迟滞的未成年人，存在性自我防卫能力在内的自我保护能力削弱，但是其应与正常人享有同等的人格权。案发后被害人出现脾气暴躁、害怕与陌生人接触、不敢一人睡觉等行为，都是精神受损害的表现。与正常人相比，被害人由于受到智力水平的限制，认知能力降低，自我修复、调节能力也会同时削弱，使得这种精神伤害可能伴随其一生。被害人在遭受侵害后未产生直接物质损失，被告人牛某某也未作任何经济赔偿。现被害人提出要求精神损害赔偿的诉讼请求，合情合理，且被告人牛某某也表示同意，法院应予以支持；公诉机关对附带民事部分的支持起诉意见，法院予以采纳。双方就具体的赔偿数额未能达成一致，法院根据被告人犯罪行为的严重程度以及对被害人所造成的影响等因素，并结合该案的具体情况，酌情予以确定。

上海市第二中级人民法院认为，被告人牛某某在明知被害人张某甲系智力残疾的情况下，采用暴力胁迫手段，在短时间内多次对张某甲实施奸淫，其行为已构成强奸罪，依法应予处罚。牛某某在刑满释放后5年内又犯应当判处有期徒刑以上刑罚之罪，系累犯，且系同种犯罪，依法应予从重处罚。牛某某称主观上无强奸故意、双方系自愿发生性关系以及怀孕后准备结婚的上诉理由，一审判决已作评判，二审检察机关和诉讼代理人均发表了意见，法院予以确认。一审法院判决被告人牛某某承担刑罚同时，就被害人的精神损害进行一定数额赔偿，法院亦予确认。

四、法官感悟

坚持以人民为中心，是习近平法治思想“十一个坚持”的重要组成部分。保护人民权益，这是法治的根本目的。本案中，一审法院判决被告人牛某某就被害人精神损害进行一定数额的赔偿，二审法院予以确认，充分彰显了对公民人格权保障，特别是未成年人权益保护的价值判断。

《民法典》第1183条规定，“侵害自然人人身权益造成严重精神损害的，被侵权人有权请求精神损害赔偿”。2021年3月1日实施的最高人民法院《关于适用〈中华人民共和国刑事诉讼法〉的解释》（以下简称《刑事诉讼法解释》）第175条第2款规定，被害人因受到犯罪侵犯，提起附带民事诉讼或者单独提起民事诉讼要求赔偿精神损失的，人民法院一般不予受理。2021年《刑事诉讼法解释》将2013年1月1日起施行的《刑事诉讼法解释》中规定的“不予受理”修改为“一般不予受理”。虽未规定哪些条件属于例外可以受理的情形，但已非原来的“不予受理”。

对于司法解释规定的“一般不予受理”，应反向理解为有例外。即特殊情况下，人民法院可以受理刑事附带民事诉讼中提出的精神损害赔偿。《民法典》第187条规定，“民事主体因同一行为应当承担民事责任、行政责任和刑事责任的，承担行政责任或者刑事责任不影响承担民事责任”。所以在刑事附带民事诉讼中，除刑事法律已有规定外，也应依法适用民事法律的规定。从刑事诉讼法的法条表述看，法律并未禁止被害人提出精神损害赔偿申请，现有条文也无法体现出对被害人的精神损害赔偿请求有任何限制性解释。这种精神损害存在于人身权益受损害案件中，如果仅通过刑事惩罚尚不能完全抚慰的，或抚慰而不能使之恢复正常状态的，当事人就有权请求赔偿。从附带民事诉讼制度的立法目的看，其应当着眼于维护被害人诉权和救济权，为被害人申请赔偿提供程序便利，以尽量减少讼累。

关于何种情况可以认定为例外。软暴力同时侵害了民事主体人格权益的，受害者既有权依据《民法典》规定主张精神损害赔偿，也可通过刑事附带民事诉讼救济其民事权利。在性侵犯罪中，尤其是性侵犯未成年人犯罪中，未成年被害人不但身体遭受侵害，心理上也会受到极大伤害。虽然被告人的犯罪行为由国家公权力予以处罚，其刑事责任的承担是刑事法对其犯罪行为的否定性、惩罚性评价，但是刑罚不能替代民事责任中的精神损害赔偿，被害人及其近亲属依然有权寻求民事救济，而精神损害赔偿则属于民事责任中的惩罚性赔偿，两者本质不同，因而追究刑事责任的同时又追究精神损害赔偿并不违反双重处罚原则。

本案即属于可要求被告人附带承担精神损害赔偿责任的特殊情形。本案中，被告人牛某某使用暴力手段，对智力残疾的未成年被害人多次实施奸淫，侵犯了未成年女性的性自主权，应依照《刑法》规定承担相应刑事责任。同时，犯罪行为与民事侵权行为产生竞合，但其导致的刑事责任和民事责任依法可以包容并存。因被告人牛某某的犯罪行为使得被害人遭受身体和心理的双重侵害，被告人牛某某应对被害人本人承担民事法律责任，以填补被害人所遭受的物质和精神损害。本案中，智力残障的未成年被害人遭受多次性侵，加之其智力低下，性防卫能力削弱，自我修复和调节能力较弱，使得被害人所受身体和精神伤害较之一般刑事被害人更为强烈。此外，《民法典》第191条规定，“未成年人遭受性侵害的损害赔偿请求权的诉讼时效期间，自受害人年满十八周岁之日起计算”。未成年人遭受性侵害，即使到其成年后也可在一定期间内根据《民法典》主张损害赔偿，那么，在未成年被害人获赔精神损害上，亦应当一以贯之。

关于严重精神损害后果的认定。对心智发育尚未健全、缺乏对性的完整认识的未成年人来说，性侵犯就是一种性剥削，这种心理上的创伤会贻害一生，不可谓不严重。本案中，被害人虽未达到评残等级程度，也未就医进行心理诊疗。但现有证据显示，被害人被性侵犯后，存在脾气暴躁、害怕与陌生人接触、不敢一人睡觉等情况。这表明被告人牛某某的侵权行为严重影响了被害人的日常生活，对其造成了永久性心理伤害。被害人虽智力残障，但其人格权一样受法律保护，同时，结合被告人牛某某对智力残障的未成年被害人多次奸淫的事实，以及从未成年人健康成长方面考虑，可以认定给被害人造成了严重精神损害。

少年强则国强。习近平总书记强调，“少年儿童是祖国的未来，是中华民族的希望”。〔1〕在办理性侵害未成年人刑事案件中，人民法院应深入贯彻落实习近平法治思想，依法从严惩处性侵害未成年人犯罪，坚持最有利于未成年人原则，坚持双向保护原则，为未成年人健康成长、社会和谐稳定提供优质司法保障。

专家点评

习近平总书记指出：“未成年人健康成长事关国家和民族未来，事关千千万万家庭幸福安康。”〔2〕本案体现了裁判者针对刑事裁判中对未成年被害人精神损害赔偿适用的积极探索，值得法律工作者、法学研究者，尤其是少年司法、刑事诉讼领域研究者、工作者的关注。

近年来，未成年人保护受到来自公众和法律界的普遍关注。刑事附带民事诉讼制度之设立目的在于节约诉讼资源和保障被害人合法权利，其在节约诉讼资源方面体现为，一旦行为被认定为犯罪行为，受害人便无需再证明侵权事实的存在；在保障权利方面则表现为，通过公权力固定犯罪行为的侵权

〔1〕《习近平在北京市海淀区民族小学主持召开座谈会时的讲话》，载 https://news.12371.cn/2014/05/31/ARTI1401472274249126.shtml，2024 年 7 月 22 日访问。

〔2〕《习近平在辽宁考察时强调　在新时代东北振兴上展现更大担当和作为　奋力开创辽宁振兴发展新局面》，载 https://www.12371.cn/2022/08/18/ARTI1660811870050146.shtml，2024 年 7 月 22 日访问。

事实，进而降低弱势被害人起诉的难度。本案中，被害人系智力残疾的未成年人，属于社会弱势群体。因此，检察官结合被害人自身情况，及其在遭受侵害后产生的脾气暴躁、不敢单独入睡的现实后果，认为仅仅施以刑罚不足以抚慰被害人所受到的精神损害，支持附带民事诉讼的提起。法官在依法受理附带民事诉讼的基础上，结合案件实际适用了《刑事诉讼法解释》中关于精神损害赔偿规定的例外情形，为被害人提供了程序便利的同时，有效保护了未成年人的合法权益。

同时，本案裁判对“同时追究刑事责任和精神损害赔偿是否有违双重处罚原则”“刑事惩罚对被害人的抚慰功能是否可以代替精神损害赔偿”等争议作出了有效回应。刑事惩罚设置的目的，是国家对于侵害公共秩序行为的追诉，而不是对被害人的补偿。民事赔偿则强调对侵权行为造成的损害进行补偿和恢复。以本案所代表的性侵案件为例，刑事惩罚主要体现的是对暴力的惩戒，民事赔偿更多的是对于侵权行为造成损害的补偿和恢复，两者起到的作用不能彼此替代。故而两者在同一案件中的适用，并不违反双重处罚原则。

司法裁判的结果要考量人民群众的内心感受。这要求法官要基于先前的司法实践经验精准适用法条；更要求法官在现有法律体系的框架下，积极探索法定救济的创新适用，回应社会对公平正义的要求，不断拓展、挖掘公平正义的实现方式，为社会主义法治国家建设提供助力。

（虞浔，华东政法大学社会协同合作处处长、教授，博士生导师）